民國文化與文學^{研究}文叢

四編　南京大學特輯

李怡　沈衛威　主編

第12冊

抗戰時期「文學昆明」研究

明飛龍　著

國家圖書館出版品預行編目資料

抗戰時期「文學昆明」研究／明飛龍 著 -- 初版 -- 新北市：花
木蘭文化出版社，2014〔民102〕
目 2+272 面；19×26 公分
（民國文化與文學研究文叢 四編；第 12 冊）
ISBN 978-986-322-806-6（精裝）
1.中國文學 2.抗戰文藝 3.文學評論
541.26208   103012907

特邀編委（以姓氏筆畫為序）：

丁 帆	王德威	宋如珊
岩佐昌暲	奚 密	張中良
張堂錡	張福貴	須文蔚
馮 鐵	劉秀美	

ISBN-978-986-322-806-6

9 789863 228066

民國文化與文學研究文叢
四 編 第十二冊
ISBN：978-986-322-806-6

抗戰時期「文學昆明」研究

作 者	明飛龍
主 編	李怡 沈衛威
企 劃	四川大學現代中國文化與文學研究中心
	北京師範大學民國歷史文化與文學研究中心
總 編 輯	杜潔祥
印 刷	普羅文化出版廣告事業
出 版	花木蘭文化出版社
發 行 人	高小娟
聯絡地址	235 新北市中和區中安街七二號十三樓
	電話：02-2923-1455／傳真：02-2923-1452
網 址	http://www.huamulan.tw 信箱 hml810518@gmail.com
初 版	2014 年 9 月
定 價	四編 12 冊（精裝）新台幣 20,000 元

抗戰時期「文學昆明」研究

明飛龍　著

作者簡介

明飛龍，江西南康人，1976年4月出生，曾就讀於贛南師範學院、雲南大學、南京大學，於2013年6月獲南京大學文學博士學位，現任職於贛南師範學院文學院。研究方向爲中國現當代文學，學術興趣爲民國文學研究、西南聯大文學與文化研究、文學與傳媒研究、當代詩歌研究。出版學術專著一部——《詩歌的一種演義——民間詩刊〈詩歌與人〉研究》（九州出版社，2010年12月版），在《文藝爭鳴》、《中國圖書評論》、《揚子江評論》、《雲南社會科學》、《貴州社會科學》等學術刊物發表論文十數篇。

提　　要

　　自新世紀以來，西南聯大文學研究逐漸成爲中國現代文學研究領域的一個熱門話題，也取得了一些研究成果，這些研究主要集中於西南聯大文學社團、西南聯大作家群的文學創作、西南聯大「現代派」詩歌特色及西南聯大的文學活動等方面。這些研究從不同層面展現了西南聯大文學世界的豐富內涵，但這些研究基本上沒有回答這樣一些問題：即西南聯大文學是如何發生的？它成長於一個怎樣的文學環境之中？西南聯大文學與作爲文學地理空間的戰時昆明有怎樣的關聯？這是本研究所要解決的問題。本著作以抗戰時期昆明的文學環境、文學場域及與之緊密相關的昆明形象爲考察對象，從戰時昆明具體的文學空間如電影院、茶館、壁報、文藝沙龍、文學期刊、西南聯大文學課堂等出發，深入研究西南聯大文學生成的諸種因素，從而與目前學界的西南聯大文學研究構成補充與形成對話。同時，本研究還從文學地理學的角度考察西南聯大作家群的文學創作與戰時昆明的深刻關聯，嘗試著爲抗戰時期的作家作品研究提供一種新的路徑，從而建構抗戰時期的「文學昆明」與20世紀20年代的「文學北平」、20世紀30年代的「文學上海」之間意味深長的精神聯繫。此外，本研究的基本材料來自百十種民國報刊，許多材料是新發掘的，這是本研究的一大顯著特色。

江西省高等學校重點學科建設項目資助
2013 年度贛南師範學院重點學科開放招標項目資助

目

次

緒　論

一、研究的緣起、問題與意義

　　在中國現代文學研究領域，與五四文學及 1930 年代文學研究相比，抗戰文學研究可以說處於相對薄弱的環節，儘管也有不少研究成果，但大多是史論性的著作，那種專題性的、深入發掘的研究不多。〔註1〕在學界同仁的努力下，近年來這方面的研究有所拓展〔註2〕。這些研究從不同的角度考察抗戰文學，有的拓寬了抗戰文學的研究範圍〔註3〕，有的提出新的研究觀念與方法〔註4〕，有的進行跨學科研究〔註5〕，等等。毫無疑問，這些研究都深化了抗戰文學的內涵，呈現出中國現代文學尤其是 1940 年代文學的豐富性與複雜性。當然，抗戰文學的研究依然存在問題，這些問題除了如有的研究者所概

〔註 1〕 詳見秦弓：《抗戰文學研究的概況與問題》，《抗日戰爭研究》2007 年第 4 期。
〔註 2〕 詳見楊清芝：《近年抗戰文學研究述評》，《重慶工商大學學報》(社會科學版) 2012 年第 6 期。
〔註 3〕 比如秦弓：《抗戰文學對正面戰場問題的表現——抗戰文學與正面戰場研究》，《陝西師範大學學報》(哲學社會科學版) 2006 年第 2 期。
〔註 4〕 比如朱丕智：《論抗戰大後方文學研究的觀念與方法》，《重慶師範大學學報》(哲學社會科學版) 2009 年第 1 期。該文提出了「文學歷史主義」的概念，並從文學本位立場、民族文學立場、社會文學立場三方面對抗戰文學進行考察。
〔註 5〕 代表性的有王維國的系列文章：《抗戰時期中國文學地理的重新劃分——戰時中國文學地理研究之一》，《江海學刊》2008 年第 6 期；《抗戰時期中國文學地理的基本格局——戰時中國文學地理研究之二》，《學習與探索》2009 年第 1 期；《抗戰時期中國文學地理的藝術表徵——戰時中國文學地理研究之三》，《人文雜誌》2009 年第 2 期。作者在這些文章中從文學地理學的視角進行討論。

括的之外〔註6〕，還表現在以下兩方面：一、在現在通行文學史所劃分的「國統區」（大後方）、「解放區」、「淪陷區」三部分抗戰文學研究中，依然存在本質論與中心論的思維。與用「解放區」文學作爲標準來衡量「國統區」、「淪陷區」文學相比，現行的本質論與中心論是在自覺不自覺中體現出來的，那就是用某一種性質來界定某一類抗戰文學，比如用「日常傳奇」來概說淪陷區文學，用「文學宣傳」來概括解放區文學，用「戰鬥揭露」來定性國統區文學。〔註7〕二、在目前的抗戰文學研究中存在研究不平衡現象，基本上都是集中在「中心」，比如國統區的中心「重慶」，解放區的中心「延安」、淪陷區的中心「上海」、「北平」等。雖然其他地方也會涉及，但其研究的層次則不可同日而語。

德國存在主義哲學家卡爾·雅斯貝斯在《歷史的起源與目標》中說：「今天，認爲歷史是可總覽的整體的觀念正在被克服。沒有一個獨此一家的歷史總概括仍能使我們滿意。我們得到的不是最終的、而只是在當前可能獲得的歷史整體之外殼，它可能再次破碎。」〔註8〕就上文提及的第一個問題來看，這種「總覽」的觀念其實是很容易「破碎」的，比如「淪陷區文學」，就並不是「市民」、「日常」、「傳奇」等一類概念可以一網打盡的，它還有「抗爭」、還有「抵抗的啓蒙」等〔註9〕。當然，展開討論這個問題不是本書的內容。

〔註6〕 秦弓：《抗戰文學研究的概況與問題》，《抗日戰爭研究》2007年第4期。作者在文中指出當下的抗戰文學研究存在四個方面的問題：一是對抗戰文學的價值估量不足；二是對正面戰場題材關注不夠；三是研究視野尚嫌狹窄，四是比較框架有待建立。

〔註7〕 從目前大部分相關研究文章可以看出這一點，也許其使用的詞彙不同，但表達的意思基本相同。當然也有的研究者在界說時比較謹慎，雖也使用類似的詞句，但表述更圓融，考慮到更多的具體問題。比如，郝明工：《抗戰時期中國文學的區域分化與主導特徵》，《中國現代文學研究叢刊》2009年第3期。抗戰文學研究的三大板塊劃分法基本成爲一種「範式」。近年，有學者提出在抗戰文學研究中引入「民國機制」，這樣可以把三大塊有機地聯繫起來。作者認爲：「在我看來，其聯繫並不在淪陷區被殖民的人民的委曲求全的無奈中，也不在解放區人民新的社會理想的『異彩』裏，正是民國之初所奠定的追求共和、民主、自由的社會文化想像，成爲統攝人心、消除歧見、催人奮發的莫大力量。這樣的力量與國民黨的獨裁無關，屬於自晚清以來追求進步的中國知識分子的思想啓蒙的偉大成果。」李怡：《「民國文學史」框架與「大後方文學」》，《重慶師範大學學報》（哲學社會科學版）2009年第1期。

〔註8〕 （德）卡爾·雅斯貝斯：《歷史的起源與目標》，魏楚雄、俞新天譯，華夏出版社，1989年版，第307頁。

〔註9〕 詳見（美）傅葆石：《灰色上海，1937～1945中國文人的隱退、反抗與合作》，

筆者關注的是第二個問題，也就是抗戰文學研究失衡的問題。在目前的西南
大後方文學研究中，基本上都集中在抗戰時期的重慶文學研究〔註 10〕、抗戰
時期的桂林文學〔註 11〕，而對抗戰時期的雲南文學與貴州文學則研究不多

張霖譯，劉輝校，生活・讀書・新知三聯書店，2012 年版。作者在此著作中
以王統照、李健吾、《古今》派爲考察對象，對「上海淪陷區文學」的多元性
與豐富性做出了令人信服的分析。

〔註10〕 重慶抗戰文學研究有眾多成果，下面對主要成果進行不完全列舉（不把單篇
論文列在其中）。著作：靳明全主編：《重慶抗戰文學論稿》，重慶出版社，
2003 年版；靳明全主編：《重慶抗戰文學與外國文化》，重慶出版社，2006 年
版；呂進、熊輝、張傳敏、張立新：《重慶抗戰詩歌研究》，西南師大出版社，
2009 年版。博士學位論文：陳剛：《北碚文化圈與 1940 年代文學》，吉林大
學，2005 年；尹瑩：《小說中的重慶——國統區小說研究的一個視角》，華中
師範大學，2009 年。碩士學位論文：彭玉斌：《論「文協」在重慶的活動》，
重慶師範大學，2003 年；李蕾：《抗戰文學中的重慶主題》，西南大學，2006
年；陳秋紅：《抗戰時期重慶的中外文學交流》，重慶師範大學，2006 年；李
志明：《重慶抗戰文學史傳播外國文化的主要報刊》，重慶師範大學，2007
年；羅玉蘭：《重慶抗戰戲劇研究》，西南大學，2007 年；李悅：《抗戰時期重
慶電影文學敘事研究》，重慶師範大學，2011 年；郭靈巧：《抗戰時期重慶翻
譯詩歌研究》，西南大學，2011 年；陳永萬：《大後方文學中的重慶》，西南大
學，2012 年；蔣睿：《抗戰時期重慶美國小說翻譯研究》，西南大學，2012 年，
等等。

〔註11〕 主要成果有（不包括單篇論文）：著作：魏華齡：《桂林文化城史話》，廣西人
民出版社，1987 年版；李建平：《桂林抗戰文藝概觀》，灕江出版社，1991 年
版；魏華齡、曾有云、丘振聲主編：《桂林抗戰文化研究文集》，灕江出版社，
1992 年版；蔡定國、楊益群、李建平：《桂林抗戰文學史》，廣西教育出版社，
1994 年版；李建平編著：《抗戰時期桂林文學活動》，灕江出版社，1996 年版；
雷銳：《桂林文化城小說研究》，中國社會科學出版社，2006 年版；李江主編：
《桂林文化城戲劇研究》，中國社會科學出版社，2008 年版；雷銳、黃紹清主
編：《桂林文化城詩歌研究》，中國社會科學出版社，2008 年版；黃偉林主編：
《桂林文化城作家研究》，中國社會科學出版社，2008 年版；劉文俊：《桂林
抗戰文化城的社團》，黃山書社，2008 年版；劉鐵群：《桂林文化城散文研究》，
中國社會科學出版社，2009 年版。博士學位論文：佘愛春：《抗戰時期桂林文
化城的文學空間》，南京大學，2011 年。碩士學位論文：韋幼青：《桂林抗戰
時期文學翻譯活動研究》，貴州大學，2007 年；陳繼華：《歐陽予倩與桂林文
化城》，廣西師範大學，2007 年；張建：《雜文與散文小品並重的〈野草〉期
刊》，廣西師範大學，2008 年；蘇霞：《大後方抗戰文學的奇葩——〈文藝雜
誌〉研究》，重慶師範大學，2009 年；周金香：《〈青年文藝〉研究》，重慶師
範大學，2010 年；王俊：《〈文學創作〉研究》，重慶師範大學，2010 年；何
泳錦：《〈文學創作〉月刊研究》，廣西師範大學，2012 年；常延紅：《大後方
現實主義文學的倡導和實踐——抗戰時期的〈文藝生活〉研究》，重慶師範大
學，2010 年。

〔註12〕。在抗戰時期作爲西南文化中心的重慶、昆明、桂林、貴陽四大城市中，貴陽因爲在這段時期無論是文化、文學成就還是文化、文學環境上都處於相對薄弱的地位，所以其研究的深度與廣度無法與同時期的重慶、桂林相比。但學界對昆明的忽視或遺忘則似乎與其在抗戰時期的地位不相匹配，因爲昆明曾經哺育了現已幾成神話的西南聯大，曾經讓馮至、林徽因、冰心、鳳子、黃裳、汪曾祺、鄭敏、宗璞等一大批作家留戀懷念，曾經孕育過「中國現代詩歌」、滋養了穆旦、杜運燮、鄭敏三大校園詩人、產生了沈從文《長河》、馮至《十四行集》、《伍子胥》等作品。可以說昆明在中國現代文學中是有其不可忽視的意義。那麼爲什麼目前學界對抗戰時期的昆明文學研究只停留在西南聯大文學研究上而不能從整體上進行考察？這一方面是因爲材料的缺乏，無法「回到」歷史現場。其實，從目前的西南聯大研究就可以發現這個問題，相關的研究基本上都是來自各種紀念文集、回憶錄或者如《聯大八年》（西南聯大出版社，1946 年版）這些比較容易找到的材料，很少材料是直接來源於當時的各類報刊〔註13〕，這勢必影響研究的可靠性與可信性。另一方面在於視野的狹窄與方法的陳舊，只把研究目光放在作家作品或期刊社團上，而忽視了產生這些作家作品、期刊社團的社會文化環境與精神氛圍，忽

〔註12〕 與重慶文學、桂林文學研究的眾多成果相比，貴州文學與雲南文學的研究成果則幾乎可以忽略不計。除單篇論文外（數量甚少），就專門研究貴州抗戰時期文學的專著還沒有，只是在 2000 年由貴州民族出版社出版的何光渝的《20世紀貴州小說史》，艾築生的《20 世紀貴州散文史》，王穎泰的《20 世紀貴州戲劇文學史》三部史論性的著作中對其有所提及。博士論文：謝廷秋：《貴州抗戰文化與文學研究》，華中師範大學，2012 年；碩士論文：朱更勇：《抗戰時期貴陽文通書局研究》（此論文不是嚴格意義上的文學研究，是新聞學的論文），貴州師範大學，2009 年。而對抗戰時期的雲南文學研究則主要集中在西南聯大文學研究上：姚丹：《西南聯大歷史情境中的文學活動》，廣西師範大學出版社，2000 年版；李光榮，宣淑君：《季節燃起的花朵──西南聯大文學社團研究》，中華書局，2011 年版。碩士論文有：黃菊：《〈文聚〉研究》，西南師範大學，2005 年；柴怡贇：《〈野玫瑰〉及其風波》，中國社會科學院 2005年。博士學位論文：鄧招華：《西南聯大詩人群研究》，山東師範大學，2009年。關於整個雲南或昆明文學研究的只有蒙樹宏帶有史論性的《雲南抗戰時期文學史》，雲南教育出版社，1998 年版。此外還有部分關於「戰國策」的研究成果，這些研究幾乎都集中在思想方面，代表性的有江沛：《戰國策派思潮研究》，天津人民出版社，2001 年版。

〔註13〕 （美）易社強：《戰爭與革命中的西南聯大》（饒佳榮譯，九州出版社，2012年版）例外，該著作在筆者看來是目前西南聯大研究最紮實的成果，因爲使用了大量的一手材料，每個論點都有論據證明，比較可靠可信。

視了這個被有的研究者稱之為「民國機制」中的重要內容：「在推動中國現代
文學形成發展的過程之中，民國機制至少有三個方面的具體體現：作為知識
分子的一種生存空間的基本保障，作為現代知識文化傳播渠道的基本保障以
及作為精神創造、精神對話的基本書化氛圍。」〔註14〕本書就是集中研究「精
神創造、精神對話的基本書化氛圍」。在抗戰時期的西南大後方乃至在全國，
「精神創造、精神對話的基本書化氛圍」最好的無疑是昆明，因此，從這個
意義上說本書的研究對象是「文學昆明」而不是「昆明文學」。如果說「昆明
文學」側重點在於作家作品、社團流派、文學期刊的研究，那麼「文學昆明」
側重點則在於研究這些作家作品、社團流派、文學期刊何以產生，即重點在
於研究戰時昆明的文化環境與精神氛圍。昆明這所邊疆城市在抗戰時期為中
國現代文學提供了什麼？作為邊疆城市的昆明本身在中國現代文學的進程中
其形象發生了怎樣的變化？為什麼會發生變化？抗戰時期的昆明有著怎樣的
精神生活？這種精神生活造就了什麼樣的人，什麼樣的人格，又給我們當下
留下了什麼樣的精神遺產？這些都是本書試圖回答的問題。

　　其實，早在李怡闡述「民國機制」的內涵之前，就有學者對「文學（文
化）氛圍」有過相關的表述。上海學者劉緒源在《上海文學》編輯部於 2008
年召開的一次文學座談會上闡述了他的「文學氛圍論」，他認為，一個文學的
「黃金時代」在於其文學氛圍良好的年代，在這樣的年代文學植被非常好，
充滿生氣活力，新人不斷湧現，幼稚的作品比比皆是，在這樣的環境中一些
創作奇才便能脫穎而出。同時，他認為在二十世紀中國文學史上，如果從文
學氛圍上比一比，真正意義的「黃金時代」是 30 年代與 80 年代，這是中國
作家人文精神的高潮期，是充滿生氣的時期。從 90 年代到最近，作家普遍有
兩個特點，一是疲憊、沒有生氣，另一個就是高產。在他看來，「黃金時代」
並不表明該時期的文學作品比別的時期寫得好，而是它們的精神風貌、人文
氣質、審美態度表現出更為「自由」和「明朗健康」的時代文化特徵，所以
優於其他年代。在這樣的年代有著良好的文學氣象與心靈狀態，是一個時代
文學的特殊氛圍，是一種文學文化環境，是那種能使人的精神狀態得以提升
並達到某種歷史高度的制度環境。而文學史研究正應該著重研究這種規律性

〔註14〕李怡：《民國機制：中國現代文學的一種闡釋框架》，《廣東社會科學》2010
　　　　年第 6 期。李怡在《中國現代文學史的敘述範式》（《中國社會科學》2012 年
　　　　第 2 期）進行了更為系統的闡釋。

的而又未能真正破解的難題。〔註15〕不管他們的觀點如何，但他們提出的問
題卻能為我們考察文學世界提供另一個視角，也就是把在文學研究中長期被
忽視或遺忘的「文學（文化）氛圍」納入研究視野。這裡所謂的「文學（文
化）氛圍」就如李怡所說的「國家歷史情態」，它不僅僅指政治形態，還包括
法律形態、經濟方式、教育體制、文學制度、日常習俗、宗教形態以及文學
的生產、傳播過程等，它們分別組成了與特定國家政治相適應的「社會結構」
與「人生結構」。〔註16〕而對這種「社會結構」與「人生結構」的考察，毫無
疑問不能是整體把握與觀念演繹，而要沿著特定時間與空間的紋理深入挖掘
歷史細節與生活細節。在這深入挖掘的過程中，我們無須借助過多的理論武
器來觀照，只需仔細地打撈歷史與生活的點點滴滴，在這點點滴滴中呈現與
「還原」那些豐富的、充滿生氣的人與事、詞與物。在這樣的「還原」過程
中，敘述那些「社會結構」與「人生結構」以及兩者之間形成的張力，由此
來探討這些「結構」是如何細緻而微地影響著文學的發展與作家精神世界的
生成。如果我們不否認北洋時期相對寬鬆的社會政治氛圍，知識分子整體上
受到社會的尊敬，他們能夠以自己的言論在某些層面上影響政府決策，那些
新文化、新文學的開拓者們之間儘管在一些具體問題上存在矛盾與齟齬，但
大多數在方向上相一致，在人格上惺惺相惜、相互尊敬、相互欣賞，具有英
雄的氣度與風範，從而影響著五四文學的生成與發展；如果我們不否認因為
自辛亥之後民主共和的觀念深入人心，自由、民主等成為現代知識分子的核
心價值觀，因此儘管有各種文化管制，也依然不能壓制報刊、出版的繁榮，
即使是掌管國民黨文藝政策的張道藩也在政策制定執行中表現出「猶豫」、「無
奈」、「退步」，雖然他是文化專制的執行人，也洋溢著士大夫的矜持與修養。
〔註17〕同時，文壇宿將對文學青年的無私扶掖，相對廣闊的民間社會為那些
來自底層、具有才情、充滿熱情的文學青年提供了施展才華的舞臺，而在「底
層」、「中層」、「上層」這樣的「社會結構」中，他們也具有自由流通的可能。
在這樣的「文化（文學）氛圍」中，他們也就可能養成「明朗健康」的心態
與「自由」的精神，由此，中國現代文學走向 30 年代的「黃金時代」。那麼，
我們就不能忽略龍雲對戰時雲南實行「無為而治」的政治謀略、對外來知識

〔註15〕劉緒源：《80 年代文學可與 30 年代相媲美》，《反思與展望：新時期文學三十
　　　　年研究專輯》，《上海文學》2008 年第 6 期。
〔註16〕李怡：《中國現代文學史的敘述範式》，《中國社會科學》2012 年第 2 期。
〔註17〕李怡：《中國現代文學史的敘述範式》，《中國社會科學》2012 年第 2 期。

分子的尊重行爲對戰時文學昆明產生的重大影響。因爲龍雲這種「無爲而治」而使昆明這座邊疆城市呈現出戰時中國絕大多數城市所沒有的自由明朗、生氣勃勃的精神氣質，從而出現繁榮的報刊、書業，出現比當時任何地方都活躍的公共空間——壁報，它們是昆明文化城生成的推動者，也是昆明文化城生成的表現者。因爲昆明遠離政治權力中心，在其日常生活空間儘管也有政治的痕迹，但更多的是在艱難歲月中的平常詩意，比如茶館、比如沙龍，他們在這樣的日常空間裏養成自由與尊嚴、民主與純粹。同時，昆明社會對知識分子的尊敬，文壇名家對文學青年的傾囊相授，文學青年以行動踐行著自己的文學理想，從而使戰時昆明形成良性互動的文學場域。這樣的氛圍影響著戰時昆明的「社會結構」與「人生結構」，影響著人們心靈世界與生命情懷的生成，同時也影響著戰時昆明的文學特質。儘管戰時昆明沒有像重慶一樣出現許多以其爲背景的作品，也沒有像桂林一樣呈現異常興旺的文化出版，但它的文學、文化氛圍卻使得那些背景各異的知識分子在離亂時代具有追尋「超越」的可能，而這種「超越」的效果則在時間長河裏逐漸呈現出來：「昆明大後方的文學，本來處於國統區的邊緣並不足觀，卻因爲戰時各種條件的匯合，使得它成了氣候。而且從整個世紀的文學的現代進程來看，它所潛伏下的內質後來竟長久地忽明忽暗地起著作用，爲人們所始料不及。」〔註 18〕當時昆明的文學氛圍不僅產生了沈從文、馮至等人一系列爲眾人所知的篇章，還孕育了吳訥孫（鹿橋）的《未央歌》，宗璞的《野葫蘆引》（《南渡記》、《東藏記》、《西征記》、《北歸記》（暫未出版）），以及汪曾祺的一系列爲人稱道的小說，穆旦、鄭敏等優秀的詩篇。非常有意味的是，這些作品尤其是小說幾乎都是以「氛圍」爲顯著特色。而在其中孕育的「中國現代主義詩歌」則滋養了一代又一代中國詩人。這些，是我們的文學史所敘述的，然其背後的故事卻是文學史所忽視或遺忘的。打撈這種忽視或遺忘，尋找那種「內質」生成的原因，呈現戰時昆明「精神創造、精神對話的基本書化氛圍」，與目前學界的西南聯大及其文學研究構成補充與形成對話。這，便是本研究意義之所在。

　　本研究另一個意義在於呈現邊疆〔註 19〕形象在現代文學中的變遷，這是

〔註18〕吳福輝：《中國現代文學發展史》（插圖本），北京大學出版社，2010 年版，第 403 頁。

〔註19〕「邊疆」常常並不是一個純地理的概念，而是與經濟文化的發展水平密切相關。這就是爲什麼福建和廣東雖然在地理上處於邊緣，卻並非眞正意義的邊疆，而西部各省區則是不折不扣的邊疆。邊疆存在的前提是國內各地區之間

一個與本書主題緊密相關的問題，因爲如果沒有戰時昆明良好的文化生態與濃鬱的文學氛圍，作爲邊疆的昆明形象〔註 20〕變遷也就不可能清晰地凸顯出來。這又是一個可以獨立成篇的問題，因爲長時間以來在中國現代文學研究中，「鄉土中國」與「洋場都市」這兩個文學地理空間幾乎成了研究者觀照中國現代文學的主要視角，由此來闡述、解釋、辨析和演繹。我們不能否認這樣的觀察不失爲一條有效的途徑，但也同樣不能否認這在突出與彰顯的同時，也在省略與遮蔽，因爲還有我們國家那遼闊的西南、西北等「邊疆景觀」，這其實同樣是一個觀察中國現代文學的有效視角。在近代以前，在傳統「中國」觀念的影響下〔註 21〕，「邊疆」在中原文化中一直是以「他者」的身份呈現，對其文化身份的建構也大多不是從他們各自的民族文化出發，而是尋找其與漢文化的共同之處，以中原文化對其進行身份認同。〔註 22〕這些邊疆地帶由於地理位置、政治地位、文化水平、經濟狀況等方面都處於中原的「邊疆」，這種「邊疆」類似於臺灣學者王明珂說的「邊緣」，那種「時間上的邊緣、地理上的邊緣、認同上的邊緣」〔註 23〕。它們很少進入中原視野，那些

經濟文化發展的不平衡。這種不平衡在當代發達國家已基本上被消滅，因此，以經濟文化滯後爲特徵的邊疆就成了第三世界特有的風景。韓知寒：《「邊疆」的含義》，《讀書》1999 年第 2 期。

〔註 20〕在本書的論述過程中，是以「昆明形象」爲考察中心，同時在不同的語境中會使用「雲南形象」，但兩者實質是一致的。

〔註 21〕有學者認爲，西周初期出現的「中國」具有三層含義：首先，爲天子所居之京師，「與四方諸侯相對舉」，直到清朝，此義一直在沿用，以此指朝廷、中央與地方、邊疆相對而稱呼。其次，作爲地理名稱，凡郡縣及諸侯王轄區都稱爲「中國」，邊疆民族地區稱爲「裔」。在這裡，「中國」與後世所稱的「內地」相通。此外，在漢代也產生了包括邊疆民族地區均稱爲「中國」的觀念，但這種觀念不占主流。至清朝乾隆末年，中國所有地方都置於朝廷直接派員的管轄之下，雖各地管轄制度各有不同特點，但都由朝廷派員進行管轄。所以在列強侵華之前，「中國」作爲地理概念，已包括全中國所有民族地區。再次，「指夏、商、周三族融爲一體的民族，以夏爲族稱，也包括夏人的文化」。「中國」與「夷蠻」的差別，常常被視爲「文」、「野」差別，歸於「禮儀」者可以不再被視爲「夷蠻」。詳見陳連開：《中國‧華裔‧漢‧中華‧中華民族》，費孝通等著：《中華民族多元一體格局》，中央民族學院出版社，1989年版，第 211～218 頁。

〔註 22〕比如對雲貴交界處彝族的表述，在文獻裏有這樣的記載：「宋家、蔡家，蓋中國之裔也。相傳春秋時楚子往往鹽食宋蔡，俘其人民，放之南徼，遂留爲彝。」（明）查繼佐：《罪惟錄有關雲南事迹》，《雲南史料從刊》（第 3 卷），雲南大學出版社，1998 年版，第 529 頁。

〔註 23〕王明珂認爲，漢代人的中國人的邊疆異族想像對於歷史上的中國認同具有典

從中原走向邊疆的大多是戰亂天災的躲避者、政治的貶謫者、邊關的戍衛者，等等。他們大多是被迫的、無奈的，「邊疆」在他們看來是苦難與悲劇的符號，尤其與不同於漢文化的少數民族文化接觸，使他們產生強烈的不適之感，無法以正常的心態去理解和交流，因而在他們的相關文字也就很難發現邊疆的魅力與色彩，呈現在他們筆下的大多是醜陋的一面，這是他們主觀心象的折射。而這些文字又強化了其「想像的異邦」〔註24〕的效果。由此，在某種程度上，「邊疆」也就成了「奇風異俗」、「野蠻落後」的代名詞，就如薩義德所闡述的西方對東方的那種類似文明與落後的二元對立的想像。近代以來，隨著西方殖民者的入侵，邊疆危機的出現使中國知識分子形成了有別於傳統的「天下」思想的「現代中國」觀念：「在近代國族主義概念下，以及在近代殖民主義列強企圖瓜分中國及其邊緣之資源利益的刺激下，合傳統華夏與其邊緣人群爲一邦的國族藍圖逐漸在中國知識分子心目中形成。作爲一個現代民族國家，此時中國需要一個實質性的國族邊界（national border），而非一異化的族群邊緣（ethnic frontier）。因華夏邊緣人群一直被華夏認爲與自身有長久的血液、文化與血統關聯，因此他們都被劃入中國而包容於一新的『中華民族'之中。」〔註25〕由此，「邊疆」在國人尤其是知識分子心中的地位發生了巨大的變化，它已經不再是一種「想像的異邦」，而是蘊含著民族國家危亡的焦慮。因此，在他們的筆下，出現了對邊疆的讚美之詞，它們成爲「民族復興的根據地」，它們具有「戰士」的品質，即使是描寫那些所謂的「野蠻落後」，也流露出啓蒙的期待。近代以來中國知識分子的「感時憂國」，可以在中國「邊疆形象」的變遷中得到生動的佐證。這種變遷過程也是中國文學由傳統走向現代的過程。當然，此時的「邊疆」形象也不僅僅只是停留在「戰士」或「被啓蒙」的層面，它還呈現出更加豐富的內容，就如中國現代文學

型意義，他認爲：「中國人並不完全依賴內部的文化一致性來凝聚，凝聚他們最主要的力量來自於華夏邊緣的維持。因此，從漢代華夏邊緣形成後，華夏政權便以通婚、貿易、征伐、封貢、賞賜等各種軟硬手段，來羈縻邊疆各部族與國家以維持這個邊緣」。這個「邊緣」它一方面詮釋在此之外『爲何那些人不是中國人』，而另一方面它也詮釋『中國人』的本質，把「族群」與「異族」區分開來。王明珂：《華夏邊緣：歷史記憶與族群認同》，社會科學文獻出版社，2006年版，第204～205頁。

〔註24〕　王銘銘：《想像的異邦：社會與文化人類學散論》，上海人民出版社，1998年版。
〔註25〕　王明珂：《華夏邊緣：歷史記憶與族群認同》，社會科學文獻出版社，2006年版，第208頁。

不僅僅只有「啓蒙」的題旨，還有「革命」，還有「抒情」等現代性表現，對其不斷髮掘的過程，也就是中國現代文學不斷豐富的過程。本書以昆明這座邊疆城市爲例，翔實具體地呈現其形象的變遷，展示其在抗戰時期豐富的內涵，通過文學與城市之間關係的考察，揭示抗戰時期昆明多元形象生成的深層原因，力圖展現在抗戰文學研究中被忽略的一面，從而豐富中國現代文學的表現領域。

二、研究現狀

本書集中討論的是抗戰時期昆明的文學氛圍以及昆明形象在現代文學中的變遷，就目前學界的研究來看，還沒有與之直接相關的研究成果。間接與本論題有關的研究主要體現在以下幾方面：一、雲南現代文學研究；二、文學氛圍研究；三、西南聯大研究；四、中國現代文學中文學與城市關係的研究；五、邊疆（邊地）書寫研究。下面分別對相關研究進行簡單梳理：

（一）雲南現代文學研究

目前學界已有的雲南現代文學研究成果不多，基本上只有蒙樹宏相關的研究：《雲南現代文學大事記初編》〔註26〕，作者在這系列史料性質的文章中對雲南現代文學重要的作家作品、社團活動做了較全面的梳理，爲後來者研究提供了寶貴的史料線索；《雲南抗戰時期文學史》〔註27〕，作者在該著作中使用了許多原始材料，分別從綜述（對相關的文學活動與文學報刊進行介紹）、詩歌、小說、散文、話劇及其他等內容進行闡述，較爲完整地勾勒了現代（主要是四十年代）雲南的文學地圖，並以較大的篇幅論述了白平階、宣伯超、馬子華、李寒谷、繆崇群、楚圖南等雲南本土作家，爲雲南現代文學的深入研究奠定了基礎。但因該著作爲史論性質，只是對一些現象進行簡單列舉，雖內容較全，但層次較淺，也沒有鮮明的問題意識。該著作主要在於史料價值。

（二）文學氛圍研究

在目前的中國現代當文學研究領域，沒有發現專門研究文學氛圍（文化氛圍、文化環境）的著作或者是碩博論文。專門談論類似問題的單篇論文也

〔註26〕 蒙樹宏：《雲南現代文學大事記初編（一）至（五）》，《楚雄師專學報》1992年第2、4期，1993年第1、2、4期。

〔註27〕 蒙樹宏：《雲南抗戰時期文學史》，雲南教育出版社，1998年版。

不多，有一定深度的文章有《文學氛圍中的文學流派》〔註 28〕，該文以文藝
學的理論視野，從「什麼是文學氛圍」、「文學在一定氛圍中的流變」、「當今
文學的氛圍與特徵」、「文學氛圍的美學意義」等四個方面進行理論探討。該
文對筆者理解「文學氛圍」有一定的啓發作用。還有《中國現代文學的又一
次探索——試論四十年代的文學環境》〔註 29〕，作者在文中重點談到重慶、
延安、昆明三個戰時中國文學區域的「氛圍」，認爲正是由於「氛圍」的不
同導致了所屬區域文學特徵的差異，這應該是學界較早一篇從「氛圍」的角
度來討論抗戰時期中國不同區域文學內涵的文章（此外，該文還談及了不同
地區文藝政策的不同，也就是從「制度」的層面來討論）。但儘管如此，隨
著中國現代文學研究領域的不斷拓展，研究方法的逐漸多元，從單純的作家
作品研究到社團流派、文藝報刊、文學出版研究，再到文學制度、文學地
理、文學傳媒等跨領域研究，從單一的內部研究到內部與外部研究相接合，
「文學環境」、「文學（文化）氛圍」逐漸進入研究者的視野，尤其是新世紀
以來「場域」〔註 30〕理論被廣泛地運用於中國現代文學研究之後。近年來隨
著「民國文學史」、「民國史視角」、「民國機制」等以「民國」爲核心的概念
引入中國現代文學研究〔註 31〕，在這一系列研究文章中，論者其實都在不同

〔註28〕 張榮翼：《文學氛圍中的文學流派》，《青海社會科學》1994 年第 4 期。
〔註29〕 王麗麗、程光煒：《中國現代文學的又一次探索——試論四十年代的文學環
　　　　境》，《海南師範學院學報》（社會科學版）2003 年第 2 期。
〔註30〕 該概念來自法國學者皮埃爾·布迪厄，見其著作：《藝術的法則——文學場的
　　　　生成與結構》，劉暉譯，中央編譯出版社，2001 年版。
〔註31〕 在中國現代文學研究界，「民國文學史」作爲一個概念正式提出應該是張福貴
　　　　的《從意義概念返回時間概念——關於中國現代文學史的命名問題》（（香港）
　　　　《文學世紀》2003 年第 4 期），他第一次提出「中華民國文學」的概念。隨後，
　　　　湯溢澤、楊丹丹、趙步陽、陳學祖、王學東等學者發表文章支持用「民國文
　　　　學」代替「中國現代文學」。2011 年，丁帆連續撰文支持「民國文學史」的提
　　　　法，代表文章有《新舊文學的分水嶺——尋找被中國現代文學史遺忘和遮蔽
　　　　了的七年（1912～1919）》（《江蘇社會科學》2011 年第 1 期）、《給新文學史重
　　　　新斷代的理由——關於「民國文學」構想及其它的幾點補充》（《中國現代文
　　　　學研究叢刊》2011 年第 3 期），《「民國文學風範」的再思考》（《文藝爭鳴》2011
　　　　年第 7 期）。由此，「民國文學史」的構想在學界受到廣泛關注。「民國史視角」
　　　　的提出者張中良（筆名秦弓），他在《現代文學的歷史還原與民國史視角》（《湖
　　　　南社會科學》2010 年第 1 期）、《三論現代文學與民國史視角》（《文藝爭鳴》
　　　　2012 年第 1 期）系列論文中，較深入地論述了「民國史視角」的意義和所針
　　　　對的問題。「民國機制」的提出者爲李怡，他最早在論文《「五四」與現代文
　　　　學「民國機制」的形成》（《鄭州大學學報》（哲學社會科學版）2009 年第 4

程度地提到「氛圍」問題，比如丁帆認爲：「自由、平等、博愛」的核心價值觀念，不僅從國家政治的層面確定了對公民與人權的承諾，同時它也是在民族精神的層面倡導了對大寫的人的尊重。正是由於「自由、平等、博愛」的價值理念統攝和籠罩著中國現代文學史，它才有可能產生五四前後的大作家和大作品，才會出現如雨後春筍一般的文學社團和流派。〔註 32〕這其實說的就是「氛圍」，一種因「自由、平等、博愛」價值觀念受到廣大知識分子的認同而營造出來的精神文化氛圍。李怡則在其「民國機制」的闡述中，把「氛圍」當作一個核心內容：「民國機制至少有三個方面的具體體現：作爲知識分子的一種生存空間的基本保障，作爲現代知識文化傳播渠道的基本保障以及作爲精神創造、精神對話的基本書化氛圍。」〔註 33〕同時他強調：「在我看來，除了五四新文化倡導者那些理論激情之外，五四遺產更『堅實』的部分就在於它形成了一種容忍不同思想傾向的話語空間，或者說文化爭鳴的『氛圍』。」「一個巨大的存在某種文化同約性的文化圈營造的是現代中國文化發展的十分寶貴的思想『氛圍』——它在根本上保證了現代中國文化從思想基礎到制度建設的相對穩定和順暢。」〔註 34〕沈衛威在「學衡派」研究及近年的民國大學學術傳統研究中，也非常注重不同文化圈所呈現出來的「氛圍」對有關學人精神氣質的影響以及在文脈與學統所營造的氛圍中彰顯出來的學術特徵與人格魅力〔註 35〕。這些學者的相關研究成果對本書都有一定的啓發。

期）中使用了「民國機制」的概念，在論文《民國機制：中國現代文學的一種闡釋框架》（《廣東社會科學》2010 年第 6 期）與《中國現代文學史的敘述範式》（《中國社會科學》2012 年第 2 期），對「民國機制」展開系統論述，並得到學界相關研究者的響應。

〔註 32〕 丁帆：《新舊文學的分水嶺——尋找被中國現代文學史遺忘和遮蔽了的七年（1912～1919）》，《江蘇社會科學》2011 年第 1 期。

〔註 33〕 李怡：《民國機制：中國現代文學的一種闡釋框架》，《廣東社會科學》2010 年第 6 期。

〔註 34〕 李怡：《「五四」與現代文學「民國機制」的形成》，《鄭州大學學報》2009 年第 4 期。

〔註 35〕 沈衛威：《「學衡派」譜系——歷史與敘事》，江西教育出版社，2007 年版；沈衛威：《民國大學體制下的學分南北》，《山西大學學報（哲學社會科學版）》2012 年第 5 期；沈衛威：《民國文學教育中的大歷史與小細節》，《文藝研究》2012 年第 5 期；沈衛威：《民國大學的文脈與學統》，《探索與爭鳴》2012 年第 11 期。

（三）西南聯大研究

目前西南聯大研究取得了豐碩的成果，除資料彙編、日記書信及各類回憶文字外，學術著作就有：楊立德：《西南聯大教育史》（被稱爲「全國第一部研究西南聯大的專著」），成都出版社，1995 年版；謝泳：《西南聯大與中國現代知識分子》，湖南文藝出版社，1998 年版；趙新林，張國龍：《西南聯大——戰火的洗禮》，上海教育出版社，2000 年版；楊立德：《西南聯大的斯芬克斯之謎》，雲南人民出版社，2005 年版；封海清：《西南聯大文化選擇與文化精神》，雲南人民出版社，2006 年版；袁徵：《孔子·蔡元培·西南聯大——中國教育的發展和轉折》，人民日報出版社，2007 年版；王喜旺：《學術與教育的互動：西南聯大歷史時空中的關照》，陝西教育出版社，2008 年版；伊繼東，周本貞主編《西南聯大與現代中國研究》，人民出版社，2008年版；聞黎民：《抗日戰爭與中國知識分子——西南聯合大學的抗戰軌迹》，社會科學文獻出版社，2009 年版；江渝：《西南聯大：特定歷史時期的大學文化》，電子科技大學出版社，2010 年版。這些著作主要集中於西南聯大在教育方面的精神、特色與對今天教育體制的啓發的研究以及有關西南聯大知識分子精神世界及有關學術的研究。還有與本書有一定關聯的幾本著作：姚丹的《西南聯大歷史情境中的文學活動》（廣西師範大學出版社，2000 年版），該著作集中研究西南聯大文學，是目前對西南聯大文學研究最成系統、也最有深度的研究成果。論著集中指向的問題是：在西南聯大這一特定的歷史情境中，文學活動是如何展開的，其成果與影響有哪些。圍繞這一問題，從文學課堂的設置與課堂的文學教育、課外的文學活動、文學創作的成果、文學創作的影響等方面論述。同時，還對雲南的地緣特點、文學活動的社會背景、師生的日常生活等內容作了描述；李光榮，宣淑君的《季節燃起的花朵——西南聯大文學社團研究》（中華書局，2011 年版），該著作系統地勾勒出了西南聯大的文學社團的創辦過程、文學成就與影響等，是第一部系統研究西南聯大文學社團的著作；美國學者易社強的《戰爭與革命中的西南聯大》（饒佳榮譯，九州出版社，2012 年版），該著作是作者二十年研究心血的結晶，何炳棣稱之爲「迄今最佳聯大校史」〔註36〕。另外還有鄧招華的《西南聯大詩人群研究》（山東師範大學，2009 年博士學位論文），黃菊的《〈文聚〉研究》（西南師範大學，2005 年碩士學位論文），以及一些單篇論

〔註36〕見《戰爭與革命中的西南聯大》一書封底。

文〔註37〕。這些研究基本上不涉及本書的核心論題，即「抗戰時期昆明的文學氛圍與文學書寫」，雖然本書談及的「茶館」、「壁報」、「文聚社」、「西南聯大文學課堂」、《國文月刊》在上述有關的研究中有所涉及，但基本上都不深入展開，一般是概括性描述。雖然沒有與本論題直接有關的研究，但相關的研究還是給筆者提供了一定的參照。

（四）中國現代文學中文學與城市關係研究

在中國現代文學研究領域雖然目前還沒有關於「文學昆明」的研究成果，不管是著作、碩博論文，即使是單篇論文也是非常有限，且研究水準不高，只停留在現象呈現上，且材料相當單薄〔註38〕。但在相關的研究中卻有豐富的成果，尤其是在「文學上海」的研究上，不把單篇論文包括在內，代表性著作就有：《上海摩登——一種新都市文化在中國（1930～1945）》〔註39〕、《想像的城市：文學、電影和視覺上海》〔註40〕、《灰色上海，1937～1945 中

〔註37〕 涉及西南聯大文學研究的單篇論文不多，主要是李光榮的一些史料性質的文章，還有一些論述西南聯大作者作品的文章，這些文章基本與本書論題無關。

〔註38〕 論文有：張永傑：《文學書寫中的故鄉記憶——以汪曾祺筆下的昆明爲中心》，《雲南社會科學》2006 年第 2 期；張多：《西南聯大文學作品中的昆明書寫——昆明的城市空間對 40 年代內遷文人創作的影響》，《消費導刊》2010年第 1 期；張永剛，朱奇瓊：《文學記憶中的城市文化審思——以 20 世紀三四十年代文學中的昆明爲例》，《學術探索》2012 年第 11 期。

〔註39〕 李歐梵：《上海摩登——一種新都市文化在中國（1930～1945）》，毛尖譯，北京大學出版社，2002 年版。該著作從上海 30～40 年代的百貨大樓、舞廳、電影院、跑馬場、月份牌以及新感覺派、張愛玲等文學中的上海都市面影出發，試圖從那個時代具體的空間中所存留的文化、文學的遺留「痕迹」上重構上海的文化、文學景觀。該著作對國內現代當代文學研究領域產生了廣泛、持續的影響。本書的寫作同樣受其影響。

〔註40〕 孫紹誼：《想像的城市：文學、電影和視覺上海》，復旦大學出版社，2009 年版。該著作從「都市空間與文化想像」、「民族國家與全球城市：左翼作家的上海話語」、「被懸置的啓示：上海新感覺」、「映畫都市：銀幕內外的上海想像」、「時裝上海：性別政治與身體權力」、「消費現代性：老上海廣告與三十年代摩登夢」等方面對「上海形象」展開論述。作者以小說、電影、建築、廣告乃至時裝等多重話語構建起來的關於上海都市之想像的考察，探索老上海話語的迷宮，重現檢視都市上海在中國現代政治和文化史上的角色，對層次繁複、意蘊豐富的都市想像重新爬梳整理，建立起上海文化的「另類」特質。此外還有：趙稀方的《小說香港》，生活·讀書·新知三聯書店，2003年版，該著作重點討論文學與城市的互動關係，將香港的文學文本敘述爲三類：英國人的殖民敘述、大陸的國族敘述及香港人的香港敘述；黎湘萍的《文

國文人的隱退、反抗與合作》〔註41〕。碩博論文主要有：《男性想像：小說中
的上海空間》〔註42〕、《晚清狹邪小說的上海書寫與想像》〔註43〕、《移民作
家筆下的二十世紀「上海書寫」》〔註44〕、《文學中的巴黎與上海：以左拉、
茅盾爲例》〔註45〕、《文學中的上海想像》〔註46〕。其他一些相關研究成果：
《北京：城與人》〔註47〕、《北京：都市想像與文化記憶》、《西安：都市想像

　　　　學臺灣——臺灣知識者的文學敘事與理論想像》，人民文學出版社，2003 年
　　　　版，該著作以知識人的視角，採取個案研究方式，梳理和討論了臺灣文學史
　　　　的若干重大問題；王德威的《如此繁華》，上海書店，2006 年版，該著作以北
　　　　京、上海、香港、臺灣四座城市的歷史脈絡、城市與作家的緊密互動爲主題，
　　　　描述了文學中的都市背後所蘊含的豐富想像。
〔註41〕（美）傅葆石：《灰色上海，1937～1945 中國文人的隱退、反抗與合作》，張
　　　　霖譯，劉輝校，生活·讀書·新知三聯書店，2012 年版。該著作與《上海摩
　　　　登》形成對話又構成補充，作者從「隱退：王統照和『抵抗的啓蒙觀』」、「反
　　　　抗：李健吾的戲劇抗爭」、「合作：『古今』派的遺民文學」三個方面出發，
　　　　呈現出與之前學界對「淪陷區上海文學」看法不同的一面，把當時上海文學
　　　　隱秘的一面具體而微地表現出來。
〔註42〕吳文鵾：《男性想像：小說中的上海空間》，華東師範大學，2008 年碩士學位。
　　　　論文從「空間理論、性別視角與文學批評」、「革命語境中的上海空間想像」、
　　　　「改革開放後的上海空間想像」、「上海空間的集體性想像」、「上海空間的差
　　　　異性想像」、「上海空間想像的性別維度」幾方面來闡釋。該論文也涉及 1949
　　　　之後的內容。
〔註43〕孫華華：《晚清狹邪小說的上海書寫與想像》，華中師範大學，2011 年碩士學
　　　　位論文。論文從「『十里洋場』：都市景觀的想像與構建」、「都市『大觀園』：
　　　　妓院」、「報刊與晚清狹邪小說的創作」三部分論述。
〔註44〕張煜：《移民作家筆下的二十世紀「上海書寫」》，蘇州大學，2012 年碩士學位
　　　　論文。論文從「清末民初的上海——初入現代的上海」、「三四十年代的上海
　　　　——發達的現代都市上海」、「五十年代的上——革命／政治語境下的上海」、
　　　　「八九十年代的上海——轉型期／復興期的上海」四方面進行簡單闡述（每
　　　　一部分以三部作品爲中心）。
〔註45〕陳曉蘭：《文學中的巴黎與上海：以左拉、茅盾爲例》，復旦大學，2003 年博
　　　　士學位論文。論文從「上篇：左拉小說中的巴黎」一、左拉：作爲城市『遊
　　　　逛者』的文人：二、巴黎的空間：三、罪惡之城：四、城市的救贖與「下篇：
　　　　茅盾小說中的上海」一、茅盾：作爲集團與黨派成員的文人：二、上海的空
　　　　間：三、畸形的魔都：四、城市的革命等方面展開論述。
〔註46〕張鴻聲：《文學中的上海想像》，浙江大學，2005 年博士學位論文。論文從「文
　　　　學中的上海想像」、「茅盾的上海想像」、「物質與消費意義的國際風格——早
　　　　期海派的上海想像」、「新中國形象與國家工業化——50～70 年代的上海想像」
　　　　幾方面論述。該文也涉及 1949 年之後的內容。
〔註47〕趙園：《北京：城與人》，上海人民出版社，1991 年版。該著作從「城與人」、
　　　　「話說『京味』」、「京味小說與北京文化」、「『北京人』種種」、「城市與文學」

與文化記憶》〔註48〕、《老舍小說創作與北平記憶》〔註49〕、《中國現當代文學中的成都形象——以四部作品爲中心》〔註50〕、《抗戰文學中的重慶主題》〔註51〕、《現代作家的成都書寫》〔註52〕、《大後方文學中的重慶》〔註53〕、《現代文學中的南京形象（1927～1945）》〔註54〕、《小說中的重慶——國統區小說研究的一個視角》〔註55〕、《文學南京——論二三十年代南京文學與政治文化的關係》〔註56〕、《再論抗戰文學中的重慶城市形象塑造》〔註57〕、

幾方面進行闡述。該著作是國內學界較早討論城市與文學關係的著作，它主要集中於對「京味」風格的文學作品進行分析，實質上保留著城市文學形態研究的痕迹，該著作中一些對城市與文學之間關係的精闢論述給筆者以很大的啓迪。

〔註48〕 陳平原、王德威主編：《北京：都市想像與文化記憶》，北京大學出版社，2005年版；陳平原、王德威、陳學超主編：《西安：都市想像與文化記憶》，北京大學出版社，2009年版。

〔註49〕 秦默：《老舍小說創作與北平記憶》，遼寧大學，2011年碩士學位論文。論文從「北平城：文化記憶的彰顯與解析」、「北平人：北平市民形象的塑造」、「京味：溫厚平和的寫作藝術特色」、「北平記憶：老舍小說創作的源泉與束縛」四方面展開論述。

〔註50〕 胡靜雪：《中國現當代文學中的成都形象——以四部作品爲中心》，西南師範大學，2004年碩士學位論文。論文從「成都形象的巴蜀文化語境」、「風姿各異的成都形象」、「成都形象流變的特徵及意義」三方面展開。

〔註51〕 李蕾：《抗戰文學中的重慶主題》，西南大學，2006年碩士學位論文。論文從「抗戰文學中重慶主題的體現類型」、「戰時重慶與作家創作」、「抗戰文學的重慶主題與現代文學的上海主題、北京主題之比較」、「文學中的重慶——大市場」幾方面論述。

〔註52〕 何永芳：《現代作家的成都書寫》，西南大學，2011年碩士學位論文。論文從「成都——黑暗之城」、「成都——悠閒的花園」、「成都城市身份建構」三部分展開。

〔註53〕 陳永萬：《大後方文學中的重慶》，西南大學，2012年碩士學位論文。論文從「陪都重慶的文化特徵」、「流亡者的重慶體驗及重慶形象嬗變」、「烈日炙烤與雨霧籠罩的重慶」、「戰火紛飛下的重慶空間」、「光怪陸離的重慶眾生相」五方面論述。

〔註54〕 史訓剛：《現代文學中的南京形象（1927～1945）》，西南大學，2012年碩士學位論文。論文從「新都」、「迷城」、「左翼話語中的南京想像」、「國都與家園的雙重構想」四方面來論述。

〔註55〕 尹瑩：《小說中的重慶——國統區小說研究的一個視角》，華中師範大學，2009年博士學位論文。論文從「重慶與文學」、「『大家』筆下的重慶：在政治與文學之間」、「通俗作家筆下的重慶：在消閒與責任之間」、「『邊緣』作家筆下的重慶：在浪漫與現實之間」、「年輕作家筆下的重慶：在激情與理智之間」等方面展開。

〔註56〕 張勇：《文學南京——論二三十年代南京文學與政治文化的關係》，南京大學，

《論外省作家筆下的成都形象》〔註 58〕等等。這些研究從不同的角度給筆者以啓示。

（五）邊疆（邊地）書寫研究

在目前學界雖然沒有針對性的「昆明書寫」研究，但有「雲南書寫」研究——段淩宇：《現代中國的邊地想像——以有關雲南的文藝文化文本爲例》（首都師範大學，2012 年博士學位論文）。該論文從「雲南：邊地中國的敘事與想像」、「雲南書寫與現代視角的萌芽」、「階級視野下的民族身份建構」、「人性與文化視域中的雲南書寫」、「消費文化與烏托邦想像」五方面進行論述，就 1949 之前的內容來說，作者只涉及了艾蕪、沈從文、馮至等作家的少數作品，沒有使用當時的原始材料，連基本的「雲南形象」的描寫文字都沒有使用，影響了文章的說服力。論文主要關注十七年時期、文革時期及 80 年代以來相關的內容。論文在討論「雲南想像」時注意到了不同時期的變化，但作者沒有對其進行理論提升。該論文的亮點在於討論十七年時期及 90 年代以來的雲南想像，然因爲使用的文本太少，對論點的論證顯得單薄。但作者從人類學的角度進行觀察則是一種可借鑒的方式。還有其他一些相關的研究成果（主要是當代文學）：《想像西藏——當下文化生產中的「西藏形象」》〔註 59〕、《比較文學視野下的現代化中國想像——華夏邊緣敘述與新時期文化》〔註 60〕、《當代文學中的新疆經驗與書寫》〔註 61〕、《1930 年代前的新疆

2007 年博士學位論文。論文從「與政治文化相關的南京的文化保守主義傳統」、「反政治文化的南京的文學社團與傳媒」、「政治文化催生的南京的文學社團與媒體」、「『文學南京』的獨特性」等方面進行論述，其中，在論文第四章作者專門論述了「新舊文學作品中的南京形象」。

〔註 57〕 王學振：《再論抗戰文學中的重慶城市形象塑造》，《文學評論》2010 年第 2 期。

〔註 58〕 李永東：《論外省作家筆下的成都形象》，《天府新論》2011 年第 1 期。

〔註 59〕 張煜：《想像西藏——當下文化生產中的「西藏形象」》，暨南大學，2003 年碩士學位論文。論文從「想像西藏的方式：塑造『他者』」、「『差異』表述的策略」、「西藏『鏡象』與『自我』映照」、「西藏的言說」幾方面來闡述。

〔註 60〕 劉岩：《比較文學視野下的現代化中國想像——華夏邊緣敘述與新時期文化》，北京大學，2008 年博士學位論文。該論文從「『尋根』思潮與少數族群位置上的中國」、「重寫『長城邊疆』與對話東方哲學：張承志的意義」、「從塞外到海外：兩幅共同體輿圖」、「上海懷舊與『中心』／『邊緣』的再規劃」、「作爲歷史和階級修辭的東北表述」等方面進行論述。

〔註 61〕 陳靜：《當代文學中的新疆經驗與書寫》，蘇州大學，2006 年博士學位論文。論文從「解放的新疆和『人』的解放」、「80 年代：個體生命現實生活的新疆」、

遊記及其文化想像》〔註62〕，等等。雖然這些研究與雲南或昆明無關，但筆者同樣從他們的研究中得到許多養料，尤其是《1930 年代前的新疆遊記及其文化想像》一文給筆者第一章的寫作思路於有益的啟示。

三、研究的對象、方法與思路

本書的論題是「抗戰時期『文學昆明』研究」，主要研究對象是「抗戰時期昆明的文學氛圍與文學書寫」，在時間上主要是抗戰時期即 1937 年 7 月至 1945 年 8 月（當然也會根據具體情況對抗戰之前與抗戰之後有所涉及），在空間上主要是昆明，核心內容是「昆明的文學氛圍」與「昆明的文學書寫」。何為「文學氛圍」？它在本書是指文學活動的外部環境及在文學活動中體現出來的格調，它既包括政治、經濟、教育、法律、制度等文學環境，又包括文學活動本身的旨向、意趣、方式及社會非文學活動參與者與文學活動參與者之間、文學活動參與者相互之間的精神聯繫。筆者認為，良好的「文學氛圍」至少有四個方面的具體體現：作為文學活動的主體——作家，有基本的生存空間及自由的精神空間保障；作為文學活動的客體——作品，有自由傳播渠道的基本保障；作為文學活動的基礎——世界，能形成容忍不同思想傾向的話語空間；作為文學活動必要的組成部分——讀者，能呈現明朗健康、積極對話的精神狀態。文學氛圍除了關注文學活動的外在環境，還關注人與環境、人與人之間的關係。而本書所要討論的「昆明書寫」，套用學者劉俊定義「上海書寫」的話來說，是指以抗戰時期昆明為表現背景，展示抗戰時期知識分子尤其是內遷知識分子在昆明這樣一個邊疆城市的情感方式、價值判斷和生存形態，以及書寫者本身在這種書寫過程中所體現出的對戰時昆明的認識、期待、回憶和想像。〔註63〕在本書中，具體對象主要指抗戰時期的昆明。〔註64〕

在研究方法上，本書最大可能地、嚴謹而廣泛地使用原始材料，這些材料不僅來自當時昆明的《雲南日報》、《中央日報》（昆明版）、《雲南民國日報》、

「90 年代：想像的新疆——詩意的棲居之地」幾方面論述。

〔註62〕鄭亞婕：《1930 年代前的新疆遊記及其文化想像》，《文學評論》2012 年第 4 期。

〔註63〕劉俊：《論二十世紀中國文學中的上海書寫》，《文學評論》2002 年第 3 期。

〔註64〕本書討論的抗戰時期的昆明書寫指當時的昆明書寫，筆者稱之為「文學書寫」，也指後來對那段時期的昆明書寫，筆者稱之為「文學記憶」。

《朝報》、《益世報》、《觀察報》、《掃蕩報》、《正義報》、《戰時知識》、《生活導報》、《自由論壇》等各類報刊，還來自《旅行雜誌》、《青年月刊》、《學生雜誌》、《學生之友》、《抗戰周刊》等各類期刊。主要以實證的方法及以史帶論、史論結合的方法論述觀點，力爭做到「言」必有「據」。同時，借鑒文學社會學、文學地理學、歷史學、政治學、人類學等相關學科的研究方法，進行跨學科研究。

　　在研究思路上，本書從五個部分進行論述，第一部分爲「戰前的雲南書寫」，在這部分當中，主要從當時的相關文字主要是遊記作品出發，闡述雲南（昆明）在外來者眼中的「他者」與「病者」形象，論述其「美好」的一面爲什麼會被忽視或遮蔽而只呈現其「醜陋」的一面，深入考察這種現象產生的原因；第二部分爲「戰時昆明的文化生態」，這部分從「龍雲治下的昆明」、「報刊與書店」、「昆壁報」、「電影院」、「茶館」、「沙龍」等六個方面展開，以實證的方法爲主，從戰時昆明的政治環境、文學出版傳播、精神氣質及戰時昆明的日常文化空間入手討論戰時昆明的文化生態及其所孕育的文學氛圍，尤其是呈現戰時昆明知識分子在這樣文學氛圍中的人際關係與詩意的日常生活；第三部分爲「戰時昆明的文學場域」，這一部分以「西南聯大文學課堂」、「《文聚》」、「《國文月刊》」爲切入點，討論三者之間的內在關聯，闡述在這三個「場域」中「文學氛圍」如何生動地呈現，這種氛圍又如何影響他們的文學創作；第四部分爲「戰時昆明的文學形象」，這一部分以當時的昆明文學書寫爲對象，從「作爲『北平』的昆明」、「作爲『風景』的昆明」、「作爲『戰士』的昆明」三個方面呈現戰時昆明的文學形象，並重點分析這些形象產生的原因，闡述其爲戰時昆明文學氛圍的內在表現；第五部分爲「文學記憶中的戰時昆明」，這一部分在結構與內容上與第一章相呼應，重點討論抗戰之後戰時昆明在馮至、汪曾祺、宗璞等人的文學記憶中以一種怎樣的形象呈現出來，爲什麼會呈現出這種形象；在論文的結語部分，筆者把整篇文章的問題有機統攝起來，即昆明的文學形象在怎樣的歷史情境與文學氛圍中發生了怎樣的改變，從而論證本書的觀點，也就是抗戰時期昆明的文學氛圍深刻地影響著一座城市內涵及其形象的生成，也長久地影響著幾代作家的文學追求與精神世界。同時，闡述文學與城市之間的複雜關係，與現實進行潛在的對話，並提出「文學氛圍」在現當代文學研究中的價值與地位問題。

四、研究的創新點

　　本書的研究對象在目前學界還沒有相關的研究成果，本書重點在於考察抗戰時期昆明的文學氛圍以及在相關的文學氛圍中昆明文學形象的變遷。與目前學界關於西南聯大文學研究注重內部研究相比（比如「西南聯大現代詩群研究」），本書注重於外部研究，從而與其構成補充和形成對話。同時，本書借鑒近年學界的「民國文學」研究成果，提出「文學氛圍研究」這個目前學界幾乎還沒有深入討論的問題，對「文學氛圍」的內涵進行界定與闡述，以「抗戰時期的昆明文學氛圍」為個案，從不同的方面展開，用紮實的史料進行分析論證，把這個命題的研究落到實處，這在目前學界應該是第一次嘗試。筆者試圖以本書的論題為起點，從新的角度「觀看」與「想像」中國現代文學，豐富現代文學的表現內涵，拓展現代文學的研究領域。

第一章　戰前的雲南書寫 [註1]

昆明的傳說

　　大約是四千年前，當時華夏由周朝統治。周朝的一位王子有匹神奇的馬，完全是十足赤金做成的，眼睛是紅寶石，還長著翅膀，像希臘神話中的飛馬珀伽索斯一樣。這匹馬一天內可以環繞地球飛行一周。王子乘坐這匹光芒四射的神馬，巡視父王的領土，並向父王彙報全國官吏在各自崗位上的表現。

　　有一天，王子在空中發現一名年邁的官吏還在過著荒淫無恥的生活，其妻妾人數竟達二十三人之多，比規定的二十一人還多出兩人。王子極為震怒，當即下來嚴厲訓斥了這個荒淫的老頭。王子口若懸河，訓斥完畢，重登座騎衝上雲霄，返回首都之時，天差不多要黑了。

　　當然，王子還不得不把他解救出來的兩個人帶走（這是當時的風尚），而她們的重量降低了金馬的速度，它每小時只能飛行三百英里左右。更糟糕的是，有一個女孩一直往後滑，滑到馬尾巴附近，王子害怕她掉下去，那就可能掉進另一個不講道德的官吏的金屋藏嬌之所，於是乎不得不把她放在自己的一條腿上，用一隻胳膊摟住。而另一個女孩又哭了起來，說她的眩暈症又要犯了，王子不得不把她放在另一條腿上，用另一隻胳膊摟住她。

〔註 1〕要特別說明的是：本書是以「昆明」為討論對象，但因為是對邊疆雲南進行整體性的文學闡述，為了使行文表述的一致，故以「抗戰之前的雲南書寫」為題，其實質與「抗戰之前的昆明書寫」是一致的，因為在本章中談論雲南的材料基本上都是以昆明為對象。同時，本書的「戰前」是指「抗戰之前」，「戰時」是指「抗戰期間」，「戰後」是指「抗戰之後」。

這個時候，王子的夫人在首都等待著王子歸來。她非常著急，因為飯已涼，而她的愛鳥、一隻碧玉做成的鳳凰也開始悶悶不樂、垂頭喪氣，她不明白王子為什麼還不回來。至於王子的夫人，我猜想，也是一位遇事總是喜歡朝壞處想的女人。她認為她丈夫回來一定要大講特講又挽救了一位無辜女性這一類荒誕無稽的故事，彷彿家裏還沒有被她們攪得亂七八糟似的。等到她真正的看到王子宛如天神一樣，神采奕奕，從天空穿雲而下，一條腿上坐著一個美女，王子夫人真是氣壞了。

「親愛的」，她說道，這時王子正朝珍寶亭走來，「我覺得，你還是把這兩個小妖精送回她們家去好。你知道，上個禮拜你從蘇州帶回來六人，僅僅在前天，你又從揚州一位邪惡的將軍手下救出四人，後宮再也容納不下了。」

但王子微微一笑，靠近她的耳朵悄悄地說，兩個人總歸是有地方住的。說到底，他收養這些可憐的人無非是為了維護帝國的道德標準；人所共知，他除了妃子之外是誰也不愛的。妃子說，他的花言巧語，她已經聽膩了。而且，飯已經涼了一個小時了。她正打算問王子，既然他那麼愛她，為什麼昨天晚上不回來，王子又對著她的另一隻耳朵說了些悄悄話，隨即穿過月宮門，回屋去了。

妃子站著想了一會兒，咬著她玲瓏美麗的嘴唇，剛才雖然發洩了一通，但還不能解恨，她決定到後宮去，把王子的侍妾再次抽打一頓。路過金馬旁邊，她又想，如果這個孽畜死了，她的夫君整日上下遨遊的蠢事，也就可以一了百了了。她發現王子忘了取下插在金馬胸部的鑰匙。她明白，只要轉動鑰匙，金馬就可以騰空而起。這可是一個千載難逢的機會，她立即走到金馬跟前，轉動鑰匙，放走了金馬，而且放聲叫道：「飛吧，你，美麗的野獸！飛吧，永遠也別回來！」

任何美麗的東西，她都不想看最後一眼，所以她走到荷池旁邊，盯著陰暗的水面。她聽到雷鳴般的馬蹄聲，還聽到金馬振翅衝天的巨響。妃子不由得歎了一口氣，開始為自己魯莽的行動感到有些兒懊悔。

猛然間，她聽到一聲非常熟悉的呼叫，使她心驚肉跳，擡頭一望，原來是她的愛鳥碧玉鳳凰，世界上最最聰明的鳥兒，棲息在光芒四射的皇家坐騎背上，她展開的雙翅隨風飄揚。妃子悲傷已極，顧不得她前面是什麼，一個勁地往前直追。她跑得越遠，就在荷池中陷得越深，不一會兒就完全消失了，

只留下她的哭泣的回聲還在水面上回蕩。

　　周朝王子知道妃子溺水而死，金馬和鳳凰不知去向，悲痛已極。他下令在全國範圍內搜尋赤金馬和碧玉鳳凰。但是每一河谷都搜索過了，每一座山都仔細地查巡過了，完全看不見她們的蹤迹。

　　又過了三千年左右，有位大將軍，把許多中亞的國家都納入大唐帝國版圖，其中包括南詔王國，也就是今天的雲南省。這位唐朝大將軍來到了今天被稱爲雲南府的平原上，看見遠處有兩座山，造型之奇特引起他極大的好奇心。經過探訪，他瞭解到原來是兩座神山，古時候，一匹赤金駿馬從空中降落下來，變成了石山，同時，一隻碧玉鳳凰降落在另一邊，也經歷了令人驚詫不已的類似的變化過程。這位唐朝大將軍稟性虔敬篤誠，立即跪下向神山頂禮膜拜，他的隨從們一一效尤。千百年之前，皇室兩件愛物的去向，此時方大白於天下。

　　於是，大將軍站起來，鄭重宣告：「在金馬、碧雞（即碧玉鳳凰）兩座神山的影子，到傍晚時分延伸所及的廣袤平原上，我們將要興建一座城市，來紀念歷史上的這一奇迹。讓我們在先賢經久不息的智慧之光指引下，建造好這座城市吧！我們相信，這一創舉，將在皇龍的國土上，受到廣泛的讚揚！」

　　大約又過了三百多年，馬可·波羅來訪，這裡已經是一座繁華的城市，名叫雅岐（又作鴨池，即昆明）。事實上，他對平原兩邊這兩座獨特的山沒有作任何評論，更沒有提到圍繞著兩座山所編織出的種種離奇的故事。因為馬可是個務實的人。他提到人民如何「崇拜偶像，使用紙幣，臣服於天可汗」等等。講完之後，他就急不可耐地把話題轉到他內心深處真正關注的東西上去，即商業和貿易。另外也可能是這樣的情況：兩座山，馬可是看見了，故事他也聽到了，只不過他認爲無非是土著人的迷信而沒有多加考慮。

　　至於雲南人呢，可能是因爲他們喜歡這個故事，也可能是和尚都這麼說，他們可沒有忘記。他們在金馬、碧雞山上修建了寺廟，他們的繡刺和雕刻上都有金馬、碧雞的圖案。幾十年以前，一位總督下令在最熱鬧的一條街道上修建了兩座牌坊。但是，建在絕壁上的寺院還住著幾位和尚，一旦有人問起，他們就會帶你去看，千百年前，那金燦燦的飛馬，四蹄踏著火焰，從九霄雲外衝下來的確切地點。如果還不能令你折服，僧侶還會帶你進入一間室內，在昏暗的燭光下讓你看看一隻用蠟密封著的古老的紅漆盒子，告訴你裏面裝

著金馬的幾根金馬鬃。

這是雲南省府昆明來源的故事之一，也是流傳最廣泛的一個故事〔註2〕，連1930年11月至1931年6月間在雲南旅行的《西行漫記》的作者埃德加‧斯諾對其都有相關的文字記載〔註3〕。然作爲城市的昆明〔註4〕則與美麗的傳說相距甚遠，它作爲一座邊疆城市，雖然早在公元前3世紀莊蹻率楚兵入滇，與滇池地區先民一起在今昆明市晉寧縣晉城一帶築城設治：「始楚威王時，使將軍莊蹻將兵循江上，略巴、黔中以西。莊蹻者，故楚莊王苗裔也。蹻至滇池，方三百里，旁平地，肥饒數千里，以兵威定屬楚。欲歸報，會秦擊奪楚巴、黔中郡，道塞不通，因還，以其眾王滇，變服，從其俗，以長之。」〔註5〕在元代，馬可‧波羅用「這是一座宏偉壯麗的大城市」〔註6〕來

〔註2〕 昆明北枕群山，南臨滇池，金馬、碧雞兩座山左右夾峙，氣象巍峨。清朝詩人趙珙在《望昆明池》中這樣寫道：「巨浸東南是古滇，茫茫池水勢吞天，碧雞莫渡棲平嶺，金馬難行繫野田。塔秀近扶雙寺月，城高搖鎖百族煙，炎風盼得昆明到，何日開襟向北旋。」昆明的傳說主要集中在「金馬」、「碧雞」上。西漢時期就流傳滇南有碧雞神，它的羽毛青翠，能衝破石頭淩空翱翔，所到之處神光閃閃，高飛時有彩雲護隨，啼叫聲清脆悠長，在幾十里之外都能聽見。酈道元在《水經注‧淹水注》中也說，在今天的永仁、大姚一帶的禺同山上，有金馬碧雞，光影倏忽，據傳當地老百姓有許多人見過。東晉常璩在《華陽國志‧南中志》中也有滇池龍馬與凡馬交配而生駿馬及出現孔雀的記述。明代陳文、王毅纂修的《雲南圖經志書》，也有西山曾出現過綠色鳳凰、東山曾出現過金色神馬的記載，等等。參見軍超、超真搜集整理的《昆明的傳說》，中國民間出版社，1982年版；也可見李孝友編著：《昆明風物志》，雲南民族出版社，1983年版。

〔註3〕 （美）埃德加‧斯諾：《馬幫旅行》，李希文等譯，雲南人民出版社，2002年版，第35～39頁。

〔註4〕 「昆明」一詞最早見於《史記卷一百一十六‧西南夷列傳第五十六》，時爲一個族名，即昆明族，至兩宋時期，同時混用爲昆明族所處的區域。唐朝時用作地名（昆明縣），但與今天的昆明無關，而是指今天四川涼山彝族自治州的鹽源縣，因其南邊靠近昆明族地區，故得其名。今天的昆明之設置始於元朝，在《元史卷六十一‧志第十三‧地理四》中有詳細的記載。涂良軍：「昆明」得名來源考，《雲南師範大學學報》（哲學社會科學版）2009年第6期。

〔註5〕 司馬遷：《史記‧卷一百一十六‧西南夷列傳第五十六》，中華書局，1972年版，第2993頁。

〔註6〕 馬可‧波羅：《馬可‧波羅遊記》，梁生智譯，中國文史出版社，1998年版，第160頁。馬可‧波羅這樣描寫「押赤」（即昆明）：「到第五日晚上，便到達省會押赤，這是一座宏偉壯麗的大城市。城中有大量的商人和工匠。這裡居民成分十分複雜，有偶像崇拜者、矗斯托利派基督教徒、薩拉森人或伊斯蘭教徒，但偶像崇拜者的人數最多。這裡盛產米、麥，但人民認爲小麥製成的

對其進行描述，元代昆明白族詩人王昇在其《滇池賦》中有「碧雞峭拔而岌
業，金馬逶迤而玲瓏；玉案峩峩而聳翠，商山隱隱而攢穹。五華鍾造化之秀，
三市當閭閻之衝；雙塔挺擎天之勢，一橋橫貫日之虹」八句描寫昆明景物詩
句，後被列爲最早的「昆明八景」。隨後，明代流放文人楊愼的《滇海曲》與
清代蟄居昆明的寒士孫髯翁的《大觀樓長聯》，也對昆明的自然景觀與歷史意
蘊進行了描述。但這不能掩蓋其在外來者眼中的「他者」形象，在很長的一
段歷史時期，對外界來說，昆明都是一座遙遠的、落後的、想像的城市，直
至抗戰前夕。抗戰之前的邊疆雲南是怎樣的形象？爲什麼會是這樣的形象？
這形象的背後又蘊含著什麼？在本章中筆者將集中討論這些問題。

一

　　抗戰之前的雲南是以一種怎樣的形象呈現在世人面前？

　　這座城市是許多道路的會合點：既是一條鐵路的終點，又是若干馬幫旅
途的起點：既是東西方最後的接觸點，又是東西方最早的接觸點；既是通向
古老的亞洲的大門，又是通向中國荒蕪的邊疆之大門。十九世紀中國的帝國
主義、標新立異的民族主義、弄得稀里胡塗的本地人、不能正常工作的電話
系統、不會亮的電燈、串串銅錢、紙幣、野狗、皮革和古老的刺繡等等這些
所有的東西，都在這個城市被荒誕而絕望地混雜在一起。這個城市伸出一隻
腳在警惕地探索著現代，而另一隻腳卻牢牢地植根於自從忽必烈把它併入帝
國版圖以來就沒有多大變化的環境中。〔註7〕

　　雲南因爲地理環境所限，僻處高山之中，比較沿海各省文化，相差確是
很遠。……一切很腐朽的禮俗……荒謬的思想，尚流行於社會，……固步自
封，太不長進。回想民國初年的時候，雲南的國民精神頗好，如反對袁世凱

　　麵包有害健康，所以不吃麵包而吃大米。他們還用其他穀類加入香料來釀酒，
　　釀出的酒清澈可口。至於貨幣，是用海中的白貝殼充當，這種貝殼也可製成
　　項鍊。八十個貝殼可兌換一個銀幣。這裡有許多鹽井，居民所用的鹽都來自
　　這裡。鹽稅是大汗的大宗收入。土人並不把自己的妻子與別人通姦看成是一
　　種羞辱。這裡有一個大湖（即滇池），方圓近百里，出產各種魚類，其中有些
　　魚的個頭頗大。這裡的居民有生吃禽鳥、綿羊、黃牛和水牛肉的習慣。」從
　　馬可・波羅的描寫中，我們可以看出昆明的風土人情，也可以看出它與中原
　　城市在文明程度上存在的差異。

〔註7〕　（美）埃德加・斯諾：《馬幫旅行》，李希文等譯，雲南人民出版社，2002年
　　　　版，第40頁。原載於1931年7月28日紐約《太陽報》，題爲《兩位實力強
　　　　大的將軍逐鹿邊陲》。

的帝制自衛，以一極邊僻的省份和極微弱的兵力，竟敢不顧一切去抵抗北洋軍閥的唯一巨頭，而使之失敗！……很能表露我滇人民勇敢堅忍不拔的優良民性。……從護國以後……固有的優良精神，似已遠不如前，又因僻在一隅，不免眼光狹小，……聽見不少人說昆明為小上海，殊不知到過上海的人就知道再過五十年昆明也趕不上上海。又聽見有些人自稱昆明市的市政為中國市政的翹楚，其實廣州的市政遠在昆明之上。這些都不免犯「坐井觀天」的弊病。……雲南自然環境很好……但人民精神萎靡，加上社會組織極欠健全，民眾娛樂除吃、賭、嫖抽鴉片煙而外，就如比較多的影戲院所演放的電影，也多屬下流，……使國民精神日益墮落！〔註8〕

這裡是一個文化落後之區，月刊周刊除政府公報之外眞如鳳毛麟角。日報有四家，每家銷數最多的不過二千份，普通是六七百份。最奇特的是報紙在街上永沒有零賣，要看就得定一份，每份大洋九角至一元，比許多上海報紙還要貴，主要原因是紙貴，本地又沒有新聞白紙出產。……在昆明最使人觸目驚心的是煙鬼之多，我曾很留心的在繁盛路口去觀察過路的煙民，這，使我害怕！在五百個成年男子之中，至少有四百個是吸食鴉片煙的，他們面黃肌瘦，神志衰迷，兩眼深陷，面無人色，行路時好像拖上重擔。最惱人的是這煙鬼們的神經麻木與遲鈍，我曾出遊過好幾回，眼總是半睡半眠般的往地望，從沒有雄赳赳氣昂昂目光四射的。我又曾探訪過許多雲南朋友之家，他們差不多都是從煙床上跳出來迎接我，屋內煙霧迷濛，臭氣四溢，使人欲嘔。據說在昆明有百份之八十的住宅有煙床的，他們橫床直竹，吞雲吐霧，男男女女，都愛此道。這廢民之國啊！〔註9〕

「一隻腳在警惕地探索著現代，而另一隻腳卻牢牢地植根於自從忽必烈把它併入帝國版圖以來就沒有多大變化的環境中」、「惰性」、「文化落後」、「廢民之國」等，可以說這是外來者對抗戰之前昆明的一種普遍性印象，也是對雲南的印象。在滇越鐵路〔註10〕通車之前，雲南基本上是與世隔絕。儘

〔註8〕 楊鴻烈：《本省師範學院的使命》，《雲南教育行政周刊》1932年第2卷第13期。

〔註9〕 蕭一平：《滇越桂漫遊記（三）》，《女青年月刊》1936年第15卷第10期。

〔註10〕 滇越鐵路又稱昆河鐵路，從雲南昆明至越南河口，全長469公里，由法國主持修建，1903年10月開工，1910年1月通車，是中國最早的鐵路之一。在很長的歷史時期，滇越鐵路為雲南及毗鄰雲南的西南各省提供了最便利的出海通道，同時，也是外界進入雲南及西南各省最便捷的通道。段錫：《1910年的列車：滇越鐵路百年紀事》，雲南美術出版社，2003年版。

管雲南是中國的東南邊疆，與越南、老撾、緬甸等多個東南亞國家相鄰，民族眾多、資源豐富，國防戰略地位相當重要，但因為遠離中原內地，在地理和文化意義上都處於邊疆地位，經濟、政治、文化等各方面都異常落後。梁啟超在《近代學風之地理之分佈》中的「雲南」條目中指出：雲南自宋至玉斧畫江後，幾為化為，元明清以來，政治上皆在半羈縻的狀態之下，無論文化也。至咸同間寶寧方鴻濛著詩經原始，善能說詩，可比崔東壁，鳳毛麟角致足珍焉。〔註11〕進入民國以來，儘管滇越鐵路開通使雲南與外界的聯繫逐漸加強，雲南逐漸加速了近代化進程，其經濟文化得到一定程度的發展，但這並沒有改變雲南的落後面貌，反而還使雲南的各種資源被法國殖民者所掠奪，加上幣制的混亂〔註12〕，雲南處於十分貧窮之中。有觀察者詳細記錄了相關狀況：

> 法東方匯理銀行，……它，操縱了整個雲南經濟大權，它是法帝國主義侵略雲南的經濟機關，跟滇越鐵路有同一重要作用，是以越幣之漲跌會影響到雲南的一切工商事業上來的。……每百元越幣等於滇幣二千元。據說因為一切雲南貨物出入口都必經越南，每次趁它的滇越鐵路，運費和關稅是十分重大的，幾乎每購入千元貨物從香港或廣州運到這裡來常加上將近二千元的運費和關稅，一條滇越鐵路就把整個雲南經濟與交通把握到法國手上，法幣因在滇用得太多了，東方匯理銀行常把所收得之鈔票從中間打了個銅板大的洞出來作為廢紙，寄回越南總行報賬，又讓商人一批一批的從越南帶到這裡來；這，它的作用是避免中途被劫，可是這一張一張的紙不斷的流入雲南而是二十倍於滇幣的把雲南銀換了去，不，把雲南生產品換了去，這吸雲南膏血的吸血鬼和鴉片煙雙管齊下，簡直把每個雲南人的血都吸收盡了！……在這幣制十分複雜之下，實際僅值

〔註11〕梁啟超：《飲冰室合集》（文集 38～45），第 5 冊，中華書局，1989 年版，第 80 頁。

〔註12〕雲南有富滇銀行所出的新「舊滇票」、「法國票」、「中央票」、「滇洋」、「鎳幣」、「銅元」等若干種。舊滇票五元當新滇票一元，新滇票兩元當中央票一元，當法國票一元二角。滇洋有半元、二角之分，與新滇票價值同。鎳幣有一角、二角、三角數種，銅元有十仙、二十仙、五十仙三種。向尚，李濤等著：《西南旅行雜寫》，中華書局，1937 年版，第 198 頁。向尚、李濤、鍾天石、姚惠滋、汪本仁等人在抗戰爆發前以「國內農村考察團」的名義在西南諸省考察，詳細記錄了考察時的所見所聞，後出版《西南旅行雜寫》一書。

十分之一的幣制之下，試看一般人生活收支是如何！怪可憐的，一個上等兵士只有六十元的月薪（實六元），除食用三十五元之外，實際只剩二十五元（即等於國幣二元五），一個月的費用都在這寥寥二塊半國幣之內。中國兵的生活我想簡直是比牛馬都不如的生活。下等兵則只有四十五元月薪（國幣四元五毛），那更不知如何過日子了。一個小學教員是一百元（十元）至一百五十元（十五元）之間，二百元的很少，僅夠食用，假如交際應酬一下且莫想，有病也糟極……就是公務人員也是薪水微少得很，普通總在國幣四五十元之間，上六十元的算是高級長官了，上國幣百元的更不多見。較之南京大有天淵之別。雲南實在太窮了，窮到不成樣子。〔註13〕

經濟上是這樣，文化領域也是如此。「山國裏的雲南，什麼都是落後，說到負著指導社會的文化事業，也是沉寂可憐；所謂文壇，似乎近無『文』，亦無『壇』的樣子。這當不盡然雲南青年，眞個是『化外之民』在這大時代當前，還沉沉酣夢；一半也由於印刷之不振，及一切客觀條件的制約，叫他們如何來發展才能，培植文藝的園地呢？」〔註14〕「……一提到出版那簡直令人頭痛，雲南的印刷業的幼稚使你無形之中受到了很大的鉗制，譬如我們預備要出一種刊物，在印刷公司要索取很高的代價，甚至超乎上海所能印的代價以上，並且交貨的日期遲緩，印刷技術的低能更不用提——字迹的模糊錯亂，標點不清，裝訂的粗糙，種種都令人不願嘗試第二次……」〔註15〕「……昆明文化空氣是十分稀薄的，十分寂寞的，因之在昆明出版的刊物眞是少得可憐。在記者的記憶中，抗戰以前先後在昆明出版的刊物只有：昆華民眾教育館出版的《昆華讀書雜志》、《昆華民眾教育》和《昆潮》、《春雨》、《新蕊》、《海韻》、《春燕》等雜誌；以及三個學術機構共同出版的《教育與科學》。此外，還有綏靖出版的《軍事月刊》和政訓出版的《政訓周刊》。上述刊物中，除《軍事月刊》和《教育與科學》兩種現尙出版外，別的都已『壽終正寢』了。眞的，抗戰以前昆明的出版界眞是太荒涼了。」〔註16〕等等。就出版而言，民國初年至抗戰爆發之間，雲南存在過約 135 種刊物與 100 份

〔註13〕蕭一平：《滇越桂漫遊記（三）》，《女青年月刊》1936 年第 15 卷第 10 期。

〔註14〕竹溪：《雲南的文藝界》，《讀書月刊》1931 年第 2 卷第 6 期。

〔註15〕秋星：《談談雲南的學術界》，《滇聲》1934 年第 1 期。

〔註16〕楊亞寧：《昆明的筆墨》，《雲南日報》1939 年 3 月 1 日。此文在 3 月 1 日～4 日的《雲南日報》連載。

報紙〔註17〕，儘管在數量上不少，但維持的時間都不長。正如1923年來昆明參加全國教育聯合會議的謝彬在其遊記中所說：「雲南省城刊物，合日刊、間日刊、半周刊、旬刊、半月刊、月刊、季刊、不定期刊，並計不下五十種，可謂極一時之盛。」但他也說「惟惜校刊多無繼續性質，日刊亦感經費困難。其他各種刊物除屬政府外，大率乘興而作，與盡而息之類焉耳。」〔註18〕這些報刊除了少部分外（比如：《均報》，1920年5月創刊，1934年12月停刊；《雲南社會新報》，1923年9月創刊，1938年12月停刊；《金碧日刊》，1919年12月創刊，1928年9月停刊；《新滇日報》，1924年8月創刊，1935年9月停刊；《雲南公報》，1912年8月創刊，1935年12月停刊。1930年創刊的《雲南民國日報》，1935年創刊的《雲南日報》也持續時間較長，一直延續到抗戰結束以後），大多延續的時間都不長，有的甚至只發行了幾期，或只維持了幾個月。比如：《清報》，1911年10月創刊，發行2期後便停刊；《湖光》，1922年7月創刊，1923年2月停刊；《危言日報》，1918年3月創刊，7月停刊；《民意報》，1918年8月創刊，10月停刊；《粹日刊》，1920年3月創刊，5月停刊，等等。爲什麼會出現這種情況，當時有人對其原因進行分析，認爲客觀上的原因是（1）政治上的渾濁，軍閥混戰，帝國主義衝突的影響，時有封閉報館，拘捕記者、扣留電聞、罰令停刊之事發生；（2）交通不便利，教育不普及；主觀上的原因是報紙本身的缺陷，（1）缺乏新聞專門人才；（2）編輯和探訪的缺陷；（3）報業資力的缺乏；（4）營業不得法（廣告的刊發不得法，幾乎全是一些千遍一律的舊式廣告，很少見新廣告，只有「大減價」「大犧牲」「幾周紀念大廉價」等）；（5）印刷未能美善，一爲物資上的不敷應用，二爲技術上的缺乏美化。〔註19〕因此，到抗戰爆發時，昆明就僅「留有三家大報和一家小型報紙，和它的晚刊」〔註20〕。

〔註17〕 雜誌數目，是筆者綜合昆明市志編撰委員會編撰的《昆明市志長編》（卷13・第24～29頁）；雲南省志編撰委員會辦公室編撰的《續雲南通志長編》（中・第160～166頁），《續雲南通志長編》（下・第670～674頁）的內容得出。昆明報紙數目，是筆者參閱昆明市志編撰委員會編撰的《昆明市志長編》（卷13・第20～24頁）；黃茂槐輯的《雲南報紙題錄》，雲南省新聞出版局、出版志編委會主編：《雲南出版史志資料》（第六、七輯）（13～55頁，37～54頁）的相關內容而得出。

〔註18〕 謝彬：《雲南遊記》，中華書局，1924年版，第117頁。

〔註19〕 蘊石：《雲南新聞事專論》，《雲南旅平學會季刊》1934年創刊號。

〔註20〕 「昆明的報紙，《民國日報》是民國十三創刊的；《雲南日報》是民國二十三

　　文學的貧乏則是其文化落後的一種突出表現。雖然雲南也在一定程度上受新文化運動的影響，但由於各種因素尤其是經濟因素的影響，整體來說是落後、陳舊的。就如當時的論者所說：「說到雲南的文藝，那要可憐得使人氣歎！這也當然是它的環境決定了它的命運，在『權力』的極端壓迫之下，就有了作者——進步的作者，也難出版進步的作品，尤其以經濟上的控制，印刷上的不可能，就算『權力』不壓迫你，也怕你不敢大量去出版一個什麼『刊』，莫說要求刊物是進步的。就以不長進的那些風花雪月之類來說，也要你裹足不前，……」〔註21〕文學觀念同樣是這樣，「五四運動後的雲南青年文學思想雖已進步，但是缺乏重心，思想動搖不定。至於北伐以後受惡劣環境壓迫，青年生活尚不能解決，自然無心緒談文學。但是青年拒絕空乏的文學思想而沒有新的思想接替，所以空虛無聊的文學思想依舊存在，而且混亂和淺薄的誇大更甚。」〔註22〕「雲南的文藝界，對於文藝態度的眞確的認識和理解是非常忽視的，甚至沒有完全注意的。這，自己於兩年前即已說過，然到現在還是如此。新近出版的許多期刊，及持久了相當時期的幾種副刊，雖大體上已改進了許多，而在這方面，還是蹈了同樣的覆轍。所以儘管有許多創作發表，而其內容及各種各樣的觀點多爲封建的遺老遺少，……」〔註23〕這種「混亂與淺薄」及「封建的遺老遺少」的文學觀念在雲南本土作家馬子華〔註24〕的辦刊經歷中可以得到很好的說明：「朝曦社是由愛好文學的青年張竣庭、馬

　　創刊的；《南京朝報》是二十七年春遷到昆明；天津《益世報》是二十七年秋遷來，二十八年十一月又遷重慶；《中央日報》是二十八年五月十五日發刊昆明版；二十九年一月旅暹回國僑胞創辦《暹華日報》，後改稱《僑光報》，但四個月後即行停刊；在二十八年的時候，還有幾個比較舊式的報紙，計有《社會新報》、《美聲報》、《大無畏報》、《新商報》等，一體用二號字排印，每天貼在通衢或向機關社團分送，消息多半是轉載，後來就因沒人要看，紛紛停辦了。到現在就留下這三家大報和一家小型報紙，和它的晚刊。」《昆明出版事業》（社論），《昆明周刊》1942 年第 15 期。

〔註21〕丹菲：《雲南文藝漫畫》，《出版消息》1933 年第 24 期。
〔註22〕李正渤：《過去雲南青年思想之一瞥》，《天南》1933 年第 2 卷第 3 期。
〔註23〕《南風第一縷》，《雲南日報》1935 年 5 月 4 日。
〔註24〕馬子華（1912～1996），雲南耳源人，白族，「左聯」成員，1937 年畢業於上海光華大學國文系，1938 年初回到昆明，自 1939 年 1 月起，一直擔任「文協」昆明分會理事。他在抗戰期間編輯過《抗戰周刊》、《抗戰通訊》和《民國日報》副刊「駝鈴」（第 1 期至 105 期），抗戰期間他創作了兩部短篇小說集《飛鷹旗》與《叢莽中》。蒙樹宏：《雲南抗戰時期文學史》，雲南教育出版社，1998年版，第 130～131 頁。

子華、吳家驥、普梅夫、張曉邱等人組織起來的，……但他們之間對辦刊的
方向認識不一致，有的認爲要反映現實、暴露黑暗，有的認爲則應該走風花
雪月之路。……後來內部分裂，馬子華、吳家驥等人另組『春蠶社』，出版《碧
綠酒》，內容爲純風花雪月，馬子華的一篇散文就是《看丫頭洗澡》，很肉麻。
刊物只出了一期便停了。」〔註25〕而讀者的閱讀趣味也可以從一個側面印證
其文學觀念與時代的差距：「至於看的書呢，凡是文學書，尤其是鴛鴦蝴蝶派
小說和劍俠小說，書目總被人翻爛，角兒起了卷折，甚至東一塊、西一塊，
看不明白。……至於書報是例外被人歡迎的，沒有一本不是翻得很舊的了，
因爲上面有姑娘漂亮的臉子和一對胖腿，……」〔註26〕當然觀念的陳舊與落
後不僅僅在文學上，其他方面也同樣如此，比如與文學緊密相關的教育：「這
裡的教育經費是獨立的，所以收入很豐，可惜學校裏的先生們，教授的觀念
方法太幼稚而陳舊，因此，一個初中畢業生不懂乘法，珠算又是不會，假使
比較上海的小學畢業生，恐怕又有天壤之別，這一點，我眞百思不解。還有
一個初中的美術教員，連畫圖的輪廓也不懂。」〔註27〕這一切都表明，昆明
與文化中心北平、上海等地相比，是遠遠落後的。

　　這種「落後」是事實，但很多時候也可能是一種想像，特別是對那些外
界人士來說。「從前，人們一提起雲南，就聯想到那是一個關山萬里，邊戍狼
煙的地方，比起美國人談起非洲還更覺疏遠。」〔註28〕「一說到雲南，在沿
海一帶人們的腦筋中，就會浮起一種遍地不毛愚昧野蠻的想像，以爲那裡的
文化不知落伍到什麼程度；至於當地人，也許是遍身長毛，或者還有尾巴……」
〔註29〕這樣的想像應該說是來自久遠的「傳統」，在關於雲南的最早記載中就
已經出現了「外蠻夷」這樣文化歧視性的「命名」：「西南夷君長以什數，夜
郎最大；其西靡莫之屬以什數，滇最大；自滇以北君長以什數，邛都最大：
此皆魋結，耕田，有邑聚。其外西自同師以東，北至楪榆，名爲崔、昆明，
皆編髮，隨畜遷徙，毋常處，毋君長，地方可數千里。自崔以東北，君長以
什數，徒、筰都最大；自筰以東北，君長以什數，冉駹最大。其俗或士著，

〔註25〕范欽爕：《「朝曦社」與「春蠶社」的文藝活動》，《昆明市志長編》（卷13），
　　　　第19頁。
〔註26〕冷眼：《昆明圖書館印象記》，《雲南日報》1935年7月18日。
〔註27〕火星：《烏煙瘴氣話昆明》，《禮拜六》1935年第586期。
〔註28〕麥浪：《昆明畫像》，《半月文萃》1943年第1卷第9〜10期。
〔註29〕李啓愚：《昆明風光》，《旅行雜誌》1938年第12卷第1期。

或移徙，在蜀之西。自厓馳以東北，君長以什數，白馬最大，皆氐類也。此皆巴蜀西南外蠻夷也。」〔註30〕不管是外國人還是本國人，在他們看來，雲南都是「異邦」，是西方的「異邦」，也是中國的「異邦」。「予遊歷雲南全省，觀其政治社會道德神教一切情狀，與沿江沿海各省，截然不同。似自上古於至今日，永遠未變者。予遊歷至此，恍若置身於二千年之前矣。」〔註31〕「苗族婦女未出嫁之前，雜居無別，直與禽獸無異，其人亦毫不以爲恥。自降生以至於成人，惟習慣於無恥之中。常其幼童之時，已多爲苟且之行，即十歲之幼女，亦所不免。……故自吾歐人觀之，苗族大半皆爲私生子也。……其社會之情狀，不外於爭奪二字，弱肉強食，視爲固然。其中黑暗之情形，有非吾人言語所能形容者。」〔註32〕「嗚呼！支那旅館嗚呼！支那旅館不惟不便不快，而且污穢異常，世界上當無有出其右者。以廐論，與其謂爲廐，勿寧謂爲糞草堆，可憐之動物。（乘馬及馱馬）立於惡臭之糞草中，殆沒其胸部。廚房污穢特甚，一間令人嘔吐，而客室亦可知。小瓦房之陋屋，雖有窗而僅糊以棉紙，室內床桌雖多，特污穢。床上有稿蘆席子，騷臭蟲及一切寄生蟲，人將寐而盡數群集，其苦況眞有甚於地獄者。」〔註33〕「雲南之政治如何？是否有部落酋長？雲南之教育如何？是否有普通學校？雲南之出產除鴉片外爲何？雲南之社會如何？猶如中區各省之中古時代乎？雲南之人種如何？純係苗遺乎？語言文字如何？有操普通官話乎？風俗習慣如何？苗蠻專以殺人爲能事乎？衣服裝飾如何？尚有赤身裸體乎？滇人大都自小抽鴉片煙而如吾人抽香煙乎？滇人來外求學對於語言一項，須先學習若干時日？……」〔註34〕這樣的描述大量出現在當時的文字尤其是遊記文字中，在這些文字中，雲南給我們的整體印象就是「原始」、「野蠻」、「落後」或者「病者」。

其實雲南也有並不「原始」、「野蠻」、「落後」的一面。滇越鐵路開通以

〔註30〕司馬遷：《史記卷一百一十六・西南夷列傳第五十六》，中華書局，1972 年版，第 2991 頁。其中，「滇」爲今昆明附近，「昆明」爲「昆明族」——筆者注。

〔註31〕（英）丁格爾：《丁格爾步行中國遊記・自騰越至新街》，陳曾谷譯，《東方雜誌》1912 年第 9 卷第 5 號。

〔註32〕（英）丁格爾：《丁格爾步行中國遊記・自云南府至大理府》，陳曾谷譯，《東方雜誌》1912 年第 9 卷第 6 號。

〔註33〕（法）周伯熙著，直齋譯：《雲南遊記》，《雲南》1907 年第 9 期。原文無標點，文章標點爲筆者所加。

〔註34〕艾朝楷：《我人對於雲南之認識》，《滇聲》1935 年第 2 期。

後，昆明就逐漸繁華起來，金馬碧雞一帶「百貨薈萃，人煙輻集」，「滇省人民誠爲樸實，今則不然……近來滇省新人物輩出，或遊學自海外歸來，或服官自他省返里。捨其舊有樸實之風而沐新學文明之化。款客時必用洋酒，非此不恭，故一席達數十元，視爲恒事。」〔註35〕自龍雲執政以來，雲南社會更是出現了新氣象（第二章將談及），有人記錄下了抗戰前夕昆明人的精神面貌：

> 昆明人因天然環境適宜，大多風流秀雅，尤以婦女，十九都眉清目秀，體態健美。所穿服裝，公務人員一律著長衫戴呢帽，商人亦著長衫戴瓜皮小帽，勞工則著短衫戴竹帽，與廣西公務員一律著灰布短裝情形完全相反。人說「廣西是軍國主義，短靠短打；雲南是文治主義，長袖善舞。」婦女不論老少，大多著旗袍革履，惟年紀較大者，腳小履大，行動不免妮妞，少女則不然，腳大步大，走來煞是雄邁，頗有西洋女人風度。間亦看見一般少女，易衩爲弁，穿長衫戴禮帽，或著西裝，爲他處未嘗見到的。又常見一般女兵，女警察身著制服，腰佩刺刀，遠看與男兵無異，挺胸闊步，氣宇軒昂。〔註36〕

除了昆明人的精神面貌呈現出不同於某些外來者眼中的「惰性」之外，有些數據則能說明其在某些方面並不落後，比如教育。昆明的教育尤其是小學教育發展態勢良好，社會教育也比較完善。據統計，民國十九年省教育廳開始在全省實施義務教育，這一年，全省計有小學 4931 校，學生 19.5 萬餘人。以後經過發展，1934 年全省小學共有 10438 校，學生 44.8 萬餘人，較 1930年增加了 1 倍以上。〔註37〕有些觀察者這樣評價：「昆明的教育並不落伍，全市小學約有七八十所，就學人數也達二萬左右，約占昆明全市的學齡兒童總數的百分之九十以上，這在文盲占百分之八十左右的中國裏不能不算是一種好現象。至於社會教育也很發達，像圖書館，閱報室等推廣社會教育的機關也不少。這種現象是別處所少有的。」〔註38〕「昆明市教育能如此普及

〔註35〕 士青：《遊滇紀事》，上海中華書局，1924 年版，第 125～126 頁。作者於 1915年從上海經香港、河內、老街一線進入雲南，隨筆記錄沿途見聞。反映民國初年雲南社會歷史，尤其對昆明的世風民情、建築景物進行了詳細記錄。
〔註36〕 向尚、李濤等著：《西南旅行雜寫》，中華書局，1937 年版，第 196 頁。
〔註37〕 《雲南教育大事記》，雲南大學出版社，1989 年版，第 54 頁。
〔註38〕 田家漢：《南行雜集‧返粵途中話雲南》，《禮拜六》1937 年第 697 期。

在各省中，殆首屈一指」。〔註39〕社會文化機構比如圖書館也不是很落後。
抗戰之前雲南有105個（基本上在昆明），比全國最多圖書館的廣東省雖然還
少249個，但在全國各省中，雲南仍占第8位，從數量上來看，是不落伍
的。〔註40〕謝彬也在其遊記中說，在西南各省的城市中，昆明的社會教育機
關「頗稱完備」〔註41〕。在昆明，也逐漸形成一種比較濃鬱的讀書氛圍。「閱
覽室（雲南省立昆華圖書館的閱覽室——筆者注）一再擴充，閱覽時間延
長，從上午八點到夜間九點，中間不休息，讀者經常滿座。兒童閱覽室每日
閱覽兒童亦極踴躍。」〔註42〕「昆明現已辦有巡迴文庫兩具：一為車式，一
為箱式。……巡迴文庫之書及經理人，即以第一、第二閱覽所之書之人充
之，所以節經費而利進行也。現聞此兩文庫，每日均滿載而出，歸來皆空空
如也。」〔註43〕而雲南青年對文藝的愛好，在這樣一個文化落後的「山國」
中，今天的我們可能是想像不到的。「省立昆華師範學校，……圖書館新舊書
籍一萬八千四百餘部，雜誌四十餘種，每日閱覽人數平均二百餘人。學生閱
書興趣多嗜文學方面，次為社會科學方面。」「東陸大學圖書館有二萬一千冊
藏書，借者每日平均百餘人，所閱書籍之種類，偏於文學者多。」〔註44〕
「誰也想不到在一切落伍的山國裏。他的文藝興趣竟會這樣的普遍與濃厚。
在這樣一個環境中的青年們，他們的書架上、床頭上常有小小的詩冊與肉
感小說堆積著，在他們高興或熱情的時候，也常常學寫著兩行歪詩，或是
寫幾篇無病呻吟的頹廢的肉麻文章，那無疑的他就算很有文學天才，更是
出健風頭，以摩登青年時髦學子自居了。」〔註45〕更有趣的是下面這則「故
事」：

> 有一次，和一個朋友在吃茶的地方遇到兩個瘦瘦的青年，一個
> 養長了頭髮，一個沒有戴眼鏡，卻常常說眼睛近視了，看人似乎故
> 意有點不方便。經朋友介紹後，知道是常常投稿在報紙副刊上發表
> 的作家。互相寒暄一下，他們便說一陣中國如何的沒有作家和雲南

〔註39〕謝彬：《雲南遊記》，中華書局，1924年版，第66頁。
〔註40〕張鴻書：《圖書館巡禮》，《雲南旅平學會季刊》1935年第1卷第4期。
〔註41〕謝彬：《雲南遊記》，上海書局，1924年版，第117頁。
〔註42〕於乃義：《雲南圖書館三十年見聞錄》，《雲南文史資料》（第七輯），第221～
223頁。
〔註43〕謝彬：《雲南遊記》，中華書局，1924年版，第117頁。
〔註44〕侯鴻鑒：《西南漫遊記》，（無錫）錫成印刷公司，1935年版，第90頁。
〔註45〕陳金燦：《雲南學生醉心文藝的錯誤》，《天南》1933年第1卷第2期。

如何缺乏人才這一類的話，他們後來似乎看得起的問我：「你在上海什麼刊物上發表文章？」我也不慚愧地說「沒有發表什麼」。他們好像很失望，爲我抱歉似的，隨即站起來要走，並從口袋裏拿出一封信說：「我們要去寄這封信，這信是我倆寫給沈從文的……」〔註46〕

針對雲南青年對文藝的「過度」喜愛的現象，有人甚至撰文進行批評，認爲「……在雲南這樣的環境中，青年們文藝興趣極其濃厚，同時似乎有一種不天天讀文學作品就不是現代青年的趨勢，就這一點看去就已經是錯誤的了。」「在寶貴的求學時期，應當腳踏實地，求點實在的學識，以免將來脫離學校後到社會上無棲身之所，同時更不可在求學時代醉心在文藝的書籍堆中，結果旋入消極頹廢的漩渦裏，或許爲此更把你一生的雄志埋沒了，……」〔註47〕不管批評者的觀點如何，從這些文字中我們還是可以看出雲南有其並不「原始」、「野蠻」、「落後」的一面。

二

但是，翻閱那段時期的報刊文獻，發現這樣的內容（小學教育、社會教育的比較發達，讀書氛圍的日益濃厚，雲南青年對文藝的喜愛等等）卻很少出現在外來者筆下。爲什麼會出現這種現象？這是一個非常有意味的話題。在晚清以前，作爲西南邊疆的雲南或者說邊陲城市的昆明，外界對它的瞭解大多來自使臣、軍人、貶謫的官員、流放的罪犯以及偶爾經過的旅人等人群的記錄或描述。他們來到這邊疆之地，首先感受到的是路途關山重重的艱難及異域文化的反差，他們尤其是那些被貶或流放的知識分子往往會把自己看成不幸者，比如在明代被流放至滇的楊慎就寫有這樣的詩句：「落阱重逢下石人，七旬衰病命逡巡。藤蘿深箐猿猱穴，瘴癘窮山虎豹鄰。枯木幾時沾雨露，戴盆何地見星辰！元夫幸遇暌孤日，寂寞寒灰也望春。」〔註48〕有論者這樣描述那些西去和出塞文人的心理世界：「『故鄉在遠方』的西去和出塞，便成了一條刑罰之路、一條流放之路、一條冒險之路、一條避禍之路，一次離開故地的『失根』之旅。小人物的苦難命運，他們生存的艱難和心靈的熬煎，

〔註46〕韜哲：《故鄉談屑》，《滇聲》1934 年第 1 期。

〔註47〕陳金燦：《雲南學生醉心文藝的錯誤》，《天南》1933 年第 1 卷第 2 期。

〔註48〕楊慎：《廣心樓夜宿病中作》，王文才選注《楊慎詩選》，四川人民出版社，1981 年版，第 140 頁。

他們的卑微和絕望，屢屢出現在眾多作家作品中，讀之令人熱淚橫流，流溢著濃烈的人道主義色彩。」〔註49〕可以說，大多數「南遷」雲南的知識分子也同樣如此。但他們的描述很可能與客觀現實存在差距，因此考察關於雲南的描述，不能忽視描述的歷史語境，這些言說在什麼情況下發生的，誰在言說，面對誰言說，言說的內容是什麼等等，都是不能忽略的。那些身份、背景、心理世界各不相同的外來者初到雲南時不可能對周圍的世界有一個全面深刻的瞭解，他們基本上是以一種單向度的方式描述本地的風土人情，尤其是他們不熟悉的少數民族傳統與文化。他們在為其美好的氣候與美麗的自然景色所陶醉的同時，也以中原文化的眼光來打量這片「蠻荒」土地的人與事，不適之感也就不可避免地發生，再加上艱苦的生活條件與遠離親朋的思緒，鄉愁也就自然而然地彌漫於心頭。這不能說是一種人為的「文化意識形態」。因為他們的眼光也是由他們所浸染的中原文化所塑造，正如薩義德所說：「作者並不是機械地為意識形態、階級或經濟歷史所驅使；但是我相信，作者的確生活在他們自己的社會中，這在不同程度上塑造著他們的歷史和社會經驗，也為他們的歷史和社會經驗所塑造。」〔註50〕就如前文所述的那些關於雲南印象的不同文字，毫無疑問，這種「描述」與「真實」之間是存在差距的，而大量呈現的關於其「落後」的文字也就在不斷地強化著人們尤其是那些沒有到過雲南人們對它的印象，上海人對雲南的詢問就能很好地說明這一點。葛兆光在分析旅行記中的異域記憶時說：「關於異域蠻族『非人』和『野蠻』的故事，常常並不來自異域的觀察卻來自本土的想像。古代中國人相信自己的『文明』，而想當然地認定四夷的『野蠻』，當他們仍處在這一歷史傳統中，挾著本土的想像去看異域的生活時，總是把一些恐怖怪異、不可理喻的事情附益在自己並不熟悉的空間裏。」「在無從建立被普遍認同的標準和真理時，來自歷史和傳統的經驗決定著評價的尺度，支持著想像的產生，……人們也只能借助類似《山海經》這樣的神話、《職貢圖》這樣的圖像和旅行記一類的見聞來建構世界，只是在這些屢雜了幻想、傳聞和實際觀察的知識中，總是滲透了觀察者自己的固執、偏見和想像。」〔註51〕對於大多沒到過雲南

〔註49〕丁帆主編：《中國西部現代文學史》，人民文學出版社，2004年版，第26頁。

〔註50〕（美）愛德華・W・薩義德：《文化與帝國主義》，李琨譯，生活・讀書・新知三聯書店，2003年版，第72頁。

〔註51〕葛兆光：《宅茲中國——重建有關『中國』的歷史論述》，中華書局，2011年版，第76、85頁。

的人來說，同樣也是如此，雲南對他們來說只是一個概念，一個歷史和地理名詞，他們對雲南的印象是「滲透了觀察者自己的固執、偏見和想像」。因爲各種原因（主要是文化、教育的欠發達），民國早期的雲南內部很少發出自己的聲音，也缺少這樣的機會，因此「雲南形象」基本上是外來者敘述與建構起來的，雲南始終處於被動的客體位置。而這種敘述與建構又與前人的敘述與建構有關，「落後」、「野蠻」等可能早已隱藏在他們的意識深處，再加上自身的文化優越感和孤寂寥落的心情，雲南那種「落後」、「蠻荒」的印象就可能被進一步強化、成爲一種表述的「套話」〔註52〕。

　　有學者這樣認爲：「文化景觀不僅眼中可見，而且其它感官也能感覺得到。在一座城市中，民族音樂的聲音，少數民族食品的氣味以及語言或方言的語調都增強了周圍的文化氛圍。對一個區域的印象是由具體或抽象的概念和先入之見所構成的。如果你偶然接觸到另一種文化或另一個國家，對於不熟悉的環境你可能產生極爲深刻的印象。」〔註53〕其實，不管這些外來者筆下的雲南形象是否眞實，都只是他們個人的感受，並且充滿著偶然性，是一種對文化「他者」的表述，就如法國學者巴柔所說：「一切形象都源於自我與『他者』，本土與『異域』的自覺意識當中。因此形象即爲對兩種類型文化現實間的差距所作的文學的與非文學的，且能說明符指關係的表述。」〔註54〕同時，「探險者穿越領土，他們作爲旅行者的相對地位是對『置身於外部』的觀點的確認，同時，也提供了地理學中的知識是怎樣被製造出來的歷史先例。這樣的旅行者容易把偶然相遇的那些人降低爲一連串的被觀察的對象——在探索過程中遇到的那些人，他們只是與考察者的旅行相關，而不是與他們自己的生活背景或與他們有關的特性或地理學的觀點相關。」〔註55〕在某種意義上，「雲南形象」就是「被製造出來的」，那些個人感受的文字經過

〔註52〕　「『套話』是一種摘要、概述，是對作爲一種文化、一種意識形態和文化體系標誌的表述。它在一種簡化了的文化表述和一個社會間建立起一致的關係。套話涉及文化、意識形態、等級差別等重大問題。」周寧：《天朝遙遠：西方的中國形象研究》，北京大學出版社，2006 年版，第 38 頁。

〔註53〕　（美）H・J 德伯里：《人文地理：文化社會與空間》，王民、王發增、程玉申等譯，北京師範大學出版社，1988 年版，第 168 頁。

〔註54〕　（法）達尼埃爾・亨利・巴柔：《形象》，孟華譯，孟華主編：《比較文學形象學》，北京大學出版社，2001 年版，第 155 頁。

〔註55〕　（英）邁克・克朗：《文化地理學》，楊淑華、宋慧敏譯，南京大學出版社，2005 年版，第 170 頁。

內地尤其是上海那樣報章發達的地方不斷傳播後，這種「個人感受」就逐漸變成了「一般性知識」而沉澱在國人心裏和社會輿論之中。同時，在一些相關的描述文字中，我們還可以發現雲南「病」的形象，這是一種文化隱喻，如蘇珊‧桑塔格所說：「在對疾病的想像與異邦的想像之間存在著某種聯繫。它或許就隱藏在有關邪惡的概念中，即不合時宜地把邪惡與非我、異族等同起來。」〔註 56〕它的背後是一種薩義德所說的「東方式」的觀念與想像。在很長的時間內，對於當時真正生活在雲南的人們來說，因為文化教育的相對落後及出版業的不發達，他們基本上沒有機會閱讀這類外來者的描述，因此也就很少有機會傳達他們的心聲，也就是說在「雲南形象」的傳播過程中，真正生於斯長於斯的人們是「沉默者」。於是，在這樣話語權力不平等的情況下，那些在很大程度上帶有「文化想像」的「個人感受」文字就演變成「真實」的「雲南形象」，可以說這種形象在抗戰之前的幾十年間一直作為一種想像的「邊疆風景」而存在於對雲南的敘述之中，「……當風景和自然與某一實體環境融為一體時，這種環境並未停止負載與自然有關的價值意義和規範意義。相反，這些意義變得更加自然，因為它們看起來不再源於某一主體、某一作家或藝術家創造的藝術景色，而是來自客觀現實本身。」〔註 57〕因此，對那些具有文化優越感的外來者來說，他們所看到的雲南落後與蠻荒的「風景」也就具有某種「價值意義」與「規範意義」，於是，在對雲南的不斷敘述中，那些也許是文化想像的「風景」也就成了客觀現實。

美國學者溫迪‧J.達比說：「風景的再現並非與政治沒有關聯，而是深度植於權力與知識的關係之中。」〔註 58〕從前文的敘述可以看出，民國前期尤其是滇越鐵路開通前後對雲南的描述中，不管是外國旅人還是京滬之地者，因為「知識權力」，他們都自覺不自覺地把雲南當作「他者」的形象來描述與建構，對雲南的異質文化所呈現的民情風俗與人文景觀很少持讚美之情，對雲南民眾也缺乏同情憐憫之心，而基本上持一種排斥貶低和誇大的態度，言語之間時常流露出一種鄙視之意。「……既至緬甸，則西方文明景象，復現於

〔註 56〕 （美）蘇珊‧桑塔格：《疾病的隱喻》，程巍譯，上海譯文出版社，2003 年版，第 121 頁。

〔註 57〕 （美）溫迪‧J.達比：《風景與認同——英國民族與階級地理》，張箭飛、趙紅英譯，譯林出版社，2011 年版，第 29 頁。

〔註 58〕 （美）溫迪‧J.達比：《風景與認同——英國民族與階級地理》，張箭飛、趙紅英譯，譯林出版社，2011 年版，第 9 頁。

予之目前。老大之中國，乃在予之後矣。當在中國內地遊行時，終日相伴者，不過粗愚之苦力，及至一地，則身入狹隘汗穢之客店，綿綿數千里，皆不出此景況。今一旦復履英國之土地，見歐式之房屋，及其餘一切便利美好之物，其爲愉快可知也。」〔註 59〕「予所經歷雲南之內地，乃歐人之所鮮至者。其人種似西方遷移而來，實人類中甚卑下之種，其面目既醜。聽其語言，亦毫無思想，然彼心中固覺其道德和知識，勝於予等也。」〔註 60〕「自吾人觀之，則以爲世界中至愚極蠢最野蠻最無用者當無過於支那之夫人，異日國亡種滅其原因當在此。此等土人之夫人頗未開化，最忌照相，以故余等照彼等之相頗費幾多心力。」〔註 61〕「朋友說昆明是個遠遠落後於南京上海的城市，到了昆明之後我發現他的話一點不虛，看街上那到處亂跑的豬和牛，還有那黑瘦黑瘦的打著哈欠的男子（抽鴉片之故），你以爲是走進了非洲的某個部落，還有那散發出臭氣的石板路，簡直讓人無法忍受……」〔註 62〕等等。這類文字或拿西方國家與雲南比較，或拿昆明與南京上海相比，以一種「先進／落後」的眼光來看待雲南，再加上「我們對遠方世界會……不自覺地會以一種搜奇獵異的眼光去看它，描述它時，更會誇張、擴大彼此相異之處，以滿足聽聞者的心理需求。」〔註 63〕這「遊記」類的文字也往往因爲作者標榜的「親歷者」記錄而使人們「信以爲眞」，其實「這些本來應當是實錄的東西，由於作者自身的知識和經驗，常常把原來習得的記憶和資源帶進自己的記錄中，所謂『耳聽爲虛』常常會遮蔽『眼見爲實』，特別是他們對異域之『異』的格外興趣，總是使他們的旅行記不由自主地把『實錄』變成『傳奇』」。〔註 64〕由此，那原本在很大程度上建構起來的文化想像也就進一步強化了外界對雲南的不良印象，誤解也便日益加深。

隨著時代的發展，雲南本地的一些有識之士逐漸認識到這一點，認爲這類文字會對雲南產生不良影響：「雲南自滇越鐵路開通後，有不少內地人尤

〔註 59〕 （英）《丁格爾步行中國遊記・自騰越至新街》，陳曾谷譯，《東方雜誌》1913年第 9 卷第 9 號。

〔註 60〕 （英）《丁格爾步行中國遊記・自東川府至雲南府》，陳曾谷譯，《東方雜誌》1912 年第 9 卷第 5 號。

〔註 61〕 （法）周伯熙著，直齋譯：《雲南遊記》，《雲南》1907 年第 9 期。

〔註 62〕 青萍：《昆明街頭》，《天南》1933 年第 2 卷第 4 期。

〔註 63〕 龔鵬程：《遊的精神文化史論》，河北教育出版社，2001 年版，第 283 頁。

〔註 64〕 葛兆光：《宅茲中國——重建有關『中國』的歷史論述》，中華書局，2011 年版，第 71 頁。

其是京滬等地的考察團或私人來滇旅行考察，但在一些雜誌的文章裏經常讀到一些遊記，他們總愛拿昆明與北平上海相比，然後進行批評，說些落後亡國之類的話。這對雲南來說是一種不正確的態度，也是不公平的。」〔註65〕作者認為，不能把雲南與發達地區之間的差距無限誇大，從而使人認為雲南對中國來說是一個包袱，一個被人嘲笑的談資。雖然雲南與內地尤其是與京滬等地相比是落後的，但應看到它的變化，它的向上的風氣，尤其是雲南人那種堅韌、淳樸的品質，以及它在中國的重要戰略地位等等。有的論者則對國人看待邊疆的文化心理進行深入分析，認為這種心理會使之忽略邊疆問題：「國人數千年來之傳統思想，即為自尊自大。在鴉片戰爭以前，國人恒視外國為『夷狄之邦』關於外人知一切，均以為不足注意。國人更將此種錯誤心理加諸諸邊疆之上，以為邊疆文化低落，一切落後非若中原富庶之區，全國文化中心也。國人對邊疆既有如此心理，故以為邊疆問題未有注意與研究之價值也。」〔註66〕認為對雲南不能停留在對其外在表象的描述，不應該以各種文字來渲染雲南的落後、愚昧等，而要關注云南地理問題，要把雲南放在全國的重要戰略地位來評價，從而為雲南做一些切實的工作：

> 今日國人對雲南之看法，不應一味以落後愚昧之形容，而忽視其在國家重要之地位。方今國家多故，苟外人一旦乘機而進佔我整個雲南，我人勢必不知其所以，或將以為偶然之事。殊不知雲南礦產豐富，氣候溫和，且在國防之重要，為外人所垂涎。若不急起直追，雲南非將我所有，所謂東北之續是不難實現也。以故我人宜糾正以往思想。打破傳統觀念，關心雲南問題，注意雲南地理。在滇人尤其應積極振拔，挽回頹風。而知雲南重要問題之所在，如發展交通也，劃清界務也，普及教育也，禁絕鴉片也，要之，無一不為雲南目前之急務。不然，則不僅雲南一省堪虞，抑且我整個邊疆亦將不堪設想矣！〔註67〕

隨著邊疆危機的步步緊逼，外來知識分子對雲南的看法也逐漸發生改變，不再像前文所敘述的那樣來描述它，不再把它看著為中原的「他者」和中華民

〔註65〕程誠秋：《怎樣看雲南》，《雲南日報》1935年7月19日。
〔註66〕艾朝楷：《我人對於雲南之認識》，《滇聲》1935年第2期。
〔註67〕艾朝楷：《我人對於雲南之認識》，《滇聲》1935年第2期。

族「異化」的族群，而是把它看成國家的一部分，看成為中華民族的一部分。儘管雲南仍有其「陳舊」與「腐爛」的一面，但依然對它有留戀之情，希望改變它，建設它：「……雖是一個沒落陳舊而腐爛的昆明，在這裡也沒有足以牽念我的人留在，可是野心總給我引起幾分不大捨得離開昆明的念頭。真的我想如果沒有別的事牽掣，我將集中精神依照我原定計劃來經營滇桂，我將以滇桂作復興中國的支哥拉，我將在滇桂建立一個強有力的山國，進可以戰退可以守的山國！」〔註68〕他們在此發現了「蓬勃的氣象」：「其實昆明並不是我們想像的那樣一片荒蕪，雖然其文化水準不能與京滬等地相比，但近幾年還是有一種蓬勃的氣象。聽說龍雲主席為雲南的文化教育花了很多精力，很受當地人的擁護。走在昆明街頭，可以看到很多有朝氣的、健步行走的年輕人，他們似乎感覺到這個時代在逼著他們，感覺到戰火離他們並不遙遠。」〔註69〕也從雲南的民族風情看到「國家」的過去：「看著那些紅男綠女都很高興地簪花鬥草，飲酒歌呼（昆明附近哈尼族的姑娘小夥春遊對歌——筆者注），一種早已被忘卻掉的淳樸的古風，忽然呈現在眼前，彷彿覺得自己已經回覆到唐以前的時代裏去了。」〔註70〕這是由於邊疆危機（此時日本已佔領東三省）而引發的民族國家危機在國人心中產生的思想情感的震動，是對民族國家認同的地理表達。正如臺灣學者王明珂所說：「在近代國族主義概念下，以及在近代殖民主義列強企圖瓜分中國及其邊緣之資源利益的刺激下，合傳統華夏與其邊緣人群為一邦的國族藍圖逐漸在中國知識分子心目中形成。作為一個現代民族國家，此時中國需要一個實質性的國族邊界（national border），而非一異化的族群邊緣（ethnic frontier）。因華夏邊緣人群已被華夏認為與自身有長久的血液、文化與血統關聯，因此他們都被劃入中國而包容於新的『中華民族』之中。」〔註71〕雲南本土人士也對在描寫雲南人時經常提及的「萎靡、慵懶」的精神狀態進行批評，號召要發揚「護國」精神，在國家危機四伏的年代，在國人面前樹立良好形象：……我們認為這種軟及糖的惰性、黏液性，是不適於時代需要的。那麼，雲南現在最需要的是什麼？無疑的，對內我們要建設自己，對外我們要抵抗侵

〔註68〕 蕭一平：《滇越桂漫遊記（三）》，《女青年月刊》1936年第15卷第10期。
〔註69〕 依：《昆明印象》，《雲南日報》1936年12月17日。
〔註70〕 施蟄存：《路南遊蹤》，雲南人民出版社，2008年版，第91頁。
〔註71〕 （臺灣）王明珂：《華夏邊緣：歷史記憶與族群認同》，社會科學文獻出版社，2006年版，第208頁。

略。……我們如何發揚固有的『南方之強』及『護國』之精神，喚醒與組織廣大民眾來參加這一次的戰鬥，塑造雲南新形象，成為我們亟待承擔的使命。〔註72〕在這樣的文字裏，我們可以發現敘述的語氣已經有了變化，變得客觀理性了一些，那種充滿偏見的誇張已經消失，並且還蘊含著對雲南未來命運的憂慮。遊記的內容也不再是單純的景物與心情描寫，雲南的地理位置、文化教育、精神面貌、民族風情等已經成了他們筆下的主要內容。一種新的雲南形象在期待與建構之中。

結　語

可以說，民國以來對雲南形象的不同認識與書寫是與中國的民族國家命運緊密相連的，古典時代雲南那種「原始」、「野蠻」、「落後」乃至「病者」形象的形成與「國人數千年來自尊自大之傳統思想」有關，因為這樣的思想，那些外來敘述者以一種自覺不自覺的優越感來描述雲南，同時，在自覺不自覺中把它當作中原的「他者」而進行的一種文化想像。在中國現代歷史進程中，隨著民族危機的日益嚴峻，原來的雲南形象也就逐漸發生改變，它被建構在新的文化想像之中，其作為抗戰時期中國的「民族復興根據地」逐漸成為了集體公共輿論所努力塑造的形象，由此，新的雲南書寫及其文化想像也就隨之出現。隨著抗戰爆發，平津及沿海等地知識分子的大量內遷，雲南遂成為大後方的重要根據地，昆明這座邊疆小城也成為戰時文化中心，並逐漸呈現出濃鬱的文學文化氛圍，其「落後」、「野蠻」、「病者」等逐漸被「戰鬥堡壘」、「抗戰建國根據地」等代替，「沒落陳舊而腐爛」的昆明則成為平津等地知識分子眼中的「北平」、「詩意的風景」、「戰士」等（在後面相關章節中將會重點考察）。這種不同的書寫及文化想像無疑是被不同的「想像雲南的方法」及時代環境、文學文化氛圍及作者的內心世界所左右，其形象也由抗戰之前的單一走向抗戰之後的多元，這是否可以理解為它孕育著中國未來社會發展的多種可能？其實，自晚清以來，對邊疆形象的敘述與想像的複雜性與豐富性就已經開始發生，它一直處於被建構與被塑造的過程之中，它與近代以來中國的命運及中國的現代性糾纏在一起。而在現代文學的書寫中，「鄉土中國」與「都市洋場」幾乎佔據了所有的文學空間，邊疆是缺席的。在現行的文學史中，除了丁帆主編的《中國西部現代文學史》對其有所闡述之外，

〔註72〕武尚賢：《本刊的使命》，《南強》1936年第1卷創刊號。

也很少見到它的身影。如果把「邊疆」作爲一種獨特的文學話語空間來考察，把「邊疆形象」的變遷作爲考察現代文學的另一種維度，也許能進一步拓展觀察現代文學的視野，豐富現代文學的內涵。當然，對這個問題的深入討論已不是本書的論述範圍。

第二章　戰時昆明的文化生態

　　昆明及其周邊地區的生活，在過去的幾個世紀裏變化不多。皮膚黝黑、身材矮胖的部落民，戴著褪色的藍布頭巾，一如既往地做著省內的生意。他們趕著騾子，駕著大篷車，載著鹽巴、錫和鴉片，穿過狹窄的山路而來。沒有打潤滑油的馬車，嘎吱嘎吱地軋過昆明的鵝卵石路，車子發出喀嚓聲，馬兒發出哼哼聲。在大街兩側胡椒叢中，水牛、黃牛和成群的肥豬隨處可見。一排排法國別墅，不時赫然出現在一大堆亂七八糟的黑瓦屋和橄欖綠的尤加利樹林中，景色極不協調。法國微型火車頭發出尖細的汽笛聲，與中國街頭小販此起彼伏的叫賣聲和黃包車叮叮噹噹的鈴聲混合在一起。〔註1〕

　　在外來人集中的周圍，就是仍然延續著悠閒安靜傳統生活的老昆明風格的順城街、祥雲街、光華街和武成路等。在這些地方，隨處可以看到溫文爾雅、穿著長褂、留著山羊鬍子的老紳士，他們要麼端著茶壺坐在古老狹窄的街道兩邊自家門口的小凳上閉目養神，再不就和雜貨鋪小店老闆談古論今好不自在。戰爭非常遙遠，為此幸運的昆明人十分知足。固然經濟壓力仍然不斷地威脅著他們，但是外來人員和新奇的事物越來越多，使他們更加好奇和恐慌。上年紀的昆明人對時髦的洋玩意嗤之以鼻，看著傳統一天天消失而成天哀歎國風民俗江河日下。年輕人則不以為然，認為這是新的時尚需要追趕。他們對打工做生意比以前容易還算滿意……〔註2〕

〔註1〕 Chennault, ClaireLee. Way of a fighter: The Memoirs of Claire Lee Chennault, ed. Robert B.Hotz. New York: putman, 1949:73.

〔註2〕 金飛豹主編：《1945 美國老兵昆明印象》，雲南人民出版社，2011 年版，第183、186 頁。

　　這裡也生活著 50 萬在最低生活水平線下掙扎的中國人，從國統區和被日本佔領的中國每一個地區人民的生活情形中都可以看到。還有北平的學者、上海的銀行家、廣東和香港的商人、汕頭和福州的生意人以及內陸長江城市武漢的商人。這裡我也看見了穿著古怪黑衣的苗族土著人。中國人一般看不起他們，僅僅只能做一些僕傭的工作。這裡也有被趕出法屬印度支那的法國殖民軍，還有從西康和西藏來的害羞的『猓猓人』。西方化的中國人和鼻孔向上翻的昆明土著人形成了鮮明的對比。〔註 3〕

　　雲南民性敦樸至勇，當仁不讓見義勇爲的精神在「討袁」、「護國」諸役，以至最近滇軍抗戰上，都明顯地看出來，但眼光短小，胸襟窄狹，缺乏進步觀念，不易接受新文化，是其短處。自抗戰發生各地文化交流後，此風已在改變了……知識分子都能認識現實，把握現實，在自己崗位上努力。女兒們已自家庭走向社會，丟掉脂粉著上戎裝，齊一著步伐，高唱著雄壯的進行曲，表現出大時代的新女性的姿態！婦女戰地服務團出發前方去了，那種慷慨激昂悲壯熱烈的精神，更能刺激大眾神經，喚醒睡夢中人們，「西南重鎮」的昆明，已在活躍了！〔註 4〕

　　昆明是後方的天堂。比重慶平坦，比貴陽廣大，有豐富的物質文明，負著大時代中最要緊的使命。……雲南的公務人員薪俸很低，也許你們不信，雲南省主席每月不過舊幣一千五百元，只合國幣百餘元，其他的官員，更不用說了。最近改用新幣發付，比以前的數目提高了五倍。對於辦事的態度，也很奇特，他們總喜歡表示欲藉工謀食。目下本地人非常進取，充滿了朝氣。〔註 5〕

　　昆明在今日的中國，的確是一個很不平凡的城市。尤其是當我國其他現代化的繁榮的城市正在敵寇殘酷的統治下過著昏暗的日子的今天，昆明還能以其特有的莊嚴玲瓏的姿態沐浴著純潔而自由的空氣屹立在抗戰陣營和印緬，屈辱的越南交接的邊疆上，這是值得每一個雲南人乃至於全中國的人引爲慶幸的一件事。〔註 6〕

　　從這些描述中，我們可以發現抗戰時期的昆明已經不再是第一章中所說

〔註 3〕 *Kunming*, Southwestern Gateway to China By Joseph E. Passantino. National Geographic Magazine, August, 1946.
〔註 4〕 趙悅霖：《自長沙到昆明》，《再生》1938 年第 10 期。
〔註 5〕 吳黎羽：《新中國的西便門》，《旅行雜誌》1939 年第 13 卷第 7 期。
〔註 6〕 麥浪：《今日昆明》，《文摘月報》1941 年第 5 卷第 1 期。

的那種「沒落、陳舊、腐爛」與「病者」，它有「悠閒寧靜」，也有「時尚」、「活躍」、「朝氣」與「純潔與自由」。一方面是「在過去的幾個世紀裏變化不多」，一方面則「呈現出來的完全是兩個不同的時代。」〔註7〕昆明變得豐富複雜起來。抗戰爆發以後，隨著北平、上海、南京、武漢等中心城市的相繼淪陷，大批工商業及文化機構與文化人士不得不向西南遷徙，除了重慶作爲戰時陪都而成爲中心城市之外，昆明、桂林也成爲中心城市。就昆明來說，在工業方面，國民政府把昆明作爲沿海工業企業內遷的基地之一，將中央機器廠、二十二兵工廠、五十一兵工廠、空軍第一飛機製造廠、中央電器廠、電冶廠等一批重要企業遷昆。同時，在昆明興建了西南聯大機械廠、昆明化工材料廠等工礦企業。到 1940 年，昆明城區主要的工業企業已達 80 多個，其中機械製造工業 11 個、冶煉工業 6 個、化學工業 25 個、紡織工業 18 個、電器工業 7 個、其他工業 13 個，昆明已成爲與重慶、川中、廣元、川東等並稱的西南八大工業中心區之一。在昆企業製造出中國第一架望遠鏡、第一臺 2000 千瓦發電機、第一臺 500 匹馬力電動機、第一臺 30～40 噸鍋爐、第一根電纜等等。〔註8〕商業方面，據《雲南經濟》記載，1937 年 12 月至 1938 年 12 月，經中央銀行昆明分行從省外匯入雲南的款項總額達 2900 餘萬元，同期匯出款項總額約 1000 餘萬元，出入相抵，滯留滇境的餘額達 1900 餘萬元。又據 1945 年 6 月統計，經中央銀行昆明分行匯入滇境的款項總額達 1350 餘億元，同期匯出款項總額 510 億元，出入相抵，入境款項餘額達 840 億元，是 1938 年的 8000 餘倍。至 1945 年 8 月，昆明的商號由戰前 2000 餘家發展到經政府登記並領取執照的近 10000 家、未經政府登記的多達 20000 餘家。〔註9〕「其中許多工商業資本家挾鉅資來昆明開辦工廠和商店，昆明一時百業俱興，空前繁榮起來。」〔註10〕與抗戰前相比，商店由一千多家增加到四千

〔註7〕 「尤其當一個抹著紅唇、燙著捲髮、穿著高跟鞋的女郎，與一個剛由山上下來的、野性未泯的猓族土人，頭頂物品，在一條街上並肩行走的時候，這裡呈現出來的完全是兩個不同的時代，而這也是抗戰帶來的一種奇觀吧！」慕文俊：《聯大在今日》，《宇宙風》1940 年 3 月 1 日。

〔註8〕 蘇石：《抗戰時期昆明工廠創造的全國第一》，雲南日報理論部編：《雲南百年》，雲南教育出版社，2004 年版，第 164～165 頁。

〔註9〕 雷加明：《1931～1949 年雲南金融的繁榮與衰弱》，雲南省經濟研究所編：《雲南近代經濟史文集》，《經濟問題探索》雜誌社，1988 年，第 268～272 頁。

〔註10〕孔慶福：《滇越鐵路在抗戰中》，西南地區文史資料協作會議編：《抗戰時期的西南交通》，雲南人民出版社，1992 年版，第 384 頁。

五百家；工廠由九十家增加到三百五十家；銀行由兩家增加到三十六家；小汽車由二十部增加到三千多部；大卡車由一百多輛增加到二萬輛；茶鋪由三十幾家增加到一百多家；飯館由六七十家增加到三百家；旅社由三十幾家增加到二百家；拍賣行由零家增加到四十幾家；娛樂場所由兩家增加到十家。〔註11〕文化教育方面，抗戰初期，遷滇的公私立大學、專科學校、圖書館、通訊社、研究機構有：西南聯大，中山大學，同濟大學，華中大學，北平圖書館，北平研究院，中央研究院，中正醫學院，中政分校，國立藝專，靜生生物調查所，南開經濟研究所，地質調查所，中法中學，清華航空研究所，農業研究所，無線電研究所，及新成立的國情普查所，中國工程師學會昆明分會，中華全國文藝界抗敵協會雲南分會，營造學社，國民經濟研究通訊處，中央通訊社，國訊社雲南通訊社等。〔註12〕在昆明或寓居或旅居或學習過的文化名人中僅詩人作家就有沈從文、馮至、朱自清、聞一多、汪曾祺、冰心、林徽因、張光年、穆木天、王佐良、穆旦、杜運燮、卞之琳、李廣田、老舍、黃裳、鳳子、曹禺、施蟄存、陳夢家、趙蘿蕤、吳宓、鄭敏、吳訥（鹿橋）、馮宗璞、李長之、錢鍾書、楊振聲等一大批文學史上的著名人物。昆明市的人口也隨之激增，1936 年為 145440 人，1938 年為 196968 人，1941 年為 255462 人，1946 年為 294892 人。〔註13〕抗戰時期的昆明「儼然一大都市」〔註14〕。「抗戰以來的昆明，由於政府西遷，國際交通路線之改道，以及沿江沿海同胞大批移入種種關係，使這個僻處邊遠的巨鎮，地位日見增高，市面亦日益繁榮……有人竟說，這一次的民族戰爭，把昆明的發育提早了幾十年。〔註15〕而在外來者看來，此時的雲南人雖然還有「散漫和遲緩」等缺點，但卻有「誠懇、樸素、堅持」等優點：「雲南人的性格就是昆明的性格，雲南人尤其是昆明青年有誠懇、樸素、熱情並富於堅持性……」〔註16〕「昆明人是可愛的。我討厭別的地方低能而又不安分的人，那種糾纏不清，就像榨菜放在嘴裏半天也嚼不爛似的，那種自以為是，對任何人也不

〔註11〕 麥浪：《昆明畫像》，《半月文萃》1943 年第 1 卷第 9～10 期。
〔註12〕 江浦：《昆明的文化動態》，《中央日報》（昆明版）1939 年 6 月 5 日。
〔註13〕 雲南省檔案館：《雲南省檔案史料叢編——近代雲南人口史料（1909～1982）》（第 2 輯上），雲南省委辦公廳鉛印廠 1987 年，第 43 頁。
〔註14〕 帥雨蒼：《昆明漫記》，《旅行雜誌》1939 年第 13 卷第 8 期。
〔註15〕 衍人：《發展昆明市的財政基礎》，《今日評論》1939 年第 1 卷第 21 期。
〔註16〕 華山：《雲南生活——地方色彩和地方性格》，《雲南生活》1944 年 2 月。

佩服，就又像撥浪鼓似的，我最不舒服了；昆明人卻絕對沒有這樣。他們很虛心，但又有一種潛藏的深厚的進取的心在準備著。那是一點也不容忽視的。」〔註17〕

　　戰時昆明，從外在的政治經濟文化到內在的精神氣質都發生了巨大變化。在文化上，由於其吸納了眾多優秀的外來資源，她成了戰時西南大後方的三大文化中心之一，這種文化中心的形成離不開其良好文化生態的生成。昆明的文學氛圍就是形成於這樣的文化生態之中，同時它又推動著昆明文化生態的發展。在戰時昆明文化生態的生成過程中，龍雲開明的治理方略，昆明繁榮的報刊與書店以及發達的壁報起了至關重要的作用，它們分別為其提供了社會政治環境、文化傳播渠道以及自由、多元、活潑的精神氣質。同時，戰時昆明出現了電影院、茶館、沙龍等文化空間，在這些日常文化空間裏，人與人之間逐漸形成了一種平等對話、理性交流、自由尊嚴的人際關係，並在這樣的人際間形成了一種詩性的日常生活方式，而戰時昆明知識分子的精神面貌、人生狀態，戰時昆明的文學格調以及昆明自身的現代性面相也通過這樣的方式彰顯出來。不管是戰時昆明的社會政治環境、文化傳播媒介還是電影院、茶館、沙龍等日常文化空間，它們既是戰時昆明良好文化生態的組成部分，也是其具體而微的表現樣式。戰時昆明的文學氛圍就是在其中孕育與凝聚。在這一章中，筆者將從大量的原始材料出發，以實證的方法為主，從龍雲治下的昆明、報刊與書店、壁報、電影院、茶館、壁報等六個方面呈現戰時昆明的文化生態，同時在這個過程中闡述戰時昆明文學氛圍形成的原因、表現及影響。

第一節　龍雲治下的昆明

　　戰時昆明良好文化生態的生成是與龍雲的治理緊密相關的。龍雲1929年（中央政府正式任命龍雲為省主席）正式主政（實際上是自1927年8月開始）雲南便在《雲南省政府委員會改組就職宣言》中明確表示要建立一個「新雲南」〔註18〕，在財稅、金融、交通、糧食、治安等方面進行整頓。唐繼堯時代，養有八個軍的兵力，南征北戰，軍費浩大，使農村破產，城鎮工商凋

〔註17〕李長之：《昆明雜記》，《宇宙風》（廣州版）1938年第67期。
〔註18〕喻宗澤等編撰：《雲南行政紀實》（第1冊），雲南省政府，1943年，第18頁。

零，幣值底落，財政拮据。因此，龍雲執政雲南後開展了一系列改革。任命北京政法大學畢業生陸崇仁爲財政廳長，提出「以財政扶持金融，發展生產；以金融充裕財政，支持生產；以生產鞏固財政，充實金融」的改革主張。任命留美人士繆雲臺組建富滇銀行，推行幣制改革，使雲南的金融系統面目一新，使許多人對滇省的金融組織，發生「自成系統」的觀感。興辦交通實業，龍雲執政後興建了滇黔公路、滇川公路、川滇西路、滇川東路、滇桂公路、滇康公路。抗戰後，以一省之力修建工程浩大的滇緬公路（994 公里），成爲抗戰時的「第二生命線」。還修建飛往重慶、香港、印度的國際機場，爲戰時中國與外界保持暢通的聯繫提供了保障。此外，自 1929 年起，設全省清丈總局，至 1938 年，先後完成 110 個縣的土地測量，使徵收田賦有確切的憑據，地方財政日漸充裕。因爲雲南本地的糧食，本不足自給，多靠安南（越南）食米進口。龍雲主政以來力昌糧食自足。抗戰軍興前，即已開始積穀存糧。戰時駐軍增多，人口大量湧入，而糧食無缺，端賴於積穀先見。到 1937 年，雲南已有積穀 200 多萬京石（1 京石＝104 斤）。1942 年後雲南人口總計增加了 100 萬，雲南省政府最低限度地滿足了各方面的需要。在糧食進口完全停止的情況下，積穀起了至關重要的作用。在文化教育上更是如此，雲南教育原本欠發達，主因係由全省經費均用於軍政，教育經費困難，無法發展。自龍雲接掌省政後，首先保障教育經費的獨立，使中小學得以逐漸發展。1928 年 12 月批准雲南教育經費實行獨立（1941 年因抗戰經費問題而取消），財政廳將年收老滇票 36 萬餘元的捲煙特捐劃歸教育廳接管，成立了教育經費管理處和教育經費稽核委員會，負責進行專門管理，費用可以靈活支配。〔註 19〕1932 年，在昆明北門街創辦私立南菁學校，設立小學、初中、高中三部，培養雲南當地人才，先後培養了數千學生，其中在國內外頗負盛名的專家學者就有數百人之多。並於 1936 年向國民政府推薦熊慶來爲雲南大學校長，聘請許多留美、留法學者到該校任教，使雲南大學進入黃金時

〔註 19〕（美國）江南：《龍雲傳》，中國友誼出版公司，1989 年版，第 74～79 頁。另，也參考了謝本書的《龍雲傳》（雲南人民出版社，2011 年版）中相關內容。其中有關「積穀」（所謂「積穀」就是積累糧食以備災荒之用，筆者注）的內容還參考了：龍雲的《抗戰前後我的幾點回憶》，《文史資料選輯》（第 17 輯），第 56～58 頁；《雲南行政紀實》（第 4 冊·第 1 編）：《民政·倉儲》。倉儲（積穀）是國民政府一項政策，每年都會向全國發佈，但各省執行的程度不同，雲南是做得較好的省份，積穀數量排在全國前列。

期。還於 1941 年創辦雲南留美預備班，於 1945 年設立「雲南私費留學生公費津貼」，用於資助雲南留學生出國深造。〔註20〕抗戰後，龍雲更加積極推行新生活運動，頒佈法令禁止吸食鴉片，每天早晨八點由警察勒令商店一一開門營業，一掃從前慵懶的惡習。〔註21〕這些措施為昆明文化城的生成創造了必要的條件。

一

在龍雲的主政下，昆明的面貌發生了很大變化，一個「新昆明」逐漸呈現在世人面前。這種「新」給很多外來者留下了印象。「這裡的郵政服務簡直沒得說，一流，我剛到的時候就有你們 5 月 8 日〜14 日的信，今天上午又收到 5 月 15 日、16 日、19 日（兩封）和 20 日的」「這兒附近有所小學，所有的孩子們都乾乾淨淨的，穿著也很整潔。」〔註22〕「大後方的昆明寧靜有序。昆明沒有柏油馬路。因為西山出產青石，所以，最講究的路面都用石塊鋪成。由於多年來積極的建設，這裡也有寬至五六十尺的大道。主要的市街都能保持清潔整齊，因為公用和自備的汽車極少（據民國二十五年全省公路總局登記的自用車只有四十兩，內龍雲主席有福特車三輛）。所以，不像別的城市充滿著車馬的喧鬧……除了南京和南昌以外，恐怕沒有會比昆明更加嚴厲實行『新生活運動』的城市。紐扣要扣好，男女不得攜手同行，穿了軍服要戴軍帽，而且勿好坐人力車。來往人馬，毋論士、農、工、商、男女老幼，均各一律靠左，秩序井然，在我們旅行以來第一次見到的，以西南幾省看來，可說是有一無二的好現象。」〔註23〕「大街上很少扒手，就是那樣撓攘的街市，無論怎樣擠得不堪，很少有人的東西被竊，風俗之厚，也便可見了。雲南的青年是極好的，體格很健壯，精神很勤奮。肯做，肯切實，一點也不浮囂。」「這裡中小學的教育極為發達。隨便看一個小商店，往往有穿著制服的男女學生，在裏邊招呼生意。小學生尤其可愛。他們先生喜歡帶他們到野外去。

〔註20〕田汝增：《記龍雲先生數事》，《團結報》1984 年 12 月 1 日。

〔註21〕王興隆：《閒話昆明》，《現世報》1938 年第 8 期。

〔註22〕金飛豹主編：《1945 美國老兵昆明印象》，雲南人民出版社，2011 年版，第 163 〜164 頁。此書收錄了克林頓‧米萊特的 100 多封家書，克林頓‧米萊特 1945 〜1946 曾在昆明擔任美國陸軍第 172 醫院副院長。本段文字是他 1945 年 6 月 2 日給他孩子們的信。

〔註23〕胡嘉編著：《滇越遊記》，商務印書館，1939 年版，第 3 頁。

個個活潑，精神。」〔註24〕「昆明城的街道十分乾淨整潔，建築物都是同一色彩，和在其他地方見到的那些雜亂的建築物相比，使人感到更舒服。」「雲南政府全體成員的團結一致，是四川無法相比的」。〔註25〕「街上的警察穿著黃色的制服，戴著銅質的帽子，指揮著來往的車馬。他們的服裝整齊清潔，行動比較有精神，對人也很有禮貌。」〔註26〕「抗戰發動以後的雲南，最顯著地表現出一種『除舊布新』的氣象，是禁煙拒毒的比較來得有點成效而更值得注意的，這點成效的收穫，與其謂由於政府的禁政收效，毋寧說是由於人民自覺的表現，這是很值得寶貴的一點，⋯⋯這次記者走過滇黔兩省，看見貴州的拒毒成效就比不上雲南。⋯⋯昆明正在熱烈地推進兵役運動，⋯⋯今年的寒衣徵募運動，雲南是全國各省最先完成任務，達到二十萬件目的的一個，顯示出可喜的努力和成績。」〔註27〕「⋯⋯驅車入城，昆明夜市之輝煌，足使我駭異，幾等於上海『大光明』的南屏大戲院正在上演麥唐納的《情天歌侶》，門外擠滿了淑女紳士，咖啡店、大酒店、大飯店，⋯⋯舉凡大都市中的點綴，可謂應有盡有，而且門口皆高掛客滿之牌，此種『盛況』，原非意料所及。」〔註28〕等等。

抗戰時期雲南的「新」不僅呈現在外來者的眼中，還有一般的外來者所不能感受到的，比如龍雲採取各種改革措施後取得的經濟成果：抗戰期間雲南的經濟、社會、教育問題都比較少，外省人咋咋稱奇，雲南的聲望也因之提高了，外省人說，「雲南境內井然有序，沒有打仗的氣氛」。舊日各省都有「積穀制度」，以備百姓荒年使用。雲南保持著這一制度在抗戰期間積穀一百多萬擔糧食，各縣糧秣都不成問題，社會也因此十分安定。〔註29〕剛來昆明的聯大學生這樣評價龍云：「龍雲的政績不無可觀之處，如收回滇越鐵路，接管法國人辦的東陸大學（事實不是如此，可能因為作者初到昆明，一種想當然的猜測——筆者注），改為雲南大學，接收法國教會醫院改為省立昆華醫院，獎勵農耕，禁種鴉片，鼓勵商人開礦辦廠，增設學校和增加教育經費，

〔註24〕李長之：《西南紀行》，《旅行雜誌》1938 年第 12 卷第 11 期。

〔註25〕陳布雷：《陳布雷回憶錄》，（臺灣）傳記文學出版社，1967 年版，第 81 頁。

〔註26〕沙鷗：《山光水色的昆明》，《旅行雜誌》1939 年第 13 卷第 1 期。

〔註27〕高山君：《抗戰的大後方福地——昆明》，《抗戰周刊》1940 年第 27 期。

〔註28〕陸詒：《萬里雲南》，《新華日報》1940 年 11 月 15 日。

〔註29〕張朋園訪問，鄭麗榕紀錄：《「雲南王」龍雲之子之口述歷史》，九州出版社，2011 年版，第 96 頁。

使雲南政局穩定，經濟文化有所發展，物價低廉，人民生活安定，全省呈現一派欣欣向榮氣象。」〔註30〕抗戰時期龍雲治下的昆明除了上述各方面表現出的「新」之外，還有一種在戰時整個中國來看都異常顯著的「新」，那就是戰時昆明社會環境的寬鬆與自由。

這種寬鬆與自由首先表現在新聞出版方面。為了防止信息外泄與虛假消息的傳播，在戰時實施新聞檢查或書報審查是一種國際慣例。但國民黨卻有藉此統一思想意識的企圖，抗戰期間，國民黨出臺了很多出版方面的法令法規，重要的有1937年7月8日的《修正出版法》，1938年7月的《戰時圖書雜誌原稿審查辦法》、《修正抗戰期間圖書雜誌審查標準》等，要求對鼓吹偏激思想、強調階級對立的所謂「反動言論」進行查禁。隨著抗戰進入相持階段，國民政府進一步加強了對輿論的控制，《戰時新聞檢查懲罰辦法》、《雜誌送審須知》、《書店印刷品管理規則》等相關政策和措施相繼頒佈。1938年11月2日，國民政府做出了《確立戰時新聞政策》的決議，在全國實行「戰時出版管制」，從1939年4月1日起，所有書刊，「未經原稿審查者，概予依法取締」。並在1940年頒佈的《雜誌送審須知》中規定，在刊物被刪處不准「『開天窗』，不准注明上省、中省、下省等字樣或其它任何足以表示被刪改之符號」。〔註31〕此外，各種有關的文化審查機構也隨之建立。1939年2月，國民黨在重慶增設「重慶市戲劇審查委員會」，負責清查戲劇電影及演出活動；1941年1月1日，國民黨中央圖書雜誌審查委員會（簡稱「圖審會」）在重慶成立，國民黨中央宣傳部副部長潘公展任主任委員，負責國統區所出版發行的一切圖書雜誌。據不完全統計，1938至1941年6月，國統區禁止發行書刊有9600餘種，而在1941至1942年間，則僅重慶就有1400餘種書刊被查禁，110餘種劇目被禁演。《新華日報》從1940年12月至1941年5月被砍稿件260篇，被刪節150次，從1941年2月起改為每天只出半張，1941年一年中僅《抗戰文藝》、《七月》各出版2期，《文學月報》、《文藝陣地》各出版3期。〔註32〕

〔註30〕余道南：《三校西遷日記》，張寄謙編：《聯大長征》，新星出版社，2010年版，第192頁。

〔註31〕宋應離：《中國期刊發展史》，河南大學出版社，2000年版，第219頁。江沛：《毀滅的種子——國民政府時期意識管制分析》，陝西人民教育出版社，2000年版，第168頁。

〔註32〕唐正芒等：《中國西部抗戰文化史》，中共黨史出版社，2004年版，第390～391頁。

而昆明的情況則有所不同，正如杜運燮所說：「昆明是個特殊地區。它不是延安，也不是重慶。由於一個時期雲南軍政當局與蔣介石有一定的矛盾，昆明成爲國統區中政治環境有點特殊的地區。」〔註33〕昆明遠離政治意識形態角逐的中心，加上龍雲與蔣介石的微妙關係（後文將闡述），昆明的社會環境有保持相對寬鬆自由的可能。就新聞輿論方面來說，下面表格可以呈現其寬鬆自由的一個側面。在調查的 25 份刊物中，10 份沒有登記，14 份處於登記過程或申請登記之中，只有一份有登記證號。這顯然不符合國民政府 1937 年 7 月 8 日修正頒佈的《出版法》，《出版法》（第二章）第九條規定：「爲新聞紙或雜誌之發行者，應由發行人首次發行前，填具登記發行申請書，呈由發行所在地之地方主管官署於十五日轉呈省政府或直隷行政院之市政府核准後，始得發行。」（第四章）第二十六條規定：「不爲第九條之申請登記或就應登記之事項爲不實之陳述，而發行新聞紙或雜誌者得停止該新聞紙或雜誌之發行。」〔註34〕這可以在一定程度上說明，在新聞審查方面，龍雲執政下的昆明沒有嚴格地執行國民黨中央政府制定的相關法規、政策，這爲昆明成爲抗戰時期的文化中心營造了良好的社會環境。據不完全統計，1937 年 7 月至 1941 年 12 月，昆明出版的期刊有 80 餘種，在全國位居第二位。〔註35〕此外，還有許多叢刊，比如《楓林文藝叢刊》、《孩子們》、《白鷗文叢》、《民主文藝叢刊》、《高原文叢》等文學叢刊。因爲叢刊的出版比較寬鬆，期刊要向內政部申請，領取雜誌登記證，同時還要逐期由圖書雜誌審查委員會審批，領取許可印行的憑證，叢刊則不需經過內政部。〔註36〕

序號	刊物名稱	負責人	刊載內容	登記情況
1	《文化崗位》	張克勤、楚圖南	討論文化問題，刊載詩歌文藝	正在申請登記
2	《新動向》	陳玉科、張鳳歧	刊載時事、學術論文及文藝	曾向市黨部市政府呈請登記並轉請省政府黨部覆核後由民政廳轉呈內政部，正登記中

〔註33〕 杜運燮：《幸運的年月》，《海城路上的求索：杜運燮詩文選》，中國文學出版社，1998 年版，第 256 頁。

〔註34〕 《雲南省政府公報》1937 年第 9 卷第 71 期。

〔註35〕 《雲南出版史志資料》（第 9 輯），雲南新聞出版局《雲南出版史志資料》編撰委員會編印，第 185 頁。

〔註36〕 蒙樹宏：《雲南抗戰時期文學史》，雲南教育出版社，1998 年版，第 38 頁。

3	《戰時知識雜誌》	徐繩祖、馮景陶	批評時事刊載社會學術知識及文藝	同 2
4	《南方》	李劍秋	刊載時事論文青年文藝	呈請登記中
5	《新民眾》	張克誠、楊亞寧	刊載民眾抗戰知識	未登記
6	《時代輪》	唐京軒、楊瑾如	宣揚本黨主義刊載抗戰文字著作譯述，不列通訊文藝	書面載明已呈請市黨部轉呈中宣部登記
7	《文藝季刊》	李寒穀、楊文潔	論著小說散文詩歌劇本	登記證號第 658 號
8	《教育與科學》（第 3 期）	李永清、楊家鳳	登載戰時教育文字及鼓動研究科學	未申請登記
9	《雲南醫刊》	秦光弘、許瑞慶	登載西醫學理病症知識	呈請黨政各機關備案，中央政治部註冊
10	《時衡》	暫四喻、亮擔任	發揚抗戰建國精神，提高學術研究興趣，為本黨文化作文化上之宣傳	正在申請登記中
11	《西南邊疆》	淩紀風、周立懋	調查西南邊地情況，研究邊地生活文化及一切應興應革事業	已向黨政機關正式申請登記
12	《今日評論》	錢瑞升	專載論言及文藝	已登記未奉到登記證
13	《青年公論》	劉為實、何仍黃	宣揚抗戰建國經論激發青年抗敵情形	正在申請登記中
14	《新雲南》	裴存藩、馬子華	登載抗戰行政論文文藝	創刊正在登記中
15	《航空評刊》	饒國璋、馬襄伯	登載空軍論言辭	創刊號正在登記中
16	《雲南教育通訊》	周榮齊	登載戰時教育行政及文學	未登記
17	《滇黔綏靖公署軍事月刊》	廖行超、戴錫錕	論著專志特載學術轉載要聞法令雜組	未登記
18	《雲南省政府公報》	張叔英	宣傳重要政令	未登記
19	《雲南財政特刊》（非賣品）	陸子安	財政組織圖表、法規	未登記
20	《雲南民政月刊》	丁兆冠、沈嘯霞	雲南政治消息言論及改革財務法規等	已登記未奉登記證
21	《政訓周刊》	李　德	摘錄講演論雜組學生園地時事動向現代史料	未登記
22	《雲南教育公報》	龔自知	論著計劃議案調查統計規章雜錄	未登記

23	《建設月刊》	張邦翰	論著專載學術會議記錄雜組	未登記
24	《昆明分校周刊》	中央軍官學校昆明分校	專載論著一周時事批評筆記雜組	未登記
25	《怒濤半月刊》	楊懋功	專載論著官兵園地文藝	民國二十五年十月呈請政府登記

（此表爲《昆明市刊物調查表》）〔註37〕

　　當然，昆明也設立了相關的審查機構，查禁過有關稿件、刊物、書籍及書店。1938 年雲南省政府成立了專門管理圖書雜誌出版發行的機關「雲南省圖書雜誌審查委員會」，負責圖書專著原稿及雜誌原稿審查，省黨部宣傳科負責已出版圖書之檢查，從民國 27 年至民國 38 年，「雲南省圖書雜誌審查委員會」共審查原稿件 331 件。〔註38〕民國 28 年「委員會」從審查原稿擴展到檢查已出版的圖書，同年 12 月 20 日即從文明街東方書店等 5 個書攤上沒收了《新哲學概論》、《理論與實踐》、《社會主義講話》、《作文與人生》等圖書 12 種 19 冊。至民國 29 年 5 月，「委員會」從 21 家書店書攤查禁沒收到《什麼是列寧主義》、《全民抗戰》、《二萬五千里長征》、《中國青年》、《八路軍的戰略與戰績》等政治、文藝書籍 59 種 464 冊。〔註39〕民國 30 年 2 月，「委員會」以「供異黨利用、秘密販賣反動書刊」之名將生活書店、讀書生活出版社、新知書店等 3 家書店開設在昆明的分店予以查封。〔註40〕11 月昆明華僑馬揚生開辦的華僑書店銷售緬甸檳榔嶼出版的《現代周刊》、《新知周刊》等雜誌，國民黨緬甸總支知悉後便致函云南審查處，認爲這些雜誌「係奸黨所辦，奸黨託司機運昆交華僑書店銷售」，「與奸黨有關，應派員檢查該店出售之書刊」，「並轉郵局檢查員注意往來信件」，對華僑書店進行監視。〔註41〕爲了進一步強化圖書審查機構，民國 30 年 4 月 21 日，取消「雲南省圖書雜誌審查委員會」，成立「圖書雜誌審查處」，直隸中央圖書雜誌審查委員會。至 12 月間即審查雜誌原稿 120 餘件，專著原稿 30 餘件。凡未經審查即自行出版者即

〔註37〕《昆明市刊物調查表》，《雲南黨務》1939 年第 1 期。
〔註38〕《雲南省圖書雜誌審查處工作概述》，中國人民政治協商會議雲南省昆明市委員會文史資料委員會編：《昆明文史資料選輯》（第 20 輯），第 245 頁。
〔註39〕雲南省檔案館 13 全宗 1 目 8 卷。
〔註40〕《雲南省圖書雜誌審查處工作概述》，中國人民政治協商會議雲南省昆明市委員會文史資料委員會編：《昆明文史資料選輯》（第 20 輯），第 246 頁。
〔註41〕雲南省檔案館 13 全宗 1 目 8 卷。

予查禁沒收，如新流書店在昆印行的夏衍的《包身工》一書，該處認爲「內容無大礙」，但原稿未送審即被勒令停止發行。〔註42〕民國29年9月至32年這段時間，「圖書雜誌審查處」每半月即收到中央圖書雜誌委員會「查禁書目」一份。每份目錄列有查禁圖書數種、數十種不等。「審查處」即據禁止所列圖書在市場上銷售，據不完全統計，民國30年、31年兩年45份查禁書目上列有查禁圖書446種、雜誌89種、應暫停發售的294種，內容涉及哲學、政治、時事、經濟、軍事、法律、教育、歷史、文藝等各領域。〔註43〕

　　儘管如此，昆明的新聞審查與書報查禁與重慶相比還是寬鬆的，上文的有關數據可以說明這一點。而在執行力度上，昆明也並不嚴格。民國33年9月30日，審查處發現昆明高原書店出售向眾編寫、大地出版社出版，載有毛澤東、朱德等共產黨領導人著作《中國統一問題》一書，認爲該書「內容盡爲奸僞言論……已觸犯禁載標準第二、三、四款項」，即派員到書店查獲沒收74冊。並查究店主李天柱，但因李天柱乃中共黨員，事後已接中共地下黨組織通知隱蔽，後查到李天柱在拓東路峨岷中學任職，審查處長陳保泰通過熟人找到該校校長周潤蒼，查找李的下落，周潤蒼說：「李天柱是我校小學部主任，書教得很好。敢於全力擔保」，並與商界名流張萬鍾一起出具保結。後來，此事不予追究，李天柱平安無事。〔註44〕民國31年年底李公僕在昆明創辦了北門書屋，後開辦了北門出版社，銷售生活、讀書、新知書店及北門書屋自己編輯出版的書刊。〔註45〕民主黨派創辦的《民主週刊》、《時代評論》等書刊紛紛出版發行。民國34年春，中共機關報《新華日報》社從重慶派彭少彭到昆明設立營業處，發售《新華日報》、《群眾》和解放社出版的書刊。一些中共地下黨員相繼創辦了康寧書店、昆北書店，來自滬、港的左翼書刊，也得以進入昆明，在市場上廣爲流行。〔註46〕在抗戰時期中國的其他城市，這

〔註42〕雲南省檔案館13全宗1目8卷。
〔註43〕雲南省檔案館13全宗1目2、3、4、15、18、20卷。
〔註44〕雲南省檔案館13全宗1目4、24卷。
〔註45〕方仲伯編：《李公僕紀念文集》，雲南人民出版社，1983年版，第306頁。
〔註46〕《新華日報的回憶》編委會編《新華日報的回憶》，四川人民出版社，1979年版，第324頁。1945年春，重慶《新華日報》派彭少彭到昆明建立營業分處。龍雲接見了彭少彭，彭面較了朱德給龍雲的信。龍雲說，《新華日報》是蔣委員長批准出版的，既然可以在重慶公開發行，當然也可以在昆明發行，如果有什麼困難可以找楊竹庵副官聯繫。於是，《新華日報》就在昆明青雲街三十一號設立了營業分處，發售《新華日報》和《群眾》半月刊。謝本書：《龍

樣的情況幾乎是不存在的。當時在昆明《中央日報社》做記者的范小梵有這樣的回憶：抗戰時期的昆明，比起其他國統區來說，是有民主氣息的。儘管國民黨當局也審查一些文稿，但聯大的教授們還是經常公開發牢騷，抨擊國民政府的貪污腐敗等都是很正常的事，沒有什麼大驚小怪。李公僕、羅隆基等民主人士創辦民主周刊，而其就在《中央日報》社宿舍隔壁。李公僕的北門書屋也有各種「左翼」刊物，當局並不禁止。〔註47〕1944 年 8 月，康寧書店於昆明曉東街 48 號正式營業。從重慶、上海、香港等地及時供給讀者進步的政治、文藝與歷史書籍，以及有特色的期刊與工具書，並替學校代辦教科書，內部則秘密銷售《新華日報》和毛澤東著作。……這個書店也就成了中共雲南省工委的聯絡站，工委負責人鄭伯克經常化妝出入該店處理中共的有關事務。雲南當局雖然也注意到了，但也沒有把它查封。〔註 48〕何兆武也回憶說，在聯大時訂了一份《新華日報》，在昆明一般都是十三四歲的小孩送，後來被三青團給砸了，以後就收不到了，當時也有其他同學訂，我不知道具體數字，但《新華日報》還是可以經常看到的。〔註 49〕「聯大文藝社主編之文藝新報，於上月二十九日出版時，因登載真實消息，已奉命停刊，然該刊仍獲准對內發行，在聯大校內發售……」〔註 50〕此外，雲南省圖書雜誌審查處除了審查圖書雜誌外，還保護圖書雜誌的發展。抗戰中期，隨著日軍對滇越鐵路、滇緬公路等交通線的切斷，昆明各書店因運輸困難停業、改業者均有；印刷所承印書刊因盈利微薄而拒絕承印的現象也經常發生。為此，圖書雜誌審查處勸令印刷所不得拒印書刊，各書店所售書刊不得任意提價，還擬具辦法呈上級救濟。〔註 51〕

在政治活動方面也表現出同樣的寬鬆與自由。1941 年太平洋戰事爆發，日軍佔領香港，一些民主人士，紛紛逃往內地，昆明是他們的避風港。龍雲

雲傳》，雲南人民出版社，2011 年版，第 159 頁。

〔註47〕范小梵：《風雨流亡路：一位知識女性的抗戰經歷》，山東畫報出版社，2008 年版，第 285～286 頁。

〔註48〕孫曉芬、孫曉雲、孫曉靜：《孫仲宇和康寧書店》，《雲南現代史料叢刊》1984 年第 3 輯。

〔註49〕何兆武口述，文靖撰寫：《上學記》，生活·讀書·新知三聯書店，2008 年版，第 125 頁。

〔註50〕《自由在哪裏？》，《罷委會通訊》1945 年第 40 期。

〔註51〕葛元明：《雲南省圖書雜誌審查處》，《雲南出版史志資料》（第 2 輯），第 254～255 頁。

對他們十分照顧，連當局批評最厲害的羅隆基，避居雲南時，國民政府一再要求龍雲將他驅逐出境，但為龍雲所拒絕，只允許代為監視。〔註 52〕何兆武回憶，「皖南事變」後，學校總共才有一千多人，大概有近百個走掉，並不全是共產黨員。記得張奚若上課還說：「我聽說很多同學讀走了，你們勸他們回來，不要走，沒有問題。」也許考慮到雲南勢力的保護，估計真的是「沒問題」。後來康澤來雲南抓人，龍雲沒讓抓，說是會「引起不安」，果然沒有抓。〔註 53〕民主運動在昆明也搞得挺熱鬧，這和雲南地方勢力的保護有關係。當時的雲南省政府主席龍云是地方軍閥，不屬於中央系統，雙方總有利害矛盾，所以是反蔣的勢力，龍雲都多少採取保護的態度，凡是反蔣的運動，他雖然不公開鼓勵，但也不怎麼過問，這在無形中給聯大的民主運動造成了一個很好的條件。所以學生運動在雲南七年中始終沒有發生過「慘案」，沒打死過人，也沒怎樣鎮壓，這在蔣統區中很少見。〔註 54〕李曦沐回憶說：「昆明學生運動之所以能夠得到蓬勃發展，和龍雲在政治上的寬鬆關係很大……如果西南聯大不在昆明，而在四川，絕對不可能在學術上有這麼自由，絕不可能民主運動這麼高漲，這是一個很重要的條件。」〔註 55〕1945 年初，昆明成立了「中國民主青年同盟」，「民主工人同盟」、「新民主主義同盟」。又積極開展學生運動，這些活動和組織，都是在龍雲的默許下進行的。戰時只有在昆明這個城市，才有這樣的「民主」運動。〔註 56〕昆明的報刊也可以對中央政府進行公開的批評，這在國統區是罕見的。〔註 57〕《國立西南聯合大學校史》在談到聯大與雲南的關係是也說：「雲南省主席龍雲與民主力量建立了比較密切的關係，自 1941 年皖南事變以後，一直抵制國民黨特務在雲南捕人鎮壓民主運動的行徑。1942 年初聯大學生發動『倒孔運動』以後，康澤兩次來昆企圖逮捕學生，均以雲南地方當局抵制而未能得逞。1944 年

〔註 52〕（美國）江南：《龍雲傳》，中國友誼出版公司，1989 年版，第 85 頁。

〔註 53〕何兆武口述、文靖撰寫：《上學記》，生活・讀書・新知三聯書店，2008 年版，第 273 頁。

〔註 54〕何兆武口述、文靖撰寫：《上學記》，生活・讀書・新知三聯書店，2008 年版，第 194 頁。

〔註 55〕張曼淩：《西南聯大人物訪談錄》，雲南教育出版社，2007 年版，第 185 頁。

〔註 56〕一二・一運動史料編寫組編：《一二・一運動史料選編》（下），雲南人民出版社，1980 年版，第 264～266 頁。

〔註 57〕（美）費正清、費維愷編：《劍橋中華民國史》（下），劉敬坤等譯，中國社會科學出版社，1998 年版，第 690 頁。

『五四』紀念活動以後，聯大和其他各校學生多次在昆明組織大規模的政治集會和示威遊行，均得以順利進行，也都與雲南地方當局的維護有密切關係。皖南事變以後，大後方的白色恐怖日益加重，唯獨雲南有這樣比較寬鬆的政治環境，這是聯大的學術自由得以保持、民主運動能夠得以蓬勃發展的重要條件。」〔註58〕昆明這種寬鬆自由的社會環境給外來者留下了深刻的印象：「也許一向生活在這地方的人不曉得，然而來自全國其他各地的人就會欣賞這份自由，羨慕這份自由。」〔註59〕這種環境對許多人產生了吸引力，比如袁可嘉當年不願到身邊的中央大學與重慶大學就讀，而不顧川滇之間的路途艱辛與遙遠，甚至不惜沿途借貸也執意要奔赴昆明，就是為西南聯大所處的自由環境及文化氛圍所吸引。〔註60〕

二

　　戰時昆明為什麼有這份「全國其他各地的人欣賞羨慕的自由」？這與龍雲與蔣介石的關係及龍雲個人有關。1929 年國民政府正式任命龍雲為雲南省主席，龍雲執掌雲南以後，保持著比較完整的地方色彩，軍事上有獨立的滇軍，經濟上也發行雲南本省通行的滇幣，乃至有人回憶：「我是 1938 年秋進入聯大的。當我一入雲南境內，感到愕然的是許多雲南人不知有『蔣委員長』，而只知有『龍主席』；他們甚至不用『中央幣』，而只用『滇幣』。」〔註61〕抗戰之前國民黨中央政府對地方政權的控制比較鬆弛，蔣介石對龍雲與李宗仁、白崇禧、馮玉祥、閻錫山等人的認識不同，他認為「對龍雲要容忍，只要服從中央，即使在雲南另搞一套，最後為我所用，無傷大局」。〔註62〕而在大局上龍雲也的確站在蔣介石的一邊，1930 年馮玉祥、閻錫山、李宗仁等聯合反蔣，龍雲聽從蔣介石的調遣令滇軍入廣西進攻桂系後方，幫助蔣介石打敗了馮、閻、桂聯軍。1936 年 12 月「西安事變」之後，龍雲率先發電聲討，斥張學良為「亂臣賊子」，後蔣介石脫險抵達南京，龍雲聯合昆明

〔註58〕西南聯合大學北京校友會編：《國立西南聯合大學校史──一九三七至一九四六的北大、清華、南開》，北京大學出版社，2006 年版，第 79 頁。

〔註59〕黃裳：《懷昆明》，《周報》1946 年第 48 期。

〔註60〕袁可嘉：《自傳：七十年來的腳印》，《新文學史料》1993 年第 3 期。

〔註61〕張鳳鳴：《在西南聯大的日子》，《文史資料選輯》（第 112 輯），中國文史出版社，1987 年版，第 151～152 頁。

〔註62〕趙振鑾：《龍雲與蔣介石的合與分之我見》，雲南省歷史研究所《研究集刊》1983 年第 2 期。

各界在昆明熱烈慶祝，並派裴存藩、高蔭槐及其長子龍繩武代表他到蔣介石溪口故里慰問。汪精衛投日前夕，飛往河內的途中曾在昆明停留，尋求龍雲的支持，龍雲對其投降行徑進行了嚴厲抨擊。〔註63〕抗戰開始，有傳聞說龍雲不同意長期抗戰的政策及不願意承認蔣介石的領袖地位，傳說龍雲要搞獨立運動。龍雲於 1939 年 2 月 1 日向全國發表聲明：「在我的信念中，再無其他可用代長期抗戰的中央政策。中央政府現在正從事反侵略的戰鬥，全國只有竭力來實現這種表示的願望。雲南是絕對擁護蔣介石委員長，我已經遣送出十六萬雲南的軍隊……且我正計劃動員雲南全省的人力，待中央政府必要時調遣。」〔註64〕抗戰初期，龍雲派遣他親自訓練的、由雲南自費裝備的精銳部隊第五十八軍與第六十軍參加臺兒莊戰役及其他戰役，為抗戰立下戰功。同時，在多次對外談話中都表示：雲南大都是硬骨頭，當漢奸的是極少數。敵人愈是造謠，我們愈是堅決抗戰到底，保衛雲南，沒有在敵人和平攻勢或殘暴轟炸下，表示過動搖。〔註65〕這是龍雲與國民政府一致的一面，但同樣也存在衝突。抗戰初期，滇越鐵路暢通，貨物源源運入雲南，雲南自行設立入口貨特檢處，統一收稅，引起蔣介石的不滿。國民政府擬接收雲南境內的國稅收入如鹽稅等，遭到龍雲反對，後國民政府又擬管制雲南對外的輸出品如錫、茶葉、桐油、豬鬃等，也為龍雲所否決，後來幾經磋商，才勉強達成協議。雲南原來主要的貨幣是富滇銀行發行的滇幣，1938 年中央銀行昆明分行開始發行法幣，威脅到滇幣的經濟地位，雲南省銀行拒絕接受法幣，但未成功。因為到 1942 年之後，國民政府在雲南境內的軍、政、文、教機構非常多，非使用法幣支付不可，滇幣也就失去了其在雲南原有的重要地位。儘管龍雲在這些方面與蔣介石不合作，但蔣需要龍雲的配合，因為雲南有滇越鐵路與滇緬公路與外界相連，這是抗戰時期中國的「第二生命線」，因此對龍雲的行為蔣也就只好聽之任之。

當然，龍雲對中央勢力的抵制，主要是出於保存自身實力的考慮，但客觀上起了保護省內政治自由的作用。〔註66〕關於蔣介石與龍雲的關係，龍雲的長子龍繩武有這樣的觀點：「我老太爺和蔣先生談不上什麼私人交情，他們

〔註63〕 端：《龍雲主席斥「和」》，《今日評論》1939 年第 20 期。
〔註64〕 塞姆遜（作），陳曄（譯）：《解放中華民族的孔道──昆明》，《新聞雜誌》1939 年復刊第 16 期。
〔註65〕 陸詒：《萬里雲南》，《新華日報》1940 年 11 月 15 日。
〔註66〕 黎勤、李凌：《龍雲與民主堡壘西南聯大》，《炎黃春秋》2005 年第 4 期。

兩人只有利害上的交情。老太爺認爲蔣是一個已經形成氣候的領導人物，所以支持他。」〔註67〕而就龍雲個人來說，「我老太爺主張三權分立，多黨思想，認爲地方與中央應均權，因爲地方上許多情形中央不清楚，而各省的情況也不相同，因此他不主張中央集權，這也是他和蔣委員長談話不投機的地方。老太爺的自由思想是中國所固有的，自堯舜以來，……」〔註68〕作爲「雲南王」的龍雲，他的血液裏，沒有太多三民主義或共產主義的成分，他只是地道的民族主義者，他只想「富國強民」。〔註69〕因此，龍云以一種開明的姿態呈現在世人眼前。西南聯大剛到昆明時，總辦公處設在崇仁街46號，地方狹小，龍雲便將私宅的東半部才盛巷2號借給聯大使用。1940年聯大新校舍建成，聯大總辦公處遷入學校，才盛巷2號又成爲北京大學辦事處。北大辦事處有兩個院落，南院爲辦公區，北院爲教授宿舍，周炳琳、朱物華、趙迺摶、章廷謙等教授曾在此居住，蔣夢麟也在這裡住過，龍雲還將一輛福特轎車供其專用。〔註70〕1940年春，龍雲在聯大和昆明其他大學爲500名學生設立了獎學金，其中聯大200名，每名30元。〔註71〕1942年2月龍雲發動百萬元募捐活動，以救濟本市各大學學生；1944年1月聯大社會學系教授陶雲逵病逝，家庭陷入困頓，龍雲捐款3萬元，撫助遺屬。〔註72〕龍雲後來所說的：「抗戰期間，在昆明的愛國民主人士很多，尤其是西南聯大的教授和我隨時都有接觸和交談的機會，談到國家大事，所見都大體相同，對於蔣介石集權獨裁政治，大家都深惡痛絕……所以我對昆明洶湧澎湃的民主運動是同情的」〔註73〕是符合歷史事實的。當然，抗戰時期龍雲治下的昆明呈現出當

〔註67〕 張朋園訪問，鄭麗榕紀錄：《「雲南王」龍雲之子之口述歷史》，九州出版社，2011年版，第76頁。

〔註68〕 張朋園訪問，鄭麗榕紀錄：《「雲南王」龍雲之子之口述歷史》，九州出版社，2011年版，第35頁。

〔註69〕 （美國）江南：《龍雲傳》，中國友誼出版公司，1989年版，第116頁。

〔註70〕 賀聯奎：《抗戰期間龍雲讓出公館供西南聯大使用》，雲南省昆明市政協委員會文史和學習委員會1997年編印《昆明文史資料選輯》（第28輯），第183、185頁。

〔註71〕 《龍主席設獎學金》，《雲南日報》1940年8月7日；《龍氏獎學金，聯大學生定期申請》，《朝報》1941年1月15日。

〔註72〕 西南聯合大學北京校友會編：《國立西南聯合大學校史——一九三七至一九四六年的北大、清華、南開》，北京大學出版社，2006年版，第396、406頁。

〔註73〕 龍云：《抗戰前後我的回憶》，《文史資料選輯》（第17輯），中華書局，1980年版，第61頁。

時中國其他城市所沒有的自由，並不僅僅是因爲龍雲那種對「民主、自由」的「認同」。其實，並沒有有力的證據證明龍云是個自由主義者或民主主義者，反而倒是有有力的證據說明他曾經是個反共主義者。〔註74〕而抗戰時期的龍雲對其治下的昆明採取一種開明的政策而使其呈現出「自由」的面貌，其原因除了上文討論的之外，美國學者、西南聯大研究專家易社強曾對其中的原因之一做過精彩的分析，儘管他是針對西南聯大，其實對整個昆明來說也是適應的。

　　……但是接下來的十年他鞏固了權力，如今的雲南省沒有什麼力量使他擔心，能顛覆他的統治。在他的控制下，他完全有能力給予學者一定的自由。而且與著名學者的交往增強了他的信心，並可能補償他作爲功勳卓著的部落男孩殘留的自卑心理。此外，他不可能沒有注意到，他與中央政府論辯時這些態度鮮明的、大名鼎鼎的支持者的作用。他是一座堡壘，而堡壘背後是教授和學生對蔣介石的抨擊，這同時提升了他自己的形象──作爲一個統治者，他理解這所偉大的大學所展示的文化氛圍。這樣一來，他便成了文人的庇護者，這種儒家式的角色具有悠久的歷史。〔註75〕

三

　　戰時昆明由於龍雲與蔣介石及中央政府的微妙關係及龍雲的個人因素，這座城市呈現出那時中國其他城市所沒有的寬鬆與自由，這種寬鬆與自由推動了昆明文學文化的發展，促進了昆明文學氛圍的形成。抗戰結束以後，當龍雲在與蔣介石的政治博弈中失敗出局後，那種寬鬆自由的社會環境也隨之消失。雖然在抗戰結束後不久，昆明文化界發表了《昆明文化界爭取出版自由宣言》〔註76〕，但民國34年12月，《新華日報》昆明營業處被「三青團」

〔註74〕 在1928年，雲南省就處決了革命人士（左翼人士）達400人之多。見（澳）霍爾著：《雲南的地方派別》中所引海關的報告材料。見雲南歷史研究所《研究集刊》1984年第1期；1930年中共雲南地下省委遭到破壞前，全省有共產黨員300餘人，而到1935年12月，重建雲南地下黨時，雲南與組織有聯繫的共產黨員僅有六七人。見謝本書《龍雲傳》，雲南人民出版社，2011年版，第69頁。

〔註75〕 （美）易社強：《戰爭與革命中的西南聯大》，饒佳榮譯，九州出版社，2012年版，第79頁。

〔註76〕 《昆明文化界爭取出版自由宣言》，《民主周刊》1945年第2卷第11期。

搞毀，大量左翼書刊被查禁，人員被迫離境。〔註77〕民國35年7月李公僕、聞一多先後被暗殺，北門書屋即告停業。民國37年7月，華僑書店經理馬揚生和金馬書店經理莊重被捕，進修出版社被昆明警備司令部偵緝隊查封，經理胡毓忠被關進雲南陸軍監獄。《民主週刊》、《時代評論》等多種刊物也被查禁。〔註78〕1949年9月，國民黨政府在昆明進行「整肅」，全市除兩家官辦日報──《中央日報》與《平民日報》外，全部日、晚報，週、期刊一律被查封。〔註79〕整個昆明文化界處於一片蕭殺之中。龍繩武說：「我老太爺個人的歷史和中華民國的歷史有密切的關係。我可以大膽地說一句：如果不發生『昆明事變』，中共絕對無法崛起，我們也絕對不會退守臺灣。」〔註80〕我們對龍繩武的評價暫且不論，但可以說，龍雲為戰時昆明營造的相對自由寬鬆的社會政治環境是昆明良好文化生態生成的基礎，它為戰時昆明文人擁有相對自由的思想空間提供了保障，為昆明文學氛圍的形成提供了基本的社會政治條件。

第二節　報刊與書店

各種期刊雜誌一年來更是突飛猛進，到如今出刊的已達二十餘種之多，計有新動向，南方，戰時知識，戰時市教，今日評論，青年公論，新雲南，抗戰文化，新群眾，文化崗位，文學季刊，邊疆，新民眾，軍事月刊，雲南醫刊，教育通訊，時衡（停刊），益世週報（滇渝出刊），中央週報（昆明版），戰時文摘（昆明版）。其中新動向多論者，今日評論，作者多國內學者，立論高超，有似他日北平胡適之先生等出刊的今日評論（應為《獨立評論》──筆者注），每週已銷到將近四千份……〔註81〕

從正月到六月半年中，昆明各書店如雨後春筍般地發達起來，華山南路幾乎可以說是「書店街」，每日下午擠著翻閱書報雜誌的各色人等，給你一個可喜的印象。在華山西路短短不到三十家門面的一條街上，排著四五家文具店，三四家印刷店，再除了幾家洗染店和糕點店之外，最惹人留連的就是書

〔註77〕《新華日報的回憶》編委會編《新華日報的回憶》，四川人民出版社，1979年版，第324頁。
〔註78〕《雲南出版史志資料》（第1輯），第147頁。
〔註79〕龔槐勳：《昆明〈龍門周刊〉》，《昆明文史資料選輯》（第8輯），第202頁。
〔註80〕張朋園訪問，鄭麗榕紀錄：《「雲南王」龍雲之子之口述歷史》，九州出版社，2011年版，第63頁。
〔註81〕江浦：《昆明的文化動態》，《中央日報》（昆明版）1939年6月7日。

店。從東到西算過來：北新書局，正中書局，兒童書局和生活書店都兼營本版書和外版書；再有兩家比較小的本地書店也掛滿了雜誌和地圖。各種各色抗戰報告的小冊子排成了長蛇陣，千百雙眼睛在期間穿花般刷過去。一本本整整齊齊的裝訂物拿起來又給凌亂地投下去。書報從無光澤的封面變成了卷邊。半月以前出版的雜誌都坦著肚皮靜臥在那裡。店裏小夥計們眼睛從密密層層的肘逢裏死命的盯著，幾乎忙得透不過氣來。〔註82〕

一

這些記實性的文字可以很好地說明戰時昆明報刊與書店的繁榮景象。由於大量文化機構的入駐及眾多文化人士的寓居〔註83〕，以及寬鬆自由的社會環境，昆明的報刊由戰前的少量幾種〔註84〕增至 80 餘種（統計時間為 1941 年 12 月）〔註85〕，如果延續到西南聯大回遷的 1946 年，刊物數量也就更多。下面對這些報刊進行簡單介紹。

A：純文學刊物及叢刊 〔註86〕

刊物名稱	創、停刊時間	編者及其他	內容、作者
文學季刊	1936 年創刊，1937 年底終刊	李寒谷、周輅	專發小說
文藝季刊	1937 年 11 月創刊，1939 年 7 月因經費問題停刊	李寒谷主筆，特約編輯楊光潔、周輅	該刊的目的為：「希望把外邊朋友的稿子拉到雲南來，把雲南作家的稿子介紹到外邊去，使文藝上作一種

〔註82〕 吳稚：《昆明出版景象》，《眾生》1938 年第 5 期。
〔註83〕 昆明除了西南聯大等高校那些外來者，實際上有很多來自沿海的受過教育的人們。除了大學老師，還有在政府機關、新辦工廠和企業、鐵路局、公路局及郵電局工作的數千名男女知識青年。旅館和飯館裏擠滿了二十至四十歲的初來者。《1939 年春赴西南和西部中國的青年與宗教運動使命報告選錄》，《教務雜誌》1939 年 12 月。
〔註84〕 「（抗戰爆發之前的昆明——筆者注）到現在就留有三家大報和一家小型報紙，和它的晚刊」，《昆明出版事業》（社論），《昆明周刊》1942 年第 15 期。
〔註85〕 《雲南出版史志資料》（第 9 輯），雲南新聞出版局《雲南出版史志資料》編撰委員會編印，第 185 頁。
〔註86〕 該表格是筆者根據劉增人等編著的《中國現代文學期刊史論》（新華出版社，2005 年版）、周蔥秀、涂明兩人合著的《中國近現代文化期刊史》（山西教育出版社，1999 年版）、《雲南出版史志資料》（第 9 輯）、蒙樹宏的《雲南抗戰時期文學史》的相關材料整理而成，同時補充了筆者在雲南省圖書館查閱的、上述著作缺乏的有關純文學刊物材料。後文相關內容也是如此。

新蕊	1936 年創刊，1937 年 7 月總第 13 期停刊	馬昭銘等編輯，文化書店發行 該刊僅存第 2 期，爲高爾基逝世一週年的紀念特輯	溝通對流，而把雲南文藝界弄得活躍些」。刊登了大量直接服務於抗戰的詩歌，還有較多的鄉土小說。作者有沈從文、徐夢麟、彭桂萼、馬子華、李長之、施蟄存、蕭乾、李喬等
警鐘季刊	1938 年創刊，1945 年秋季停刊，七年出版了六期	彭桂萼爲主編，邱振聲爲社長兼發行人	該刊雖在緬寧（今臨滄）編印，但也在昆明發行。刊發抗日救亡及有關邊疆情況的詩、報告文學、散文、雜文。作者有郭沫若、臧克家、沈從文、穆木天、朱自清、艾蕪、李廣田、雷石榆、包白痕、羅鐵鷹、李喬等
文化崗位	1938 年 7 月創刊，1940 年 2 月停刊，1944 年 5 月復刊，改名爲《西南文藝》	「文協」雲南分會主編的刊物，馬子華負責編輯	注重聯繫雲南的抗戰實際，發表過《抗戰主義的現實主義與雲南文藝》、《發展邊疆文藝工作的提議》等文章；重視文藝青年的培養工作，曾組織「九月文藝競賽」等活動。作者有馬子華、楚圖南、彭桂萼、包白痕、雷石榆等
戰歌	1938 年 8 月創刊，共出版 9 期，1940 年停刊	救亡詩歌社編輯，實際編者爲徐嘉瑞、羅鐵鷹、雷濺波	爲「抗戰詩歌刊物」，刊登「與抗戰有關的詩、歌、小調、鼓詞、歌謠、劇詩及有關詩歌之論文、批評、介紹翻譯等」。除省內作者外，還有茅盾、汪銘竹、錫金、徵軍、蒲風、陶行知等，茅盾稱該刊爲「閃耀在西南天角的詩星」
詩刊	1938 年 8 月出版，1941 年停刊，共出版 8 期	雷石榆、羅鐵鷹主編	發表與抗戰有關的詩、詩論、譯詩等。作者有濺波、羅鐵鷹、雷石榆、彭慧、穆木天、馬子華、徐嘉瑞、張鏡秋、方殷、老舍、茅盾、王亞平等
詩與散文	1940 年 8 月創刊，1946 年 10 月停刊。該刊開始爲月刊，後有時隔月，有時半年甚至隔年才出，沒有固定的出版時間	天野社發行，編輯爲龍顯球、劉光武、王燕南等。開始只刊登詩歌、散文及其理論，後來也刊登其他作品如巴金小說《文淑》、聞一多的《人民詩人屈原》、楚圖南的《悲劇及其他》等。該刊第一卷第三期至第九期的刊名由聞一多題簽	主要撰稿人有徐嘉瑞、陳豫源、華玲、楊光潔、靳華、高寒、萬仞山、寒谷、旦東、包白痕、浪子、微明、夏鳳鐸、雷石榆、陳帆、阿臻、田堃、方殷、沈從文、汪曾祺、龍顯球、關伍、李喬、廠民、王懷武、香莊、召平、艾茜、野莽、南鷗、歐陽震鐸、馬子華、張光亮、李一、徐天、黎甦、朱乃、文靖珍、楊紹廷等

集體創作	1941 年 1 月創刊，終刊不詳	集體創作社編行	一開始注重文藝評論，後注重創作
西南文藝	1941 年 2 月創刊，僅出版一期	昆明西南文藝編委會編輯，「中華全國文藝界抗敵協會雲南分會」出版	主要欄目有論文、小說、散文、兒詩之頁等
文聚	1942 年 2 月創刊，1945 年 6 月終刊，共出版了兩卷 9 期。其中，1945 年文聚社成員林元、馬爾俄（蔡漢榮）主辦《獨立周報》時《文聚》成為該報副刊	發行人李典、趙汶其；林元、馬爾俄編輯	該刊以「純文學」為追求目標，主要作者有林元、馬爾俄、楚圖南、何其芳、楊剛、方敬、袁水拍、沈從文、朱自清、李廣田、辛代、穆旦、杜運燮、馮至等。因刊發了許多名家名作，該刊產生了很大的影響
楓林文藝	1943 年 7 月創刊，1944 年 5 月出版至第六期後停刊。每期有各自的刊名，這六期是：《遼闊的歌》、《生活與苦杯》、《雲的童話》、《浪子謠》、《燈及希望》、《致波德萊爾》等	邱曉崧、魏荒弩編輯，邱曉崧發行。另外，該刊停刊後，又在重慶改出《詩文學》叢刊 2 期，刊有力揚的詩《射虎者及其家族續篇》，何其芳的詩《夜歌兩首》等	不定期的文藝叢刊，該刊主要發表詩歌與散文，兼及隨筆、文藝短評，刊有常任俠的《布穀鳥》、谷風（牛漢）的詩《長劍，留給我們》等，作品大多反映抗戰的現實生活。主要撰稿人：李廣田、王亞平、方敬、鄒荻帆、力揚、馮至等
孩子們	1944 年 9 月創刊，1945 年 5 月停刊，在昆明出版六期，後在寧波復刊，出版兩期，1947 年 7 月終刊	夏風主編，王吟青發行，北門書屋印行上面的作品有：夏風的《先生和學生》、包白痕的《春天》、光未然的《我的第一個師傅》等	定期文藝叢刊，為兒童讀物，目的是「使孩子們在優良的課外讀物中發現課本以外的新天地」。該刊文章大體可分為兩類：「一部分是大孩子寫給小孩子看的，題材新穎美麗，含義深而文體通俗；還有一部分是小孩子寫給小孩子看的，題材純潔天真，生氣蓬勃。」力求稿件「內容的多樣性、進步性、現實性和健康性」
白鷗文叢	1943 年 11 月出版第一輯《人的工匠》，1944 年 3 月出版第二輯《未完的夢》，第三輯已編好，有中篇《晚餐》和《消長》，但未出版	「白鷗出版社」編輯，具體負責人為王運生、趙漢章、繆光字發行	不定期文藝叢刊，主要撰稿人有姚奔、周正儀、劉北汜、予林、詩鑌、海萊、盧飛白（張多宇）、郭風、劉澍德等
民主文藝叢刊	1945 年 3 月出版了叢刊之一《文藝的民主問題》，1945 年 7 月出版了叢刊之二《藝術	以群、光未然主編，一在重慶，一在昆明，分別召開相關座談會，然後把座談會的內容編輯	不定期文藝叢刊，第一輯記錄了楚圖南、李何林、楊東明、趙渢、呂劍、李公僕等人關於民主運動與文藝運動的問題的座談內容，還有聞

	與人民》，後不再出版	出版	一多的有關看法。該叢刊還刊登詩歌、散文、理論文章等。該叢刊有一個與其他叢刊不同的地方，就是努力體現中國共產黨的文藝思想
高原文叢	1944 年 2 月出版了其中之一輯《雲南生活》，僅出 1 期	北門書屋編印，高原書店發行，鄭明軒編輯	這一輯有光未然的《鎮魂曲》和整理的《阿細的先雞》、華山的《雲南生活——地方色彩和地方性格》等文章
百合詩叢	1944 創刊於昆明，先後出版了 5 輯，1946 年停刊	百合詩社編行	該刊曾獲聞一多支持，聞一多以「百合詩社」印章一方相贈。叢刊有：葛白晚的《海底的路》、魏荒弩的《希望》、包白痕的《無花果》、常任俠的《蒙古調》、薛沈之的《鼓桴集》
文藝新報	1945 年 11 月創刊，1946 年 3 月出至第 10 期停刊	西南聯大「文藝社」主編	創刊號上刊發了李廣田的《人民自己的文學》代為發刊詞，宣稱文學是用來「喚醒別人，鼓舞別人，使大家聯合起來，向著惡的進攻，向著更好的道路前進的一種工具」
獨立周報	1942 年 12 月創刊，1945 年 6 月停刊，共出版 11 期	「文聚社」編輯出版	主要欄目有通訊、隨筆錄、電影、雜文、詩歌等
十二月	1946 年 1 月創刊，3 月出至第 2 期停刊	「十二月文藝社」編輯，出版	該刊為西南聯大師生為紀念「一二・一」慘案而創辦。主要欄目：短篇小說、新詩、雜文、報告、劇曲等
匕首	1945 年 12 月 25 日創刊於昆明，1946 年 1 月 27 日出至 2 期停刊	西南聯大「新河文藝社」編輯、發行。刊有雜文、短論、散文、短評、書評等文學作品拖等	
火星文藝	1946 年 1 月創刊，僅見一期	「火星文藝社」編輯、出版，包白痕、吳剛編輯	刊發小說、詩歌、雜文等
浪花文藝	1946 年 1 月創刊，1946 年 3 月出至第 3、4 期合刊號停刊	海濤編輯，胡家俊發行	為一純粹的詩歌刊物
文化新潮	1946 年 4 月創刊，1947 年 3 月出至第 1 卷第 3 期停刊	「文化學會」編輯、出版	該刊有文藝評論、人物傳記、作品介紹、長詩、散文等作品。主要撰稿人有郭沫若、費小童、鑒遠等
七月詩頁	1946 年 5 月創刊，只出版一期	「七月詩頁社」編行	為聯大師生在昆明最後編印的一份刊物，主要是詩歌，具有強烈的生活氣息和時代感情

B：其他各類刊物

刊物名稱	創刊、停刊時間	編　　者	內容及其他
雲南建設月刊	1937 年創刊，終刊不詳	雲南建設廳編印	內容有：圖表、論著、專載、法規、公牘、報告、調查、工程、紀錄、統計、文藝、中外要聞
治史雜誌	1937 年創刊，1939 年 6 月終刊	昆明北京大學史學學會編行	為史學專刊，內容以史學研究及考訂，政治思想之論述及文字訓詁為主。撰稿者為羅莘田、羅庸、鄭天挺、錢穆等
新民眾	1937 年 8 月創刊，停刊不詳	雲南省立昆華民眾教育館編行	為綜合性期刊，旬刊。該刊旨在激發民眾愛國精神，鼓吹參加救亡運動。內容有時事、文藝、風俗志、地方色彩、生活紀錄等
民眾呼聲	1938 年初創刊，1940 年 8 月停刊	屬於中共雲南臨時工委和昆明支部刊物，由趙國徽和李家鼎主持	一救亡歌曲專刊，專載抗日救亡歌曲
前哨	1937 年 9 月創刊，出版兩期後停刊	中共昆明支部編行	主要刊載宣傳抗日民族統一戰線的時論文章，宣傳中共主張
雲南大學叢刊	1938 年開始發行	雲南大學編行	不定期刊，由各院系負責出專號，然後統一編號
大眾畫報	1938 年創刊，1941 年停刊，發行了 16 期	微音主編	內容為宣傳抗戰
雲南民先	1939 年 1 月創刊，3 個月後停刊	中共雲南特別省委領導下的外圍組織中華民族解放先鋒隊雲南地方部隊出版刊物	宣傳中共的政策與主張
文化周報	1939 年 2 月創刊，1943 年 7 月終刊	吳晗為總編，方國瑜、王碧玲為副總編	以「啟迪文化，增強抗戰力量」為宗旨的學術研究刊物，內容包括國防問題、學術問題、社會問題
新民畫報	1939 年 2 月創刊，同年 4 月停刊	昆明昆華民眾教育館編	以號召民眾抗日救國為目的，以畫為主的綜合性刊物。內容包括漫畫、連環畫、通俗畫，每期談話，抗建宣傳，抗戰知識，詩歌等
圖書季刊	1934 年 3 月創刊於北平，1939 年 3 月在昆明復刊，抗戰勝利後在北平繼續出版	國立北平圖書館「圖書季刊」編輯部編行	內容有論著、書目、書評、圖書介紹、學術出版消息、附錄等

益世周報	1938 年 10 月 10 日復刊於昆明，所見最後一期爲 1939 年 4 月 28 日第 2 卷第 16 期	編輯兼發行者「益世周報社」，總經售「益世周報館」	主要欄目有短評、時論、論輯、評論選輯、戰地通訊、文藝等，主要撰稿人有劉秀夫、於斌、丁作韶、慕時、傑人、楊生健、健華、蔣介石、劉雲鵬、無垢、王成城、亦夫、王殿卿、羅光、張起鈞、胡驥、穆旦、羅文幹、田雨時、張澍生、逢辰、楊慕時、聞一多、楊令德、洪濤、羅廷光、劉兆吉、浪花、曹聚仁、炎川、潘光旦等
今日評論	1939 年 1 月 1 日創刊，1941 年 4 月 13 日出至 5 卷第 14 期停刊。	「今日評論雜誌社」編輯、出版。主要內容爲時事述評和文學作品，文學作品大都以抗戰爲題材，表現人民的抗戰熱情。刊有嚴文井的小說《日本人同宣傳員》，周正儀的獨幕劇《告別》，錢鍾書以《冷屋隨筆》爲總題的系列雜文。比較關注文藝理論問題，發表有柳無忌的《明日的文學》，葉公超《文藝與經驗》，陳銓《論新文學》等。該刊不僅是昆明，也是抗戰時期中國最著名的評論性刊物	主要欄目有時評、國際、政治、經濟、社會、教育、語言、文藝、通訊等；主要撰稿人有馮友蘭、錢端升、陳岱孫、張忠紱、嚴文井、錢鍾書、柳無忌、葉公超、陳銓、朱自清、沈從文、潘光旦、陸侃如、呂叔湘、王了一、傅斯年、錢穆、楊絳、雷海宗、鄭天挺、馮至、孫毓棠、陳雪屏、聞宥、羅文幹、周鯁生、林同濟、陳夢家、陳序經、樊南星、王贛愚、彭澤益、吳半農、羅隆基、伍啓元、賀麟、張德昌、費孝通、羅常培、林庚、王佐良、陳西瀅、汪曾祺等。
國立清華大學土木工程學會會刊	1939 年 4 月出版第 5 期，後因經濟困難，停頓四年後出第 6 期，回遷後繼續出版	昆明西南聯大清華大學土木工程學會編輯發行。編輯有李謨熾、潘釗元、袁隨善等	內容有論著、母校消息、同學錄、畢業會員錄等
公路月刊	1939 年創刊，1942 年停刊	昆明公路研究室編	內容有統論、實驗報告、文藝等
軍黨與政工	1939 年 12 月創刊，1940 年 7 月停刊	滇黔綏靖公署特別黨部政治訓練處編行	內容有論著、時事述評、宣傳與組訓、黨部組織、法規、散文、戲劇、詩歌、大鼓詞等
國文月刊	1940 年 6 月創刊，1949 年 8 月停刊，共出版 82 期	西南聯大師範學院主辦，開明書店出版。編輯人員有浦江清、朱自清、羅庸、魏建功、余冠英、鄭奠、王力、彭仲鐸、蕭滌非、張清常等，李廣田、聞一多、	以「促進國文教學以及補充青年自修國文的材料」爲宗旨。刊發的文章有探討國文教學各種問題的文章；關於文學史、文學批評、語言學、文字學、音韻學、修辭學、文法學等短篇論文或札記；詩文選讀；寫作謬誤示例等

		沈從文也參加過編輯工作。刊發了眾多學者關於國文教學、中文系改革方面的文章	
新文字	1940 年創刊，終刊不詳	新文字社編行，中共黨員曾進文、施祖植創辦	與《戰時知識》（民主人士馮素陶主編）、《文化崗位》一樣，宣傳中共的抗日民族統一戰線，內容主要有中共的主戰、散文、詩歌等
戰國策	1940 年 4 月 1 日創刊，1941 年 1 月 1 日第 15、16 期合刊後休刊，同年 7 月 20 日復刊，1942 年 7 月 1 日停刊，共出 31 期	「戰國策編輯室」編輯，《戰國策》編輯部發行；後改署「戰國策社」編輯兼發行；《戰國》副則署「昆明國立雲南大學政治系戰國編輯部」編輯	由陳銓、林同濟、雷海宗等一批教授學者組成的，《戰國策》和《戰國》是他們辦的同仁刊物。內容為政論、時論、文學作品等。主要撰稿人有林同濟、陳銓、雷海宗、沈從文、尹及、何永詰、王迅中、曹卤、二水、賀麟、丁澤、洪思齊、孫岱西、唐密、星客、洪絨、思齊、朱光潛、陳碧笙、費孝通、疾風、沈來秋、曾昭倫、陶雲逵、陳雪屏、公孫震、林良桐、鄭潛初、蔣廷黻、馮至、孫毓棠、王季高等
雲南教育周報	1940 年 5 月創刊，1945 年 10 月終刊	雲南省教育廳秘書室編審處編行	為教育理論專業學術刊物，內容有教育言論、學校動態、教育法規、教學指導、文化信息及少量文藝作品等
文化新聞	1940 年 10 月創刊，創刊後未見續刊	中共地下黨刊物，夏江主編	主要報導國內民主運動的趨向及解放區情況
新教育	1941 年 1 月創刊，只出一期	新教育社編行	論述教育的專業刊物，有少量文學作品
路	1941 年 1 月創刊，同年 12 月停刊，共出版了 9 期	中共地下黨秘密組織——「路社」刊物	內容有時事分析、馬列主義通俗講話、通訊、雜文
影劇周刊	1941 年創刊，終刊不詳	龍顯球主編	研討與評介電影與戲劇的專刊
堂瑯	1941 年創刊，半年出版一期，1944 年停刊	會澤旅省學會會刊。沒有固定經費來源，東拼西湊勉強維持	內容有綜合論述、詩詞、小品、文藝、傳記等
當代評論	1941 年 7 月 7 日創刊，1944 年 3 月 1 日停刊，共出 4 卷 68 期	「當代評論社」編輯、出版。主要欄目有時評、國際、政治、經濟、社會、教育、語言、文藝、通訊等；該刊是《今日評	主要撰稿人有雷海宗、伍啓元、孫毓棠、王贛愚、賀麟、李景漢、馮至、黃玨生、王力、陳銓、張常清、馮友蘭、林良桐、王鐵崖、余冠英、聞一多、陳雪屏、梁方仲、陳岱孫、費孝通、曾昭倫、老舍、聞家駟、

		論》的後續性刊物	羅常培、陳西瀅、陳夢家、朱自清、陳序經、朱家驊、洪謙、樊宏、吳晗、蕭滌非、沈從文、姚從吾、吳景超、梅貽琦、何炳棣、浦江清、丁則良、趙羅蕤等
國民教育指導	1941 年 9 月創刊，1942 年 9 月停刊	教育部國民教育司、雲南省教育廳合編，雲南教育廳發行	主要内容有國民教育行政、教員訓練、成人補習教育、公民訓練、國語常識科、體育衛生科、歷史地理科、自然科、音樂科等各學科
人文科學學報	1942 年 6 月創刊，1945 年 9 月停刊，共出版 3 期	「中國人文科學社」創辦，編輯委員會成員有：丁驌、王信忠、王贛愚、田培林、伍啓元、巫寶三、孟雲橋、賀麟、張企泰、雷海宗、費鑒照等，常務編輯爲王信宗、伍啓元、雷海宗等	主要内容有專題論文、讀書札記、書評等
學術季刊	1942 年 1 月創刊於昆明，1943 年 9 月停刊，共出版過 3 期	西南聯大中國學術研究會編輯出版，洪謙任主編	主要發表研究有關哲學、歷史、地理、經濟、文學、數學、物理、化學等學科的學術論文，刊載過研究或介紹外國新思潮的文章和譯作，刊載過顧頡剛的《中國古代史述》等論著。以學術性強爲其特色
邊疆人文	1942 年 8 月創刊，1946 年停刊，共出 16 期，最後一期在昆明編定在天津出版	西南聯大南開大學文學院「邊疆人文研究室」編印	研究西南地區少數民族語言的刊物，分爲語言人類學專刊與綜合性的雙月刊
進修月刊	1942 年 6 月在重慶策劃，10 月在昆明出版發行，1943 年 5 月停刊，出版了 3 期	昆明進修出版教育社編行，曹伯韓主編	主要刊登一些介紹馬克思主義的文章和文學藝術作品，還有一些馬列理論文章
民族與國家	1942 年 2 月創刊，終刊不詳	族國雜誌社編行，司徒彥總編輯，周禮張發行	目的在爲「民族國家復興」，主要内容有社論、修養篇、釋義、特寫、大時代、文藝等
戰鬥月報	1943 年 8 月創刊，1944 年 4 月停刊，共出版 3 期	中共雲南地下黨刊物，劉浩負責	宣傳中共的路線、方針、政策，報導個解放區的民主運動
文林	1943 年 1 月創刊，同年 6 月停刊	朱應庚、董家祿主編，李彤發行	「拓張教化領域，促進文化建設，推廣社會服務。在學術上作爲批評與鑒賞的媒介，著重人格建立與學問探討」。内容有言論、散文、詩歌、雜談、風土人物、雲南民族問題研究等

黎明	1943 年 2 月創刊，1944 年 5 月停刊	昆明「黎明社」發行，李何林、張仲麟編輯	爲純文藝期刊，以反映當時人民困苦和抨擊社會黑暗爲主。內容有文藝、影劇巡禮、文史等
自由論壇	1943 年 2 月創刊，1945 年 5 月停刊	「自由論壇社」編輯，社長郭相卿	綜合性刊物，主要內容有言論、時評、文藝、雜談等
伊斯蘭學報	1943 年創刊，終刊不詳	昆明伊斯蘭文化學會編輯	季刊，內容爲關於穆斯林文史哲專題研究
醫藥常識	1943 年 5 月創刊，1944 年 10 月終刊	社長泰光宏、發行許瑞慶	醫藥常識刊物，內容有社中人語、漫談、論述、家庭藥庫、藥物介紹、短評、文摘及少量文藝作品
級友	1943 年 10 月創刊，出版一期後因無經費而停刊	雲南大學土木工程系1935 級印	內容以討論土木工程爲主，如開遠電廠水溝工程、水壩之設計、國際路線之檢討等，也有少量文藝作品
五月之歌	1944 年 5 月創刊，1946 年 1 月停刊	白澄等編輯，「北門出版社」出版	內容爲文學與藝術評論、中國音樂研究、離騷今譯、歌曲、詩、文藝家評介、譯著等
戲劇半月刊	1944 年 5 月創刊，出版一期便停刊	昆明「戲劇半月社」主辦	內容主要爲戲劇作品、戲劇批評、戲劇漫談等
民主周刊	1944 年 12 月創刊，1946 年 7 月停刊，共出版 71 期	「中國民主同盟昆明支部」機關報，聞一多、楚圖南主編	內容主要爲言論、政論、時事述評、雜文等
渝風	1945 年 3 月創辦，終刊不詳	民主青年同盟編輯，受聞一多、尚鉞、吳晗指導	主要內容是轉載《新華日報》的社論與文章
中法文化	1945 年 8 月創刊，1946 年 7 月停刊	「中法文化月刊社」編輯、出版、發行，發行人熊慶來，主編陳倉亞，編輯葉汝璉、林文錚。撰稿人多有留法經歷，以文學、藝術方面的學者爲主。刊物內容多爲文學翻譯、評論和創作。	主要撰稿人有陳倉亞、李書華、何衍璿、於念平、（法）高朗節、吳達元、陳定民、林文錚、（法）阿波里奈爾、李賦寧、卞之琳、楊周翰、葉汝璉、王贛愚、張璽、王了一、王佐良、孫福熙、王樹勳、A·紀德、C·波特萊、趙崇漢等
婦女旬刊	1945 年 11 月創刊，1946 年 4 月停刊	楊默霞主編，孟超、孫曉桐常務編輯	該刊宣傳中共思想、政策等，反映雲南婦女參加民主運動情況，也刊發一些雜文
民主與時代	1945 年 12 月創刊，終刊不詳（有國民黨背景）	民主與時代社編行，建白、文迪等編輯	主要內容有政治、經濟、社會、時事新聞、文藝等

C：《抗戰時期（1937～1945）昆明的報紙題錄》 〔註87〕

名　稱	負責人（機關）	創刊、停刊時間	內　　容
抗日周報	滇黔綏靖公署政治訓練處宣傳科	1938 年 7 月 7 日創刊，1943 年 4 月停刊	轉載抗戰刊物（如文藝陣地）的文章，並提供有關國民黨政府政治、軍事新聞
朝報（日報）	負責人兼主編爲王公弢，編輯有張天疇、夏江、張師曾等	1934 年 4 月創刊於南京，抗戰時期遷入昆明，於 1938 年 10 月 10 日在昆復刊，1949 年停刊	第一版刊登國際要聞、電訊、廣告，第二、三版刊登省市新聞、市井瑣聞、小言論，第四版爲副刊（戰地通訊、詩歌、報告文學、書介、影評等）
益世報（日報）	比利時來華的天主教傳教士雷鳴遠與天主教徒劉守榮、杜竹宣、於斌等。1940 年後社長爲於斌、主編爲李紹鐸	1915 年 10 月 10 創刊於天津，抗戰後內遷，於 1938 年 12 月 8 日在昆明復刊	社論、國際要聞、省市新聞、宗教、教育、文化、青年園地、圖書。刊有較多名家、學者的文章
益世晚報	主辦人：吳秋塵	1939 年 1 月 16 日創刊，1945 年 12 月停辦	國際新聞、國內專電、本市消息、生動復刊
氣象月報	雲南省氣象研究所所長陳一得	1939 年 4 月 1 日創刊，停刊時間不詳	氣象專論、天體學、地理知識、氣溫統計等
中央日報	主任先後由袁業裕、錢滄碩擔任	原創於 1928 年，總社長爲錢滄池，抗戰時期於 1939 年 5 月 18 日在昆復刊	廣告、社論、省外新聞、省市新聞、電訊、敵情、史學、學林、科學、藝術、平明副刊
文化周報	吳晗爲總編輯、王碧嶺、方國瑜爲副總編	1939 年 2 月 8 日創刊，1943 年 7 月停刊	國防問題、學術問題、社會問題
新民畫報（周報）	方樹梅	1939 年 2 月 11 日創刊，1945 年 8 月停刊	激發民眾抗日救國的慢稿，增強抗戰力量及民眾生活性質之通俗畫
僑光報（日報）	社長先後由李慕逸、華棠擔任，主編爲陳國華	1940 年 1 月創刊，1945 年 8 月停刊	電訊、社論、省內消息、國際新聞、短評、特寫、人物傳記、文藝戲劇、西南戰線、廣告等
掃蕩簡報（三日報）	雲南省軍管區政治部	1940 年 5 月 18 日創刊，1945 年 8 月止	言論、時事新聞、短評、省縣消息
雲南教育周報	雲南省教育廳秘書室	1940 年 5 月 21 日創刊，1945 年 10 月停刊	教育言論、批評建議、教育法令、學校動態、國內外重要文化消息等

〔註87〕《雲南出版史志資料》（第 7 輯），雲南省新聞出版局、出版志編委會主編，1991 年 5 月，第 56～94 頁。

商友 (周報)	昆明市商會宣傳科	1940 年 6 月創刊，停刊時間不詳	研究商業問題、宣傳商品知識、報導市商會動態的相關文章，評論、廣告、副刊
戲友 (半月報)	發行人陳豫源，編輯馬曉涼	1940 年 7 月創刊，1945 年 8 月停刊	研究平劇理論、批評介紹平劇劇本與表演、記載戲劇史、有關平劇之一切散文小品爲純戲劇文藝學術性報紙
金碧旬報	主編爲羅鐵鷹，作者有馮至、阿壟、雷石榆、李廣田、戈柔、王西增	1942 年多創刊，停刊時間不詳。中華文藝界全國抗敵協會雲南分會主辦	論述、時評、詩歌、小說等
西南周刊	主編爲彭舜吾、馬子華等	1942 年 8 月創刊，1943 年 5 月停刊	時事、評論、電影戲劇、商品廣告、文學創作、歷史掌故
昆明周報	發行人孟立人、編輯龍顯球	1942 年 8 月 21 日創刊，1946 年 12 月 21 日停刊	社論、時事述評、一周大事；雲南鄉土叢談、商情述類、一周物價動態、各地市場活動；街頭巷尾、書報消息、影與劇；文藝沿邊瑣記、抗戰文藝、昆明一周、雲南合作故事
生活導報 (周報)	社長劉志實、副社長陳植東，經理張午增	1942 年 11 月 13 日創刊，1944 年 5 月停刊。有馮至、冰心、沈從文等人的文章	一二版爲短評、本刊特稿；三版爲生活信箱、幕後新聞；四版爲副刊
朝報晚刊	發行人：王公張	1942 年 11 月 19 日發行，1949 年 8 月停刊	國內外、省市新聞，閑話夜話、文學藝術、滇海風光、商品廣告等
文林半月刊	發行人李彤，主編董家祿、朱應庚	1943 年元旦發刊，因經濟原因於同年12月30 日停刊	小言論小知識、國內外新聞特寫、小說散文詩評論、遊記漫畫、商業廣告
雲南教育 (旬報)	雲南教育廳秘書室	1943 年 1 月 10 日出版，1945 年 8 月停刊	專論、政府明令、教育法令、各類教科書標準、體育、音樂、教育家傳記
黎明半月刊	發行兼編輯者黎明社	1943 年 2 月 3 日創刊，停刊不詳	純文藝研究性報紙。第一版爲文藝、第二版爲新片獻禮、第三版爲文選、第四版爲文史和點滴
大國民報 (三日報)	發行人陳仲山	1943 年 3 月 10 日創刊，同年 6 月 30 日停刊	特寫小品、文學創作、時評、三日談、小言論、介紹等
中南報 (三日報)	發行人張立民	1943 年 3 月 31 日創刊，同年 6 月 1 日停刊	社論、東南西北、東鱗片爪、文摘、我們的指南、社會服務、夜光副刊

醫藥常識（半月報）	社長秦光弘、發行人許瑞慶	1943 年 5 月 6 日創刊，1944 年 10 月止	短評、文摘、藥物介紹、小新聞、內科常識、醫藥逸聞、醫事消息、病人信箱等
戰鬥月報	負責人劉浩、編輯人員姚黎民、李天柱、嚴達夫、畢紹奎等	1943 年 8 月創刊，1944 年 11 月停刊（因人員調動變化）。爲中共雲南地下黨省委機關報	刊載黨中央的公開文告、方針政策、領袖著作、延安《解放日報》社論及其他重要文章
昆明晚報	社長龍純曾、主持人李齊誠、發行人王元治	1943 年 9 月 6 日創刊，1944 年暫停不久後改爲《觀察》日報發行	一、四版爲國際新聞、省市新聞、特稿、廣告；二、三版爲副刊，設有樂園、文藝、萬象、世紀等（有影片評價、影壇報導等）
掃蕩報（日報）	原爲國民黨第五軍所主辦的報紙。社長李誠毅、總編輯高天。呂劍、韓北屏（共產黨員）編輯文藝副刊	1943 年 11 月創刊，1945 年 12 月改爲《和平日報》	有許多左翼人士撰稿；以刊載軍事情報快速而聞名；副刊文章都爲左翼人士撰寫；宣傳了較多西南聯大學生的消息
昆明市政周報	昆明市政府發行	1943 年 11 月 14 日創刊，1945 年 8 月停刊	論著、文件、法令、呈文、訓令、布告、規章制度、報告、調查表、記事、譯述、雜錄、商品廣告、公園副刊
社會周刊	社長陳廷碧（1947 年 9 月後爲范承樞）、主編李偉中、范秋弘	1944 年 3 月 20 日創刊，1948 年 9 月停刊	有關社會問題的文藝、新聞、衛生常識、科學知識、各地動態人物介紹、讀者論壇等
眞報（周報）	名譽社長顧映秋、發行人張靜華	1944 年 6 月 2 日創刊，1947 年 10 月 6 日停刊	每周專論、眞話、瞭望臺、小評、讀者之聲、生活漫步、藝壇、傳訊、文與詩、新書介紹
雲南晚報（又稱雲南日報晚刊）（日報）	發行人何少誠	1944 年 7 月 7 日發行，1945 年 8 月 27 日停刊	國際新聞、省市要聞、時評短評、小言、文苑、廣告等
評論報（周報）	社長樓兆元（在該報發表文章的有胡風、曾紹掄、吳晗、孫起孟、馮雪峰、袁水拍、尚鉞）	1944 年 8 月 4 日創刊，1946 年 2 月停刊	專論、每周時事述評、短論、青年生活信箱、文藝創作、隨筆、詩歌、小說、散文等
自由論壇周刊	社長兼發行人郭相卿、主編熊劍英、熊錫元	1944 年 9 月 24 日創刊，1948 年 3 月停刊	短評、專論、星期漫筆、新聞舊聞、哲學宗教、社會、文藝攝影評論等。撰稿人有費孝通、聞一多、潘光旦、馮至、沙丁、楚圖南、李廣田、尚鉞、袁方、曾紹掄、陶雲逵、雷海宗

新真導報 (月報)	社長熊重行、主編方言	1944 年 11 月 12 日創刊，1949 年停刊	社論短評、見聞攝集、轉載、文藝習作、詩歌、上下古今談、來函照登
觀察報 (日報)	發行人龍純武（龍雲之子），總編輯為周鋼鳴	1944 年 12 月 10 日創刊，1949 年 9 月停刊。大部分為文化界左翼人士的文章，採用郭沫若茅盾的文章或評論。	廣告、國內外新聞、省市新聞、經濟新聞、副刊（散文、雜文、影戲、評論）
中國工商導報 (旬報)	發行人鄭昌其，社長甘汝棠	1945 年 1 月 1 日出版，1946 年 2 月停刊	專論、對外貿易、商業史話、工商心理、工商興趣、工商信箱、東南西北、省市簡訊、社會一角、經濟簡評、隨筆記錄、小說、詩、影劇評論
公論周刊	發行人先後由孫經熔、吳斌擔任	1945 年 1 月 26 日創刊，1947 年 10 月停刊	中外輿論、評論短評、地方要聞、人物介紹、通訊、文學與作家、生活常識
中正日報		抗戰時期，由柳州遷昆明，1945 年 2 月日復刊	
中央晚報	發行人錢滄碩	1945 年 2 月創刊，1949 年 4 月底停刊	電訊、國外新聞、省內要聞、微言、閒趣、天下小事、文藝夜光、影風劇雨、今古奇談、文與詩、街頭另拾等
力行報 (半月報)	發行人彭景人，主編向吉甫	1945 年 3 月 20 日創刊，1948 年 6 月 30 日停刊	時事評述、小言、大事輯要、特載、論著、科學珍聞、生活座談
市民周刊	發行人吳志乾、主編歐陽	1945 年 3 月 29 日創刊，停刊時間不詳	社論、現代知識、時事新聞、論壇、世態雜感、奇談妙論集、科學、文藝、小說、雜文、詩
聯大通訊 （不定期刊，內部刊物，不出售）	西南聯大學生自治聯合會編	1945 年 4 月 26 日創刊	社論短評、聯大民主運動、學校信箱、筆陣副刊
海鷗周刊	社長兼發行人戴扶青	1945 年 5 月 26 日創刊，1949 年 9 月停刊	政治經濟軍事、文藝創作、科學知識、時事新聞
雲南省教育會周報	雲南省教育會編	1945 年 6 月 1 日創刊，同年 12 月底停刊	教育概況、演講、報告書、會議記錄、政府文告等
群意	發行人張服真、主編范欽堯	1945 年 8 月 1 日創刊，1947 年 9 月停刊	社論、小說、詩歌、雜文、短評、中外古今小記、十日談

朝報副刊（日報）	發行人王公弢、主編繼濂	1945 年 10 月 1 日創刊，1948 年 10 月底停刊	談話時事、文化藝術、戲劇相聲、抗戰舊話、電影評論
正論周刊（周報）	發行人萬懷玉	1945 年 10 月 10 日創刊，1947 年 10 月 30 日停刊	論著評述、小說、散文、各地通訊、特寫
時代評論（周報）	發行人史靖，作者有潘光旦、聞一多、吳晗、費孝通等	1945 年 11 月 1 日創刊，1946 年底停刊	評論言論、實錄特寫、雜感、詩抄、專論
文藝新報（半月）	聯大文藝社發行	1945 年 11 月 1 日創刊，1946 年 3 月底停刊	作家談、通訊、詩歌、散文、速寫、評論、小說、文藝批評、書評、劇評、翻譯等
和平日報	發行人李誠毅	原名爲 1932 年創辦的《掃蕩報》，1945 年 11 月 12 日改成現名	新聞時事、社論、星期論文、商情動態、鴿鈴副刊
人民大路報（聯合版）	人民周刊與大路周刊聯合發行（吳晗、程式之、胡銖、公孫夫央、陳亦丹等撰稿）	1945 年 11 月 19 日創刊，停刊不詳	社論專論、轉載、一周時事、各地動態、人物特寫、文學史話、影評短劇
昆明新報（周報）	昆明新報社編印	1945 年 11 月 22 日創刊，停刊不詳	專論、各地通訊、文學藝術、歷史知識、雜文等
大眾報（不定期）	在中法大學內，負責人爲王光閭、趙謙、朱潤英、楊明等	1945 年 11 月 25 日創刊，1946 年 6 月停刊	評論、宣言、告同胞書等
罷委會通訊（日刊）	昆明市中等以上學生罷課聯合委員會編輯兼發行	1945 年 12 月 1 日出版，1946 年 1 月 6 日改爲《學聯簡報》	綜合報導、小言、時事新聞、言論、消息等

　　從上文內容中，我們可以發現，戰時昆明的報刊數量是戰前昆明無法相比的。而報刊的內容，有人則認爲其豐富性與文章的質量不輸於平津等地，尤其是一些報紙副刊多由聯大教授主編，內容更是「精彩充實」。〔註88〕因爲華山路集中了眾多的書店與出版社，因此有人說它可以和上海的四馬路相媲美。〔註89〕有旅行者說在昆明可以看到許多洛陽和西安都不容易見到的書籍和報刊。〔註90〕而從上文表格我們也可以發現，持各種立場的報刊（包括持中共立場）都能在昆明共存，這進一步說明了戰時昆明社會環境尤其是政治

〔註88〕竹梅：《各報副刊在昆明》，《福建教育》1940 年第 1 卷第 3 期。
〔註89〕直田：《昆明點滴》，《國風》1939 年第 3 期。
〔註90〕林泉：《重返老昆明》（上），雲南美術出版社，2002 年版，第 157 頁。

環境的寬鬆自由。

　　當然，戰時昆明報刊的繁榮也是一個漸進過程。剛開始時，有些外來者對昆明報刊的印象是「冷得異常」：「出版業在這裡冷得異常。沒有發現過一種昆明人自己的刊物在廣告上刊登過（機關的刊物在外）。印刷局很多，但是你想找鉛印十之九會被碰出來，恐怕還是有點吃不消。報館一共八家，除了《雲南日報》與《民國日報》兩個機關報外，其餘都是小報，把隔夜的新聞剪貼起來充篇幅。」〔註91〕「昆明的新聞紙共有六七家，且較著名的只有兩種，一是雲南日報，一是民國日報。據云南日報中人言：昆明的新聞事業因為新聞的來源上的困難，以及印刷上的遲滯，足使昆明的新聞事業無由猛進。所以雲南日報的印刷，因銷量較廣，往往竟無一日之力，由朝至午才能把全天的報紙印齊。」〔註92〕至於原因，有人認為是政府之故：「……昆明市政府公告鼓勵外來人投資興辦各類公用事業如戲院、電影院等，但新聞出版卻不列入，大概這種事業是官辦的吧。」〔註93〕有人認為是昆明的報紙不懂得利用廣告而導致報紙虧本而停辦：「這裡各報都是把廣告排在封面和後面……，各報顯然都不能夠靠廣告維持，因為篇幅有限，一張紙僅得一版是廣告地位，而且價錢也很低，因為昆明商業界還不大瞭解利用報紙宣傳的功效，所以很難獲得資金來維持。」〔註94〕也有人認為是多種因素造成的：「昆明出版界現在的一般問題是：一、印刷機關嫌少而太慢，技術不夠熟練，所以反映出來的是日報出得遲，刊物常脫銷；二、一般人民生活很苦，所以日報刊物價都不能提高成本，因之，無可靠津貼的，難以出版；三、大家差不多，特點化不夠……」〔註95〕可以說，這種情況與外在的政治、經濟因素有關，也與報紙內容有關。有人這樣指出：「過去，我們也曾有過很多的刊物，現在，也還隨時有新生的刊物出現，但是，為什麼一點效力也沒有呢？那就是因為它們只為了中層以上的人們打算，並沒有被更多的低級的人民所接受。海闊天空的議論，當作『花瓶』般欣賞的『藝術至上』，發抒性靈和幽默，這樣的東西和大眾離得太遠，為他們所不瞭解，於是我們的作家失敗了。」〔註96〕「在

〔註91〕吳稚：《昆明出版景象》，《眾生》1938 年第 5 期。

〔註92〕叔簡：《抗戰中的昆明》，《雲南日報》1938 年 7 月 25 日。

〔註93〕吳稚：《昆明出版景象》，《眾生》1938 年第 5 期。

〔註94〕毛子明：《昆明文化報導》，《戰時記者》1939 年第 2 卷第 10 期。

〔註95〕程邁：《二期抗戰中的昆明出版界》，《國訊》1939 年第 205～206 期。

〔註96〕亦文：《我們需要大眾讀物》，《雲南日報》1937 年 11 月 24 日。

目前本市僅有的幾種刊物中，很明顯地暴露出幾種缺點，一、談理想千篇一律，令人見而生畏！二、談工作技術的太機械，沒有同現實真正地配合起來，成為紙上談兵，實際都是行不走的方法；三、通俗也做得不夠，小眾看不起，大眾不能接受。……」〔註97〕有些刊物因為質量的低劣還引起外來者的批評：「……至於文字呢，除掉把幾個舞女和電影明星的私生活用那低賤、淺薄的文字介紹給讀者，一半好像是揭別人的隱私，一半好像是賣弄自己的能力而外，關於專門的學術論文和純文藝作品，半篇也沒有，若說純文藝有的話，那麼大約就是一篇『戰地來信』，副題叫做『大學風光』的大作了。……有如初小三四年級的學生講的故事一般，有頭無尾，味同嚼蠟。」〔註98〕這些因素都可能影響昆明報刊的發展。隨著內遷知識分子尤其是一些具有報刊經驗的作家的抵達，昆明各類報刊紛紛延聘他們，提高影響力，擴大發行量。比如：「……雲南日報尤盡量搜羅人才，除積極擴充內容，改進版面外，並延聘外來學者及專家，隨時著論，闡發民智，故銷數已至一萬餘份。」〔註99〕在外來知識分子的幫助或影響下，「南風（《雲南日報》副刊），但內容卻較前更為充實老練了。同時發行的『新動向半月刊』尤其為社會人士所稱讚，近銷到二千份以上。民國日報多偏重於政論，內容逐漸通俗化，銷數在四千份以上。朝報新聞簡明扼要，副刊包羅萬象，深得讀者之愛好，銷於西南各省，銷數六千餘份，……此外本地的新商報，社會新報，大無畏報，義聲報均報等報多方面吸納一般人對國是的意見，向來自平津一帶的作家學者約稿，內容豐富充實，在邊疆的省份，已經盡了抗戰宣傳的重大責任……」〔註100〕各報副刊更是聘請他們為主編，使其質量「不可同日而語」：「中央日報副刊有三，一為『平民』，由封禾子主編，內容偏重文藝，但多為與抗戰無關之作品，似乎有點主張為藝術而藝術。一為『史學周刊』，為史學研究會主編，內容尚佳；另一種為「敵情周刊」，為西南聯大教授王訊中主編，專刊譯述及關於日偽問題的論著之文字。益世報副刊甚多，『邊疆』為顧頡剛主編，顧氏赴渝後由張西山代理。多刊西南邊疆問題之文字。『科學』為徵江中山大學主編，兩者內容均佳。『烽火園中』為該報總編輯趙惜蘿主編，多載戰地通訊。『醫學』為同濟大學主持，……以上內容均好。另有『史學』、『教育』兩雙周刊，主

〔註97〕伯林：《讀〈戰時知識〉》，《雲南日報》1938年6月12日。

〔註98〕光潔：《如此刊物問世》，《雲南日報》1937年7月12日。

〔註99〕《抗戰後方重鎮，昆明報業發達》，《戰時記者》1938年第4期。

〔註100〕江浦：《昆明的文化動態》，《中央日報》（昆明版）1939年6月6日。

持者為西南聯大之清華、北大教授，極受國內學者重視。外來作學者之編輯，使昆明報紙不可同日而語。」〔註101〕而「平明」「因為為之撰稿的多半是作家名流，所以它在西南各文藝副刊中佔有極重要的地位。」〔註102〕同時，為了提高廣大作者的寫作興趣，繁榮各類創作，有的報紙還舉辦徵文獎以發現人才，吸引讀者。〔註103〕採用各種方式提高報刊質量，比如在有關城市派駐特派記者和通訊員，聘請著名學者、作家撰寫精闢的社論和短評。為了擴大內容含量，更好地滿足讀者要求，除了它自己的活生生的通訊之外，還不惜採取各地報紙上很好的論文和通訊。〔註104〕

這些手段和措施，使昆明報刊逐漸擺脫了「冷得異常」的狀況，而「同昆明的市場一樣，一天比一天發達」。〔註105〕當然，經濟原因一直制約著昆明報刊業的發展，有人這樣說：「他們（昆明各報）有各自的外貌與內性，但如果要說他們的共同點的話，最主要的就是經濟的困難，其中除朝報有大筆的副業收入稍資挹注外，其餘各報都是賠累甚重。因為在昆明除了各地同業所遭遇共通的困難——材料費激增以外，薪工之高，為各地所無。普通一個排字工友非百元以上找不到，職員更不用說。歷來主持中央日報的，無不為此感到棘手，雲南日報積欠印刷費至六七萬元，至於民國日報，則已積欠至十多萬了。」〔註106〕連有政府補貼的《雲南日報》與《雲南民國日報》都是如此，其他也就可想而知。因為物價飛漲，生活費用高昂，儘管書店翻閱書籍雜誌的人很多，但購買的人卻不多：「門市看起來熱鬧，其實骨子裏並不行，一本書最好的數是五六十份。圖書館不是不買書，付款時總是牽絲板藤的欠賬。本版書的銷路是這樣，雜誌更不行了，往往是這期賣完了是幸事，要補前幾期的，不可能。我們哪裏是願意賣雜誌，不要看翻看的人這樣多，真正掏錢的人有幾個？我們添這雜誌鋪不過是圖門市的熱鬧而已。真正希望的是

〔註101〕竹梅：《各報副刊在昆明》，《福建教育》1940 年第 1 卷第 3 期。

〔註102〕《昆明的報紙》，《新聞學報》1940 年第 1 卷第 4～5 期。

〔註103〕比如《雲南日報》就舉辦學術徵文獎：「……有感於學術研究的重要，……辦法很簡單，但意義卻很深刻，我們願以微弱的力量，喚起大家研究學術、注重實際問題的興趣……發起徵文獎金的辦法。在文化空氣稀薄的環境裏，可以漸漸地灌溉欣欣向榮的文化之花。……同時，若能喚起雲南各種文化機關更廣大的學術工作，則區區徵意算是達到了。」社論《本社徵文獎金感言》，《雲南日報》1938 年 3 月 27 日。

〔註104〕程邁：《二期抗戰中的昆明出版界》，《國訊》1939 年第 205～206 期。

〔註105〕張柳云：《戰時的昆明》，《建國月刊》1945 年第 1 期。

〔註106〕李荊蓀：《昆明的新聞事業》，《新聞戰線》1941 年第 1 卷第 5～6 期。

本版的教科書的銷路，然而他們多半是用二十五年版，不願意換新的，於是
整捆的書只好擱在樓上……」〔註107〕這也可以說明，爲什麼在戰時昆明有許
多報刊都不能長久持續之故。但許多報刊還是不斷問世，哪怕自己出錢補貼。
比如，在青年學生中很受歡迎的《南方》就是主編李劍秋「經常掏自己腰包
來津貼」。〔註108〕也許，這正像有人所說：「爲了文化使命，我們賠錢是不辭
的」。〔註109〕

此外，在逐漸繁榮的昆明報刊中，我們能發現一個「有趣」的問題，那
就是純文學刊物的缺乏，上文表格中的相關內容可以體現這一點。那些純文
學刊物或者持續時間很短，或者雖然持續時間長，但爲不定期出版，故所出
刊物也不多。可以說，在抗戰時期的昆明，除了由聯大學生主編的《文聚》
外，其他純文學刊物影響都不大。當時就有人發現這一現象，並對原因做出
了分析：

> 由於社會上問題多端，很多青年學子和社會人士在生活上發生
> 了不少無法解決的問題，所以徵問困難的要求也很多，於是昆明的
> 刊物，尤其是周刊等短期刊物便適應此種需要而產生，並且「信
> 箱」一欄的增加也便更有特殊的要義了。另一方面，這幾年以來，
> 因爲港滬等地的電影刊物或因被禁，或因其他的關係不能到後方
> 來，而昆明又是一個娛樂，消閒，時髦性的社會，所以各刊物爲其
> 自身的繼續生存，便也不能不刊載報導各種「遊戲性質」的文字
> 了。這也是促成各刊「綜合性質」的另一個原因。所以純文藝的刊
> 物除了西南聯合大學文聚社所編的「文聚月刊」外，就找不出第二
> 種來了。〔註110〕

這種純文學刊物的缺乏無疑會對戰時昆明的文學創作業績帶來影響。爲什麼
在戰時昆明有著濃厚文化文學氛圍的情況下，純文學的創作業績主要集中在
西南聯大師生群中，這應該是一個不可忽視的原因。因爲我們發現，那個時
期在昆明本地有影響的文學作品幾乎都發表在《文聚》上，而《文聚》是以
西南聯大爲核心的。然儘管如此，昆明各類綜合性雜誌和報紙副刊還是爲昆
明知識分子尤其是文學青年提供了較廣闊的舞臺，翻閱那個時期的報刊，常

〔註107〕吳稚：《昆明出版景象》，《眾生》1938 年第 5 期。
〔註108〕程邁：《二期抗戰中的昆明出版界》，《國訊》1939 年第 205～206 期。
〔註109〕吳稚：《昆明出版景象》，《眾生》1938 年第 5 期。
〔註110〕文鳳之：《昆明出版物現狀》，《讀書通訊》1943 年第 64 期。

常可以看到熟悉的名字，比如在鳳子主編的《中央日報》「平明」副刊上，基本上每期都有聯大或云大學生的作品。其中，後來的「文聚作家群」幾乎都是先在「平明」亮相（主要指學生），例如《文聚》創始人之一的馬爾俄就在該副刊發表了大量作品，數量遠勝其在《文聚》上的作品。還有汪曾祺（他的第一篇作品《釣》就是刊發於此）、林元、方貴齡、劉北汜、流金等人的作品都大量發表於此。

二

　　戰時昆明除了報紙期刊得到蓬勃發展，圖書業也逐漸繁榮起來。抗戰時期，昆明擁有眾多的書鋪書店。下面是戰時昆明各書店的具體情況。

「抗戰時期昆明市書店一覽表」〔註111〕

名　　稱	創建時間	經營範圍	營業地址
務本堂	光緒 13 年	各類新舊書醫卜星相書	光華街 70、71 號
鄴架軒	宣統元年	各類新舊書古今字畫	武成路 29 號
文雅堂	1912 年	古籍、說部及字畫	華山南路 97 號
商務印書館雲南分館	1916 年	本版教科書及圖書雜誌	光華街 165 號
五華山房	1925 年	舊書店	光華街 63 號
鴻文堂	1926 年	新舊書、醫書	華山南路 69 號
東方書店	1927 年	經營正中、亞東、文化書社圖書本版教科書及圖書雜誌	文明街 29 號
中華書局昆明分局	1929 年	各種參考書、理論書	正義路 430 號
鴻興昌書店	1930 年	經營新亞中華圖書公司圖書	文明街
雲嶺書店	1933 年	經營北平科學社求益書社圖書	華山南路 67 號
新滇書局	1935 年	圖書雜誌	文明街 44 號
昆明書店	1937 年 1 月	圖書雜誌刊物	該店於 1941 年被炸，1943 年復業於武成路
生活書店昆明分店	1937 年 7～11 月	以抗戰書籍畫報雜誌為主	1941 年 2 月被封
上海雜誌公司昆明分公司	1938 年 7 月	以本版中學教科書為主	武成路 173 號

〔註111〕《雲南出版史志資料》（第 1 輯），第 135～141 頁。

開明書店昆明分店	1938 年 9 月	本版書只批發不零售	武成路 225 號
亞東圖書館	1938 年	本版書及英法文西書	承華圃 17 號
昆明辦事處	1938 年 7 月	本版童子軍圖書	
萬金昌書局	1938 年	西文教科書	黃公西街 1 號
二‧二五童子軍書報社	1939 年	抗戰畫片及圖書	武成路 28 號
龍門書局	1939 年	圖書雜誌	文明街 32 號
廣發祥	1939 年		正義路 348 號
讀書出版社昆明分社	1939 年	圖書雜誌	皖南事變後停業
新知書店昆明分店	1940 年 7 月	除本版外，經售神州、啓明復興地學社圖書	皖南事變後停業
世界書店昆明分局	1940 年	中學參考書黨義書刊抗戰有關書	光華街 85 號
正中書局昆明分局	1940 年 10 月	新舊書	光華街 86 號
景星隆	1941 年 2 月	中華版及立信會計叢書	文明街 67 號
西南書局	1941 年	文化生活、開明、亞東、宇宙書店圖書	武成路 29 號
金馬書店	1941 年	畫報、雜誌、地圖圖書 圖書雜誌	曉東街 11 號
華選書店	1941 年 11 月	風景水彩、爲人像、教育掛圖	正義路 172 號
啓明書店	1941 年 7 月	文具爲主書籍畫報地圖次之	光華街 83 號
寶和昌畫店	1941 年 5 月	中國文化服務社有關黨義書刊	景星街 10 號
正興圖書文具社	1941 年 4 月	經售中國文化服務社、獨立出版社圖書	武成路 387 號
雲南文化服務社（中國服務社雲南分社）	1942 年	印章爲主兼營圖書 經售世界、中華科教書文藝書等 經售各家新舊書	華山南路 99、100 號
華僑書店	1942 年	先無本版書後已出版圖書雜誌供應	華山南路 90 號
金石印章社	1942 年	文藝政治類圖書	華山西路 49 號
新新書社	1942 年	經售桂林文化服務社圖書	正義路 379 號
青雲社	1943 年	舊書	青雲街 118 號

進修出版教育社	1943 年	出版及經售各種書刊舊書	福照街 204 號
讀者書店	1943 年	經售本省期刊及渝桂版書刊	福照街 25 號
新群書店	1943 年	小說及時文	福照街 99 號
大達書店	1943 年	經售渝桂版書刊及舊書	景星街 12 號
北門書屋	1943 年	各種雜誌及時文	北門街 97 號
達文書社	1943 年	以文具為主兼營圖書	文明街 67 號
競文圖書社	1943 年	經售三聯書店及桂渝圖書	武成路 107 號
文明服務社	1943 年	經售各種書刊雜誌	文明街 62 號
天南新書店	1943 年	經售各種書刊	正義路 141 號
群意書店	1943 年	經售各種書刊	華山西路 104 號
生活服務社	1943 年	經售昆渝桂版圖書雜誌	護國路 41 號
大華書店	1943 年	經售昆渝桂版圖書雜誌	光華街 60 號
大眾書社	1943 年	經售昆渝桂版圖書雜誌	金碧路 47 號
文達書社	1943 年	經售昆渝桂版圖書雜誌	福照街 221 號
青白書屋	1943 年	經售昆渝桂版圖書雜誌	景虹街
新中國書店	1943 年	經售昆渝桂版圖書雜誌	福照街 188 號
學習書店	1943 年	經售本省期刊及渝桂版圖書	華山西路 88 號
人文書店	1943 年	經售各種雜誌圖書	曉東街
匯文化服務社	1943 年	收售新舊書籍	鼎新街 236 號
高原書店	1943 年	經售圖書	勸業場 66 號
金城書店	1943 年	經售圖書	輻照街 59 號
華山書店	1943 年	經售舊書出租小說	華山西路 133 號
文共社	1943 年	經售小說雜誌	文林街 72、73 號
文城書局	1943 年	經售重慶桂林出版書刊	青雲路 73 號
袖珍書局	1943 年	經售重慶文信書局及桂林等地圖書	勸業場 55 號
文華書店	1943 年	經售圖書雜誌及參考書	華山西路 171 號
惠群物品社	1943 年	經售小說雜誌等	青雲街 244 號
新光圖書社	1944 年	出版兼出售各種圖書	輻照街 99 號
光華書店	1944 年	新舊書	武成路 50 號

昆華書店	1944 年	新舊書	武成路 52 號
匯文書店	1944 年	舊書	光華街 45 號
文達書店	1944 年	印章爲主寄售書籍	光華街 163 號
華南印章社	1945 年	代售重慶出版書籍	武成路 387 號
新民書店	1945 年	寄售舊書	拓東路 236 號
古今書店	1945 年	出售周刊	福照街 221 號
公論周報社	1945 年	經售七家周刊	華山西路 192、193 號
人民、大路、評論報民主自由論壇昆明眞報七家聯合門市			華山西路 194 號華山西路 138 號青雲街 136 號青雲街 243 號
華新書店	1945 年	經售各類圖書期刊	福照街 243 號
利華圖書文社	1945 年	文具爲主兼營圖書	福照街 81 號
平君書屋	1945 年	經售各種書刊	華山西路 131 號
寶豐利	1945 年	百貨爲主兼營圖書	華山西路 146 號
文城書屋	1945 年	經售各類書刊	青雲街 194 號
天興書局	1945 年	經售碑帖字畫、舊書	青雲街 141 號
董福海書攤	1938 年	收售新舊書刊	南強街端仁巷 3 號
張少華書攤	1938 年	各種參考書理論書、新舊書	甬道橫街 36 號
陶洪氏書攤	1938 年	收售新舊書及小說雜書	文明街 31 號
黃培心書攤	1939 年	收售新舊書刊及教科書等	甬道街 40 號
謝俊卿書攤	1939 年	收售新舊書刊及教科書等	甬道橫街 38 號
李有義書攤	1943 年	各種新舊書刊雜誌及小說時文	文廟街

　　抗戰以前，雲南與內地的物資交流、商旅往返，主要依靠滇越鐵路，繞道安南、經河內、過香港，交通極不便利，嚴重影響著雲南經濟文化的發展。作爲具有文化和商業雙重性質的圖書業，同樣也受其制約。整個雲南（基本上集中在昆明）成規模的書店不多，除了創辦於晚清和民國初年的幾家本土書店外，比如務本堂、文雅堂、五華山房之外，外省在雲南開設的書店只有商務印書館雲南分館與中華書局昆明分局。到 1936 年 7 月止，昆明開辦的書店，至抗戰時期尚營業的共有 12 家，從業人員 69 人，經營的品種非常有限。抗戰爆發以後，北平、上海、南京、武漢相繼失守，國內經濟文化重心逐漸

向西南轉移，各類大專院校、學術機構紛紛南遷，大批文化界、教育界及工商界人士匯集昆明。同時，隨著滇黔公路和滇緬公路的通車，昆明逐漸成為抗戰時期大後方的經濟文化重鎮。在這樣的時代背景下，昆明的圖書業得到了蓬勃的發展。1943 年昆明新開業的書店達 27 家，1944 年湘桂大撤退以後，又有 11 家新創辦的書店開業。從 1937 年 7 月的「盧溝橋事變」到 1945 年 9 月日本無條件投降期間，昆明先後創辦起來的成規模的書店（書鋪、書攤）共有 73 家，為戰前的 6 倍多，還有數量眾多的小型書店，包括舊書店（詳見「抗戰時期昆明書店一覽表」）。這些書店主要分佈在昆明城的 23 條街上，其佈局有疏有密，大部分比較集中，少部分較分散。如光華街、武成路、華山西路、華山南路幾條街上，網點稠密、書店林立，成為整個雲南的圖書貿易中心。其餘的有的開設於毗鄰雲南大學、西南聯大的文林街、青雲街、北門街等校區；有的建立於娛樂場所附近的曉東街、勸業場、文廟街；有的設置於市區主要街道正義路、護國路、金碧路、拓東路；還有的開設在黃公東街、承華圃等偏僻的街上。當時有人這樣描述華山南路：

> 　　本市的華山南路，一線編排著的，也大都是報館和書局，成了一個特殊的場合：有一天晚上，我從那邊經過，為了好奇心的驅使，把他來統計了一下，覺得各種文化單位，竟佔了這路上的重心！也許就是全市文化中的重心？現在把他分晰的記在下面，來證明我的話：（一）報館：有朝報館，雲南民國日報館。（二）書局：有上海北新書局，南京正中書局，生活書店，戰時知識社，兒童書局，康益書報社，最新書社，雲嶺書局，鴻文堂書局、文雅堂。（印刷所）：有廣益印書館（兼售書籍），新新印書館，三一印書所，朝報印刷所營業部。（四）儀器文具店：有上海現代物品社（兼營書籍）。（五）裱畫店：有寶翰軒，含英閣，賞古齋。（六）攝影社：有國際藝術人像攝影社，美光攝影社。短短的一條華山南路，集中了這許多精神食糧供應所，無怪每一個夜晚，或是休假日的白天，做了一班公務員或男女學子們公餘業餘的惟一寄託處了！在這場合，就形成了昆明市唯一的文化街，可和上海的文化街，遙遙相對的媲美了！〔註112〕

這些書店中，有中共領導的生活書店昆明分店、讀書出版社昆明分社、新知

〔註112〕衣：《本市的文化街》，《朝報》1938 年 11 月 22 日。

書店昆明分店，民主派人士孫起孟創辦的進修出版教育社、李公僕創辦的北門書屋、賀尚華創辦的新文書店（開始時名爲大華書店）。它們經營的圖書有一定的特色，比如生活書店的《萍蹤寄語》、《抗戰歌曲》、《全民抗戰》，讀書出版社的《大眾哲學》、《新哲學大綱》、《魯迅全集》，北門書屋的《民主淺說》及前蘇聯翻譯小說《母親》、《鐵流》、《被開墾的處女地》等。也有國民黨中央黨部和雲南省黨部爲背景的中正書局、雲南文化服務社，它們發行的圖書主要以教科書、各種黨務書刊比如《三民主義》、《中國之命運》、《唯生論》等。還有其他各自有經營特色的書店，比如龍門書局以出售英、法、德等西文圖書見長；西南書局靠立信會計叢書取勝；務本堂保持經營傳統以發售滇戲唱本、地方出版物等。此外，言情、俠義、偵探、公案、神怪類文藝刊物，比如張恨水的《金粉世家》、《啼笑因緣》，秦瘦鷗的《秋海棠》，以及通俗小說《薛仁貴征東》、《東南西北遊記》、《施公案》、《泰山歷險記》等也在許多書店出售。抗戰時期昆明的圖書業呈現出多元化的經營生態。除了大量出售新出版物的書店，抗戰時期的昆明還有許多出售舊書的書店。太平洋戰爭爆發後，滇越鐵路和滇緬公路相繼中斷，來自滬港的新書貨源也隨之告罄，再加上物資緊缺，紙張匱乏，印書均用黃色土紙，價昂紙差，昆明的印刷生產力受到很大影響。在這樣的情況下，新書經營業進入困境，收售舊書便「興旺」起來，昆明城有「古今書店」、「青雲社」、「達文書社」等16家專營舊書收售、寄售。舊書店爲圖書市場開闢了新的貨源，在新書店裏無法購置的教科書、參考書、工具書及一些當局比較「敏感」的圖書不僅在舊書店裏都可以購買到，而且價錢也較便宜。因此，舊書店廣受歡迎，比如竇文溪在華山西路138號開設的「古今書店」，資金15萬元一個月就可以周轉一次。可以說，舊書店對戰時昆明文化的發展起到了不可忽視的作用。

同時，這些書店採用靈活有效的經營手段，促使了昆明抗戰時期圖書業的繁榮，成爲戰時昆明良好文化氛圍形成的重要條件。各店主除了靈活處理圖書價格之外，還大力改善服務內容。比如在經營時間上，爲了接納更多的讀者，各書店一般都早開門晚關門，每天營業時間在10～12小時之間。除春節外，一年四季都營業。同時，爲了適應讀者多方面的需求，陳列的圖書品種多、數量少，實行開架陳列，任人翻閱，使經濟條件困難的讀者可以免費閱讀，甚至一連幾天站在書架前看完一本書也不受干涉。汪曾祺也有相關的回憶：「我們去逛書店。當時書店都是開架售書，可以自己抽出書來

看。有的窮大學生會靠在櫃檯一邊，看一本書，一看兩三個小時。」〔註113〕營業員待人和氣，有問必答，耐心為讀者找書。如果書已售缺，會告之以後還有貨無貨及到貨時間。如營業員有頂撞讀者的事發生而被老闆發現，則有被辭退的危險。售出的書均加以包紮，如屬大宗購買，店方還可以送書到家。〔註114〕

　　此外，還有抗戰時期昆明印刷業的發展。抗戰之前昆明有十幾家印刷館，這些印刷館百分之九十以上都是石印，機器都是人工手搖機，有鉛印設備的只有四家：雲南財政廳印刷局（習慣稱官印局）、開智印刷公司、崇文印書館、博記印刷館，這些印刷館的機器設備很有限，技術也比較落後。抗戰以後，由天主教主辦的天津《益世報》遷往昆明，由官印局代印；上海中華書局部分設備遷昆，在昆明南天台成立了「大中印刷廠」；南京的《朝報》館也遷來昆明，在華山南路成立朝報館，另外在龍門橋的龍門禮堂開設印刷廠。同時，不少外地資方相繼來昆明開辦鉛印廠，技術水平也與發達地區接軌。〔註115〕這些都有力地激活了昆明本土印刷業。隨後，原來依賴印刷廠代印的《雲南日報》創辦了昆明印刷所，《雲南民國日報》（後改為《民意報》）也成立了自己的印刷廠，《正義報》、《復興晚報》、《觀察報》、《掃蕩報》都創辦了自己的印刷廠。這些印刷廠的內遷或創辦有力地促進了抗戰時期昆明報刊、圖書的繁榮，為昆明文化、文學的發展提供了物質條件。

三

　　「一天比一天更發達」的昆明報刊和數量眾多的書店為昆明營造了濃厚的文化氛圍，使其出現欣欣向榮的氣象：「昆明的大小書店整天擠滿了翻雜誌的學生。因為昆明附近有七個大學像行星繞太陽似的分佈著。……你看這一萬左右的學生那裡會不將幾片書店擠得水泄不通。雖然昆明的書店不比上海

〔註113〕汪曾祺：《七載雲煙》，《汪曾祺自述》，大象出版社，2002年版，第87頁。

〔註114〕本部分參閱了《抗戰時期昆明的圖書業》的相關內容，雲南省新聞出版局、出版志編委會主編：《雲南出版史志資料》（第1輯），1988年7月出版，第129～134頁；以及豆稚五《抗日戰爭時期的昆明書業》，《昆明文史資料選輯》（第21輯），第237～242頁。

〔註115〕牛輝棣：《憶民國時期昆明的印刷業》，雲南省新聞出版局、出版志編委會主編：《雲南出版史志資料》（第1輯），1988年7月出版，第109～112頁。同時參考雲南省志編撰委員會辦公室編：《續雲南通志長編》（中），1985年12月，第382～384頁。

灘少。」〔註116〕「短短的一條華山南路，集中了這許多精神食糧供應所，無怪每一個夜晚，或是休假日的白天，做了一班公務員或男女學子們公餘業餘的惟一寄託處了！在這場合，……可和上海的文化街，遙遙相對的媲美了！」〔註117〕「在生活書店同讀書生活社裏，我們時常可以看到一批批的青年學子在那裡埋頭選剔他的精神食糧，每個人的臉上都充滿著強盛的求知欲的表情。」〔註118〕「因了競爭的結果，早報變成晚報的暮氣，早已一掃而空，從前走遍全城找不到買處，現在街頭巷尾，都充滿了報童的叫賣。這是一種朝氣，一種文化活躍的朝氣。」〔註119〕「1945年初《希望》出版時，立刻引起了讀者的注意和歡迎，……後來聽說在昆明竟出現了排隊買《希望》，甚至用比原價高十多倍的黑市價來買的現象。」〔註120〕這種濃鬱的文學氛圍與寬鬆的文化環境，使昆明的知識分子也可以自由創辦報刊，只要經費允許，哪怕只辦一兩期。有人回憶：「……做了油漆汽車招牌的事。這工作是一個朋友承包下來的，我們並不是技術工人，只是從經驗中發現了油漆的方法。結果，我們賺來一些錢，並且用它來支持了幾期小型文藝刊物。」〔註121〕儘管可能是一些「小型」報刊，但也同樣可以因為創辦者的精神強度而「暢銷」：「昆明有一份叫觀察報的小報，它的社論和副刊像鋒利的匕首一樣刺入貪污者的肋部，頗能一時滿足讀者，竟打破日銷售量一萬份的記錄。」〔註122〕甚至眾多的刊物讓一些名家為稿約所累：「各處來索稿者甚多，雨後春筍之刊物讓人應接不暇……故一概屏不應酬。不知者必以為我為頹唐，為懶惰。」〔註123〕這種濃鬱的文學氛圍是戰時昆明良好文化生態生成的條件，同時，也是其外在表現。而就戰時昆明文學發展來說，各種不同類型的純文學刊物以及綜合性刊物上的文藝欄目，尤其是像《雲南日報》、《中央日報》（昆明版）、《朝報》等報紙副刊為昆明知識分子尤其是年輕一代作家及文學愛好者提供了展現自

〔註116〕毛文賢：《昆明學府近影》，《青年月刊》1939年9月5日。

〔註117〕衣：《本市的文化街》，《朝報》1938年11月22日。

〔註118〕姚妙源：《昆明雜記》，《興業郵乘》1940年第105期。

〔註119〕直田：《昆明點滴》，《國風》1939年第3期。

〔註120〕梅志：《胡風傳》，十月文藝出版社，1998年版，第505～506頁。

〔註121〕劉薇：《我的兼差生活》，西南聯大《除夕副刊》主編《聯大八年》，新星出版社，2010年版，第118頁。

〔註122〕朱瑞節譯：《密勒氏評論》，《天下文萃》1946年第1卷第2期。

〔註123〕浦薛鳳：《金碧絃歌》，浦薛鳳：《浦薛鳳回憶錄》（中），黃山書社，2009年版，第103頁。

己文學抱負的平臺。戰時昆明報刊和書店的繁榮爲昆明的作家創作提供了較便利的自由傳播的渠道，這是戰時昆明文學氛圍形成的重要基礎，也是戰時昆明文學場域生成的重要一環。

第三節 壁 報

一

早在抗戰之前，壁報已經作爲一種民間媒體在學校、工廠、軍隊、民眾教育館等場所出現，它是一種對基層民眾進行教育或宣傳的簡易文化媒介。在校園裏，它不是一般的小型宣傳單，篇幅一般都比較大，以專題論文、小說、詩歌、雜感和漫畫爲主，在戰前就已經形成了比較固定的風格，成爲校園的一道景觀。當時有學者認爲壁報乃蘇俄新聞界的「畸形體」，這種簡單的報紙在該國十分流行，不僅「教民眾如何閱讀報紙的要點，同時爲共產主義的思想宣傳的大眾的助手。」〔註124〕毛澤東就十分重視紅軍宣傳與群眾宣傳工作，認爲「壁報爲對群眾宣傳的重要方法之一」。爲此，在 1931 年 3 月，擔任中央軍委總政治部主任的毛澤東親自寫了普遍舉辦《時事簡報》的通令和怎樣辦《時事簡報》的小冊子。《時事簡報》就是一種壁報。〔註125〕

抗戰爆發以後，壁報大量出現，因爲報紙的需求激增，但因物價飛漲之故，報紙的價錢也不菲，這對在生存線上掙扎的人來說，是沒有能力可以購買的。〔註126〕而壁報的特點也決定了其盛行的原因，就像有人分析的那樣：「壁報是民眾自己的報紙。辦壁報無需資本，看報人也無需花錢，而且壁報的編輯不必新聞專家出馬，壁報的出版不需要有印刷的準備。只要一張紙一支筆，各人把自己要報導的消息和要表達的意見寫上去，在行人多處貼出來就算數。就內容上說，壁報可以充分反映一條街，一個村，一個團體的日常生活，這是任何地方性的報紙所辦不到的。」〔註127〕「它在範圍上雖然比不上那種每日出版的大報，但是它那種活生生的內容，卻是任何一種大報也不能夠照樣地辦到。它的範圍的小，似乎又和那些僅供消遣的小報相像，

〔註124〕甘家馨編著：《歐美新聞界鳥瞰》，中正書局，1933 年版，第 101～103 頁。
〔註125〕康蔭：《康蔭自選集》，北京廣播學院出版社，2004 年版，第 216 頁。
〔註126〕蕭芬：《談談壁報》，《戰鬥》1938 年第 20 期。
〔註127〕祝修麒：《談談壁報工作》，《戰時知識》1939 年第 9～10 期。

但是它那種直率的態度和向上的情緒卻又不是在任何的一種小報上找得到。」
〔註128〕因此，它在抗戰中的作用受到這樣的評價：「壁報是這次民族解放戰
爭中的重要宣傳工具，它是以布告的姿態，出現於大眾的面前，以靈活的
行動，散佈到窮鄉僻壤，我們如果把各種報館出的大報比作正規軍，那麼我
們編的壁報可以說是游擊隊了。……壁報的使命是代替大報向民眾傳遞時
事，廣播消息，而深入偏僻鄉村，這和游擊隊幫助正規軍在敵後作戰具有
同樣的價值。」〔註129〕當時有觀察者稱，在抗戰宣傳中，壁報佔有相當重要
的地位，因為它能推進大眾的政治教育，凡是交通不便，缺乏報紙的偏僻地
方，它卻能以告示的方式，向大眾報導國內外時事，發表簡短切要的論文，
和揭示富有刺激性的抗戰漫畫。壁報是中國在文化抗戰中使用最廣泛的工
具。〔註130〕

　　戰時昆明同樣也在使用這種工具，因為其文化相對欠發達，經濟發展水
平不高，免費的、簡明扼要通俗易懂的壁報在昆明也就更為流行。有記者這
樣描寫戰時昆明壁報的情景：

　　　　抗戰以前的昆明街頭，到處張貼的只有象徵蕭條的廣告和商
　　標，那上面寫作的，不是這家大減價，就是那家大放血……但是偉
　　大的抗日戰爭一揭幕，昆明的街頭也便變樣了，煥然一新了。大量
　　通俗醒豁的壁報代替了蕭條無味的廣告，怵目驚心的漫畫，取締了
　　炫耀招徠的商標。在城樓底下，在十字街頭，吸引群眾視線的，便
　　是新鮮的壁報與新鮮的漫畫。在這些壁報漫畫上，我們可以看見萬
　　惡的日本法西斯強盜怎樣殘酷地屠殺我們的同胞；怎樣強暴地踐蹦
　　我們的姐妹，怎樣罪惡地轟炸我們的後方……，在這些壁報和漫畫
　　上，我們可以看見英雄的中華兒女戰鬥的精神，也可以看見友邦人
　　士援華感情……就是狼心狗肺的漢奸的鬼魅形態，以及他們的奴顏
　　媚骨的無恥行為，我們也可以在這些壁報和漫畫上一一看見。這些
　　壁報張貼在昆明的每一個角落，附近農村，昆華小學，同濟戰時服
　　務團，憲兵司令部，抗敵後援會等地也都是貼得擠擠的。〔註131〕
昆明民眾對壁報也充滿熱情：「在張貼壁報的路口，站著密密擠擠的人群，使

〔註128〕公樸：《談談壁報》，《讀書月刊》1935 年第 5 期。
〔註129〕王揚：《編壁報》，《團務通訊》1940 年第 3 卷第 13 期。
〔註130〕金知溫：《談談壁報》，《團務通訊》1940 年第 3 卷第 7 期。
〔註131〕楊亞寧：《壁報漫畫在昆明》，《雲南日報》1939 年 3 月 24 日。

勁地朝牆上的壁報伸著頭，那些能識字的則大聲地讀出來，還不時解釋一下。有些人則不止一次地看，似乎一定要在這些壁報上找出他們心中想要知道的內容來。」〔註132〕「昆明繁華的正義路壁報張貼處，每當新壁報一出，你就會發現有如潮的人們圍上前去，真可以說是觀者無數。這種免費的壁報在這抗戰建國時期所起的各種普及作用是一般日報所難以達到的。」〔註133〕當然，這種對壁報的熱衷也可能有經濟原因，正如有的聯大同學所說：「街上壁畫，壁報很多，看的人也多，因為這裡的報紙要八分錢一張，很多人都寧願跑幾步路看不出錢的壁報。」〔註134〕但不管如何，戰時昆明那些與抗戰緊密相關的壁報在「報告簡要戰訊，推行有關抗戰政令，辟除謠言，激發抗戰情緒，貢獻組織方法等」〔註135〕方面所起的「普及作用」是不可忽視的。昆明的壁報除了遍及街頭及附近農村，在學府裏也是「雨後春筍似的蓬勃」，它們的壁報有其自身的特點，比如雲南大學的「壁報文化」：

> ……在雲大會澤院中，中間過道里的壁報文化自本學期來，如雨後春筍似的蓬勃而生，其社名有動力、決鬥、冬月、曙光、天放、語文等社，成為了文化薈萃之區，學術探討之源泉。各壁報之內容，是針對著國家社會的時代切要，及純學術之探討兩方面著手。所以有時事述評，戲劇研究，宣傳討論，科學講座，生活素描，流浪之歌等，都是短小精悍簡練明晰的文章。但是，我們總覺得不滿意，希望更正確，踏實些，更博大艱深些，造成了文化的淵蔽。最近來，雲大昆華中學同學會中，經長期孕育，誕生了一個壯健而強有力的嬰兒——文林社。他將要熱情的誠摯的協同著老前輩的壁報社的同志，艱苦的來奠定正確的真理的會澤文化的鞏固基礎，而開拓發揚光大之。〔註136〕

當然，在昆明壁報中最著名、產生了重大影響的則要數西南聯大的壁報。

二

聯大壁報是開始於二十七（1938）年秋季工院「引擎」和「熔爐」的刊

〔註132〕濟人：《昆明街頭》，《掃蕩報》1944 年 7 月 26 日。
〔註133〕白澄：《昆明一角》，《雲南晚報》1944 年 8 月 7 日。
〔註134〕吳銘績：《給聯中的同學們》，《華東聯中期刊》1940 年第 1 期。
〔註135〕衡芬：《談談壁報》，《戰鬥》1938 年第 20 期。
〔註136〕丹三：《雲大的會澤文化》，《朝報》1940 年 7 月 2 日。

出，到二十八年，上課的地方也就是雲瑞中學，壁報就大大發展起來，此起彼伏，有二三十種，到了二十九年達到壁報的黃金時代，其中很多有名的壁報比如「多青」就是那個時候出版的。但自從新四軍事變以後，壁報幾乎一掃而光，只有一個「補白」壁報，「補」了一些與官方不同的消息了事。此時，一年級的同學在永敘分校出過幾個壁報，但一到昆明也就完了。三十年秋，住在昆華中學的一年級同學雖出了「五十年代」、「亂彈」、「新生代」幾個壁報，但都是一般性的。此後三年，同學們大都在沉悶中生活，聯大幾乎是一片沒有水草的荒原！三十三年，隨著德國法西斯在斯大林城的失敗，隨著全世界民主浪潮的洶湧，也隨著中國大後方戰場的失敗，聯大，終於喊出了民主的呼聲，新壁報又接二連三地刊了出來。〔註137〕這是聯大壁報簡史。在聯大壁報的黃金時期，其狀況可用「繁榮」來描述：

> 據不完全統計，校內經常出版的壁報有二十三種之多——單在昆中北院（文法學院上課的地方），竟有十五種，貼滿一牆，密密匝匝，把整個院子弄得五光十色。有學生自治會主編的「聯大生活」，有三民主義青年團的「青年」，有群社的「群聲」，有臘月社的「臘月」，有「熱風」，有「介紹與批評」，「社會」，「南針」，「微言」，「學風」，有聯大劇團的特刊，有江蘇同鄉會的會刊，還有文藝性質的「春火」，「邊風」，……內容不同，編排的方法也各式各樣，蔚為大觀。全校壁報中，最出色的倒是小型的「熱風」，文章潑辣湛深，多刊漫畫，眾多教員作品，擁有最多的觀眾，曾被教授推為校內壁報最好的一種；次是「臘月」，資格最老，立論公允，取校內輿論領導地位；再為「群聲」，編輯格式時時更換，形式最美，常常一個形式出來之後，各壁報爭相模仿，文章亦活潑可喜，有一股年輕勁；再為「介紹與批評」，常常剪貼和翻譯一些平常看不見的文章和言論，為教授同學所注意。〔註138〕

聯大壁報的立場、內容各有不同：

> 臘月：是歷史最悠久的壁報，從二十七年到現在，已經二年多的光陰。內容：有時論，文藝，學生生活等。二年之中曾四易編輯，

〔註137〕《八年來的壁報活動》，西南聯大《除夕副刊》主編《聯大八年》，新星出版社，2010年版，第56～57頁。

〔註138〕司徒京華：《說西南聯大》，《戰時青年》1940年第3卷第4～5期。

兩度北大同學主編，一度清華同學主編，一度聯大同學主編，對外主張堅決抗戰到底，對蘇親善，對內主戰團結一致。在二十八年暑假前內容最充實，擁有很多觀眾，現在稍差，改由時事研究會主辦。**群聲**：群聲社主辦，內容很生動，與「臘月」差不多，主張民主反對分裂，對外也同於「臘月」的主張，並有文摘一欄，裁剪各日報雜誌有價值的文章。讀者比「臘月」要多，但壁報常被意見不同的同學撕掉，甚為遺憾。**學風**：應聯大的散漫學風而產生，由學風社主辦，負責者為高年級同學，主張民主，自由，傳播真理，甚推崇蔡元培先生的辦學精神，也就是貫徹北大已往自由研究的精神。內容：注重教授批評，對為學思想不正確的教授常以尖銳的批評，對於同學批評也很嚴格，擁有觀眾最多。**青年**：聯大主辦，內容注重青年三民主義青年團所訓練及修養，初出時似太枯燥，本期進步，觀眾增多。**微言**：歷史社會學系三同學主辦，其中有關於歷史的論文，國內政治問題的討論，並常有不可多得的材料，間或與群聲打筆仗，讀者最多。**南針**：南針社主編，內容分時論，文藝等，主持者多法律政治系的學生。因形式不甚藝術化，讀者較少。**木鐸**：木鐸社主辦，為女生宿舍的壁報，內容專討論婦女問題，以探求中國婦女運動之正確目標為目的，有一次畫了數十種女人的頭髮，甚麼「蝶戀」、「雄姿英發」……等，頗有趣，轟動全校。**西南戰線**：是由於桂林救亡日報批評聯大而產生的，主持者為政治系王君，曾在本市僑光報撰文反駁救亡日報，王君去歲由上海東吳轉聯大，能寫文章，但對聯大尚未有深刻認識，內容文章多無新見解。**熱風**：小型壁報，為一青年畫家主辦，聯大某系助教，也撰稿畫圖，因之圖文並茂，某次，刊體育主任馬約翰的像，並對女生諷刺，有時未免傷雅，觀眾可以。**漫風**：內容以新詩最多，並請聞一多指導，但觀眾甚少，原因：內容技巧不甚佳，並似高唱為藝術而藝術，抓不住觀眾的緣故。……〔註139〕

這些壁報立場、內容各異表明同學間思想的多元，但他們「仍能保持著團結友愛的精神，選舉學生會職員時，有美國競選時的作風，極重視民主，而無打架或用其他手段的事情。他們不同的觀點都能在壁報上得到公開的反映。」

〔註139〕小竹：《壁報在聯大——是介紹不是批評》，《朝報》1940 年 8 月 16〜17 日。

〔註140〕聯大壁報成爲聯大「顯著的特徵之一」〔註141〕，幾乎伴隨著聯大始終，即使在「新四軍事變」後的三十一年至三十三年之間，「聯大同學們大都在沉悶中生活，聯大幾乎是一片沒有水草的荒原」〔註142〕，聯大的壁報也沒有完全消失。有人記錄下當時聯大壁報的情景：

> 經過沉寂的日子後，這學期開始不久即出現了好幾種壁報。壁報上最引人注目的是貼滿了「賤賣」、「徵求」、「找尋」、「啓事」的廣告。「聯風」是舊有的，現在出到第十期，內容重趣味，每期都有漫畫，多是描寫同學生活情形的，很活潑，編排也漸漸新穎起來。「耕耘」是新出的，半月一期，本學期已經出到第三期了，內容多是生活問題的檢討和對學校方面的許多必要的建議，提出了大多數同學的要求。每期還有三分之一篇幅的文藝。「游擊」這小刊物雖然在形式上似乎很糟，但內容卻多是鋒銳度雜文，反映出這些日子的沉悶和不甘寂寞，反對消沉的呼喊。最近一期有一篇「北大二三事」，描寫以前北大的自由研究、論爭、出壁報、組織討論會……這刊物出了一期，貼了兩天便被撕去，現在仍不見第二期出來，不過代替了機關的「廣告」，使同學們像在荒原裏看到了野草，沙漠裏找到了甘泉一樣的感到需要。壁報的內容中心幾乎都是提出怎樣運用個人的力量在這消沉的空氣中堅持的生活下去，放出一點光，發出一些熱，把這環境弄出點生氣來。……「冬青」文藝一度停滯，現又紀念成立四週年公開徵求社友，想擴大組織，使愛好文藝的同學們有機會在一起學習，寫作。〔註143〕

隨著抗戰形勢的變化，尤其是中國形勢的嚴峻，「聯大終於喊出了民主的呼聲，新壁報又接二連三地刊了出來」，有人稱之爲「聯大春天的喜訊」〔註144〕：

> ……筆者不妨借大千（《正義報》副刊——筆者注）一點寶貴的篇幅作一個簡短的介紹，使讀者們有機會到聯大新舍見到滿牆紅紅綠綠的各式各樣壁報時也可以減少一點生疏之感。**社會**：爲社會學會所出版，資格也最老，經常刊登一些與社會各方面有關的文章，

〔註140〕陸詒：《萬里雲南》，《新華日報》1940 年 11 月 15 日。
〔註141〕陸詒：《萬里雲南》，《新華日報》1940 年 11 月 15 日。
〔註142〕伶：《從壁報中看聯大》，《新華日報》1943 年 10 月 24 日。
〔註143〕伶：《從壁報中看聯大》，《新華日報》1943 年 10 月 24 日。
〔註144〕金兌：《聯大新舍壁報巡禮》，《正義報》1944 年 4 月 22 日。

有時也有對生活批評的文字，但在比例上仍占很少的。裝幀得嚴肅而大方。**聯風**：資格可算是坐第二把交椅了，爲政治系部分同學所主辦。文章短小精悍，以對生活各方面進行討論最多，亦莊亦諧，擁有多數讀者，加之插圖豐富幽默，更爲同學所讚賞。**文義**：爲一部分對文藝極感興趣同學所主編，翻譯創作皆有，版面素雅，內容充實，實乃報刊備份，現已出至第十一期。**耕耘**：資格和文義差不多，爲極少數人之同人刊物，經常多刊文藝創作。現批評文章亦有，前學期之「翻譯官問題」及本學期之「國際路線問題」，皆爲校刊首先提出而引起其他報刊之爭論。**邊風**：已出四期，對生活問題之討論文學最多，最近對憲政問題討論更熱烈，立論扼要正確，爲同學所歡迎，同時也表現了同學們對「政治」及「生活」並非漠不關心，相反的，興趣及熱情在高度的發展著。**流沙**：已出版三期，版面嬌小玲瓏，內容包羅萬象，堪稱壁報界新軍。**新生代**：爲對政治專門討論之唯一刊物，版面嚴肅大方。但因討論較專門化，故讀者不太多，但其力量卻是不可忽視的。**生活**：現僅出了創刊號，發刊詞中以「表現聯大」爲己任，爲壁報中之後起之秀，但前途正未可限量呢！除上述介紹外，尚有青年團主辦之青年壁報，及一九四五經濟系級刊和唯一英文壁報 The Eobo 等，但因篇幅所限，不多介紹了。〔註145〕

從這些對聯大壁報的介紹文字中，我們可以發現其種類之繁多與內容之豐富，就像有人描述、評價的一樣：「聯大壁報眞是琳琅滿目，美不勝收。它們的內容有現實生活的反映，有學術問題的探討，有玲瓏雋永的小品文，有時代的頌歌，有他們對時局的透視和主張。」〔註146〕「聯大的壁報種類極多，昆華中學北院教室的牆壁上一大半都被壁報遮沒了。在這些壁報中我們時常可以讀到種種『新聞』，極率直的言論，洋洋灑灑的萬言學生論文，成熟的文藝作品，辛辣的漫畫。聯大的『壁報』至少可以說是『聯大精神』一方面的表現。」〔註147〕

聯大壁報體現出來的「聯大精神」一方面表現在不同觀點、主張之間的

〔註145〕金兑：《聯大新舍壁報巡禮》，《正義報》1944 年 4 月 22 日。

〔註146〕葉方恬：《苦難中成長的西南聯大・光與熱》，《現代周刊》1945 年第 2 卷第 1 期。

〔註147〕盧飛白：《聯大剪影》，《新青年》1940 年第 4 卷第 2 期。

自由討論。比如：聯大最早的壁報「引擎」和「熔爐」剛出刊就在觀點上相互論爭。「臘月」與「大學論壇」也是立場相反。「明社」與「群社」對立，與「明社」觀點接近的有「南針」、「微言」。「熱風」精銳潑辣，然小型圖文並重的「照明彈」則和「熱風」針鋒相對。「耕耘」提倡「為藝術而藝術」，「文藝」則仿照魯迅的觀點，提倡「為人生而藝術」，「耕耘」認為「文藝」所謂的詩歌充斥著口號，根本不配稱之為「詩」。「文藝」則認為「耕耘」在時代大潮中沉浸在自我的世界裏，是文學的墮落，從而引起不同壁報之間激烈論爭，紛紛探討藝術的真諦是為了審美還是為了實用。一九四六級於五四大遊行後發起的所謂「正風」運動，反對多數「壓迫」少數，說群眾是愚笨的，易受利用的，此風不可長，所以要來一個正風運動，他們反對五四遊行，反對國是宣言，於是便掀起了一個壁報的全面戰。主張「正風」的壁報有「正風」，「法學壁報」、「誅伐」、「辯奸」、「野火」、「前進」、「民主」、「人群」、「森森」、「新春秋」、「組織」等，對抗「正風」的有「冬青」，「現實」，「新陣地」、「春雷」、「生活」、「學習」、「論壇」、「論衡」等。〔註148〕這種辯論也同樣發生在學生與老師之間。〔註149〕老師同樣經常就壁報的觀點發表自己的看法：「教授們會耐心地在壁報前站一兩個鐘頭，然後在課室裏鄭重其事地提出他的意見。」〔註150〕這種壁報上體現出來的同學與同學之間，同學與老師之間就不同觀點之間自由、平等辯論的氛圍是「誰也不怕的日子」〔註151〕的重要原因。此外，壁報還體現出聯大學生的青春、朝氣、活潑、生

〔註148〕相關內容參閱了：《八年來的壁報活動》，西南聯大《除夕副刊》主編《聯大八年》，新星出版社，2010年版，第57～58頁；胡邦定：《西南聯大往事雜憶》，《百年潮》2007年第2期。

〔註149〕「朱自清日記（1939年1月20日）。一學生在牆報上寫短文，與我辯論導師制問題。我曾說過，學生會不願接受教師的領導，因為他們往往是群眾運動的領導人，並可利用集體組織來為自己的利益而鬥爭。此生認為學生不會與教師作對，也不會為自己謀利。他舉例說，學生呼籲貸款已久，但從未實現。無論如何，作者的語氣還不算刺耳。……」朱喬森編：《朱自清全集》（第10卷）（日記·下），江蘇教育出版社，1998年版，第8頁。

〔註150〕楊子：《西南聯大的民主》，《時代學生》1946年第1卷第11期。

〔註151〕「……當時聯大有『民主堡壘』之稱。身臨其境的人感到最親切的就是在『堡壘』之內的民主作風。教師之間，學生之間，師生之間，不論年資和地位，可以說誰也不怕誰。」（美）王浩：《誰也不怕的日子》，《雲南文史資料選輯·西南聯合大學建校五十週年紀念專輯》，雲南人民出版社，1988年版，第68頁。

動，他們以壁報的方式來描繪老師的形象。比如有這樣的描述：聯大某壁
報，近日作一教授特徵研究，其結果如次：沈有鼎先生：「穿吃吞食，肯跑茶
館，有時更愛加集會。」曾昭掄先生：「獨行時好作喃喃低語，旁人不知其所
云，有時健步如飛，與跑警報無異。」馮友蘭先生：「一說話時，常作艾艾，
人急他不急，他急人好笑。」華羅庚先生：「走起路來，大搖大擺劃圈子，
若不小心走過身邊，則有享受□□□□（報紙模糊不清——筆者注）的危
險。」金岳霖先生：「眼睛黑白分明。」王志銷先生：「紙煙為其第二生命，
太太可以終身不娶，紙煙不可一日不抽」；趙迺摶先生：「一上課時常帶暖壺
一具」。〔註152〕據說，還有一壁報專門畫了一幅諷刺馮友蘭的畫，上面畫著馮
友蘭踏著他的「貞元三書」向上爬。而馮看後不僅不生氣，反而笑著說，很
像。師生之間那種輕鬆、民主的關係在這樣的壁報上躍然紙上。在這樣的輕
鬆活潑、自由討論、相互砥礪的思想文化氛圍中，外在生活的艱難也就轉化
成一種內在的力量：「戰時的大學生在喘息之中，在生活的高壓下，在物質的
缺乏下，也在敵機的轟炸下，大學生在喘息，但是在喘息中，他們卻顯得更
活躍好學。在西南聯大，學生們有三十餘種壁報，在國立雲南大學也有十種
以上的壁報，平均是五十人維持一個。青年們是更活躍了，誰又能壓住他們
的喘息呢？」〔註153〕

　　聯大學生的日常生活經常在壁報上得到反映。比如吃飯問題。由於「昆
明的米價在短短的一個星期裏，由二十多元暴漲到七十元的最高峰。……吃
飯問題，真成了大學生求生的第一個嚴重問題。」於是「聯大出現了一個新
壁報，報名就叫『吃飯』！那上面都是專門討論怎樣弄錢交伙食費和最經濟
的吃飯法的問題。這上面有一本正經地提出意見的『正派』，也有長籲短歎的
大發牢騷的『悲觀派』，和苦衷作樂地寫遊戲文字的『樂天派』，據一位聯大
同學告訴記者，聯大的壁報從來沒有辦過這麼好和受到同學們普遍廣大的歡
迎的……」〔註154〕「早在我尚未考取聯大之前的 1943 年夏天，我在聯大與校
本部一馬路之隔的簡易教室的牆壁上，看到一張壁報，上面用娟秀的字體抄
寫了三四篇文章，其中一篇題目是《白吃十法》，羅列在不同場合下如何不露
痕迹、不傷大雅、不掏一分錢就能吃上由別人掏腰包的美味佳肴的訣竅。寫

〔註152〕《學府風光》，《正義報》1945 年 6 月 4 日。
〔註153〕丁東：《昆明大學生是怎樣生活的》，《新華日報》1940 年 7 月 2 日。
〔註154〕高山君：《抗戰的大後方福地——昆明》，《抗戰周刊》1940 年第 27 期。

得頗有趣，很吸引人。」〔註155〕有的壁報刊登了一則《大學好了歌》，風趣的調侃中透露出生活的無奈與艱難：「世人都道學生好，唯有分數忘不了，一朝得到六十分，眼枯饑瘦如乾草；世人都道學生好，惟有貸金忘不了，兩千多塊好開心，一屆伙食還嫌少；世人都道學生好，惟有早操受不了，提心弔膽怕點名，趕到操場操『臥倒』；世人都道學生好，惟有壁報辦不了，事先登記後審查，稍違尊意都撕跑；世人都道學生好，惟有開水喝不了，有沙有草又有蟲，隨便拿來喝個飽；世人都道學生好，惟有手續辦不了，總務訓導連衛兵，跑來跑去真難找；世人都道學生好，惟有操行忘不了，甲乙丙丁分得齊，天公地母誰知道；世人都道學生好，惟有開會免不了，貸金公費及獎金，不去時都去了。」〔註156〕聯大壁報也體現出聯大學子現實關懷的精神，對昆明那些忘記「家國憂患」而沉浸於「醉生夢死」生活之中的人們進行批判。「這幾天，昆明街頭上出現了英德兩國文字寫的『教授跳舞』的廣告……昆明，這堪察加的一角，抗戰以來，曾博得多少『文人雅士』的讚譽。……在山河破碎的今日，安然地消遣人生。……黃昏傍晚，翠湖的柳蔭裏，穿梭著雙眼炯炯黑漆油亮的小汽車，一部部駛向旅店門前，軟語歡笑，在那『別有天地』的小窩裏，誰還想得起家仇國恨？將士們灑落疆場的鮮血頭顱？『禮查跳舞俱樂部』的新樣廣告，在政府禁止跳舞的明令公佈後，居然公開招徠，豈非咄咄怪事？」〔註157〕「那些驕奢淫逸的人們是怎樣地過話呢？正如群社的『五四』紀念壁報上所暴露的聯大裏有著坐汽車上課的有錢子弟，這些公子哥兒整天的生活是：泡茶館，打撲克，看電影，玩女人，出入於大公館或流連於某某大酒店狂舞終宵，酒色財氣，無所不爲。……這種荒淫無恥的意識和生活充分表現出沒落份子的劣根性。」〔註158〕聯大某一壁報刊載一文，該文對昆明一邊是花天酒地，醉生夢死；一邊是呻吟於生活壓迫之下，呼告無門的現象進行了抨擊。說昆明畸形發展，……行見來日大難將接踵而至也，昆明表面上很繁華，而裏面多數的平民，在飢餓線上掙扎。盡情享樂的朋友們，不要忘記了無衣無食的貧民，更不要忘記了艱苦抗戰中的國家！〔註159〕

〔註155〕楊文門：《百家爭鳴，敢怒敢罵——憶聯大的壁報》，《西南聯大北京校友會簡訊》（第10期），1991年11月。
〔註156〕《學府風光》，《正義報》1945年6月5日。
〔註157〕一得：《聯大壁報一文——新樣廣告》，《雲南日報》1939年3月6日。
〔註158〕高山：《昆明青年的沒落與生長》，《學生月刊》1940年第1卷第7期。
〔註159〕陶如：《昆市的表裏》，《朝報》1940年3月18日。

三

有論者稱,「一個健全的學校壁報,除了是一塊發表學習心得,交換生活意見的講臺外,它應該有(1)反映作用:學校裏的壁報除了研究學術以外,還應該經常地反映各方面的學校生活,無論是教師的,同學的,工友的,無論是教室裏的,運動場上的,毛(應爲『茅』)廁裏的,也無論是快樂的,悲憤的,嚴肅的等等,常常需要赤裸裸地暴露在牆壁上,讓同學們自己來承認什麼是合理的,什麼是非義的,什麼是進步的,什麼是腐化的。(2)領導作用:僅僅是反映是不夠的,進一步,大家要在互相嚴肅的批判中,來掃除不良的生活風氣,學校壁報在這種互相督促中就自然而然地起了領導作用,一個良好的校風,也就很可能地從一個健全的壁報裏產生。」〔註160〕從上文關於聯大壁報的內容來看,聯大壁報是「一個理想的學校壁報」,它的「反映作用」得到了淋漓盡致的發揮,而其「領導作用」不僅表現在對學校不良現象進行批判,從而促進聯大「良好校風」的形成,還體現在對昆明的影響上。「聯大的壁報,有著光榮的歷史,它不但在校內鼓吹引導,組織了民主運動,而且幫助了校外的讀者,尤其是常常跑到聯大來看壁報的中學同學。」〔註161〕「壁報是聯大同學對時局、對政治、對社會、對生活發表意見的園地,有時也有短小的創作,如詩歌、小小說之類,豐富多彩,風格各異。每次新壁報掛出來,常見昆明其他學校的學生或知識青年拿著紙筆,站在那裡抄點什麼……」〔註162〕「各種壁報都很茂盛的滋長,像沙漠中的沃土,來點綴著落涼的昆明。尤其是文學院的壁報,有著沈從文與朱自清二先生的扶育,更是黑暗中燦爛的光芒,異軍突起,吸引著昆明文學青年的目光。此外還有些壁報發展到社會中去。在昆明的城門上,時常貼有聯大同學的啓蒙鄉民的文章。」〔註163〕這樣,勢必對昆明本地人的思想、觀念與行爲產生影響。於是,抗戰之前乃至抗戰初期昆明人對於國家大事漠不關心而每天只爲生活奔波的思想發生變化。昆明青年在抗戰期間爲了聲援前線戰士,也以壁報的方式表達自己的情懷,「把抗日救國的大幅標語和宣傳畫貼到了正義路的

〔註160〕王如海:《一個理想的學校壁報》,《戰時中學生》1940年第2卷第9期。
〔註161〕《八年來的壁報活動》,西南聯大《除夕副刊》主編《聯大八年》,新星出版社,2010年版,第56頁。
〔註162〕胡邦定:《西南聯大往事雜憶》,《百年潮》2007年第2期。
〔註163〕慕文俊:《聯大在今日》,《學生之友》1940年第1卷第4期。

三牌坊上，牌坊下的兩對石獅子身上也滿是愛國漫畫。」〔註 164〕昆明普通民眾也受其影響，思想變得活躍：在昆明西郊車家壁的熊家莊園裏，祖輩屬共產黨，晚輩則是國民黨，由於政治主張不同，在抗日問題上「雙方鬧得十分激烈，口頭爭論還不夠，還拿來毛筆宣紙大書宏論，把它掛在後花園的樹上互相抨擊。」〔註 165〕旁邊的雲大受其影響，壁報之風也漸熾，當聯大北歸後雲大便繼承其「傳統」，「聯大既散北歸，而雲大踵起。每去上課，校門外大牆上遍貼大字報，余比駐足巡視，議論恣縱，意見橫決，殊堪嗟歎。」〔註 166〕從這個意義上可以說，聯大壁報對戰時昆明「思想界」、起碼在青年學生「思想界」當中起著一定的「領導作用」。

爲了使壁報達到「反映作用」與「領導作用」，壁報的創辦者爲之付出了許多心血。有創辦者回憶：……訓導處給的木板很粗糙，我們先用報紙把它滿滿糊上，使之平整，然後再用很白的鍊字紙蓋上。爲了讓字迹清晰，整體美觀，每篇文章都用同樣大小的鍊字紙，用鋼筆蘸著黑墨水謄寫一遍。報頭是我請重慶中央大學建築系的一位同學特地畫了寄來的，以藍天和奔騰的潮水爲背景，並在畫面右上方寫上「潮汐」兩個美術字，稿子則都是本系同級同學寫的。出報之前送請邵循正教授審閱，他看得很仔細。記得一篇題爲《談諷刺》的文章裏，有「嬉笑怒罵，皆成文章」兩句，邵先生特地把「嬉笑」的「嬉」字改爲「嘻」字，……1944 年 5 月 3 日夜晚，我和李淩忙了整整一通宵，到 5 月 4 日淩晨 3 點多才完成。〔註 167〕辦壁報不僅要通宵達旦地忙碌，爲了使其能吸引讀者，還需不斷總結辦刊經驗，在內容和形式上都能使讀者產生興趣。比如「現實」壁報就總結出這樣的經驗：應該多談國家大事與同學生活，不能空談，要務實；要加強與其他壁報和同學的聯繫，要獲得同學們的廣泛支持，要多向其他同學約稿；要注意形式創新，不能死硬、板著臉。文章內容不能千篇一律，不能使用大塊文章等等。〔註 168〕爲了使新聞通訊更具眞實性，有的壁報直接使用美國《Time》的消息，後《Time》斷貨，他們就不辭勞苦地到美國在昆明的新聞處閱覽室翻看。〔註 169〕這樣，這些壁報創

〔註 164〕林泉：《重返老昆明（上）》，雲南美術出版社，2002 年版，第 87 頁。
〔註 165〕胡伯威：《兒時「民國」》，廣西師範大學出版社，2006 年版，第 21 頁。
〔註 166〕錢穆：《八十憶雙親・師友雜記》，嶽麓書社，1986 年版，第 228 頁。
〔註 167〕胡邦定：《西南聯大往事雜憶》，《百年潮》2007 年第 2 期。
〔註 168〕西南聯大《除夕副刊》主編《聯大八年》，新星出版社，2010 年版，第 176 頁。
〔註 169〕西南聯大《除夕副刊》主編《聯大八年》，新星出版社，2010 年版，第 174 頁。

辦者「雖窮，卻願意擠點錢來買紙張文具，花時間、精力約稿、看稿、改搞、抄寫、出版」，那是因爲「個人沒有任何私心雜念，就是憑著一股熱情、一種信念，思想上或清晰或朦朧地想表達一種理念，追求一個目標。」〔註170〕因爲這些創辦者的心血，由此，聯大壁報那種「你有空了，走到民主牆下讀讀壁報，你就會知道這裡的文字，在國內還沒有一個雜誌和報紙能登得出來」、〔註171〕「……你別看它不上眼，多少大公報文藝副刊的稿子都是經蕭乾從這兒轉去的」〔註172〕的現象才得以呈現。

有人說：「壁報一向是沒有檢查的，校內保有完全的言論自由，……」〔註173〕其實，聯大的壁報是有檢查、有管理規定的：「西南聯大常委會議決定管理該校壁報辦法五條：一、得向訓導處登記，出版時在刊頭寫明負責人之眞實姓名；二、撰稿人不准用筆名，若以團體名義發表，需署明團體負責人之姓名；三、若言論失當，學校得將該壁報停刊，並予負責人或撰稿人之處罰；四、學校壁報意義爲砥礪學術及訓練寫作能力，故不得接受外來稿件；五、各壁報均應聘請本校教授爲導師。」〔註174〕正是因爲這樣的管理規定，於是我們可以看到這樣的內容：1943 年 10 月，「游擊」第二期被撕毀後，有人在原處貼了一個通知，叫《游擊》負責人到訓導處談話。因爲該壁報上有一篇文章有嚴重的「犯規」迹象，該文從社會心理學的角度分析聯大的小資產階級個人主義思想，據說該文作者是在消極、苦悶、寂寞的環境下寫成的。另一個違規的壁報是「女藝」，貼出兩天後就不見蹤影。然使訓導處氣憤的是，隨後又貼出一紙聲明，稱「女藝」已被「訓導處的耗子」咬壞了。其他壁報的作者則辯稱自己是遵從規定的，已把壁報上的所有筆名及作者名單移交給訓導長了。〔註175〕「三年前創刊之『蘆笛』、『子夜』、『海燕』等壁報，均以最近復刊，而『苦苗』則正式唱出葬曲，一片惜別，幾番感懷。而壁報刊頭均有如下相似字樣，『本刊已曾某某年經訓導長備案，並領有審查登記訓字第某號，恐年遠事湮，檢查諸公不察，故特聲明如上』」。〔註176〕然在

〔註170〕胡邦定：《西南聯大往事雜憶》，《百年潮》2007 年第 2 期。
〔註171〕心田：《我是聯大一年級生》，西南聯大《除夕副刊》主編《聯大八年》，新星出版社，2010 年版，第 112 頁。
〔註172〕南山：《記憶中的西南聯大》，《春秋》1945 年第 2 卷第 4 期。
〔註173〕楊子：《西南聯大的民主》，《時代學生》1946 年第 1 卷第 11 期。
〔註174〕《聯大管理壁報新定辦法五條》，《燕京新聞》1944 年第 10 卷第 28 期。
〔註175〕伶：《從壁報中看聯大》，《新華日報》1943 年 10 月 24 日。
〔註176〕《學府風光》，《正義報》1945 年 6 月 5 日。

這種管理規定之下，聯大壁報依然是如此繁榮，這一方面說明聯大那種民主之精神與自由之空氣具有巨大的力量，另一方面也說明了昆明文化環境的寬鬆自由，那充滿諷刺的壁報沒被「官方」撕毀就可以說明這一點。

四

「壁報爲中國知識界的後起之秀提供了用武之地。文字癖是中華文化傳統的一部分，在這種環境中成長起來的聯大學生，無論課堂內外，都會動筆桿子，發抒己見。」〔註177〕而這種「筆桿子」、「發抒己見」又進一步促進了壁報的發展。如果說在昆明街頭和附近鄉村的壁報是側重於抗戰的動員、啓蒙、宣傳與教育，其對象主要是一般的民衆尤其是底層民衆，讓他們從中獲得知識、思想、意識等方面的「普及」，那麼昆明學府尤其是西南聯大的壁報則側重於「公共空間」的開創，因爲它面對的主要對象是聯大師生及昆明知識青年。哈貝馬斯認爲，「公共空間」是「在政治權力之外，作爲民主政治基本條件的公民自由討論公共事務，參與政治的活動空間」。比如 18 世紀歐洲的咖啡館、電影院，各種沙龍，以及報紙雜誌等，正是在諸如此類的場所，人們的諸多意見以公共輿論的方式表達出來，並進行傳播，進而影響當局的種種決策，公共空間成爲資本主義社會民主的重要表現場域。〔註178〕聯大壁報包含的內容異常廣泛、從文藝到政治，從日常生活到國家大事，就如有人所說：「壁報多種多樣，豐富多彩。從形式上看，有大型的、小型的；有文學的，有漫畫的；有的是長篇論述，也有匕首式的雜文；有詩歌，也有散文和小說。從內容上看，有三青團的文章，有自稱超然的中間路線的言論，也有板起面孔專談學術問題的文章，但最多的是要求和平，反對內戰，要求民主，反對獨裁之類的文章……是一些敢怒敢罵的戰鬥檄文。各種不同的學術觀點都可自由發表，不受限制和干涉。總之，西南聯大的壁報可以用兩句話來概括：百家爭鳴，敢怒敢罵。」〔註179〕在這些壁報中，有一部分屬於文藝交流與論爭，比如「冬青」、「耕耘」、「文藝」等，也有一部分是日常生活刻畫與

〔註177〕（美）易社強：《戰爭與革命中的西南聯大》，饒桂榮譯，九州出版社，2012
　　　　年版，第 219 頁。
〔註178〕（德）哈貝馬斯：《公共領域的結構轉型》，曹衛東等譯，學林出版社，1999
　　　　年版，第 3 頁。
〔註179〕楊文鬥：《百家爭鳴，敢怒敢罵——憶聯大的壁報》，《西南聯大北京校友會簡
　　　　訊》（第 10 期），1991 年 11 月。

反映，如前文所提及的「吃飯」及對老師形象的素描等，然最多的還是那種與時事、時代緊密相關的「檄文」。「百家爭鳴，敢怒敢罵」可以說是「公共空間」的典型特徵，儘管這些壁報不太可能「影響當局的種種決策」，它們所表達的觀點也可能不乏幼稚，但這種各抒己見、暢所欲言、理性對話、民主討論而營造出來的氛圍則有力地促進了戰時昆明文化城的生成，因爲這種氛圍在感染與影響昆明城的同時，也有效地激活人們的思想與想像，砥礪人們的抱負與情懷，從而使人們發展與呈現他們的創造性才能，文藝的、科學的、哲學的……。同時，在上文的闡述中，我們可以發現這些壁報不僅體現了部分聯大精神，也對「在貧乏中養成剛毅自信的精神，在凌亂中產生自由獨特的思想，這種精神和思想，雖然顯得鬆懈，卻蘊含著無比的力量。其沉默自動的作風，在沉默中透視了事物的眞象，並分辨出是非，簽之以行動，不是勉強，而是一種充溢的內在的浩氣」〔註180〕的聯大精神的生成起著不可忽視的作用。這種「貧乏中養成的剛毅自信」、「凌亂中產生的自由獨特」、「鬆懈中蘊含的無比力量」、「充溢的內在浩氣」是戰時昆明最重要的內涵，也是戰時昆明文學氛圍中的核心要素。

第四節　電影院

在外地人看來，昆明的電影院是非常「有趣」、「怪異」的：

> 全市有電影院二，滇劇院一、京劇院一，對號入座，秩序尚佳。惟電影院每令觀眾傾堂大笑，蓋映者多西片，而無華文字幕，一滇語譯者，高坐樓角，視片上動作加以說明，穿插笑話，故聞者爲之絕倒。〔註181〕

> 閒來無事偶爾闖進電影院，那裡才怪異呢。池子中央高坐一位人物，壓緊喉嚨高聲地在爲觀眾解釋，不論片中在對白，表情，甚至唱歌時他都有特殊技能會對歌詞表情做解釋，如遇片中接吻時，更有的插科打諢著，那些酸溜溜的話，有時眞不堪入耳。〔註182〕

> 偶爾字幕打出（一般是沒有的字幕的，都是人講解），觀眾便齊聲跟讀：「乖乖，我太愛你啦！你這個老憨包，氣死我了！」讀完之

〔註180〕《什麼是聯大的精神》，《時代評論周刊》1945 年第 7 期。
〔註181〕帥雨蒼：《昆明漫記》，《旅行雜誌》1939 年第 13 卷第 8 期。
〔註182〕《春之都昆明》，《良友畫報》1939 年第 146 期。

後，全場鬨堂大笑。字幕上還常常出現「整哪樣？」、「咋個整？」、「逗二氣」、「黃扯扯」之類的詞語，平時講起不覺好笑，一旦上了電影，令人忍俊不禁。〔註183〕

一

從這些文字看來，昆明的電影業似乎非常落後。其實，昆明的電影業起步較早，昆明水月軒電影院是全國第一家營業性電影院，比西班牙電影商在上海開辦的虹口大戲院（電影院）還要早一年開業，業主蔣槙。1906 年 2 月蔣槙（本經營攝影）將其照相館改造成專營放映。設備爲手搖單放映機，以煤石燈爲光源，男女分座。水月軒在放映電影之前，在攝影的同時，不定期放映風景默片。專營電影放映時，首映爲《日俄戰爭》（法國拍攝）記錄默片，營業後，由法國駐昆洋行供拷貝，多爲新聞、風景、滑稽短片。1913 年因業主涉及其他案件而被封。1923 年 1 月在商埠一區五段金碧公園內開設新雲南電影院，爲合夥經營，經理爲向渭卿、姚氏安、王幼川，資本總額爲四千五百元。影片多購自美法兩國，其中有風景博物、社會滑稽、武勇偵探各種，每日演放兩次，午場自中午 1 點至 3 點，夜場自晚上 7 點至 10 點。座位男賓分三等，特別座每座 3 角、頭等座每座 2 角、普通座每座 1 角，女賓分兩等，特別座每座 2 角、正座每座 1 角。〔註184〕這些電影院都是無聲電影院。1933 年郭健民、展秀山、段勉之三人合辦「大中華有聲影戲院」，1934 年 6 月，它與「逸樂」合併，成立「大中華逸樂有聲影戲院」，昆明開始有有聲電影。至 1939 年間，昆明只有「大中華逸樂有聲影戲院」與「大眾」兩家電影院，兩家戲院，一滇劇院，一京劇院。亞歐、聯美，英國的鷹獅及蘇聯影片公司都有代表派駐昆明；「中製」、「中電」也有代表在昆明負責辦理租片業務。1940 年 4 月 1 日，現代的南屛電影院（即南屛大戲院，後同）在昆明市開業，它爲當時西南最豪華的電影院，有「遠東第一影院」之稱，電影院建築爲飛機造型，橡皮銀幕，場內座位是倒仰式，聲光設備均屬上乘，營業和聲譽爲昆明之冠。劉淑清爲董事，魏伯先爲經理，股東有龍雲夫人顧映秋、朱曉東夫人等，人稱「夫人集團」。劉淑清和美國好萊塢的八大影片公司簽訂租片協議，

〔註183〕林泉：《重返老昆明》（上），雲南美術出版社，2002 年版，第 214 頁。
〔註184〕《昆明市志》，（臺北）成文出版社，1967 年 12 月版。此版是根據 1924 年由張維翰修、童振藻纂修的《昆明地方志》（《中國地方志叢書》第 141 號）的影印本，第 288 頁。

在昆明搶先上映具有號召力的影星所扮演的影片。它只放外國電影，絕大部分是美國彩色電影，比如《小鹿斑比》、《道奇市》、《月光落下》、《大獨裁者》、《左拉傳》、《魂歸離恨天》、《翠堤春曉》、《鑄情》等。俄國電影，如列寧三部曲、愛森斯坦的幾部作品也受歡迎。最受歡迎的是《翠堤春曉》，有人說看過八遍，放映期間昆明城到處可以聽到有人哼唱《藍色多瑙河》。不再設口譯者，採用字幕的方式，觀眾多為一般知識分子和上層人物及美國大兵。抗戰時期的昆明，除了南屏電影院之外，還有前文所說的「大中華逸樂影院」、「大眾電影院」，以及「大光明戲院」、「昆明戲院」、「長城戲院」、「祥雲戲院」、「社會劇場」、「新滇戲院」、「西南戲院」等電影院，其中「昆明戲院」專門放映國產片。〔註185〕有人這樣總結自民國開始的昆明電影業：「電影始自歐美，中國亙古所無。昆明於民國初元始有之於長春坊，建築電影院座客屬百人，多以為見所未見，觀者為睹。數年後以不善經營而罷。嗣於師範學堂校園後設逸樂電影院，生涯皆極。查近則南屏大戲院亦放電影，規模極大，聞建築費即需90萬元，可想而知。」〔註186〕

　　從上述簡單的概述性文字中，我們可以發現，昆明的電影業在抗戰爆發後得到迅速發展，「娛樂場所由兩家增加到十家」〔註187〕，尤其是被人稱為「舉國無雙」〔註188〕的南屏電影院的建立有力地提高了昆明電影業的水平，滿足了大量外來人們尤其是年輕知識分子的文化娛樂需求。有記者這樣描述南屏電影院：「……剛走進大門，彷彿感到去逛了次上海的金城戲院，因為那一種半圓形的門面，是再也像金城不過的；走上樓梯，好像又意識到是走進了南京的大群大戲院，一樣的紅絨門廳，一樣的座椅，和一樣的有著舒服的休息室。在這裡無一不齊備著；立刻使人的視覺，受著新的環境的轉換而發生一種爽朗感。抗敵後方，電影院而有如此現代裝備的，恐怕就是南屏一家

〔註185〕參見：龍顯球《抗戰時期昆明的電影放映業》，《昆明文史資料選輯》（第 7 輯），第 102～103 頁；蘇慶華編著：《滇影風雲──南屏電影院的故事》，雲南美術出版社，2009 年版；雲南省地方志編纂委員會總纂、雲南省文化廳編纂：《雲南省志・文化藝術志》（雲南人民出版社，2002 年版）等資料中的相關內容。

〔註186〕陳度：《昆明近世社會變遷志略》（卷三・禮俗），該書為雲南省圖書館館藏「稿本」，無成書年月，所記至民國二十九年，共四卷（文化、食貨、禮俗、金融）。

〔註187〕麥浪：《昆明畫像》，《半月文萃》1943 年第 1 卷第 9～10 期。

〔註188〕李思道：《今日昆明（一）》，《社會服務周報》1943 年第 6 期。

了。」〔註189〕這些電影院還成為昆明的城市景觀：「娛樂場所有京戲院及電影院等，多係廟宇會館改建而成，未免因陋就簡。最近昆明大戲院，南屏大戲院，大逸樂電影院相繼以最新的姿態出現於東南城角，華燈初上起，南屏道上，衣香鬢影，車水馬龍，誠為昆明生色不少。」〔註190〕同時，也是一種文化進步的表現：「昆明電影業的發展，證明這都市是在進步，一種明顯的進步，是一種告別文化沙漠的表現之一。」〔註191〕而就電影來說，昆明本地人自昆明有電影以來就喜歡上了它：「電影幻戲於社會教育裨益良多，省垣前曾開演數處，旋以電片陳舊，虧折資本，因此各處俱已停業。茲有前開明通公司股東李少棠君等集合鉅款，託旗昌洋行由歐洲購來最新式電片數十場，奇巧奪目，大有趣味，已於作業開演，一般男女無不圖飽眼福，爭以先睹為快。日後場場爆滿。」〔註192〕「每易新片，則座客恒滿，平日放二幕，夜亦二幕，每當固定購票時，門外人多於鯽，擁擠不堪。停演時街中行人男女雜還喧鬧撓攘，道為之塞。所放電片，來自外國者多，大都皆寫愛情等纏綿俳惻，最易動人。又或為巨道偵探種種，機械變詐，巧取豪奪……」〔註193〕以至於有人對沉醉於看電影的人們表示憂慮乃至提出批評：「……南屏戲院因購票擁擠，互相槍擊之事竟產生了出來。抗戰已進入最後存亡的關頭，後方人士尚如此堅執的『不忘娛樂』，總該及時糾正……」〔註194〕「國事岌岌矣，內訌外患迭起，循生為國民者，堅苦卓絕，以國前進，猶懼弗濟，而況嬉戲逸樂，惟是連肩，接踵蜂集蟻聚，留戀於各戲院中，行見來日，大難，吾誠未知其所終極也。」〔註195〕但情況似乎並沒有多大改變。抗戰爆發以後，隨著南屏大戲院等電影院的相繼建成，昆明本地人對電影的熱情更是高漲：「昆明市民對於娛樂的追求是很狂熱的，幾家戲院子無不生涯鼎盛，大賺其錢，不管是不是禮拜天，也不管戲子或者班子的好壞如何，一律是座無空設，買

〔註189〕夏江：《南屏巡禮》，《朝報》1940年3月28日。
〔註190〕黃卓秋：《昆明印象記》，《旅行雜誌》1941年第15卷第12號。
〔註191〕櫻子：《昆明電影業鳥瞰》，《現代藝術》1940年創刊號。
〔註192〕齊艾：《近年之電影》，《滇聲》1916年6月10日。文章還提及1916年，鄧和風創辦昆明最早的一家較正規的大影院——新世界影院，率先從上海租賃國產片放映，首創講解員講解影片內容的做法。
〔註193〕陳度：《昆明近世社會變遷志略》（卷三‧禮俗），雲南省圖書館館藏「稿本」。
〔註194〕陳鍾美：《對於看戲之感言》，《共和滇報》1914年10月18日。
〔註195〕陸詒：《萬里雲南》，《新華日報》1940年11月15日。

票時擠得水洩不通，甚至頭破血流，都是很普通的事，已經沒有人覺得奇怪。」〔註196〕「在閒散時，也曾想去看場電影，可是當你一走到電影院前，望著一批批操著方言的人群在售票窗口的爭相擁擠的情形，興致馬上冷了下來。」〔註197〕

對於昆明電影院擁有大量觀眾的原因，有文章這樣解釋：「抗戰愈久，大多數人的生活也就越艱苦，但人畢竟不是機器，所以要娛樂來調節那緊張的心弦，可是在百物昂貴，加以非必要娛樂之嚴屬取締的情況下，電影變作了時代的騙子，既不太浪費，又為政府列為正常娛樂之一種。這是昆明電影院擁有大量觀眾的原因。」〔註198〕當然，這只是原因之一。對電影感興趣的還有那些來自平津、上海、江浙等外來者，尤其是年輕的人們，電影院成為他們心中有「魅力」的地方，看電影成為有人生活的組成部分，哪怕「為吃飯問題所困擾」：「來到昆明幾年雖然時常為吃飯的問題所困擾，但我還是要去電影院，哪怕問同學借幾角錢。走進電影院，一切心與物的騷擾全消失了，凝全神於平常而又新穎的境界之中。在變化多端的銀幕之上，發現而且獲得了剎那間的一種新異的東西。跟著，我的生命便拉我跳進一個輕鬆的夢境。因此，昆明電影院尤其是南屏在我心中是很有魅力的地方。」〔註199〕有人則會因為沒地方看書而去電影院：「文林街一帶茶館擠滿了，便得走兩三里路到城中區的茶館去。有時找不到讀書的地方便索性去南屏街再欣賞一遍《翠堤春曉》之類的電影。」〔註200〕有人則去電影院感受一種氛圍：「我不是一個酷愛電影的人，但是我卻很愛坐在電影院中。有人聽我說這幾句話就不信，其實是他自己想不透。這是我生活中最平常的事，比如那些愛泡茶館的人，那些在茶館裏坐上大半天的人就是沖那壺沖了又沖淡而無味的茶？我坐在電影院中卻並不酷愛看電影，並不是稀奇的事，我喜歡那種電影院的氛圍，在人群中享受自己的孤獨，在一個世界裏感受另一個世界。因此，雖然我不是酷愛電影，然我卻時不時會去南屏坐坐。」〔註201〕「南屏電影院裝修擴充之後，

〔註196〕高山君：《抗戰的大後方福地——昆明》，《抗戰周刊》1940年第27期。

〔註197〕姚妙源：《昆明雜記》，《興業郵乘》1940年第105期。

〔註198〕《電影的觀眾》，《正義報》1944年8月6日。

〔註199〕風帆：《電影院的魅力》，《新影壇》1942年第1卷第3期。

〔註200〕（臺灣）張博云：《山城話舊》，北京大學校友聯絡處編：《笳吹弦誦情彌切——國立西南聯合大學五十週年紀念文集》，中國文史出版社，1988年版，第377頁。

〔註201〕菲文：《坐在電影院》，《玲瓏》1943年第2卷第2期。

夜夜客滿。彩色長篇《白雪公主》因爭先購票擠出人命。造成連夜售票空前記錄的是約翰・斯特勞斯的《翠堤春曉》。聯大『窮學生』竟有連看七八場之多者。一時聯大社區大街小巷到處都可聽見低吟、高哼、哨吹『藍色多瑙河』、『維也納林中故事』者。昆明很多中學生也紛紛傚仿。」〔註202〕

二

　　但對那些外來者說，電影院是有「魅力」的地方，「時不時會去坐坐」，感受「電影院的氛圍」應該是在 1940 年也就是南屏電影院開業之後，而之前，昆明本地人與外來者則因爲電影中的「方言口譯」問題而發生衝突，電影院不僅沒有「魅力」，反而成爲一個相互較量的「戰場」。自 1916 年昆明新世界影院開創用講解員講解西片內容的方式以來，這種講解也就是「方言口譯」竟成「傳統」，且廣受本地人歡迎。但這種方式及電影院的環境很難被那些來自平津、上海、江浙等地的人們所接受：「電影院只有大眾逸樂兩家，演一年以上的舊片子。演外片時，用一人口譯代替字幕說明。述說時其聲淒厲，怪聲怪氣，一些較美麗場面的情緒，都給粉碎了。常聽人說，如果這一場沒聽見『我愛你』或『愛人啊』等等聲氣，觀眾是要退票的。這未免過甚其辭，但也可知觀眾程度之一般。開演時瓜子花生的叫號與爵士樂相和，是以我極希望『丹鳳朝陽』來滇演，但又不忍其來滇也！」〔註203〕一開始還使人「聞之絕倒」，有人也因此而學會說昆明話〔註204〕，但新鮮感很快過去，尤其是口譯者的隨意解釋：「有部電影中男青年在等女朋友，但女方沒來，被講解員解釋爲：『這個女的支了個大水車！』（意思是讓男的白等了一場）。更有甚者，看到男主角在拉小提琴，就想當然地講解道：『你們瞧，這個小夥子真無聊，沒得哪樣事幹，拿把鋸子在鋸他的琵琶。』」〔註205〕在宗璞的小說中也有類似的文字：「昆明原來的電影院都很簡陋，演外國片時一個翻譯坐在觀眾席裏大聲解說。所有的男主角都叫約翰，所有的女主角都叫瑪麗。銀幕上有人開門，就說『他開門了』。銀幕上有人哭或笑，就說『他哭了』，『他

〔註202〕何炳棣：《讀史閱世六十年》，廣西師範大學出版社，2005 年版，第 165 頁。
〔註203〕齊水：《昆明的衣食住行》，《眾生》1938 年第 5 期。
〔註204〕「1939 年，昆明有兩個電影院，報紙、壁報和地保提的大燈籠上都有演出劇目的消息。1940 年以前，無聲電影經常有一個當地人解說，有人因此在看《羅密歐與朱麗葉》時學會了昆明話。」謝冠群：《初進聯大時的一些記憶》，《戰時知識》1938 年 12 月 25 日。
〔註205〕林泉：《重返老昆明》（上），雲南美術出版社，2002 年版，第 212～213 頁。

笑了』。」〔註206〕他們尤其是外來大學生再也無法忍受，聯名向電影院當局寫信，建議廢除這種口譯而加中文字幕，但被拒絕，回答說「能號召本地觀眾者，決不是弗里特馬區和嘉寶的表情，而是這位高聲叫喊的解釋者」。電影院當局為了考慮外來者的感受，寫信後一段時間每星期還有一天不用口講解釋，但不久又被廢除了，因為本地觀眾反對。〔註207〕那些外來青年當然不滿，有一天終於發生了衝突，當那位本地口譯者說「整哪樣」時，不知誰模仿昆明話大聲說了一句，「米線。老滇票！」〔註208〕頓時，電影院炸開了鍋，有本地人大聲責問是誰說的，卻引來外來青年（主要是聯大學生）的鬨笑。最後，兩撥人在電影院打架而引起轟動。〔註209〕引起轟動的還有更加「極端」的方式：……電影放到一半處，當大家都在聽場中央那解釋者的大聲叫喊時，忽然間不知誰在場裏放起催淚性的瓦斯來，於是戲院子裏秩序大亂，觀眾們捨命狂奔，人潮洶湧，你踐我踏，呼娘叫爺，喊聲震天，跑出來個個都是眼紅淚濕的。過後，警察全部出動搜索，結果一無所獲。等第二天，各報接到一自稱『啟蒙俠』的投函，承認那惡作劇他幹的，說沒有別的意思，就是昆明電影院太麻木了，要刺一下。批評本地人不思進取，不知接受外面先進文化等等。最後還說如果昆明不抓住抗戰建國的機會，好好地改變思想文化觀念，就將永遠變成荒蕪之地。引來外來者一片叫好聲……〔註210〕

批評昆明人的不僅僅有這位不知名的「啟蒙俠」，還有在雲南大學任教的文化名人李長之。他在《昆明雜記》一文中說：「這裡有一個省立圖書館，上午十一時才開館，下午四時半就閉了，晚上不用說，是沒有。並不是假日如此，平時就如此。書目全是紊亂的，查一查，要費好些時候；而且查出來之後，借書單是要由館員填寫的，他填寫的時便又像阿 Q 那樣惟恐畫圈畫得不圓的光景，一筆一畫，就又是好些時候，書拿到，便已經快要閉館了。」「戲有三種，一是海派的京劇，猥褻、下流和過火；二是所謂滇戲，逢巧劇情和

〔註206〕宗璞：《野葫蘆引》第二卷，《東藏記》，人民文學出版社，2005 年版，第 221 頁。
〔註207〕《春之都昆明》，《良友畫報》1939 年第 146 期。
〔註208〕因為滇幣只值法幣的百分之十，因此「老滇票」就成了外地人辱罵當地人的詞語。
〔註209〕《電影院的衝突》，《益世晚報》1939 年 4 月 26 日。
〔註210〕馮君：《昆明故事》，《抗戰周刊》1939 年第 14 期。

演員都合適的話，卻也有淳樸、唱作不苟、人物簡單而情節純粹的好處，否則就令人覺得單調、呆滯和乏味了；三是話劇，在這裡頭，那用方言的是比用半生不熟的國語的要好些。」「電影沒有字幕。倘若是外國片子，便有一位口述的翻譯，提高了嗓子，逐節解說，攪得我們聽片子裏的發音也不清楚，聽他的解說也不明白。」「這地方人的淳樸，的確到了可愛的地步。我來到已經半年了，但馬市口世界書局的門前，每到了晚上八點鐘（這是此地居民最活躍的時候），依然是堆了熱心的觀眾，在爭著瞧那窗內自來水筆廣告和抗戰的漫畫。自我初來之日起，到現在執筆時爲止，廣告和漫畫，自然永沒有變換過，然而那觀眾卻也沒有表示冷淡過。」「就工作上來說，我覺得遠不如在北平。我甚至十分懷疑，是不是在這裡住下去，將要一個字也寫不出來了。」〔註211〕李的文章在字裏行間蘊含著對昆明及昆明人的批評，文章發表後便引起本地人強烈不滿。一位署名易弗的作者撰文回應李長之：「昆明人在許多方面，的確很淳樸（自然比李先生要淳樸），但並不像李先生所說的那樣淳樸。李先生所謂淳樸並不是眞正的淳樸，而是笨拙或低能的另一種說法，正如他對牛的喜歡裏含著有惡意的諷刺一樣。……我們替昆明，對李先生表示很大的歉意！像這樣天才的作家，從炮火叢中跑出，不遠千里的來此尋覓做詩寫小說的材料，而山水不靈，人物掃興，給他『總沒有實現過這個願望』，眞是莫大的遺恨呀！」〔註212〕《雲南民國日報》則以「讀者來信」的方式，刊發了數篇批判李長之的文章〔註213〕。這些文章對李長之進行諷刺，比如：「……過慣奢侈頹廢的生活，自然不習慣嚴肅樸質的生活，怪來怪去，怪到昆明的氣候不好，使李教授覺得昏昏的，懶洋洋的，但不知己否像章衣萍一樣到了連女人的屁股都懶得摸的地步！要是如此，昆明的氣候有些對不住李教授！……李教授因此一命嗚呼，豈不造成文化界的一大損失！寄語李教授，千萬爲國家民族留一線生機，遷地爲宜！尤其是遷回李教授所依戀的北平爲

〔註211〕 李長之：《昆明雜記》，《宇宙風》1938 年第 67 期。

〔註212〕 易弗：《昆明人與「牛」》，《雲南日報》1938 年 5 月 22 日。

〔註213〕 這些文章爲：牛通：《閒話昆明的牛——讀昆明雜記後》，《雲南民國日報》1938 年 5 月 20 日；牛皐：《昆明氣候及其他——讀昆明雜記後》，《雲南民國日報》1938 年 5 月 21 日；牛頓：《代表滇牛向李長之致謝——讀昆明雜記後》，《雲南民國日報》1938 年 5 月 22 日；牛有角：《從昆明的牛說到漢口的浮誇——讀昆明雜記後》，《雲南民國日報》1938 年 5 月 23 日；牛皐：《結束「牛」的問題並略貢拙見——讀一點誠坦的自剖後》，《雲南民國日報》1938 年 5 月 25 日。

宜！」〔註214〕面對這些批判，李長之不得不撰文爲自己辯護，同時進行自我
批評：「……我的心就在話上，我的話的意思就在表面上。倘若明白我的直率，
就可以明白說貓就是貓，說牛就是牛，無需乎想得太曲折。所以我對於該文
完全負責，但我的眞意，也就限於該文表面而止。」「只因爲一點寂寞之感，
——這種情感，也自知在現在這個時代，是不當有的。……事實是，一方面
我感覺知心之少，一方面又向有無端就不高興起來的憂愁，所以寫得如此。
我很後悔，在現在寫這種文章而又發表出來，我很痛恨，竟在現在還沒有克
服那種感傷的劣根性。」〔註215〕據說李文還引起龍雲的注意，最後李長之離
開昆明，前往重慶的中央大學任教。〔註216〕

　　有意味的是，在論爭過程中，有人特別提醒要把「外省人」與李長之區
別開來：「……作『昆明雜記』的是李長之個人，一個人！大家千萬不要胡纏
到別的外省人身上去！同時，希望外省的同胞深深瞭解：我們反對的是李長
之的『幽默』，是李長之的『諷刺』，是錯誤的觀察。誠懇而確切的指導與批
評，我們是十二萬份的歡迎，並且願意誠懇地接受一切的，請千萬不要因此
見嫌而吝教！」〔註217〕這無疑是本地知識分子的智慧之處。同時，這種論爭
很快被雲南文山人、雲南大學著名社會學家楚圖南所關注，他撰文說：「對於
學術不能不有相當的寬容的雲南，這是中國抗戰過程中最爲重要的後方，許
多學術思想問題都全流匯到這裡來，因此不能不有辯難和爭論。」〔註218〕他
還從「雲南過去的文化」、「雲南文化史上的一個新時代」、「對人的尊重和對

〔註214〕牛皋：《昆明氣候及其他——讀昆明雜記後》，《雲南民國日報》1938 年 5 月
　　　　21 日。
〔註215〕李長之：《關於「昆明雜記」的一點誠坦的自剖》，《雲南民國日報》1938 年 5
　　　　月 23 日。
〔註216〕聯大政治學系浦薛鳳教授對此有較詳細的記載：「因校役之懶惰，想起李長之
　　　　之事。……芝生（即馮友蘭）薦於迪之（即熊慶來）爲雲大國文教員。近在
　　　　宇宙風發表一篇小品文字，聞有云南人不如牛之句（予未見原文），惹起本地
　　　　人士反對，且事爲龍雲主席所聞。據云綏靖公署欲請去談話，李乃大恐，或
　　　　云坐飛機離滇，或云坐長途汽車他往。聽說迪之亦且爲此稱病若干時日。在
　　　　滇人對此事固量狹小，但李初出茅廬，學得士林惡習，得此教訓亦好。然本
　　　　地人中殊有些偷懶習慣。」浦薛鳳：《蒙自百日》，《西南聯大在蒙自》，雲南
　　　　民族出版社，1994 年版，第 73 頁。
〔註217〕牛皋：《結束「牛」的問題並略貢拙見——讀一點誠坦的自剖後》，《雲南民國
　　　　日報》1938 年 5 月 25 日。
〔註218〕高寒（即楚圖南——筆者注）：《學術辯難應有的態度》，《雲南日報》1938 年
　　　　6 月 5 日。

學術的寬容」、「批判地接受一切」，對雲南文化的弱點、對雲南人與外地人之間的關係進行詳細分析，認爲外地人應該停止對當地人居高臨下的批評，當地人也要克服對外地人要麼崇拜要麼詆毀的心理。「希望雲南人對於這有著一種新的認識，也有著一種新的雅量和大度。偉大時代的到來，是需要偉大的氣度的接受和包容和扶植，才能孕育出更新的健實的結果來的。」〔註219〕此外，有人發表了《雲南文化人團結起來》的評論文章，文章主要內容是作自我批評，文章說：「過去的雲南文化界是消沉、冷靜，文化同人是散漫、拖沓、鬆懈，甚至相互間存在歧視，和不必要的摩擦。目前這些我們都應該竭力除清和糾正的。我們急迫需要的是把我們共同的力量集中在一個目標上，一個敵人上，一切門戶之見都要竭力地剷除，共同建立起雲南文化界的統一戰線。」〔註220〕由此，結束論爭。這無疑是雲南本土知識界的雅量和眼光。馮友蘭則在1939年春天作了題爲「雲南人與外地人」的演講，他機敏地分析了問題的本質，指出根據隨意的、不具代表性的經歷概括整個群體的特徵是不合情理的。這篇文章後來在當地報刊上發表，並得到許多好評，認爲一篇文章就解決了本地人與外來者之間的問題。〔註221〕其實，在李長之的文章引發論爭之前，就有人預感到這種衝突的發生，並對外地人與本地人提出勸勉：「……許多文化機構文化人，不斷地向後撤退，像雲南這樣閉塞的山國，也就有不少的學者、教授、留外與外籍的學生集中，人才濟濟，爲一時之盛，且這種的『撤退』與『集中』是爲了鞏固後方，開拓後方，保留國家的文化事業，而且是在開發後方的文化事業。因此，學者、教授等一切文化人，都要廓清臨時逃難的觀念，起來積極地與文化各部門工作者攜手，指導其團結、組織統一的抗戰。而原有的地方文化工作者，『虛懷若谷』也是非常必要的。」〔註222〕

其實，對昆明（昆明人）持有類似李長之看法的人並不少。中央大學劉節教授在1939年1月12日至23日間來昆明拜訪陳寅恪、吳文藻、羅常培、浦江清、吳晗、錢穆、吳宓、顧頡剛等師友，他離開昆明當日的日記這樣寫

〔註219〕楚圖南：《雲南文化的新階段與對人的尊重和學術的寬容》，《新動向》（創刊號）1938年6月15日。
〔註220〕江溯：《雲南文化人團結起來》，《雲南日報》1938年6月12日。
〔註221〕轉引（美）易社強：《戰爭與革命中的西南聯大》，饒佳榮譯，九州出版社，2012年版，第78頁。
〔註222〕秋帆：《團結文化人》，《雲南日報》1938年3月27日。

道：「余至雲南共十二日，於昆明一帶之天氣最爲愛好，其近郊風景亦自成天趣。惟此間習慣風俗及土人之秉性大不同情，昆明人不論士農工商，早起甚晏，早上十二時以前商店開門者不及二三。土人十之五皆有煙癮。人民懶惰，而自視甚高，既無大智慧，又不願納善意，排外之性高於一切。如此人民，與外來優秀之士相處日久，當難逃優勝劣敗之原則也。」〔註223〕類似的文字還有許多，比如：「……此地居民大都非常貪懶，不勤工作，……這地的商人也很懶惰，到了中午十一點左右，方開始開門營業。至於接見客人，臨場辦公，則非過正午不行，最近，比較稍早些，但也要過九時才開始工作。」〔註224〕「昆明人的生活是太平靜了，在每天的上午，街上照例是沒有買賣（小菜場例外），飯館要到十一點鐘以後才開門，普通的商店，到下午才正式營業，這或許是氣候太好，使得人們都貪睡……」〔註225〕「昆明的社會面貌，可以用『日裏像蟲，夜裏像龍』來描述。因爲他們大多數人都吸上了鴉片（1938年雲南省政府頒佈法令，嚴禁吸食鴉片——筆者注），每天上午可以說是沒有什麼市面，直要到午後二時，才見十字街上的人頭擠擠，而煙容滿面的癮君子，恐怕除了吸煙吃飯外，好似不太高興去找尋其他工作，所以惰性之深，恐怕是甲於全國，我不禁爲雲南人抱著無限憂慮」，〔註226〕等等。這些文字沒有引起反響是因爲或者當時沒有發表，或者寫作者默默無聞，或者沒有對其進行集中批評。而李長之作爲一位文化名人，其行爲自然會被本地人視爲一種代表性看法，從而引起本地人的抗議。

這種衝突自大量外地人進入雲南後便開始產生，這一方面來自云南本地人的自卑心理及落後的思想觀念，有人自嘲自己的家鄉是「山中王國」，是一個「經濟、政治、文化都很落後的省份，什麼事都令人沮喪，感覺到阻力重

〔註223〕劉節：《昆明十二日～1939年日記（二）》，《萬象》2007年第10期。
〔註224〕《昆明特約通訊》，《總合》1938年新生號。
〔註225〕檳園：《激蕩中的昆明剪影——昆明特約通訊》，《黃埔》1940年第5卷第6期。
〔註226〕火星：《烏煙瘴氣話昆明》，《禮拜六》1935年第586期。在昆明諸事皆慢的情況下，有一件事則異常迅捷，可稱爲「昆明最敏速的事」：「據昆明的習慣，幾乎各事都慢。但有一事極敏捷，即喜聯或素聯的購買，可稱昆明最敏速的事。買主到店中選好空白的聯，店中有人代寫，聯語是現成的，於一小時內，買主即可取聯而歸。我們初到昆明時，遇本地人有喜事或素事，往往贈送現金爲禮，有些本地人以爲太俗，因爲他們講究送區聯等物，預備懸掛，以誇耀於親朋，……」陳達：《浪迹十年》，（臺灣）文海出版社，1981年版，第241頁。

重。〔註227〕普通百姓無法理解「新」事物，哪怕是穿著打扮與日常行爲：「初到（蒙自）之時，眞是轟動全城，每當聯大學生上街，他們便老老少少出來夾道而觀，尤其是女同學的燙髮頭和赤腳（指不穿襪子）更引起他們的驚異。不久街上的兒童裏就流出一種歌謠：『大學生、大學生、不穿襪子稱摩登，脫了褲子講衛生』。」〔註228〕在昆明也一樣，「一對夫婦從上海來昆明，下了火車覺得氣候涼爽，歡喜之餘不禁互相牽起手來。只聽見滿街人都在吼叫：『不要臉嘍，當街手拉手！』他們倆也感到奇怪，一看滿街行人的目光都注視著他們倆人的手，才趕緊將手放開，吼聲立止，各走各的路。」〔註229〕另一方面也來自外地人對雲南的隔膜：「一說到雲南，在沿海一帶人們的腦經中，就會浮起一種遍地不毛愚昧野蠻的想像，以爲那裡的文化不知落伍到什麼程度；至於當地人，也許是遍身長毛，或者還有尾巴。——這並不是笑話，作者曾碰到好多人，他們對於雲南眞是極不瞭解，譬如雲南全省通行官話，他們卻常常問，『雲南是不是說這樣的話？』這就好像我們說的普通話，是離開了雲南才來學說的……」〔註230〕而在雲南，一般說來，鄉土觀念重過國家觀念。本地人埋怨說：如不是抗戰，如不是這樣多的外省人湧到雲南來，雲南人何至於要吃四十元一石的米。外省人卻說：如果不是抗戰，如果不是這樣多的外省人湧到雲南來，雲南人又何能這樣大發其財。雲南大學以前差不多都是本地的學生，現在確實外省人佔了大多數，弄到本地學生，現在也要組織起「雲南同學會」來。這說明了一般人的鄉土觀念的深重，即使是知識分子的大學生，也是免不了的。〔註231〕長期封閉而對一些新鮮事物不易接受，甚至產生反感。例如滬戰發生後，部分上海居民首先經過香港、越南遷來昆明，昆明出現了時髦的上海人。以後各地人士越來越多，對於這些外省人的生活方式，服飾裝束，本地人覺得很不順眼。更突出的是這些人購買力高，見便宜東西就買，致使當地物價飛漲，生活費用成倍提高，這就很自然地導致本地居民不滿。他們錯誤地把外省人通統稱爲上海人，曾有人在僻靜的街道上

〔註227〕雲生：《一封信從山國裏寄了來》，《戰時青年》1938 年 5 月 10 日。

〔註228〕徐志鴻：《國立西南聯大在雲南》，《大風》1938 年第 15 期。

〔註229〕黃清：《西南聯合大學對昆明人的影響》，《西南聯大北京校友會簡訊》（第 43 期），2008 年 4 月。

〔註230〕李啓愚：《昆明風光》，《旅行雜誌》1938 年第 12 卷第 1 期。

〔註231〕高山：《昆明——後方冒險家的樂園》，《改進半月刊》1939 年第 2 卷第 5 期。

書寫「上海佬滾回去」、「不准上海人來昆明」等標語。〔註 232〕

　　慶幸的是，在雲南本地文化名人及政界名流楚圖南、龔自知、繆雲臺、龍雲等人的引導與外來文化人士的努力之下，「昆明的思想地圖為之一變」〔註 233〕。慢慢地，本地人在生活中融入了外地人的氣息：「……於是飯館的跑堂，商店的店員，見學生進門，就學學生說話，如『快點啦麼』改成『快點兒』，『還不是不得有』改成『沒有』，『兩塊錢』改成『兩毛』等等。」〔註 234〕「雲大和聯大之間有一條住滿貧民的『文林街』，低矮漆黑的屋子，住著一群質樸善良的同胞，他們替大學生漿洗衣服，開小飯店帶賣酒紙雜貨。他們和大學生過得很融洽，貧民很公平的從大學生手中賺到少量的錢，大學生卻從他們手中得到多量的幫助。他們之間相依為生，學校附近的人都帶有書生氣……」〔註 235〕地方性觀念也慢慢減弱：「二年間增加的學生已經從清一色的雲南籍轉變為江浙籍占百分之三十，兩廣及兩湖籍占百分之三十，雲南籍占百分之二十，其他各地占百分之二十。他們雖然籍貫不同，並有同鄉會的組織，但地方觀念除少數份子外，並不存在。原因是抗戰的洪流，已使他們失去狹小的觀念了。」〔註 236〕而外地人也為本地人的熱情所感染：「你瞧昆明人說話多客氣，開口『你家』，閉口『你家』，見了面打恭作揖，來不及的裂著嘴說一聲『你家請好好呢』。……適應著新環境，過日子又滿副精神了。」〔註 237〕

三

　　回到昆明「電影院」。非常有意味的是，李長之對昆明的批評也包括電影院中的「方言口譯」內容，而與李長之「敗走」昆明不同的是，「啓蒙俠」的抗議行為則逐漸得到回應。昆明自有電影院以來一直是男左女右地分著坐，但這條禁例已被習慣於混坐的西南聯大學生所衝破，電影院也聽之任之。

〔註 232〕余道南：《三校西遷日記》，張寄謙編：《聯大長征》，新星出版社，2010 年版，第 193 頁。
〔註 233〕（美）易社強：《戰爭與革命中的西南聯大》，饒佳榮譯，九州出版社，2012 年版，第 236 頁。
〔註 234〕伍生：《西南聯大在昆明》，《學生雜誌》1939 年第 19 卷第 2 期。
〔註 235〕文化：《昆明大學生在轟炸之下有的是積極的辦法》，《湖南青年》1941 年第 2 卷第 1 期。
〔註 236〕金鑒：《抗戰中生長的雲南大學》，《民意周刊》1940 年第 13 卷第 154 期。
〔註 237〕南山：《記憶中的西南聯大》，《春秋》1945 年第 2 卷第 4 期。

〔註238〕昆明曾經在 1939 年頒發了一個規定：禁止愛情片。市政府明令，謂一切影片應激發愛國及「抗戰到底之決心」。市政府稱，電影片應作宣傳及社會教育工具。〔註239〕這在昆明年輕人中間引起一片譁然，由聯大發動，聯合雲大、中法大學等高校的部分同學聯名向《雲南日報》投書，以異常強烈的口吻對昆明市政府提出抗議，認爲這簡直是「滑天下之大稽」、「電影院不是黨部」、「將爲世界之嘲笑」。〔註240〕隨後，昆明市政府也就只好在報上刊文取消此規定。針對這些，有人在文章中寫道：「昆明本地的青年男女心中應當感謝這些革命英雄的」。〔註241〕隨著南屏電影院的開業，因爲該影院取消了「方言口譯」，採用字幕的形式，將昆明大部分外來知識分子吸引過去，對那些外來者來說，電影院中的「方言口譯」已經不成爲問題。隨後，大中華逸樂影院、大眾電影院、大光明戲院、西南戲院等會放映外片的電影院也逐漸取消「方言口譯」。有人在文章中寫道：「自昆明南屏開業以來，昆明影業風氣爲之一變，其突出者在往日爲外人所詬病之講解者有逐漸取消之趨勢，此應爲昆明走上現代之路之一徵兆。」〔註242〕把取消「方言口譯」與昆明的「現代」相聯，這無疑是這位作者的一種深刻感受。而把取消「方言口譯」與「現代」聯繫在一起，不僅僅是這位外來的旅行者。有一位本地知識青年這樣寫道：

> 自以爲看著本地話解釋過的電影很親切……，後來發現取消講解的電影院挺好的……是極好的休息場所，尤其是在身體或精神極度疲倦的時間，一沒有嘈雜的聲音……。你如閉了眼，有那經過選擇的對話送入你的耳中，你如睜了眼，有很多動作忽遠忽近地憧憧往來在你的目前，不像戲劇那樣單調，但動作卻格外接近人生。不像小說那樣繁複，故事卻格外明朗可喜。此外，低聲的笑語，竊竊的評議，暗中的讚揚，垂頭的啜泣，一切等等都可以使你在靜的當中，更能回味人生，更能抽出下意識中潛伏的思想。這是一種難得的現代體驗。〔註243〕

〔註238〕《春之都昆明》，《良友畫報》1939 年第 146 期。
〔註239〕《昆明禁止愛情片》，《影壇》1939 年第 5 卷第 3 期。
〔註240〕《荒唐規定》，《雲南日報》1939 年 7 月 24 日。
〔註241〕《春之都昆明》，《良友畫報》1939 年第 146 期。
〔註242〕繩祖：《昆明鱗爪》，《旅行雜誌》1944 年第 18 卷第 4 期。
〔註243〕高平：《電影院裏的體驗》，《新影壇》1944 年第 2 卷第 3 期。

電影院的變化不經意間成了一種昆明「現代」的標誌之一，這是那位爲了使電影院取消「方言口譯」而不惜施放催淚瓦斯的「啓蒙俠」應該能想到的。但不知他能不能想到，生活的其他方面也會因爲電影院而發生改變。「那些曾經埋怨外地青年，曾經和外地青年在電影院、茶館、小飯館動不動就發生爭執的本地青年似乎也在慢慢地改變著『牛』脾氣，並悄悄地模仿他們的衣著與言行，你從衣服上很難區分，他們和外地青年一樣的摩登。據說，他們很多人都是在電影院裏的外地人身上學來的。」〔註244〕電影院，由曾經的「戰場」變成了「學習」的地方，變成了本地青年「觀察」外地青年的一個窗口。而對有的本地青年來說，去看電影則眞的成了一種學習，「⋯⋯我有一個昆明朋友 A 君便是電影大學中的一個用功的學生，看一部電影像教授預備一次演講一樣，事先的準備總要花費四五個鐘頭。譬如說，現在正在演《亂世佳人》，一聽到這是一本世界名著，首先要到書店裏去找這本書的原著來讀一遍，雖然他看英文有點吃力，但是那份鍥而不捨的勁頭可眞令人佩服。他願意花掉幾個黃昏，捧著一本書埋頭苦讀，等到他已經把書中情節完全看明白以後，於是再去看電影。據說這幾年這樣看電影，已經使他讀完了好幾十部歐美名著。」〔註245〕

　　在昆明由「傳統」向「現代」的轉變過程中，當時有人富有意味地指出：「一個民國以後的鄉下姑娘，帶著一切舊傳統的性格走進了一個現代的城市，她首先接受賴以改變自己的就是所謂『物質文明』，她必須先理解高跟鞋的美點，然後才願意穿上它，也才能夠粉飾自己成爲一個摩登女郎。昆明，逐漸由一個極端樸實的老太太，演變成一個具有現代風姿的女郎。」〔註246〕昆明電影院這種從「戰鬥的地方」到「學習的場所」的喜劇性變化可以看著這種變化的表現之一，這種變化喻示著昆明社會的文化變遷。抗戰時期的昆明電影院，它戲劇性地成爲了昆明在由「傳統」走向「現代」途中的一個日常見證。在這個轉變的過程中，剛開始時，昆明也感到艱難與不適，但她很快便以開放的胸襟和包容的態度吸納外來的現代文明，這種開放與包容是昆明文學氛圍形成的內在因素。而這種氛圍也必將使其呈現出更多的「現代徵兆」，這種徵兆不僅僅體現在政治、經濟、文化上，也同樣體現在普通市民的

〔註244〕高山：《昆明青年的新氣象》，《上海周報》1940 年第 2 卷第 7 期。
〔註245〕謁廣：《到電影院裏去打瞌睡》，《時代風》1946 年第 3 期。
〔註246〕麥浪：《昆明畫像》，《半月文萃》1943 年第 1 卷第 9～10 期。

在日常生活之中。

　　這是一個最快樂的家庭，雖窮，並不稍減他們臉上快樂的神情。先生永久穿著那件藍布大褂，挾著幾本書，在一堆茅草屋子裏走進走出；太太默默不停地工作著。孩子們活潑健康。你走進他們家去，你總會喝到一杯清香撲鼻的好茶，你總能嘗到一二塊太太手製的精巧的點心。一個整潔的屋子，一瓶盛開著的花和一屋子的陽光。

　　和這情形相反的是房主，他卻常常納悶，他不明白為什麼教授的家庭竟然這樣的溫暖？是一種什麼樣的力潛伏在裏面，推動著他們前進？有一天，他特意預備了幾樣可口的小菜，邀請教授去喝杯酒，席間，他舉杯傾述出自己心中的煩悶，教授聽罷，淡淡地一笑，回答道：「一個人依著自己的興趣和才能，獨立地做著他自己喜歡做的工作，沒有一點勉強，沒有一點顧慮，我相信無論誰都會獲得工作上的樂趣的。」

　　第二天，房主像換了一個人。他辭去了他不喜歡做的工作，而開始一個新的事業。房東太太也感到滿天跑街、看電影乏味了，她開始走進廚房去，用不熟悉的手指，學習烹調，你若瞧見她，滿臉的脂粉口紅，披上絲絨大衣，在廚房裏走動，也許會啞然失笑吧！

　　聯大搬走後，昆明寂靜了，昆明街上瞧不見身穿藍布大褂、手挽菜籃子、進出菜市的教授太太們，看不見文林街上，衣著整齊、活潑可愛、跳躍著跑進學校去的教授們的孩子們。一種勤儉、刻苦耐勞而樂觀的態度，曾經不是感動過多少昆明的居民們。希望並沒有隨聯大而消失，卻能深深地種在每一個居民心上，像一朵小小的花苞似的，逐漸盛放開來，光明燦爛，把整個城市披上一層美麗的色彩。

　　　　　　——《聯大教授的太太們——一段戰時的回憶（之四）》〔註247〕

〔註247〕鄭芳：《聯大教授的太太們——一段戰時的回憶》，《中央日報》（昆明版）1947年5月13日。

第五節 茶 館

戰時昆明茶館給許多人留下了深刻印象：

> 你就在這樣可愛的茶館裏靜靜地喝茶。你身邊極平和地吹著清涼的風；你腳邊就極文雅地流著翠湖的碧綠的水——水面水下，還自在地游著幾千幾百條有名的五色魚；紅的，金的……一盞清茶，一支香煙，閒閒地剝著花生或瓜子——你還能不悠閒自得嗎？晚上，這些茶館還請了幾個人清唱滇戲，也有鑼鼓，也有胡琴，不過胡琴的聲音特別的淒厲，當那些角兒們逼緊了不堪卒聽的尖嗓子唱著不堪了的句子的時候，你會覺得這比秦腔還要有肅殺哀厲的聲音，很能叫你生一種惆悵之感。〔註248〕

> 從文林街經府甬道或先生坡去翠湖公園很近，有時我也去那裡的茶館讀書。翠湖雖然不及五百里滇池空闊無邊，但這裡也有夏芙蓉、三春楊柳。不用門票，樓上沏杯茶，一坐就是半天，伏案時間長了，憑欄遠眺，滿園蒼翠欲滴，「花枝不斷四時春」，心境頓時淨化。窮學生到哪裏去找這樣好的廉價書齋！〔註249〕

> 在聯大附近的幾條街巷上林立著不少茶館。它們可以說是聯大的「沙龍」，但其作用則有過之而無不及。每值飯後，你可以來到一家茶館，泡一碗茶，可以獨自品嘗著茶葉的味道。你可以約三四好友到茶館去佔據一席，大吹一陣，或者玩玩橋牌。此外，茶館還可以作臨時的閱覽室。如果在圖書館找不到座位，你可以借「泡茶」為名，在那裡看書，作習題或者寫文章。記得英國劍橋大學的同學常在飯後躺在沙發上，嘴裏銜著一支煙捲，徐徐地吐出無數的煙圈，然後在煙雲的繚繞中去尋找靈感。相仿地，你也可以從茶葉中去尋找靈感，然後把大時代帶來的可歌可泣的事體寫下來。〔註250〕

> 昆明的茶館可以找到社會上的各色人物，警察與挑夫同座，而隔壁則是穿西服的那些新來的教授，大學生則借這裡當自修室，生意人借這兒做交易，真是，其為用也，不亦大乎。不像蘇州的茶館那樣，裏面差不多全是提著鳥籠，戴著瓜皮小帽的朋友。我很喜歡

〔註248〕班公：《昆明的茶館》，《旅行雜誌》1939年第13卷第7期。
〔註249〕方舉：《情繫茶館》，《西南聯大北京校友會簡訊》（第32期），2002年10月。
〔註250〕葉方恬：《西南聯大生活拾零》，《現代周刊》1945年第2卷第1期。

這裡的茶館，無事也來坐上一兩個鐘頭，有時和朋友，有時一個人，泡杯茶，再要點瓜子花生，是頗有意思的。看著旁邊的翠湖，尤其是在煙雨迷濛的時候，霧鬢雲鬟，說不出的好看。有時深夜我還在那裡，夜風吹來，使如豆的燈光搖搖不定。這時傳來了簫聲，聲音極低，有幾次我弄不清楚這簫聲來自何方，好像是翠湖深處似的。後來發現那是來自竈後面的堂倌，那悠揚的聲音就是從那裡飄起來的。〔註251〕

一

在這些文字中，我們可以看到戰時昆明的茶館使人感受到生活的閒適，體驗到寧靜的詩意，它也能作爲「廉價的書齋」、「聯大的『沙龍』」，等等。對於茶館的作用，有人這樣寫道：

……茶館的顧客包括社會各階層的人物，有長衫商人之流，有短衣工人之類，有公務員，有大中學生，當你步進茶館，觸耳的是人聲，撲鼻的是煙氣，有的高談闊論，有的附耳靜聽，有的伏桌作書，有的默坐思索，有的在吸煙，有的在喝茶，有的在嗑松子，有的剛來，有的才去，形形式式，無奇不有。這人聲、燈光，大眾聚焦的所在，你可以想像到這是一個大舞臺，你可以說是一個「看客」，也可以當作一個「演員」，假如你覺得空閒的話，可以在這裡消磨幾個鐘點，一杯清茶，一盤松子，也可以暫時忘記這「人間世」的痛苦。〔註252〕

茶館爲民眾普遍之聚會場所，不期而會者，往往在數十人或者百數人以上，此來彼去，交換輪流，不斷離開，不斷加入。於是茶館與民眾實際生活，時時發生密切關係，需用至廣，要求極多，舉凡通都大邑，縣城重鎮，窮鄉僻壤，莫不竹幾橫陳，桌凳羅列。上自政府官吏，下至走卒販夫，各以其需要之不同，環境之各別，盤踞一席，高談闊論於其間，會人者，議事者，交易者，消閒者，解渴者，種種行色，不一而足。於是茶館無形中有吸引群眾，使以此爲活動中心之趨勢，其適應能力至強，無人不思利用之也。〔註253〕

〔註251〕師如：《翠湖邊的記憶》，《風雲》1941年第1卷第5期。
〔註252〕濟人：《茶館素描——漫談昆明之一》，《朝報》1938年12月5日。
〔註253〕博行：《茶館宣傳的理論與實際》，《服務月刊》1941年第6期。

的確如此，戰時昆明的茶館成為了一個「大舞臺」與「活動中心」，它是眾多內遷至此的知識分子尤其是聯大知識青年日常生活的重要組成部分。抗戰的爆發致使大量人口內遷，昆明的茶館「由三十幾家增加到一百多家」〔註254〕，不但雲南大學和西南聯大之間的文林街布滿了茶館，就連環境很差的鳳翥街也茶館林立。茶館作為聯大學生的一個「活動中心」是逐漸形成的。剛開始「聯大初從長沙遷到昆明，新校舍尚未建築，除了上課，坐立都沒有地方，圖書館要搶位置，一些同學發明了『坐茶館』。花一點錢（現在是二毛錢一杯），泡上一杯茶，一面喝茶一面看書，但喝茶並非主要目的。」〔註255〕一開始「坐茶館」帶有臨時性，因為「新校舍尚未建築」、「圖書館要搶位置」，也就只好去茶館，把它當作「圖書館」使用。但沒想到茶館卻一直成了他們「圖書館」的一部分，因為學校新蓋的宿舍沒有桌椅、沒有電燈，只能白天看書，後來雖然安裝了公用燈泡，但卻掉在半空中，像螢火蟲光那樣暗淡。學校的自修室也只有圖書館，教室裏也同樣沒有電燈。這是聯大艱難的辦學條件所導致，流傳甚廣的、關於梁思成面對梅貽琦要他蓋「茅草屋」（聯大校舍）而憤怒的故事就可以很好地說明這個問題。昆明這個邊疆小城忽然間增加了數十萬人口，物價飛漲成為必然，而這勢必將影響社會與生活的各個方面。下面這個表格可以看出抗戰期間昆明物價飛漲的態勢。

各地生活指數〔註256〕

時間 ＼ 城市	上　海	重　慶	西　安	桂　林	昆　明
1937 年 6 月	103.7	102.1	109.2	106.1	103.7
1939 年 8 月	213.2	248.9	276.8	212.2	432.2
1940 年 4 月	391.6	469.0	370.2	357.2	756.9

　　而從二三十年代高收入的教授群體在戰時昆明的薪津及薪津實值的變化，則可以看出他們的物質生存狀態。

〔註254〕麥浪：《昆明畫像》，《半月文萃》1943 年第 1 卷第 9～10 期。
〔註255〕李白雁：《抗戰中的西南聯大》，《新青年》1942 年第 6 卷第 8 期。
〔註256〕姚妙源：《昆明雜記（續）》，《興業郵乘》1941 年第 107 期。作者在文中提及，昆明的物價上漲超出了一般的常態，呈畸形狀態。據許多專家詳細分析，昆明物價高漲，既非通貨膨脹劑匯價變動所能說明，也非商品供給的比較所能解釋，它的主要癥結是在種種人為的囤積、居奇、壟斷、操縱等因素。

昆明大學教授的薪津及薪津實值〔註257〕

時間（分上、下半年）	二十六年		二十七年		二十八年		二十九年		三十年	
	上	下	上	下	上	下	上	下	上	下
生活指數	100	108	115	168	273	470	707	889	1463	2357
薪津約數(元)	350	270	300	300	300	300	300	330	400	770
薪津實值(元)	350	249.5	260.8	178.5	109.7	63.8	42.4	37.1	27.3	32.6

時間（分上、下半年）	三十一年		三十二年		三十三年		三十四年		三十五年
	上	下	上	下	上	下	上	下	上
生活指數	5325	12619	19945	40499	82986	143364	430773	603900	514290
薪津約數(元)	1343	2180	2180	3697	9417	17867	56650	112750	141660
薪津實值(元)	16.5	9.9	10.6	8.3	10	10.7	10.9	18.5	27.2
附注	三十五年上半年之各項數字繫一月至五月五個月之平均								

連大學教授都是如此，一般人尤其是青年學生的生活情況也就可以想像。有人詳細地記錄了當時的生活狀況：

> 昆明……人口由五萬而二十五萬，人一天一天地多起來，物價也一天一天地貴起來，貴得讓老年人聽了發抖，單拿一夫一妻的小家庭來說，一間小小的房間，每月的租金要國幣四十元，十多塊錢一個月的娘姨，當然是不用了！一百塊錢的一擔米，每月吃四斗，就是四十元了！小菜場上看不見有零錢的，兩三根蔥，開口就是一角，豆芽菜要賣到八九角一斤，每天買三塊錢的小菜，還是連肉都吃不到，魚鮮之類，更是不必談，但每月的小菜錢，又是九十元了！一塊錢一條祥茂肥皂，三塊錢一條毛巾，草紙洋火水電茶油之類，至少每天要兩元，一個月又是六十元了，不吸煙，不喝酒，一個單夫獨妻省吃儉用的小家庭，照上述的算法，每月至少要國幣二百九十元，做了銀行的副襄理，恐怕還只勉強負擔得起這個數目，如果小孩一多，誰都要叫苦，我們的薪水，怎麼能趕得上目前的生活呢？〔註258〕

〔註257〕楊西孟：《九年來昆明大學教授的薪津實值》，《觀察》1946年第1卷第3期。

〔註258〕補笙：《昆明生活談》，《新語》1937年第6卷第1期。

而對昆明大學生來說，情況也就更不容樂觀：

　　……同濟大學，清寒學生每月貸金十元，出伙食十元，公米停
售後超過的米價由學校津貼，學生要求貸金與伙食相等。國立體專，
學生四十餘人，舊生都有貸金，伙食每月十元，八人只食兩碟菜。
中正醫藥院，半數學生從前有八元貸金，現已增至十元，從前學校
備車到外縣購米，伙食費每月八元。最近汽油漲價，改食公米，食
費漲至十五元以上。其他聯大雲大的情形也差不多。尤其是聯大的
老生，家鄉多半是華北，家庭經濟的供給大多數已經斷絕，他們的
困苦情形不言而喻。〔註259〕

「衣」與「食」是生活最基本的兩個方面，在物價「奇昂」的昆明，對那些
外來的青年學生來說就顯得異常艱難，從聯大學生的「食」與「衣」中可見
一斑：

　　昆明的米價在短短的一個星期裏，由二十多元暴漲到七十元的
最高峰。在今年暑假，就因為教育部的貸金和學生救濟會的救濟金
的暫停發放而發生了三個窮大學生斷炊的「慘事」。……學校裏的食
米有了早餐沒有晚餐，每天就要這裡一升那裡半升東拼西湊，才弄
得頓把飯吃，開飯時間到了，米還沒有湊得夠，結果常是：午飯弄
到午後一兩點鐘，晚飯弄到晚間七八點鐘，才勉強開成。有幾次有
幾位女生因為等不到飯吃而又沒有錢外面去吃，「悲憤」之餘，只好
跑回房間去關起門來抱頭痛哭一番！……〔註260〕

　　褪了色的黃制服、黃制帽，天氣冷了，加上一件黑色的棉大衣，
這至少是十分之八的學生一年四季唯一的服裝。其次是大褂；西服
就少了那都是自平津上海或香港帶過來的。皮鞋要占半數以上，最
多是本地製造，價值三元的貨品；膠皮底鞋也不少；四角一雙的土
布鞋也大有人在。真絲襪或許會有一兩雙，露著腳跟的破線襪比較
要佔優勢些，甚至綴著一層層的各色補丁，佔有三千四百里的灰泥
的粗布湘襪，也還有人穿。外表看起來雖有人穿著價值數百元滇幣
的 Jacket，但也有些人制服裏面卻是雜色布的「百納衣」，至於女同
學們，還是藍色布褂的多，平日在校內高跟鞋也不多見，聽說受訓

〔註259〕《昆明的大學生》，《學生生活》1940 年第 1 卷第 6 期。
〔註260〕高山君：《抗戰的大後方福地——昆明》，《抗戰周刊》1940 年第 27 期。

期間，仍有少數人不穿花袍不便出門的，那有當歸諸「特例」了！

男的服裝奇特舉動逾越常規的，大家便稱做「怪」；女的濃妝豔抹形

色挑達的，大家就呼爲「妖」；妖妖怪怪，三兩人耳！〔註261〕

在這樣的情況下〔註262〕，哪怕是一角錢對他們來說都是「財富」，如果晚上在教室看書，那就需要買蠟燭（因爲教室沒裝電氣燈，只有圖書館才有），而「蠟燭一毛一枝，最多只能用一個鐘頭」〔註263〕，聯大圖書館則是：「可容三百人。而每日閱書者，逾五百。館門未開，學生即在門外等候，以搶位置。館門一啓，即蜂湧而入，有拉破長衫者，有跌倒在地者，有竟將職員推翻者……」〔註264〕「……圖書館搶座位比難民施粥場裏搶粥還要擠，自修室七點開門，六點半已擁擠得不堪設想，一開門便拼命地擠，有的掉了書，有的掉了筆，有的被擠得怪叫起來。可是到了自修室裏也同樣徘徊起來，因爲桌子上已放滿了書，位置早被下午來自修的人佔了……」〔註265〕有人把聯大的生活用「五搶」來概括，還借用「木蘭詩」來調侃：「早起搶面水，搶圖書館位置，三餐搶粥飯，因之學生自命爲『強盜』。有一學生每天則大哼其『木蘭從軍』：『太陽一起搶到夜，快把功夫練好他，強盜賊來都不怕……』」〔註266〕這無一不是由於物質貧乏所致。

二

由此，茶館也就廣受青年學生尤其是外來青年學生的歡迎。因爲，茶館

〔註261〕何期明：《西南聯大的學生生活》，《戰時知識》1938 年第 12 期。

〔註262〕學生生活的艱難，今人可能很難想像。有這樣的文字：「……說過分一點，走進大學裏，只看到來來往往的，大部分是面容憔悴，衣服襤褸，活像討飯乞丐一樣。要不是捧著講義，帶著書本，眞會使陌生人以爲是一群叫花子。但是，事實上，窮到沒有辦法，餓著肚子，或到食堂吃同學們剩下的冷飯殘肴的人，卻不是稀罕的事情。每每走進一間大學裏面，貼在牆壁上的五花十色的出讓布告，在這裡簡直像是一個拍賣鋪，人們很可以找到他所需要的物品，上自書籍文具，下至衣服用品；這是一種特徵，表示出今日的大學生如何度日了。……在某大學內，有一個苦得沒有辦法的學生，他只有一條褲子，髒了的時候，就只能晚上清潔，白天又穿下去。事情也眞湊巧，被人在晚上把褲子偷去了，第二天因爲沒有褲子而不能去上課。還有某校的全體學生，因爲學校無法再包伙食而斷炊數天。」林乃祥：《昆明大學生的生活》，《福建新聞》1940 年第 2 卷第 5 期。

〔註263〕慕文俊：《聯大在今日》，《學生之友》1940 年第 1 卷第 4 期。

〔註264〕王育清：《聯大生活屑》，《學生生活》1940 年第 1 卷第 4 期。

〔註265〕吳銘績：《給聯中的同學們》，《華東聯中期刊》1940 年第 1 期。

〔註266〕王育清：《聯大生活屑》，《學生生活》1940 年第 1 卷第 4 期。

「只要五分錢就能坐一晚（這還是吃茶，若是吃開水，只要三分）。既省得到圖書館去擠，而光線又好得多——因為是電燈。」「如果再求寫意，買上五分錢瓜子，或花生吃著，恐怕就是目下在昆明最使人安樂的事了吧！」〔註267〕而在他們看來，茶館的用途也並不僅僅限於「圖書館」：「茶館裏一坐，幹什麼的都有：或讀書或看報；或演習題或做文章；或打橋牌或談戀愛，會客的，聊天的，以至獨坐發呆的，閉目養神的，自言自語的，面對面，背靠背，各行其是，互不干涉。在茶館召開校友會、同鄉會、某系迎新會、某社團討論會，有的甚至課外兼差，給人授課地點也在茶館裏。當時茶館之用可謂大。」〔註268〕有人則簡直把它當作「家」：「有一個姓陸的同學，……。他有一個時期，整天在一家熟識的茶館裏泡著。他的盥洗用具就放在這家茶館。一起來就到茶館裏去洗臉刷牙，然後坐下來，泡一碗茶，吃兩個燒餅，看書，直到吃晚飯。晚飯後，又是一碗，直到街上燈火闌珊，才挾著一本很厚的書回宿舍睡覺。」〔註269〕雖然也有少數茶館成為摩登男女青年女的舞會場所：「茶館牆上的鏡框裏裝的是美國電影明星的照片，蓓蒂・黛維斯、奧麗薇・德・哈茀蘭、克拉克・蓋博、泰倫寶華……除了賣茶，還賣咖啡、可可……進進出出的除了穿西服和麂皮夾克的比較有錢的男同學外，還有把頭髮卷成一根一根香腸似的女同學。有時到了星期六，還開舞會。茶館的門關了，從裏面傳出《藍色的多瑙河》和《風流寡婦》舞曲，裏面正在『嘣嚓嚓』」〔註270〕，而為人強烈反對，認為是「個人的羞恥」、「教育的失敗」、「國家的損失」〔註271〕。但就大多數人來說，昆明的大部分茶館還是在他們的生命底片上留下了一份美好與詩意。

　　黃昏偷偷地走過了鳳翥街，留下一層煙霜，街燈吐著暗紅的光，一切顯得很模糊。街旁有落著門板的聲音：「喂！格有茶？」有人走

〔註267〕慕文俊：《聯大在今日》，《學生之友》1940年第1卷第4期。
〔註268〕王竟山：《西南聯大和〈茶館小調〉》，《炎黃春秋》2003年第10期。
〔註269〕汪曾祺：《泡茶館》，《滇池》1984年第9期。
〔註270〕周良沛：《散文中的雲南》，雲南教育出版社，1999年版，第172頁。
〔註271〕「每次我從住處附近什麼茶館前過身，看到明亮燈光下，一些衣冠整齊的年青仕女，臉上表現從容歡樂的顏色，一面輕輕吹口哨，一面用極溜刷手式分散撲克牌給其餘同座時，就想起一個離奇的問題，將二十歲左右的有生命，每次集團投資到這玩意上，這種不經濟的耗費，是誰設計作成的？應當歸誰來負責？是個人的羞辱，教育的失敗，還是國家的損失？」沈從文：《論投資》，《生活導報》1943年第15期。

過來，脅下挾著書，向一片小茶店內伸著頭探問著。「沒有得，請等五幾分鐘」，茶店內走出來女人的聲音。於是，第二個人走過來，脅下挾著書，立在茶店的門口，向裏面探探，又走了。兩旁漸漸有了笑聲，幾家茶店內的座位上，有了茶客……我攤開日記本，安靜地坐下，這才吐了口氣，開始寫作。白天逃警報，太疲倦；晚上圖書館擠不得進去，只得上茶館，我們在茶館內讀書或寫信，也便宜，一毛錢，坐它兩個鐘頭……〔註272〕

鄰近聯大的文林街和青雲街店鋪買賣不多，獨有幾家茶館生意興隆，常客多是聯大學生。茶樓上窗明几淨，泡碗茶可以坐上半天。茶館還可以當著會場。我們幾個同學組織了一個讀書會，自有「茶博士」來添水續茶。離新校舍不遠的翠湖公園也是我們常去讀書的地方。有時看書時間長了，眼澀腦脹，從茶樓上憑窗遠眺，但見一湖碧水，滿園青翠，頓覺心曠神怡，困意全消。〔註273〕

不少同學喜歡上了泡茶館，如中文系的汪曾祺就專門泡「文林茶樓」和錢局街口的小酒店，老師也有上茶館的，如物理學家葉企孫教授就常去「文林茶樓」……馬蹄常去的則是風翥街北口的一家小茶館。那條街撒滿了牛溲馬渤，又骯髒又湫隘，……他不以爲然。他很少一個人去，夥伴是米士教授，那位留著短髭、穿著一套半舊西服、架著副玳瑁框眼鏡的洋教授，竟也不嫌棄，成爲不速之客。我經常在這兒碰見他們，在旁邊聽他們用英語、德語或者漢語討論地質問題，我則不僅通過此獲得點地質構造的知識，也學會些德語詞句。〔註274〕

昆明，在這全國紛擾的當兒，許是一般人所憧憬的吧。在那裡，生活那麼簡單，環境又那麼美——美得使你走向懶惰的路上去。眞的，那兒的空氣雖然有點乾燥但好像卻又一種黏人的力氣，使你整天都感覺得身體乏力，沒有一絲力量。這種情形，尤其是坐在茶館

〔註272〕草涓：《茶店速寫》，《朝報》1940 年 12 月 29 日。
〔註273〕王俊鵬：《別夢依稀話聯大》，雲南省政協文史資料研究委員會、西南聯合大學北京等編：《雲南文史資料選輯·西南聯合大學建校五十週年紀念專輯》，雲南人民出版社，1988 年版，第 151～152 頁。
〔註274〕傅舉晉：《一枝紅杏出牆來》，《西南聯大北京校友會簡訊》（第 31 期），2002 年 4 月。

的時候，更能深切地感覺到。〔註 275〕

　　「泡茶館」也成爲聯大師生（尤其是學生）日常生活的一個組
成部分了。那時，學校附近如文林街、鳳翥街、龍翔街等有許多本
地人或外來人開的茶館，除喝茶外，還可以吃些糕餅、地瓜、花生
米、小點心之類的東西。許多同學經常坐在裏邊泡杯茶，主要是看
書、聊天、討論問題、寫東西，寫讀書報告甚至論文等等。自由自
在，舒暢隨意，沒有什麼拘束；也可以在那裡面跟老師們辯論什麼，
爭得面紅耳赤……〔註 276〕

而某些茶館也成爲著名學者出沒之地。例如，在他們經常光顧的茶館裏，清
華性情乖張的哲學家沈有鼎和北大放蕩不羈的化學家曾昭掄展開學術辯論，
與語言學家羅常培閒談，這種場景並不罕見。尤其是沈有鼎，他在文林街的
某個茶館，入座後還沒等夥計前來招呼，便用兩隻袖子擦桌子，接著用手再
擦一遍，然後便坐下看書。〔註 277〕茶館能使人們留下美好記憶，也與茶館老
闆有關，雖然有些茶館老闆以生意人的眼光對待那些年輕人，認爲讓他們「泡」
會虧本而採取拒絕的方式：「每個茶館也不過幾十個座位。若是聯大學生去
了，一坐就是幾個鐘頭，一晚上，至多買六七毛錢，又怎樣不賠本？所以有
一部分掌櫃，已露出積極拒絕態度；另一部分雖然不張口，卻將燈光弄得暗
暗的取消極抵抗的趨勢。」〔註 278〕但大多數茶館老闆還是以自己的熱情表達
一種對知識分子的善意，對艱難人生的同情，幫助那些可能失去家園與親人
的人們營造一種亂世中的溫暖：「……至於在茶館坐多久，好像是沒有限制
的，一杯茶喝一下午，晚飯時間到了，囑咐老闆娘，茶留著，飯後還要來喝，
老闆娘也會欣然同意，從來沒有甩閒話、給臉子看的事。一次舊曆除夕，我
和幾位無家可歸的好友曾經在一家茶館懷鄉念親、慷慨悲歌坐了一夜，卻得
到了老闆娘的理諒解甚至同情。」〔註 279〕「有一位善於吹口琴的姓王的同
學……不但喝茶可以賒賬，我們有時想看電影而沒有錢，就由這位口琴專家
出面向紹興老闆借一點。紹興老闆每次都是欣然地打開錢櫃，拿出我們需要

〔註 275〕謝譚：《昆明的茶館》，《西南》1938 年第 2 卷第 1 期。
〔註 276〕趙瑞蕻：《離亂絃歌憶舊遊》，湖北人民出版社，2008 年版，第 26 頁。
〔註 277〕轉引（美）易社強：《戰爭與革命中的西南聯大》，饒佳榮譯，九州出版社，
　　　　2012 年版，第 270、276 頁。
〔註 278〕慕文俊：《聯大在今日》，《學生之友》1940 年第 1 卷第 4 期。
〔註 279〕王竟山：《西南聯大和〈茶館小調〉》，《炎黃春秋》2003 年第 10 期。

的數目。」〔註280〕

三

茶館不僅給昆明知識青年的日常生活提供了一份難得的自在與自由，閒適與詩意，它還以其特定的氛圍與內涵啓迪著他們，引發他們對人生、社會的思考。有人說：「坐茶館不但是一種經濟的消遣，而且在茶館裏面可以得到許多學問和見識。這個邊城的茶館，不但是整個社會小市民生活的縮影，它簡直是人生的劇場。在那裡，人生的戲劇是這樣一天天不斷地在扮演著，生命苦痛，生活的艱難，人類求生的迫切，在那小販們的叫賣聲中，在江湖流浪人的歌喉裏，在小乞丐的乞憐聲中……顯示得多麼深刻。在這種不同的求生方式之下，它啓示著：人類生存的延誕，是寄託在不斷掙扎、不斷苦鬥之中，只有不斷掙扎不斷苦鬥，才能支持生命的延續。」〔註281〕有人說：「假如你是一個小說作家，你就非常常到茶館裏去不可，因爲茶館裏形形色色的各種人物，使你很容易發掘出各種不同的典型；茶館裏有各種曲折的故事，使你增加不少寫作的材料。而且這些材料都是非常現實的，是整個社會的縮影。」〔註282〕

由此，我們看到了林徽因的詩篇：

這是立體的構畫
描在這裡許多樣臉
在順城腳的茶鋪裏
隱隱起暄騰聲一片
各種的姿態，生活
刻劃著不同方面：
茶座上全坐滿了，笑的，
皺眉的，有的抽著旱煙。
老的，慈祥的面紋，
年輕的，靈活的眼睛，
都暫要在世間茶杯上
停住，不再去撓亂心情！

〔註280〕汪曾祺：《泡茶館》，《滇池》1984 年第 9 期。
〔註281〕陳斯英：《在茶館裏半小時》，《翻譯與評論》1938 年第 2 期。
〔註282〕謝譚：《昆明的茶館》，《西南》1938 年第 2 卷第 1 期。

一天一整串辛苦

此刻才賺回小把安靜，

夜晚回家，還有遠路，

白天，誰有功夫看閒雲？

不都為著真的口渴，

四面窗開著，喝茶，

蹺起膝蓋的是疲乏，

赤著臂膀好同鄉鄰閒話。

也為了放下扁擔同肩背

向命運喘息，倚著牆，

每晚靠這一碗茶的生趣

幽默估量生的短長……

這是立體的構畫，

設色在小生活旁邊，

蔭涼南瓜棚下茶鋪，

熱鬧照樣的又過了一天！

　　　　　　——林徽因：《昆明即景·茶鋪》〔註283〕

我們聽到了汪曾祺的獨白：

　　如果我現在還算一個寫小說的人，那麼我這個小說家是在昆明的茶館裏泡出來的。」「很多人卻能自許清高，鄙視庸俗，並能保持綠意蔥蘢的幽默感，用來對付惡濁的窮困，並不頹廢灰心，這跟泡茶館是有些關係的。〔註284〕

我們感受到了時代青年的熱血：

　　晚風吹來天氣燥啊，東街的茶館真熱鬧！樓上，樓下，客滿座啊，茶房！開水！叫聲高。杯子蝶兒叮叮噹噹、叮叮噹噹響啊，瓜子殼兒劈裏啪啦。劈裏啪啦滿地拋。有的談天有的吵，有的苦惱有的笑，有的談國事，有的就發牢騷！只有那茶館的老闆膽子小，走上前來，細聲細語說得妙，細聲細語說得妙：「諸位先生，生意承關

〔註283〕林徽因：《林徽因詩》，《經世日報·文藝周刊》1948 年第 58 期。

〔註284〕汪曾祺：《泡茶館》，《滇池》1984 年第 9 期。

照，國事的意見，千萬少發表！談起國事容易發牢騷啊，引起麻煩，
你我都糟糕！說不定，一個命令你的差事就撤掉，我這小小的茶館，
貼上大封條。撤了你的差來不要緊，還要請你坐監牢。最好是啊，
今天天氣哈哈哈……喝完了茶來回家，去睡一個悶頭覺，睡一個悶
頭覺！」哈哈哈哈，哈哈哈哈，滿座大笑，老闆說話太蹊蹺！悶頭
覺，睡夠了，越睡越糊塗啊，越睡越苦惱！倒不如乾脆，大家痛痛
快快的談清楚，把那些剝削我們、壓迫我們、不讓我們自由講話的
混蛋，通通除掉！

——《茶館小調》〔註 285〕

四

　　有論者稱：「西南聯大校園詩誕生於一個跑警報、泡茶館和思想自由、學
術開放的特殊文化語境，其生成背景與發育過程極為複雜。……促使中國新
詩現代化，創造了中國現代詩的一個高峰。」〔註 286〕抗戰時期的昆明茶館作
為一種日常空間及「泡茶館」作為一種日常生活方式為昆明現代詩歌的發生
起了重要作用。〔註 287〕隨著「泡茶館」的蔚然成風，這種「泡茶館」過程中
的隨意、自由、放鬆的風氣逐漸演變成一種精神氣質，正如有人所說：「這種
風氣如今也代表聯大附近區域的一種精神，……你見了這種夾著書本往來於
茶館的風味，你也許會體驗到牛津劍橋這些小地方在英國人民腦海裏代表著
的意義。」〔註 288〕從前述文字中，我們可以看出，不管是青雲街、文林街、
翠湖邊那些寧靜優雅的茶館，還是鳳翥街人聲鼎沸的茶館，都讓他們念想與
感懷。「物質條件的匱乏使他們不得不遠離華衣美食，但是精神上的那點尊

〔註 285〕王竟山：《西南聯大和〈茶館小調〉》，《炎黃春秋》2003 年第 10 期。作者為
　　　當時聯大學生。《茶館小調》，聯大學生費克譜曲、樊廣穌作詞（費克後又修
　　　改、補充），現在很多研究者認為《茶館小調》是聞一多創作的（連以研究「茶
　　　館」著稱的美籍華人學者王笛都認為《茶館小調》是聞一多的作品），那是不
　　　正確的。1945 年 5 月 27 日，在昆華女中禮堂舉行的昆明五周刊歡迎新中國
　　　劇社晚會上首次演出。後《茶館小調》幾成家喻戶曉，從昆明到重慶，《新華
　　　日報》很快把它介紹到延安，連周恩來都唱過。
〔註 286〕張同道：《警報、茶館與校園詩歌——〈西南聯大現代詩鈔〉編後》，杜運
　　　燮，張同道編選《西南聯大現代詩鈔》，中國文學出版社，1997 年版，第 597
　　　頁。
〔註 287〕王佐良：《一個中國新詩人》，《文學雜誌》1947 年第 2 卷第 2 期。
〔註 288〕李白雁：《抗戰中的西南聯大》，《新青年》1942 年第 6 卷第 8 期。

嚴、獨立和驕傲是絕對不能放棄的，那已成了最後的根據地。而茶館，恰好爲他們（特別是學生們）提供了護衛內心的安身立命場所。」〔註289〕確實如此，在這民族危亡的年代，在這物質貧乏的年代，這些漂泊異鄉的人們在昆明這所相對寧靜自由的城市，可以以自己的方式生活著，守護著各自的「尊嚴、獨立和驕傲」。其中，昆明茶館爲他們提供了守護這種生活的一個難得的日常空間，在那裡，可以自由地抒展自己的個性，表達自己的情懷，或者是文藝學術的或者是社會人生的，因此從這個意義上可以說「茶館是昆明迅速崛起的文藝中心」〔註290〕。這個「中心」爲他們提供了「自由尊嚴的空氣」，這種「自由尊嚴的空氣」同樣是戰時昆明文學文化氛圍的具體表現，它浸潤著這座邊疆城市，影響著生活於這座邊疆城市的人們，它不僅哺育了汪曾祺這樣的作家，也滋養著一般知識青年在艱難年代的日常學習與生活，從而使他們在「物價指數的壓迫下」，依然呈現出一種「尊嚴、獨立與驕傲」，那是自由生命不可或缺的精神底色。

　　在昆明城西北角上，是一個擁有如巴黎「拉丁區」的地域，三個最高學府鼎立而足（聯大、雲大、中法大學），中間由青雲街、文林街以至錢局街一帶，小吃店和茶館林立，清早到晚上可見挾著書本進出早點鋪的學生和教授，白天滿街盡是來往的學生，夜晚，這些茶館便是他們的居身之地。大約七點多鐘以前，這兒是俱樂部，打 Bridge，下棋，吹牛，這包括由國家大事，到學術思想，以至於那位教授分數寬，那家書店雜誌多，那份報紙文章好，那家炸醬麵價錢廉……於是，一杯紅茶，貸金領下來還可以湊合一包七七牌和兩包花生米，開始飯後消遣工作。牌手高叫「Down One」，象棋迷往往爲一隻馬而討論數十分鐘，清談之餘自然談笑風生，總之各行其是互不干涉，自然，也有大談情話的「善男信女」，但畢竟不多。大好黃昏，他們大半遛翠湖去了，湖光夕照，眞是無邊詩意，比這裡當然強得多！

　　到了快八點，無形中各自結束活動，於是收起象棋，撚好紙牌，

〔註289〕姚丹：《西南聯大歷史情境中的文學活動》，廣西師範大學出版社，2000 年版，第 104 頁。

〔註290〕（美）易社強：《戰爭與革命中的西南聯大》，饒佳榮譯，九州出版社，2012 年版，第 270 頁。

開始打開書本用功。電燈是特別亮而多，除了沒有書櫃和多了幾位茶役外，與圖書館無異，大家靜靜地看書，偶然聽到茶役加水的聲音。此外，就只有鋼筆在貢紙上擦擦的聲音了，整個茶樓全是清一色的大學生，添開水的茶役也有訓練，上下樓走路都特別輕，輕得在為你加過水而不知。這種情形到十一點以後才三三兩兩開始離去，走到街上，有錢還可以喝一碗糯米甜粥再返回宿舍，窮的時候只有踏步而返了。……

另外，還有夜裏在昆明各大學舉行的學術演講，常常人滿為患，翠湖堤上的情侶也往往有為「良宵恨短」而深夜才返的，但這些只可算是點綴的情調，整個「拉丁區」的夜，是由嚴肅和輕鬆交織成，充滿了自由自尊的空氣，物價指數只能壓迫著他們的體力，而不能影響他們青年的精神，也許這就是「拉丁區」的靈魂所在。而這自由自尊的空氣，更迷漫在它的夜色裏。

——《「拉丁區」的夜色》〔註291〕

第六節　沙　龍

「沙龍」一詞最早來自法國，它是法文 Salon 的音譯，其義為「客廳」，也有人譯為「花廳」，廣義為「藝術展覽會」。在法國文化史上，文藝沙龍佔有很重要的位置，於某種程度內，它可以領導思想，影響輿論，甚至左右政治的。什麼叫沙龍？就是若干知名之士——文學家、藝術家、哲學家、政治家、科學家，——在每周或每若干日的固定時間內，自由集合在某家的客廳，舉行沒有什麼形式的茶話會，暢談文哲思想，批評文藝新著，朗誦自己的文章，配以音樂、電影、演劇等高尚的消息。每個沙龍有它的特色，或偏重文學、或偏重哲學；或思想守舊，或思想激進。主持沙龍有男有女，而女的尤多。倘使男的，他一定有崇高的學術地位，或某學派的領袖人物，政治地位則有無皆可。若是女的，她一定要才貌雙全，而才更重於貌。每個沙龍中往往有一個或兩三個臺柱，那是著名的文學家，或哲學家——在這樣的場所，身為臺柱的科學家不是沒有，卻很少，最多的是文學家。〔註292〕

〔註291〕荻尼：《夜昆明》，《國訊》1944 年第 370 期。
〔註292〕徐仲年：《法國的文藝沙龍》，《時與潮》1942 年第 1 卷第 3 期。

一

在中國現代文學史上，出現過一些有影響的沙龍，比如 1920 年代中後期
北京石虎胡同 7 號的、由徐志摩發起的每兩周一次的聚餐會。這個聚餐會後
來發展成新月俱樂部，經常參加活動的有胡適、徐志摩、林徽因、林語堂、
凌叔華、陳西瀅等文人，也有梁啟超、林長民、張君勱等社會名流，所談話
題有文學藝術，也有政治、文化、經濟等。這個俱樂部除了朋友的交流之外，
還負載著發起者徐志摩的一個夢想，那就是在文學藝術界裏「打開一條新道
路」。他說：「我們當初想做的是什麼呢？當然只是書呆子的夢想！我們想做
戲，我們想集合幾個人的力量，自編自演，要得的請人來看，要不得的反正
自己好玩……」、「幾個愛做夢的人，一點子創作的能力，一點子不服輸的傻
氣，合在一起，什麼朝代推不翻，什麼事業做不成？當初羅刹蒂一家幾個兄
妹合起莫利思朋瓊司機個朋友在藝術界裏就打開了一條新路，蕭伯訥衛伯夫
婦合在一起在政治思想界裏也就開闢了一條新道。新月新月，難道我們這新
月便是用紙版剪的不成？」〔註 293〕可以說，由上流知識分子的沙龍而發展成
文學社團，在新文學史中，新月社是典型的一個。而新月社的發展壯大、尤
其是在新詩理論及創作上所取得的成績則與另一個沙龍的加入緊密相關。那
就是聞一多（1925 年留美歸來，在徐志摩的推薦下任北平國立藝術專門學校
教務長）及「四子」（朱湘、饒孟侃、楊世恩、劉夢葦）等人組成的沙龍，這
個沙龍就在聞一多的住地，對這個沙龍徐志摩也有生動的描述〔註 294〕。此外，
著名的沙龍還有 1930 年代在北平由林徽因主持（在林徽因家）的「太太的客
廳」，經常參加者有美國著名漢學家費正清、費慰梅夫婦，金岳霖、徐志摩、
沈從文、蕭乾等人。同一時期與「太太的客廳」一樣享有聲譽的沙龍還有朱
光潛的寓所（北平景山後面的慈慧殿三號），這個沙龍也稱為「讀詩會」，主
持人為朱光潛，每月聚會一次，或朗誦中文散文詩歌名篇，或討論各種詩學
理論與創作問題，經常參加者有沈從文、蕭乾、卞之琳、林徽因、何其芳、

〔註 293〕徐志摩：《歐遊漫錄——第一函 給新月》，《晨報》1926 年 4 月 2 日。
〔註 294〕「我在早三兩天才知道聞一多的家是一群詩人的樂窩，他們常常會面，彼此
　　　　互相批評作品，討論學理。上星期六我也去了。一多那三間畫室，布置的意
　　　　味先就怪。他把牆壁塗成一體墨黑，狹狹的給鑲上金邊，像一個裸體的非洲
　　　　女子手臂上腳踝上套著細金圈似的情調。……這是一多手造的『阿房』，確
　　　　是一個別有氣象的所在，不比我們單知道買花洋紙糊牆，買花席子鋪
　　　　地，……難怪一多家裏天天有那寫詩人去團聚，我羨慕他！」徐志摩：《詩刊
　　　　弁言》，《晨報》1926 年 4 月 1 日。

孫大雨、梁宗岱、馮至、鄭振鐸、冰心、淩叔華等人。有論者認為這個沙龍「對 20 世紀 30 年代文學特別是『京派文學』的形成與風貌，具有絕對不能漠視的作用。」〔註 295〕

抗戰爆發後，這些人大部分內遷至昆明。戰時昆明「沙龍」的情況如何？我們在施蟄存筆下就可以看到多個「沙龍」的存在。他曾對其研究者沈建中說：「那時候，中國的學術圈子主要在北平，一大批學者雲集北平的幾所大學。抗戰爆發後，北平淪陷，北平城裏的這一大批精英開始撤離，一部分去了成都、重慶，一部分隨著清華、北大、中央研究院遷到了昆明，成立了西南聯大。在那裡，我碰到了聞一多、向覺民、羅庸、馮友蘭、張蔭麟、陳寅恪、魏建功、唐蘭、林徽因、楊振聲、冰心等人，還有舊友朱自清、浦江清、沈從文、騰固、傅雷、徐遲、孫毓棠、鳳子、徐中玉和秋原夫婦，課餘時常聚集在一起，有時在翠湖公園裏散步聊天，有時在圓通公園喝茶，漸漸地似乎也融入了這個圈子。對於我來說，在治學方面的影響，知識面廣了，眼界開了。」他還說，有一段時間，冰心每周末下午，都請朋友去她的住所喝下午茶，有咖啡，也有普洱茶，還有牛肉汁茶，他下午無課也經常去參加。他還拿自己保存的 1938 年鳳子給施蟄存一封短信給沈建中看：「蟄存先生，今晚六時半，約了幾位朋友在五華（華山西路口）便餐，茲特專誠奉約，大家談談《詩刊》的事。也許林徽因、沈從文兩位都可以到會上。專此留上，蟄存施公。鳳子六日三時半。」〔註 296〕此外，他在文中記載：「沈從文和楊振聲屬於中央研究院，他們先到昆明，在雲南大學附近租了民房作辦公室和住宅。從文隻身一人，未帶家眷，住在一座臨街房屋的樓上一間。那種樓房很低矮，光線也很差，本地人作堆貯雜物用，不住人。從文就在這一間樓房裏安放了一隻桌子、一張床、一隻椅子，都是買來的舊木器。另外又買來了幾個稻草墩，供客人坐。從此，我和從文見面的機會多了。我下午無課，常去找他聊天。漸漸地，這間矮樓房成為一個小小的文藝中心。楊振聲和他的女兒楊蔚，還有林徽因，都是我在從文屋裏認識的。楊振聲是位忠厚長者，寫過一本小說《玉君》之後，就放棄了文學創作，很可惜。林徽因很健談，坐在稻草墩上，她會海闊天空地談文學，談人生，談時事，談昆明印象。從文還是眯著

〔註 295〕逢增玉：《文學現象與文學史風景》，商務印書館，2011 年版，第 123 頁。
〔註 296〕沈建中：《遺留韻事——施蟄存遊蹤》，文匯出版社，2007 年版，第 132、149頁。

眼，笑著聽，難得插一二句話，轉換話題。」〔註297〕對沈從文家的情況，杜
運燮也有相關的回憶：「中文系的另一位老師沈從文先生的家，一些愛寫作的
同學都喜歡去。我也通過後來與巴金結婚的同學陳蘊珍（蕭珊）的介紹，常
也去他的家，他家逐漸成了一個文藝中心。他描繪的湘西農村世界早就使我
神往。他不但寫作經驗豐富，成就大，而且和藹可親，熱情幫助愛好文藝的
青年。在他那裡，聽到許多有啓發性的文壇掌故軼事，結識不少『文藝青年』，
還見到一些知名作家。那也是一種難忘的激勵。」〔註298〕

二

　　從這些文字中我們可以發現，這些「沙龍」的組成人員相對比較集中，
基本上都是來自戰前平津等地的作家、學者，他們與北平的文化機構如聯大
或中央研究院等有一定的聯繫。這與他們相似的背景、身份有關，也與他們
的居住環境相關。這些人大多數居住在昆明錢局街一帶。錢局街，這條不顯
眼的街道，曾經是藏龍臥虎之地。這裡有云南著名氣象學家陳一得、雲南實
業家繆雲臺等本地名流。金雞巷有朱培德的公館，他是國民黨高級將領中被
授為一級上將8個人中的一個。該巷另一院住宅，在40年代初，曾住過巴金
夫人蕭珊。抗戰期間許多著名作家、學者、專家、教授，大多駐在西侖坡的
金雞巷石牌坊和敬節堂巷，其中有巴金、聞一多、曾昭倫、張奚若、潘光
旦、羅庸、楊武之、姜亮夫、熊慶來、劉北紀、沈從文、馮至、畢近斗、蔡
希陶……等；此外駐在染布巷的還有大醫士牛紹賓和吳紫衡。這些人時常在
這裡聚會，在當時頗負盛名。〔註299〕據姚平回憶，大約是1943年底或1944
年春，楊振聲建議，彼此熟識的朋友每星期聚會一次，互通聲息，地點就選
在位於錢局街敬節堂巷的馮至家（因為馮至家的位置比較適中）。他們每星期
有一個規定的時間，聚在一起，漫談文藝問題以及一些掌故。每次來參加聚
會的有楊振聲、聞一多、聞家駟、朱自清、沈從文、孫毓棠、卞之琳、李廣
田等人，他們相互傳閱個人的創作，互相啓發。這樣的聚會不知舉行過多少

〔註297〕施蟄存：《滇雲浦雨話從文》，陳子善、徐如麟編選《施蟄存七十年文選》，上
　　　　海文藝出版社，1996年版，第313頁。
〔註298〕杜運燮：《幸運的年月》，《海城路上的求索：杜運燮詩文選》，中國文學出版
　　　　社，1998年版，第257頁。
〔註299〕彭發興：《昔日的錢局街》，《五華文史資料選輯》（第9輯），政協昆明市五華
　　　　區委員會編，1996年。

次，有人從重慶來，向馮至說：「在重慶聽說你們這裡文采風流，頗有一時之盛啊！」這樣的氛圍無疑催生了馮至的創作，例如《伍子胥》。……還有一個朋友就是桂林的陳占元。父親的《十四行集》、卞之琳的《慰勞信集》、《十年詩草》都是明日社出版的，這明日社實際上就是陳占元自己，約稿、編輯、找地方印刷、校對、發行都是他一個人，同時他還在做研究和翻譯工作。他還和李廣田、卞之琳、我父親編輯出版了一個文藝刊物《明日文藝》，《伍子胥》的一些章節就首先發表在上面；後因遭日機轟炸，只出了四期就停刊了。當時昆明，不只是在聯大，匯集了一批有識之士，其中不乏父親的親密朋友，如當時雲南大學教授陳逵、中法大學教授夏康農和同濟大學畢業的翟立林，他們常常和他談論政治形勢和社會現象，由於陳逵的介紹，我的父母第一次讀到《新華日報》。〔註300〕汪曾祺也有類似的回憶：「文林街文林堂旁邊有一條小巷，大概叫作金雞巷，巷裏的小院中有一座小樓。樓上住著聯大的同學：王樹藏、陳蘊珍（蕭珊）、施載宣（蕭荻）、劉北汜。當中有個小客廳，這小客廳常有熟悉同學來喝茶聊天，成了一個小小的沙龍。沈先生常來坐坐。有時還把他的朋友也拉來和大家談談。老舍先生從重慶過昆明時，沈先生曾拉他來談過『小說和戲劇』。金岳霖先生也來過，談的題目是『小說和哲學』。金先生是搞哲學的，主要是搞邏輯的，但是讀了很多小說。從普魯斯特到《江湖奇俠傳》……」〔註301〕何孔鏡也回憶：1941 年德熙住在文林街地藏寺巷 2 號。地藏寺巷 2 號成了他和師友的文化沙龍。常來的有他的老師楊周翰、王還夫婦，他們是西南聯大西語系的教員；李賦寧，是西南聯大西語系的講師，會拉胡琴，隨時都拾了胡琴來唱京戲；還有沈有鼎，蓄了個大絡

〔註300〕馮姚平：《最懷念的是昆明——記父親馮至在西南聯大》，西南聯大北京校友會編：《我心中的西南聯大——西南聯大建校 70 週年紀念文集》，清華大學出版社，2008 年版，第 113 頁。姚可崑：《我與馮至》，廣西教育出版社，1994年版，第 105～106 頁。就這個沙龍成立的時間來看，可能也與浦江清提議成立「中國文學會」有關：「（1943 年 2 月 7 日）在聞家圍爐談詩。游澤承談散原詩尤有勁。傳觀諸人近作，佩公晚霞詩、重華黃果樹瀑布詩、澤承律詩數章均佳。出，至湯錫家予先生家略座。至查阜西家。查為古琴專家，亦有笛及曲譜，乃與重華、許先生、阜西各唱曲數支。夜間乃寒，圍爐談，自宗教、科學至新舊詩、電影、話劇皆談，互為辯論。最後想到聯合大學教授成立中國文學會，仿物理學會之類。佩公言人多派別多，不易為云。」浦江清：《清華園·西行日記》，生活·讀書·新知三聯書店，1999 年版，第 237頁。
〔註301〕汪曾祺：《沈從文先生在西南聯大》，《人民文學》1986 年第 5 期。

腮鬍子，常到德熙處刮鬍子。常來的同學有：徐孝通，是原清華大學哲學系的研究生；文學才子汪曾祺，來吹笛子，唱崑曲；鄭僑，是鄭小婿的嫡系孫子，常年穿件藍布長衫，似乎沒有第二件可換，長衫的前胸那塊已經變得油光光的，卻毫不在乎，走起路來挺胸直背，很精神，總是紅光滿臉，憨厚直爽，笑起來常會舔舔厚厚的嘴唇，樣子既滑稽又有趣。那時無論是教師、學生，都很窮，但學識淵博，眼界開闊，風度灑脫，作風民主，成天在地藏寺巷 2 號，談論學問，談論時事，無所不談。談起學問來滔滔不絕，自我陶醉的樣子令人發笑。〔註302〕

　　還有就是在錢局街樹勳巷 5 號的「沙龍」。程應鏐和李宗瀛是聯大歷史系的學生，他們合住在樹勳巷 5 號，從那裡步行十分鐘即可到達聯大在昆華師範學校的臨時校舍。他們用破舊的汽油箱疊成一個四層的書架，組成一個小圖書館，最初的藏書有《國語》、《資治通鑑》、《戰國策》、《宋人軼事彙編》，《宋史紀事本末》、《中華二千年史》、《十八家詩鈔》之類的古代典籍和其他歷史著作及詩集。兩年間，增加了一本法文詞典、英文版《父與子》和《安娜‧卡列尼娜》、一些中文版的外國著作及更多的中國典籍。開學後，樹勳巷 5 號就成了年輕的歷史學者經常光顧的地方，其中有後來在臺北中研院成名成家的徐高阮，在中國大陸同樣知名的丁則良，以及王永興、雷志貼、胡正詡、歐琛等，這些史學新秀興趣廣泛，對修習課和旁聽課展開熱烈的討論，這些課包括雷海宗的「歐洲中古史」、劉崇鋐的「歐洲十九世紀史」、噶邦福的「希臘羅馬史」及陳寅恪的「魏晉南北朝史」。有兩個女生陳蘭滋和邵森棣也住在這棟樓，他們便組成一個背誦俱樂部，時常朗讀重要的英文著作。參加過「一二‧九」運動的學生積極分子如趙宗復、陳絜等，在西北部游擊區和香港之間往來，有時會經過昆明而在此小住，進一步促進了這個團體的發展。《大學論壇》這張壁報，就是在這個地方編輯然後在學校裏張貼出來的。這兩室一廳的地方，就成了聯大學生論政論學的別館。昆明《中央日報》的《平明》副刊，自鳳子（她也是樹勳巷 5 號的常客）去重慶後，程應鏐接手編輯而結識了聯大一、二年級的文學青年，他們經常來此處討論文學。此時，沈從文在主編《今日評論》文藝版，他也經常以編輯的身份前往樹勳巷 5 號約稿。一出樹勳巷，就是先生坡。坡下便是翠湖，靠近昆華圖書

〔註302〕何孔敬：《文化沙龍——地藏寺巷 2 號》，《長相思——朱德熙其人》，中華書局，2007 年版，第 46 頁。

館的長堤上，柳樹成蔭。如果從圖書館出來，時常可以看見陳寅恪先生在堤上散步。〔註303〕

西南聯大「十一學會」（「十一」二字合起來是一個「士」字，意謂「士子」學會）也是一個比較有名的「沙龍」。這個學會是由教授和學生共同組成，有學歷史的、有學哲學的、有學社會學的，也有少數學自然科學的，其宗旨是士大夫坐而論道，各抒己見。教授有聞一多、曾紹倫、潘光旦等，學生有王瑤、季鎮淮、何炳棣、丁則良、王佐良、翁同文等，由丁則良、王遜、何炳棣召集，每兩周聚會一次，輪流一人（教授或學生）作學術報告。教授報告時，學生聽，學生報告時，教授同樣去聽，聽後都要相互討論。教授們一再向學生說：「你們也可以做老師嘛！」正是在這樣的學術環境中，成長起一批批學者。李埏回憶說：「我做畢業論文時，我的導師張蔭麟先生對我說：『在學問的總體上，你們青年現在不可能超過我們，但在某一點上，你們已經完全可以超過我們了。』這種學術氛圍，回憶起來，真是如坐春風，令人不勝神往。」這個「十一學會」中的學生參加者如王瑤、季鎮淮、丁則良、何炳棣、王佐良、吳徵鎰等，後來都成為了著名學者。〔註304〕何炳棣認為，聯大教職員、家屬和學生主要都集中在昆明舊城的西北一隅：東起北門街、青雲街、西迄大西門，而傾斜橫貫東西的文林街（與文林街垂直相連的是錢局街——筆者注）是日常生活的大動脈。街上商店、飯館、茶館、書店林立。街南坡巷尤多，人口密集，府甬道晨間菜市供應充足。清華辦事處所在的西倉坡地點最為適中而又寬敞。與西城垣北端平行的鳳翥街，茶館更為集中，黃弱電燈之下夜夜客滿，彌補了圖書館座位的嚴重不足。……「聯大人」的日常活動半徑不會超過 25 分或 30 分鐘的步行。生活空間如此急劇的緊縮是造成聯大高度「我群」意識的有利因素。〔註305〕可以說，因生活空間的集中而造成的「『我群』意識」也是「沙龍」形成的重要因素之一，因為那些沙龍的參與者基本上是內遷來的知識分子。

〔註303〕本部分內容根據程應鏐《樹勳巷五號》（《雲南文史資料選輯・西南聯合大學建校五十週年紀念專輯》（第 34 輯），雲南人民出版社，1988 年版，第 417～419 頁）相關內容整理而成。

〔註304〕李埏：《談聯大的選課制及其影響》，雲南省政協文史資料研究委員會、西南聯合大學北京、昆明校友會、雲南師範大學合編：《雲南文史資料選輯・西南聯合大學建校五十週年紀念專輯》，雲南人民出版社，1988 年版，第 81～82頁。

〔註305〕何炳棣：《讀史閱世六十年》，廣西師範大學出版社，2005 年版，第 151 頁。

　　這類帶有文學、學術性的公開性沙龍還有一些。比如北門街 71 號。北門街 71 號是西南聯大時期清華大學單身教授宿舍，該宿舍原爲唐繼堯公館的戲樓。這裡面住有聯大航空系主任兼清華大學航空研究所所長莊前鼎教授和他的夫人孩子、李繼侗、陳岱孫、葉企孫、金岳霖、吳宓、沈有鼎、邵循恪、王憲鈞、陳福田、陳嘉、朱自清及美國教授溫德等人，他們或單身或夫人不在身邊或信守獨身主義。他們經常就某些學術或文化問題進行熱烈討論。李賦寧認爲，老師們的勤奮激勵他學習，濃厚的文化氛圍及沙龍式的自由辯論使他產生思想的火花。他認爲，北門街 71 號是他在研究院畢業後至出國留學前上的最好的學校，是他的幸運也是少有的機遇。〔註 306〕再比如冰心在呈貢的「默廬」。因爲聯大不少人是吳文藻（此時在雲大工作）的老朋友，自然也成了冰心的朋友。西南聯大未帶眷屬來昆明的朋友們，每到周末總喜歡去呈貢，來得次數最多的是羅常培，還有鄭天翔、楊振聲，他們三人稱爲「三劍客」。這些窮教授見過世面，窮而不酸。幾兩花生米，一杯白酒，論天下大事，對於抗戰有信念，對於戰後回北平，也有相當把握。他們或縱論時事或暢談學術，幽默自信。爲抗戰建國中最結實最沉默最中堅的分子。〔註 307〕曾到冰心家參加這種沙龍活動、時爲聯大學生的劉緒貽回憶冰心「默廬」的情調：在她書房的窗臺上看到一個小花瓶，既不名貴，也不華麗，不過是竹木爲料的手工藝品，但小巧玲瓏，很是雅致。瓶之一側，有一行清秀的小字：簾卷西風，人比黃花瘦。冰心先生此時年約三十八九，淡妝素裏，清標照人，活脫出一幅文學書籍插圖中李清照畫像。面臨著新木煥香別墅、這綺窗、這雅致花瓶、這「西風瘦」題詞，聯想到易安居士詞與文中躍動著的高雅生活情趣，這些都使我銘記在心，至今如在目前。她這種高雅的生活情趣溫暖著他人。〔註 308〕因爲這些類似的活動經常在呈貢舉行，因此費孝通稱呈貢有「文化城」的聲望。〔註 309〕也有旅居在昆的外國人舉辦沙龍。有人記

〔註 306〕李賦寧：《昆明北門街 71 號》，西南聯大北京校友會編：《我心中的西南聯大——西南聯大建校 70 週年紀念文集》，清華大學出版社，2008 年版，第 126～129 頁。

〔註 307〕冰心：《擺龍門陣——從昆明到重慶》，《婦女新運通信》1940 年第 2 卷第 1 期。

〔註 308〕劉緒貽口述，余坦坦整理：《蕭聲劍影——劉緒貽口述自傳》，廣西師範大學出版社，2010 年版，第 154 頁。

〔註 309〕因爲呈貢有冰心女士的三臺山，華氏墓廬，沈從文先生的龍街，這些地方都是文化人經常聚會的場所。費孝通：《疏散——教授生活之一章》，西南聯大

錄下這樣的文字：「在昆明一位英國醫生家裏，每星期五晚上，常有許多音樂家不期而然的聚集在那裡，包括聲樂家、器樂家等，唱的唱，奏的奏，頗有音樂沙龍的風味，筆者也曾偶爾去合奏一二次絃樂四重奏；另外一位法國太太家裏，也有幾次不定期的音樂集會，而時常表演的是小提琴家李丹和他聲樂家的夫人方於二位，這位年已半百的主人法國太太也常常引吭高歌……」〔註310〕

　　當然也有些沙龍則是少部分人參加，有政治背景，一般不對外公開。比如「九老會」和「學術研究會」。「九老會」：大約成立於 1941 年，發起人爲孫起孟，參加者有李公僕、張天放、楚圖南、劉達夫、楊春洲、艾志誠、周新民、馮素陶九人，九人輪流做東，每月聚會一次，交換關於時事政治的意見和看法。沒有正式名稱，但也有一個非正式的名稱「九老會」。討論抗日民主問題，閱讀左翼書籍等，持續了兩年時間。該會中最活躍的是李公僕。對外不公開。「學術研究會」是 1942 年由中共中央派往昆明作聯絡工作的華崗發起，也是一個不公開的「沙龍」，參加者有華崗、聞一多、吳晗、楚圖南、周新民、李文宜、馮素陶、羅隆基、潘光旦、費孝通、辛志超等十一人，後期聞家駟、曾昭掄也參加了。每兩周在唐繼堯花園集會一次，輪流作學術報告，也交換一些政治意見，前期偏重學術，後期則以討論政治問題爲主。聞一多曾在集會上作「儒家、墨家與土匪」的報告。前後持續了兩年。〔註311〕

三

　　王浩在《誰也不怕的日子裏》中說，「當時昆明的物質生活異常清苦，但師生精神生活卻很豐富。教授們爲熱心學習的學生提供了許多自由選擇的好機會，同學間相處融洽無間，牽掛很少且精力十分旺盛。當時聯大有『民主堡壘』之稱。身臨其境的人感到最親切的就是在『堡壘』之內的民主作風。教師之間，學生之間，師生之間，不論年資和地位，可以說誰也不怕誰。當然，因爲每個人品格和學識不等，相互間會有些不快，但大體上開誠布公多於陰謀詭計，做人與做學問的風氣是好的。」〔註312〕這種「做人與做學問的風

《除夕副刊》主編《聯大八年》，新星出版社，2010 年版，第 72 頁。
〔註310〕《春之都昆明》，《良友畫報》1939 年第 146 期。
〔註311〕馮素陶：《懷念李公僕、聞一多》，《昆明師範學院學報》（哲學社會科學版）1980 年第 2 期。
〔註312〕（美）王浩：《誰也不怕的日子》，《雲南文史資料選輯·西南聯合大學建校五

氣是好的」也就是「好的」社會文化氛圍決定了「沙龍」的風采。有人記錄過「沙龍」的一些珍貴片段:「有一個周末聽聯大的朋友說晚上有一個學術性的討論會將在錢局街附近的一位聯大老師家舉行,便與朋友去了。那天參加的人看上去大部分是老師,少部分是學生。⋯⋯他們好像是在辯論一個古字的讀音問題,其中有兩位中年老師,一位外形邋遢,一位臉色紅潤,爭得不可開交。令人不可思議的是,他倆最後好像要扭打在一起,幸好有別的老師把他們拉開。⋯⋯更令人不可思議的是,第二天早上卻看見他們在文林街的米線店裏一起有說有笑地吃米線。」〔註313〕「大家有序地坐在不大的客廳裏,每人手上拿著自己的作品,大多數是詩,新詩或舊詩,也有少部分散文。⋯⋯有人站起邊渡著步子邊大聲吟唱自己的作品,還伴著舞動的手勢;有人慷慨激昂,好像有千軍萬馬從他那薄薄的紙片上奔湧而出;有人淺聲低吟,好似柔和的春風從你面上輕輕拂過;有人則慢慢地,抑揚頓挫,似乎自己給自己打著節拍,旁人也隨著他一頓一頓地。此時,高原明麗的陽關照進這簡陋的客廳,每一縷陽光都在靜靜地、愉悅地打量著那些快樂的人們。」〔註314〕

在這些文字裏我們可以發現,「沙龍」同樣是戰時昆明知識分子的一個重要的日常空間,儘管它不能「領導思想,影響輿論,甚至左右政治」,也沒有如 1930 年代北平的一些文藝沙龍一樣對現代文學面貌和格局產生明顯的影響。但這樣的日常空間,為那些遠離家園的知識分子提供了一種心靈的慰藉與人性的溫暖,那些漂泊異鄉的知識分子在此獲得一種精神的自在與自由,使他們依然保持著靈魂的高度與文化的格調,在這樣的自在自由中,在這樣的高度與格調中,文學文化氛圍也就變得更加具有質感與溫度,具有鮮活的人間氣息。如果說電影院與茶館是一種相對開放的日常空間,不同的人都可以進出其中,有流動性與不確定性,有一定的「公共性」。那麼沙龍則是一個相對封閉的空間,其參與者一般有固定的人群,側重的是一種「私人性」。我們說戰時昆明的電影院是一個見證著時代文化變遷的日常空間,茶館是一個在日常空間中呈現的文藝中心,它們關注得更多的是人周圍的「氛圍」。而大部分沙龍〔註315〕在某種意義上也可以說是另一個生長的文藝或學術中心,是

　　　　十週年紀念專輯》,雲南人民出版社,1988 年版,第 68 頁。
〔註313〕向生:《不可思議的聯大教師》,《宇宙風》1941 年第 114 期。
〔註314〕草涓:《快樂的客廳》,《朝報》1942 年 3 月 28 日。
〔註315〕那些帶有某種政治色彩的「沙龍」,我們可以用美國學者詹姆斯・司格特的「社交空間」理論來闡述,它蘊含著「潛在地反抗現實」的意味。參見 James

文學課堂的一種延伸（後面章節將要討論文學課堂）。但不管「沙龍」以何種方式存在，這個日常空間呈現給我們更多的是在濃鬱的文學（文化）氛圍中「人」的精神風貌與生命狀態，它展現了那個艱難年代知識分子生活中詩性與自由的一面，這種詩性與自由使他們有可能保持一種旺盛的創造力，保持一種對未來世界的希望與樂觀。

> 昆明的夜晚是多個世界的。有那些在文林街、青雲街一帶茶館中苦讀的大學生，有在南屏大戲院輕鬆悠閒的摩登男女，也有在翠湖堤上漫步的浪漫戀人。而在錢局街一帶文化名流住處舉辦的沙龍，也有著年輕人同樣精彩的世界，他們討論那些從報紙上看來的，從昆明街頭聽到的各類消息，從盟軍最近的軍事狀況到高居不下的米價。更多的則是國內的文壇軼事與學界新聞，經常討論的則是身邊朋友新出版的著作，發表的文章，乃至在昆明電臺的一次廣播演講，討論的內容則經常成為幾天後昆明某家報紙的星期論文。他們率性真誠，臧否人物，指點江山，好像他們就是世界的主人，那種熱情會傳遍身邊的每一個人。也許他們還要為明天的生活發愁，也許要回到昔日的家園還是遙遙無期，但他們樂觀、自信，他們對抗戰建國充滿希望。〔註316〕

四

具有反諷意味的是，曾經是戰時昆明沙龍的熱情組織者馮至，在離開昆明不久後便撰文對「沙龍」進行批判：

> ……這些沙龍氣味的聚會總給人一些虛幻之感，使人覺得人們在那裡便以談話開端，以談話結束，永久捉不到一點真實。中國三十年來，社會的改革，政治的革命，那些沙龍社會主義者或沙龍政客並不曾有過什麼實際的參與，他們至多不過批評現狀，對於將來發些空疏的議論。至於文藝呢，據說抗戰以前，在京滬一帶就有過不少的晚會之類的聚會，如今勝利了，在那類的聚會更為輝煌燦

C. Scott, Domination and the Arts of Resistance: Hidden Transcripts. New Haven, 1990。轉引自（美）傅葆石：《灰色上海，1937～1945 中國文人的隱退、反抗與合作》，張霖譯，劉輝校，生活·讀書·新知三聯書店，2012 年版，第73 頁。

〔註316〕濟人：《多個世界的昆明》，《觀察報》1944 年 12 月 18 日。

爛，但是其中實在不曾產生過什麼樣子的作品，眞正一點成績還是
一些住在北平的會館或公寓裏的，住在上海的亭子間裏的，以及流
亡在任何一個鄉間的那些寂寞者所創造出來的。現在，一切比抗
戰更艱苦，人民顚沛流離的生活更爲慘痛。若是在報紙上看到什麼
沙龍式的晚會、座談會之類的消息，而這些聚會又是由什麼銀行
家、貴婦人、文化專員之類的人舉辦──我只感到這些消息使人作
嘔。〔註317〕

在這種批判文字的背後，我們可以清晰地感覺到時代風尙對知識分子精神世
界的巨大衝擊，也可以隱隱地預測到「新時代」的到來會給那些曾經在各式
沙龍中培育出高雅、精細審美品位的知識分子帶來怎樣的命運。這是文學氛
圍發生變化的時代徵兆，也是沙龍以及與沙龍相關的作家、文學發生變化的
時代徵兆。

結　語

　　戰時昆明因爲大量文化機構與文化人士的內遷，執政者龍雲與國民政府
及蔣介石微妙的關係及其自身的因素，昆明呈現出抗戰時期其他中國城市
所沒有的寬鬆自由的政治文化氛圍，這種寬鬆與自由是昆明良好文化生態生
成的必要條件，也是昆明報刊、書店、出版等文化事業發展與壁報繁榮的
重要原因。而昆明報刊、書店、出版等文化事業的發展與壁報的繁榮則是昆
明良好文化生態的重要表現。同時，報刊、書店等文化事業的發展與壁報
的繁榮又從思想內涵、文化品質與精神氣質上促進了昆明文化生態的生成，
它們之間相互促進、相互生成，成爲一個密不可分的整體。這是戰時昆明文
學氛圍形成的條件、基礎與表現，也是戰時昆明人們生活的外在文化環境。
當然，昆明良好文化生態的生成與文學氛圍的形成還有一個重要因素，那
就是戰時昆明教育的發展，其中包括西南聯大對昆明教育的影響。因爲這
方面的研究已經比較成熟〔註318〕，筆者也沒有突破性的看法，本書也就略過
不談。

　　而我們要特別提及的，那就是在戰時昆明文化生態生成與發展的過程中

〔註317〕馮至：《沙龍》，《觀察》1946 年第 1 卷第 12 期。
〔註318〕代表性論文有：夏紹先《抗戰時期的雲南教育──內遷院校與雲南教育的發
　　　　展》，《雲南師範大學學報》2002 年第 6 期。該文談及了戰時昆明的教育發展
　　　　狀況及聯大對昆明教育的影響。

具有別樣意味的電影院、茶館與沙龍。如果說悲慘壯烈的抗戰建國、波瀾詭譎的政壇風雲、爾虞我詐的商場爭鬥，錯綜複雜的文壇演義是抗戰時期的大歷史，那麼發生在昆明電影院、茶館、沙龍裏的一切似乎只是小故事，但對抗戰時期的昆明來說，這卻是不可忽視的，因為它同樣折射出昆明在轉折時代的光和影。哈貝馬斯認為，「公共空間」是「在政治權力之外，作為民主政治基本條件的公民自由討論公共事務，參與政治的活動空間」。比如18世紀歐洲的咖啡館、電影院，各種沙龍，以及報紙雜誌等，正是在諸如此類的場所，人們的諸多意見以公共輿論的方式表達出來，並進行傳播，進而影響當局的種種決策，公共空間成為資本主義社會民主的重要表現場域。而「公共空間」在社會中是多元存在的，他說：「在居於統治地位的資產階級公共領域之外，如果還存在亞文化公共領域或者某一階級的公共領域，……在居統治地位的公共領域之外，還有一種平民公共領域，和他脣齒相依。」〔註319〕從這個意義上說，戰時昆明的電影院、茶館與沙龍可以稱為「平民公共空間」，與那種主要在於「討論公共事務，參與政治活動」的「公共空間」相比，「平民公共空間」則側重於一種日常人生關懷，在於展現人的自由、價值與尊嚴的表現。不管是作為「見證時代文化變遷」的昆明電影院，還是作為「新崛起的文藝中心」的昆明茶館，及作為文藝、學術討論中心或文學課堂的沙龍，它們所呈現的主要都是在戰時昆明社會環境中普通知識分子的日常生活狀態與精神風貌，他們在這樣的「平民公共空間」或者相互探討與交流，關於生活、人生、文藝、學術、社會、政治，或者相互角力與融合，關於思想、觀念、文化。見微知著，從這些「小故事」的「微瀾」中我們同樣可以感受到「大歷史」的「巨浪」，而在感受「巨浪」的同時，我們還能感受到一個個生命的質感和溫度，那裡有自由尊嚴的歡樂，有流亡漂泊的悲傷，有掙扎的痛苦，有新生的快慰，有貧乏的物質，有詩性的精神。這與電影院、茶館、沙龍相關，也與抗戰時期整個昆明的文化生態與城市底色相關。

但是，不管是那種自由寬鬆的社會政治環境、繁榮的報刊與書店以及充滿蓬勃活力的壁報，還是電影院、茶館與沙龍很快就將發生改變。隨著龍雲在與蔣介石的政治博弈中失敗出局，自由寬鬆的社會政治環境以及在這樣環

〔註319〕（德）哈貝馬斯：《公共領域的結構轉型》，曹衛東等譯，學林出版社，1999年版，第3頁。

境下生存發展的報刊書店與壁報也日漸式微。而在 1949 之後的幾十年間，雖然據說「人民」已經「當家作主」，但戰時昆明那種自由寬鬆的社會政治環境卻無法爲人民共享，當然，也有個別人享受著「無邊」的「寬鬆與自由」。報刊書店被納入國家意識形態的生產機制當中而受到嚴密掌控，幾乎只生產與傳播符合「人民」意志的「文化產品」。壁報（此時已變成「大字報」）則因其「匕首」、「投槍」之功效而風行數十年，它在每一次政治運動中都讓「敵人」聞風喪膽，而其營造的「氛圍」也在無數知識分子的精神世界裏留下了無法癒合的創傷。試圖通過它們來養成諸如戰時昆明的文化生態已成枉然。那些日常空間也同樣如此，就如學者王笛在他的經典研究著作──《茶館──成都的公共生活和微觀世界（1900～1950）》的結尾部分所說：「這五十年裏，茶館內外，許許多多的事情已經物是人非，逝去的歷史就永遠不復返了，成都也不再是原來的成都。這個城市不再是一個自治的城市，傳統社會和社會組織在很大程度上被破壞，市面上不僅有許多警察維持治安，更有市政府以及龐大的官僚機構，人們生活在國家機器日益嚴密控制之下。」「……他們無論如何也夢不到，他們賴以爲生的茶館業，已經好景不長了。就在不遠的將來，他們將眼睜睜地看著一家家茶館從成都的街頭巷尾消失，……眼前所熟悉的、活生生的茶館和茶館生活的衰落，很快就要成爲不可改變的現實。……他們和這個城市一起，已經踏入雖然轟轟烈烈但是已不再屬於茶館和茶客們的另一個完全不同的時代，熙熙攘攘的日常生活空間將不復存在，……」〔註320〕昆明同樣也是這樣，整個中國又何嘗不是如此？1949 以後很長一段時間，政治對日常生活進行全面、強勁的滲透，一切都必須在「黨」和「人民」的視線之中。由此，電影院成爲了國家意識形態的宣傳機構，茶館慢慢消失，沙龍則完全失去其合法性而與「資產階級」、「反動」、「腐朽」、「反革命」等殺傷力極大的詞彙相連。隨著一波接一波的政治運動，不要說詩性的日常空間，就連最基本的生存空間都受到威脅，尤其是對那些曾經擁有詩性日常空間的知識分子來說。當然，連同日常空間消失的還有戰時昆明的那種文化生態以及在這種生態中養成的文學氛圍，那種養成平等、自由、尊嚴的精神格調與生命信仰的氛圍，那種哺育健康心智、明朗人格、生命靈

〔註320〕（美）王笛：《茶館──成都的公共生活和微觀世界（1900～1950）》，社會科學文獻出版社，2010 年版，第 456、458 頁。在這部著作中，王笛從大量的原始材料入手，對成都茶館的社會、文化、政治作用進行了非常精彩的分析。

性的氛圍，那種理性、寬容、對話的氛圍。隨著這種氛圍的消失，自民國以來現代知識分子逐漸養成的創造活力、個性風采、蓬勃氣象也隨之消失。與之相伴的則是文化生態的斷裂與崩潰，文學天地的凋敝與枯萎，精神世界的蕭殺與荒蕪，個體生命的矮化與萎靡。人、文化、文學走向全面失落。

第三章　戰時昆明的文學場域

　　在第二章中，我們已從戰時昆明的社會政治環境、報刊書店、壁報以及
電影院、茶館、沙龍等方面論述了戰時昆明文化生態的面貌，正是由於這種
文化生態的存在，它才可能生成濃鬱的文學氛圍、形成良性的文學場域，同
時，它們又進一步推動戰時昆明文化生態的健康成長。在這一章裏，筆者將
重點討論戰時昆明的文學場域，本書所指的文學場域具體是指與新文學相關
的文學課堂、文學創作及爲新文學發展提供制度保障的大學中文系改革三者
之間的內在關聯。文學課堂（本書特指新文學課堂，文學創作與學術討論也
是與新文學相關的——筆者注）是戰時昆明高校的一個顯著特點，也非常受
學校當局重視。比如熊慶來受龍雲之邀回家鄉（熊爲雲南彌勒人氏）擔任雲
南大學（雲南大學 1937 年 4 月由省立改爲國立）校長後，他便在北京和上海
廣攬人才，朱自清推薦因創辦《現代》雜誌而享譽文學界的施蟄存，熊慶來
便立即親自前往上海拜見，盛情邀請，施蟄存也於 1937 年 9 月 29 日抵達昆
明（施蟄存是「盧溝橋事變」之前答應來昆的），他來雲大擔任大一國文的教
學工作。[註1] 在第二章中我們可以發現，戰時昆明除了眾多的報紙文藝副刊
之外，還有許多純文藝刊物，而與這些刊物相聯繫的基本上都是文藝社團，
比如《戰歌》是「救亡詩歌社」的刊物，《詩與散文》是「天野社」的刊物，
《文聚》是「文聚社」的刊物，《文藝新報》是「文藝社」的刊物，《火星文
藝》是「火星文藝社」的刊物，《匕首》是「新河文藝社」的刊物，等等。在
這些文學社團中尤其以西南聯大的文藝社團最爲活躍，關於西南聯大的文藝

〔註 1〕沈建中：《遺留韻事——施蟄存遊蹤》，文匯出版社，2007 年版，第 122 頁。

社團目前學界已有專門的研究成果〔註2〕，筆者不再贅述。這些文藝社團的成員積極進行文學創作，利用本社的刊物及其他刊物發表作品。而對國文教學中白話文創作教學的討論也是當時昆明文學、教育界的一個熱門話題，比如雲南教育廳創刊於 1938 年的《雲南教育通訊》就以大量的篇幅來討論這方面的問題，刊發了許多討論文章。〔註3〕在此，筆者以西南聯大的文學課堂，代表戰時昆明最高創作水準的純文藝刊物——《文聚》雜誌，創刊於 1940 年終刊於 1949 年的專門討論國文教學、中文系改革等問題的學術雜誌——《國文月刊》為考察中心，討論戰時昆明文學課堂、文學創作之間的良性互動，以及採用怎樣的方式使文學課堂的文學創作成為可能，描繪當時的歷史情境與勾連它們在場域之內的密切關聯，呈現它們在戰時昆明濃厚文學氛圍中的生動表現。同時，簡單勾勒在離亂年代那代民國學人為文學、學術理想而熱情踐行的智慧與風采。

第一節　西南聯大的文學課堂

一

我們先來看看西南聯大中文系的課表〔註4〕：

二年級必修課	課任教師（多人的為先後擔任）	三年級必修課（文學組和語言組分別選課）		課任教師（多人的為先後擔任）	選修課程（三、四年級修習）	課任教師（多人的為先後擔任）
中國文學史概要	浦江清余冠英游國恩	歷代文選注：任選兩種	先秦文	許維遹彭仲鐸	文學史分期研究（一）（二）（三）（四）	（一）聞一多、羅庸；（二）（三）羅庸；（四）浦江清
			漢魏六朝文	浦江清		

〔註2〕李光榮、宣淑君：《季節燃起的花朵——西南聯大文學社團研究》，中華書局，2011 年版。

〔註3〕代表性的文章有：陸侃如：《國文科與科學方法》，《雲南教育通訊》1938 年第17 期；王玉章：《國文教學的一個目標》，《雲南教育通訊》1939 年第 2 卷第17 期；羅膺中：《國文教學與人格陶冶》，《雲南教育通訊》1939 年第 25～27期；穆木天：《抗戰建國中國文教學的諸問題》，《雲南教育通訊》1939 年第31～33 期；穆木天：《關於作文習作中的種種問題》，《雲南教育通訊》1939年第 2 卷第 31～33 期，等等。

〔註4〕本課表是筆者根據西南聯合大學北京校友會編：《國立西南聯合大學校史——一九三七至一九四六年的北大、清華、南開》，北京大學出版社，2006 年版92～95 頁相關內容繪製。

			唐宋文	張清常 游國恩	注：相當於先秦、漢魏六朝、唐宋、元明清	
			近代文	羅　庸		
各體文習作（一） 注：為練習語體文寫作	沈從文 李廣田	歷代詩選 注：任選兩種	漢魏六朝詩	楊振聲 羅　庸	中國文學史專題研究（有時稱「古代神話」）	聞一多
			唐詩	羅　庸 陳寅恪 聞一多		
			宋詩	朱自清		
			近代詩	游國恩	中國小說 （「中國小說史」）	沈從文
			歷代詩選 （不分段）	朱自清 浦江清		
音韻學概要	魏建功 羅常培 邢慶蘭	中國文學專書選讀 注：每學期開設 5～8 種，學生選擇 4～6 種	《詩經》	聞一多 羅　庸	俗文學史研究	浦江清
			《尚書》	陳夢家 許維遹		
			《周易》	聞一多 唐　蘭		
			《左傳》	許維遹		
			《國語》	許維遹		
			《戰國策》	唐　蘭		
			《論語》	羅　庸		
			《孟子》	羅　庸		
			《莊子》	劉文典		
			《楚辭》	聞一多 羅　庸		
			《史記》	彭仲鐸		
			《漢書》	彭仲鐸		
			《後漢書》	趙西陸		
			《三國志》	趙西陸		
			《呂氏春秋》	許維遹		
			《水經注》	彭仲鐸		
			樂府詩	聞一多		

		《文選》	聞一多 劉文典		
		韓愈文	游國恩		
		《史通》	彭仲鐸		
		杜詩	羅 庸		
		謝詩	朱自清		
		陶謝詩	楊振聲		
		溫李詩	劉文典		
		黃山谷詩	游國恩		
文字學概要	陳夢家 唐 蘭	各體文習作（二）注：練習文言文寫作	浦江清 余冠英 游國恩	現代中國文學	楊振聲 沈從文
		語言學概論	王 力	現代中國文學討論及習作	楊振聲
		語音學概要	羅常培 高華年	文學概論	楊振聲 李廣田
		比較語音學	羅常培 王 力	中國文學批評研究	劉文典 朱自清
		聲韻學史專題研究	羅常培	文辭研究	朱自清
		古音研究	羅常培 張清常	散文研究	朱自清
		中國文法研究	王 力	白居易	陳寅恪
		文字學史	陳夢家	陶淵明	朱自清
		古文字學研究	唐 蘭	元遺山	劉文典（因其請假，實未講授）
		訓古學	羅常培 殷煥先	吳梅村	劉文典（因其請假，實未講授）
		中國語言文字學專書選讀注：任選2～3種	《廣韻》 張清常	詞選	羅 庸 浦江清
			《說文》 唐 蘭		
			《說文古籀補》 陳夢家		
			《爾雅》 唐 蘭 聞一多		
				曲選	浦江清

			詞曲	浦江清
			雜劇與傳奇	羅常培、吳曉鈴（兩人合開，實際由吳講授）
			中國文學名著選讀	唐　蘭（研究生課程）
			世界文學名著選讀及試譯	楊振聲
			佛典翻譯文學	陳寅恪
			各文體習作（三）	沈從文（提高課性質）
			創作實習	沈從文
			音樂歌詞	張清常
			應用文	鄭　嬰

此外，在一年級時文法學院共同必修課有：大一國文、大一英語、大二英文、體育、中國通史、西洋通史、邏輯學、哲學概論、一門自然科學與兩門社會科學、倫理學（1942 年後）。其中國文與外國文每兩周須作文一次。四年級的必修課是畢業論文。

另外，除了上述課程外，相關老師還開過的課程有：

(1) 羅常培：聲韻學史、音韻史專題研究、西人中國音韻學研究、現代方言、漢藏系語言調查（與邢慶蘭、高華年合開）、經典釋文音切考、語言學名著選讀等。

(2) 魏建功：韻書研究、漢字形體變遷史。

(3) 聞在宥：印支語研究。

(4) 高華年：邊疆語言。

(5) 邢慶蘭：外國學者中國音韻研究。

(6) 唐蘭：甲骨文字研究、六國文字研究、《名原》研究、卜辭研究等。

(7) 陳夢家：銅器銘文研究、卜辭研究等。

(8) 朱自清：中學國文教學法。

(9) 許維遹：校勘實習。

從這份課表可以看出，儘管此時離五四新文學運動已經有二十年左右了，但新文學在大學的地位遠不是人們所想像的那樣顯赫。在課程中，有關

新文學的只有:「各文體習作(一)」(沈從文、李廣田任教)、「各文體習作
(三)」(沈從文任教)、「創作實習」(沈從文任教)、「現代中國文學」(楊振
聲、沈從文任教)、「現代中國文學討論及習作」(楊振聲任教)。其中,除了
「各文體習作(一)」是必修課之外,其它都是選修課,因此,新文學在大學
課堂裏用「點綴」來形容是很恰當的。但這樣的「點綴」也依然遭到反對
(關於大一國文及大學中文系問題,筆者將在後面詳細討論),哪怕不是在課
堂上。據劉北汜回憶,那時聯大剛遷到昆明不久,他也剛入學不久,在入學
的新生表格中的「課外愛讀書籍」欄目填了:「愛讀新文藝作品,討厭舊文
學」。在學期末的茶話會上受到羅常培的劇烈批評:「有一個同學,學號是一
一八八。他填的表裏,說他愛讀新文學,討厭舊文學、老古董。這思想要糾
正。中國文學系,就是研究中國語言文字、中國古代的文學。愛讀新文學,
就不要讀中文系!……」〔註5〕其實「討厭舊文學」並非是個別現象。有同學
這樣說:「最頭疼的是國文,這兩星期來堂堂講古代論著,大家聽得都皺眉
頭,幾千年來的陳貨,完全脫離了這個時代,讀起來覺得像嚼甘蔗渣渣一樣
的乏味。」〔註6〕也許正是學生那種「討厭舊文學」的心理成爲「新文學」進
入課堂的原因之一。在楊振聲、朱自清等人的努力下,「大一國文」以「新」
的面貌進入了聯大課堂(後文將會詳細談及),因爲聯大的「大一國文新課
本」之前的國文教本「除了有一篇魯迅的『狂人日記』作爲點綴外,其他差
不多都是唐漢秦以上的史論經籍那些很深奧古老的東西。」〔註7〕雖然在上面
的聯大課表中出現的「新文學」課堂在眾多的「舊文學」中也是「點綴」似
的,但畢竟開始了,尤其是只具小學學歷的沈從文在楊振聲的舉薦下以新文
學作家的身份最後獲得聯大的教授之職,在聯大那遍地都是「海歸」碩博士
及古典大家中的學術環境中,無論是在教育史還是文學史上都具有象徵意
義。儘管沈從文入職聯大既受到了「舊文學」的資深教授諸如劉文典的蔑
視,也受到了「洋學生」(外文系學生)的才子諸如查良錚(穆旦)的輕慢,
〔註8〕但沈從文還是以自己獨特的教學方法,把新文學的「寫作」作爲一種可

〔註5〕 劉北汜:《憶朱自清先生》,《新文學史料》1982年第4期。
〔註6〕 阿延:《西南聯大生活拾零》,《戰時青年》1939年第2卷第4期。
〔註7〕 南山:《記憶中的西南聯大》,《春秋》1945年第2卷第4期。
〔註8〕 關於劉文典對沈從文的鄙視,有兩個最流行的「段子」,一個是說當他聽說沈
      從文在1943年被聯大聘爲教授後說:「陳寅恪才是真正的教授,他該拿400
      塊錢,我該拿40塊錢,朱自清該拿4塊錢,沈從文只值4毛錢。」一個是關

把握的技巧傳授給學生，在學生當中留下了深刻的印象，儘管他的「口才「不
是很好〔註9〕。

> 他的身體不高，體態勻稱，穿一件灰色線呢長衫，右肩衣襟上
> 扣著一顆小櫻桃般大小的銀鈕子，戴一副狀似平光的近視眼鏡，文
> 質彬彬，瀟灑俊逸，絲毫看不出從小當兵、沅湘漂泊的生活痕迹；
> 講一口帶湖南口音的普通話，安詳和藹，輕言細語，娓娓而談，講
> 課就如與朋友談天，完全沒有傳統課堂教學嚴肅刻板的習氣。……
> 全課程的重點在「練」，他對我們的習作，總是仔細閱讀，認真批
> 改，連標點的錯誤與字體的不規範都要改過，作出示範。……課堂
> 講授，重點在於結合學生的寫作實際，講一些觀察、體驗、描寫的
> 知識。〔註10〕

> 沈先生講課，大都是看了學生的作業，就這些作業講一些問題。
> 他是經過一番思考的，但並不去翻閱很多參考書。沈先生讀很多書，
> 但從不引經據典，他總是憑自己的直覺說話，從來不說亞里斯多德
> 怎麼說、福樓拜怎麼說、托爾斯泰怎麼說、高爾基怎麼說。沈先生
> 的講課是非常謙抑，非常自制的。他不用手勢，沒有任何舞臺道白

於跑警報的，他遇見沈從文也在跑警報，就說：「陳寅恪跑是爲了保存國粹，
我跑是爲了保留《莊子》，學生跑是爲了保留下一代的希望。可是該死的，你
什麼都沒有，跑什麼跑啊。」這兩個「段子」以不同的版本上演，但內容都
差不多。筆者曾查閱了許多相關人物如朱自清、聞一多等人的年譜、回憶錄、
日記，但都沒有可信的材料依據，涉及此的都是「聽說」，其準確性有待考查。
但劉文典的「狂」、劉文典對「新文學」的不屑一顧，以及沈從文對劉文典的
躲避，則有當時學生的回憶可參考，詳見尹洛《沈從文不答劉文典》，《吉首
大學學報》（社會科學版）1991 年／Z1。穆旦對沈從文的不屑則有相對準確
的材料來源：「一年暑假，在聯大就讀的楊振聲的兒子楊起，到昆明東南邊的
陽宗海去游泳，休息時，在滇池邊上的一個茶館裏喝茶，同桌的穆旦（他不
認識楊起）說：「沈從文這樣的人到聯大來教書，就是楊振聲這樣沒有眼光的
人引進來的。」參見楊起、王榮禧：《淡泊名利　功成身退——楊振聲先生在
昆明》，昆明市政協文史學習委員會編：《抗戰時期文化名人在昆明》（二），
雲南人民出版社，2002 年版，第 97 頁。

〔註 9〕　「在 1939 年進聯大後認識沈先生。沒有選他的課。雖然也曾慕名去旁聽過，
但講課的口才不是他的特長，聲音很低，湘西鄉音又重，有的話聽不見，有
的聽不懂，因此聽過幾次後，就不想去了。」杜運燮：《海城路上的求索：杜
運燮詩文選》，中國文學出版社，1998 年版，第 277 頁。

〔註 10〕　王彥銘：《憶沈從文先生》，昆明市政協文史學習委員會編：《抗戰時期文化名
人在昆明》（一），雲南人民出版社，2000 年版，第 167～168 頁。

式的腔調，沒有一點嘩眾取寵的江湖氣。他講得很誠懇，甚至很天真。但是你要是真正讀「懂」了他的習作，——讀「懂」了他習作裏並未發揮罄盡的餘意，你是會受益匪淺，而且會終生受用的。……沈先生教寫作，寫的比說的多，他常常在學生的作業後面寫很長的讀後感，有時會比原作還長。這些讀後感有時評析本文得失，也有時從這篇習作說開去，談及有關創作的問題，見解精到，文筆講究。……他還會介紹你看一些與你這個作品寫法相近似的中外名家的作品看……學生看看別人是怎寫的，自己是怎寫的，對比借鑒，是會有長進的。〔註11〕

沈從文先生能在稿紙的兩行間的空格內，再加兩三行密密麻麻、芝麻大小的字進來，而且個個字都是正功小楷。第一次題目記得是一個字「影」，一周後我領回卷子，真是大吃一驚，當時我私塾、小學、中學、大學，已經看過十幾位老師改的作文，從未見這樣用蠅頭小楷加二三行改卷子的，真是歎為觀止。〔註12〕

我第一次把文章交給從文老師，心中惴惴不安。再接到原稿，上面布滿先生親自用紅筆增刪塗改的墨迹，並有剪貼拼合處。同時附來先生的親筆信，說明為什麼要這樣改，末尾還有「改動處如有不妥，由弟負責」的話。過去我曾有意摹擬先生的筆調寫文章，總感到貌既不合，神更不似。自從看了這份改稿，頓使我明白了許多寫作文的竅門。〔註13〕

只要你願意學習寫作，無時無刻不可以和沈先生接近。我當時在國內發表的文章，十之八九，都經過沈先生的潤色，全篇發回重寫也是常有的事情。慢慢地，我發現了「從師問道魚千里」之樂。沒有先生的首肯，我對自己的習作就沒有安穩過關的感覺。沈先生從不善於給人講大道理，不太搬弄文藝理論，而以自己創作上的經驗來循循善誘給人以啓發。〔註14〕

〔註11〕 汪曾祺：《沈從文先生在西南聯大》，《人民文學》1986年第5期。

〔註12〕 鄧雲鄉：《憶沈從文老師》，《雲鄉瑣記》，河北教育出版社，2004年版，第396頁。

〔註13〕 吳小如：《師恩沒齒寸心知——悼念沈從文師逝世兩週年》，王珞編：《沈從文評說八十年》，中國華僑出版社，2004年版，第83頁。

〔註14〕 （美）林蒲：《沈從文先生散記》，北京大學校友聯絡處編：《笳吹弦誦情彌切

在學生心中留下深刻印象的「新文學」老師還有楊振聲與朱自清（課表裏沒有顯示他上過「新文學」課，可能他是代上）。

　　　　楊先生教我們現代文學，説話帶膠東口音，身材高大，前額飽滿，一看便知是個充滿深邃智慧和溫善的長者。冬天他常穿一件毛領皮的黑大衣，頭戴皮帽，挾一個皮包，常常是叼了一個大煙斗，即使不裝煙絲也是如此，很有點紳士派頭。他聲望很高但平易近人，待人誠摯坦率。記得有一次我向他請教一個問題，他硬是熱情地邀我去他家小坐，他很願意接近同學，談話時不時找出書來，旁徵博引，講得既細心又耐心。〔註15〕

　　　　……我無意中寫出了先生認爲較好的作業，我自己對它沒有認識，如果不是受到先生的啓蒙，我根本不知道這就是一篇諷刺小説。……我這篇作業得到先生的好評，發了第二卷。回到座位上，仔細研究先生的精心批改：先生不僅告訴我應該怎樣寫，而且把我的作業點石成金。我越揣摩越感動，決定在先生的指導下，走創作的路。先生把這篇《小隊長的故事》交由沈從文先生，推薦給鳳子先生主編的昆明《中央日報》副刊《平明》發表了，……。他叫我繼續向《平明》投稿。從此我在《平明》上連續發表了《河邊》《長江上》《某夜》等，算是敲開了昆明文藝界的大門。……先生很高興，並囑我多讀作品，越是大作家的作品越要揣摩。少讀當時這派、那派的文藝理論；尤其要結合自己的筆性選讀與自己相近的外國名家作品。〔註16〕

　　　　1939 年在昆明擔任「現代文學討論及習作」課程，我們聽過他對魯迅作品的很高的評價。他耐心地仔細地修改學生的習作，不但每篇都有詳盡的總批語，而且還有很多眉批。在他的課堂上，暴露社會黑暗的習作受到了表揚。這就給了青年們一點啓示：新文學的使命是什麼。〔註17〕

　　——國立西南聯合大學五十週年紀念文集》，中國文史出版社，1988 年版，第115 頁。
〔註15〕李瑛：《我的大學生活》，《新文學史料》2001 年第 1 期。
〔註16〕孫昌熙：《把中國新文學擡上大學講壇的人——追憶在抗日戰爭期間接受恩師楊振聲（今甫）教授教誨的日子》，《泰安師專學報》1989 年第 2 期。
〔註17〕陰法魯：《追悼楊振聲同志》，《九三社訊》1956 年第 4 期。

　　民國三十二年秋我考進了西南聯大。有如第一次進城的鄉下孩子，我對聯大的一切都分外感到新鮮，有趣。……上課鈴才響，朱先生便踏進教室——短小精悍，和身軀比起來，頭顯得分外大，戴一副黑邊玳瑁眼睛，西服陳舊而異常整潔——匆匆走到教案旁，對我們點了點頭，又點過名，便馬上分條析理地就魯迅及《示眾》本書的思想內容和形式技巧方面提出問題……然而不多一會，我便忘掉了一切，順著先生的指引，一步一步的終於看見了作者的所見，感受到了作者的所感受……就這樣的，我聽完先生授畢預定講授的大一國文教程中的白話文。〔註18〕

　　上他的課並沒有多大興趣，他雖然是個喜歡沖淡小品的作者，然而他教授的卻多是秦漢一類的學術古文，他似乎並不是很好的講師，……那時我們功課多半排在下午，碰著春天令人慵懶的日子，老是倦得想打瞌睡，任他在臺上提高了嗓子，也打不起精神來。不過他教作文倒是挺有味。在中學時老是被逼著做些莫名其妙的古文，到這兒倒是完全新鮮了一下。朱自清出的題目總是一些敘事抒情的題裁，他自家兒並且嚴禁我們用文言寫，每次在作文前，他照例對於文題作很詳盡的解剖，他並且還貢獻我們一些寫作的寶貴意見，有些時候文思本很枯窘，經他這麼一說，倒也洋洋灑灑湧出許多。下一周，發文卷時，對於一般的成績照例先來一次籠統的批評，接著他選出幾篇最精彩的當眾朗讀。他雖然在北方住得很久，可是北平話並不高明，只是對於土語「兒」字語尾特別強調，正因為這樣，所以時常發出一些可笑的聲調，同學們起初聽不順耳，然而久而久之，對於他那南方人的藍青官話，倒也習慣下來了。〔註19〕

二

　　雖然「這樣的課程和教授法，不應該理解就是為了『培養』作家，而應該理解為是在培養懂得文學、具有精細口味的優秀讀者，這對文學的發展是比『培養』幾個作家更重要的。」〔註20〕但這樣的氛圍無疑有利於新文學作家

〔註18〕吾言：《悼朱自清師》，《北大半月刊》1948年9月1日。
〔註19〕南山：《記朱自清》，《春秋》1945年第2卷第3期。
〔註20〕王彬彬：《中國現代大學與中國現代文學的相互哺育》，《並未遠去的背影》，

的成長。此外，在那些新文學作家兼老師的教學環節中，除了「講」之外，就是強調學生的「寫」，以及對「寫」的「改」，在這一點上，沈從文表現得尤為突出，從上文我們可以看到這一點。而更重要的則是他們讓學生的「寫」獲得認同，也就是讓這些課堂習作能在報刊上正式發表。聯大學生吳宏聰回憶，選修了楊振聲先生的《現代中國文學討論及習作》，每次討論後都有交習作，討論小說交小說，討論散文交散文。每次他都批改得密密麻麻，寫出詳盡的修改意見，對於比較好的習作則推薦到報刊發表。吳宏聰認為這是真正意義的「討論與習作」，受益匪淺。〔註21〕聯大學生趙捷民也說，他寫過一篇小說，交給楊先生（即楊振聲）。楊看了告訴他說，作的不錯，已交沈從文先生，將在《大公報・文藝》發表。一月未見發表，他自覺寫的不太好，又去信向沈先生要回來。外文系同學陳祖文是楊先生班上寫小說成績最好的，先生多次把他的小說拿去給沈從文先生修改，然後在《大公報・文藝》發表。〔註22〕給學生推薦作品最用心用力的依然是沈從文，當然這與他曾在北平主持過文藝刊物有關，也有編輯請他組稿，比如主持香港《大公報・文藝副刊》的蕭乾。然最主要的是他那種對新文學創作的重視以及作為一位老師對學生的關愛。就如汪曾祺回憶那樣：學生習作寫得較好的，沈先生就作主寄到相熟的報刊上發表。這對學生是很大的鼓勵。多年以來，沈先生就幹著給別人的作品找地方發表這種事。經他的手介紹出去的稿子，可以說是不計其數了。我在一九四六年前寫的作品，幾乎全都是沈先生寄出去的。他這輩子為別人寄稿子用去的郵費也是一個相當可觀的數目了。〔註23〕他除了不遺餘力地給學生的作品找地方發表外，還積極推薦學生到昆明的文學副刊做編輯〔註24〕，

廣東人民出版社，2010 年版，第 183 頁。
〔註21〕吳宏聰：《憶恩師楊振聲先生》，《現代教育報》2004 年 3 月 19 日。
〔註22〕趙捷民：《憶西南聯大的幾位文史教授》，《雲南師範大學學報》（哲學社會科學版）1986 年第 1 期。
〔註23〕汪曾祺：《沈從文先生在西南聯大》，《人民文學》1986 年第 5 期。根據專門研究西南聯大文學社團的李光榮的考察，通過沈從文之手，使西南聯大與香港《大公報・文藝》聯繫起來，因為不管是開始的編輯蕭乾，還是蕭乾離職後接替其的楊剛都與沈從文有著密切的關係，由此，該副刊大量刊發聯大人的作品。在 1938 年 8 月至 1940 年 8 月兩年中，發表了聯大 24 位作者，7 位老師、13 位學生、4 位南荒文藝社校外社員的作品 99 題，108 篇（首），分 208 次刊出。李光榮：《西南聯大文學與香港〈大公報・文藝〉》，《抗戰文化研究》（第 2 輯），廣西師範大學出版社，2008 年版，第 45~50 頁。
〔註24〕比如他推薦學生程應鏐編輯任《中央日報》（昆明版）「平明」副刊編輯。見

由此擴大學生作品的發表園地。

老師這種行為無疑給學生帶來了巨大的創作積極性，當時就有學生寫文章表達這種心情。「……有一天 B 君興奮地對我說，要請我到文林街吃牛肉米線，他說沒想到收到了當地一家報社寄來的 10 塊錢稿費和印件，這是交給沈先生的一份作業，應該是他拿出去發表的。……我不禁暗暗羨慕起來，想著自己今天晚上也在茶館裏寫一篇，過幾天交給沈先生，看能否登出來。」〔註25〕正是在這些新文學老師理論與實踐的交相砥礪下，以及由這種砥礪而產生的濃厚文學氛圍，那在大學課堂中起「點綴」的「新文學」便在年輕一代作家的心中紮下根鬚，並漸漸成長。當然，聯大的文學課堂不僅僅在中文系，外文系同樣也存在，且影響也許會更大（筆者將會在後文涉及）。而中文系文學課堂也不僅僅在課堂上，生活的各個角落都處在濃厚的文學氛圍之中，影響著生活於其中的人們，讓他們產生終生難忘的印象，比如個性鮮明的老師本身：

> ……浦江清教課很賣力，也最生動；王了一上課有個脾氣，喜歡將桌子直著擺，半面身子則斜倚在上面，他是國內有名的翻譯家，對於法國文學的介紹更有不可磨滅的功績，但他講書並沒甚精彩，隨著他那平板的聲調，很多人在不經意間踏入睡鄉；他本人還是個文學者，在商務印書館出過兩本研究書籍，署名叫王力。國文系裏尚有一個姓劉的老頭子，叫什麼名字可忘了，一副老學究模樣，據說做過安徽大學校長，他對漢學造詣極深，帶著一副老光眼鏡，面容臘黃，上課時也不停地抽著煙捲，如其不曉得的人，真看不出他是位教授；不久聽說他還被英國劍橋延聘為講師。我還要提到聞一多，這個以「死水」成名的詩人，是個頗有風趣的人物，留著一嘴濃鬚，他雖然已上了年紀，然仍具有年輕人的活潑氣質，喜詼諧，很會說故事，還記得有一次大夥兒赴西山途中，他在船上指手畫腳笑著，唱著歌，那次給予我以頗深刻的印象。還有陳夢家，看他的樣子，我老想起一個沒落的書香弟子，他的衣角老是漏出幾個破洞，衣鈕也從不想辦法扣好，生性落拓，教書也那麼一貫弔兒

吳世勇編：《沈從文年譜（1902～1988）》，天津人民出版社，2006 年版，第 217 頁。

〔註25〕鄭以純：《聯大風光》，《宇宙風（乙刊）》1940 年第 28 期。

郎當作風。……〔註26〕

再比如一次普通的歡送會：

> 1944 年秋天，中文系的羅常培應聘去美國講學。臨行前，系裏開了個歡送會，由朱自清主持。開會地點在新校舍北院一間大教室。出席這個歡送會的有全系師生約一百多人，剛一走進會場，在簽到處每人領一小紙條，上面寫著白居易的《琵琶行》七言詩的前四個字，如第一句「潯陽江頭夜送客」，把前四個字「潯陽江頭」寫在小紙條上，誰要抓鬮抓到這個小條，就進入會場尋找那個椅子背後貼好了「夜送客」三個字的座位，對詩入座。如果背誦不出《琵琶行》全文，也就找不到自己的座位了。這對剛入中文系的新生來說，無疑是一次新穎而有趣的「面試」。參加這次會議的同學約八九十人，特選用了這首 88 句的長詩。表示送別之意。據我目睹，似乎沒有發現找不到自己座位的人。……會議結束後，朱自清領頭，即席聯句，要求寫成一首：《送別羅常培教授赴美講學》的長詩，朱自清開頭的第一句是：「今天，我們在這裡」，然後按座位順序，依次每人各續一句，直到所有在座的人都輪到為止。今天想來，恍若夢中。〔註27〕

由此，西南聯大的文學課堂（包括課外活動等）為年輕一代的詩人作家提供了一種「寫」的訓練，更提供了一種濃厚的文學氛圍，這種氛圍是一種「溫暖的氣候」，他們在這「溫暖的氣候」中孕育自己的文學之夢：

> 那時聯大校園裏，詩的空氣很濃。愛讀詩、談詩、寫詩的同學很多。有些人甚至一眼就可以看出他是很愛寫詩或自命為富有才華的詩人的。這大概也與當時聞一多、朱自清、馮至、卞之琳、陳夢家等著名詩人和錢鍾書、沈從文等著名作家學者的無形鼓勵有關。榜樣就在身旁。我們都敬仰他們。經常可以看見這些前輩詩人在校園內來來去去，都和藹可親。可隨便去聽他們講課。那時聯大教室都是簡易平房，教室裏不夠坐，也可站在窗外旁聽。還可以到他們家裏討教，以至無拘束地聊天。……儘管物質條件很差，大多數師

〔註26〕南山：《記憶中的西南聯大》，《春秋》1945 年第 2 卷第 4 期。

〔註27〕陳用中：《夢回西南聯大中文系》，《西南聯大北京校友會簡訊》（第 42 期），2007 年 10 月。

生之間，關係特別親切。這種氛圍對年輕的文藝愛好者是一種難得的鼓舞力量，也爲他們提供了激勵創作的溫暖氣候。〔註28〕

第二節 《文聚》的創辦及其文學實踐

那種文學課堂營造出的「文學之夢」，使那些年輕的作家們並不滿足於老師給自己推薦作品發表，他們要成立文學社團與創辦文學刊物，由此更好地實現自己的文學夢。於是，我們可以發現聯大比較著名的文學社團就有早期的南湖詩社，隨後的高原文藝社、南荒文藝社、冬青文藝社、文聚社，及後期的文藝社、新詩社等，這些文學社團或以壁報的形式或以紙媒的形式發表作品。〔註29〕在這些文學社團所創辦的刊物中，有自覺的文學追求及文學水準最高的是「文聚社」的《文聚》雜誌。它的創辦可以作爲年輕一代的作家把在聯大文學課堂上孕育的文學之夢變成現實的一種代表性實踐。

一

《文聚》是在怎樣的環境下創刊的？1942 年 2 月 15 日出版的創刊號的「編後」這樣寫道：「昆明的文壇太沉寂了。原因是印刷條件太困難。譬如這麼樣薄薄的一冊本，光是印刷費也需要二元二角，稿費還在外，並且差不多找遍了全市的印刷館都不願承印。『開智』現在總算跟我們承印了，據說還是人情的。且須附帶一個令人最不滿意的條件，——一次交足稿後四十天才能起貨，裝訂還需自己動手。環境確是困難極了。但是我們不能因爲困難便沒有一點精神的充饑物，正如因噎廢食一樣。因此，在經費上便多方託人拉了一些廣告費補助，在別的困難上自己願意多吃苦一點。於是這麼樣薄薄的一冊，才能獻到讀者先生之前。」〔註30〕從這段文字我們可以瞭解《文聚》創刊時的大致境況。爲什麼此時的昆明文壇會「沉寂」？可能受 1941 年「皖南

〔註28〕 杜運燮：《我和英國詩》，《外國文學》1987 年第 5 期。

〔註29〕 關於西南聯大的文學社團狀況，李光榮在其著作《季節燃起的花朵——西南聯大文學社團研究》（中華書局，2011 年版）有詳細的介紹，本書不再贅述。另外，下文涉及的「文聚社」與《文聚》雜誌，筆者早在 2009 年就發表過相關的研究成果：《西南聯大〈文聚〉雜誌與雲南 40 年代文學》，《紅河學院學報》2009 年第 6 期。李光榮對《文聚》的研究在筆者之後，本書相關內容將使用筆者自己的研究成果，借鑒李光榮處將會標注。當然，本書對「文聚社」及《文聚》的研究目的則完全不同於筆者以前的研究及李光榮的研究。

〔註30〕 「編後」，《文聚》1942 年創刊號。

事變」的影響，很多社團活動都暫時沉寂下來，比如帶有「左翼」色彩的「群社」就接到黨組織的相關的指示，通知社團骨幹成員撤離。〔註31〕另外戰爭年代各種不穩定因素尤其是經濟因素，也會影響到文學事業的發展，很多報紙都壓縮或暫停文藝版面以減少開支，比如僅在 1940 年 7 月，《雲南民國日報》副刊《駝鈴》宣佈出版最後一期，《雲南日報》副刊《南風》也出版了終刊號。針對這種現象有人撰文說，1940 年的昆明文化界「是一幅冷清的景象」。〔註32〕但我們已在前面章節中談到，昆明這種相對自由的文化氛圍能使這種「冷清」很快得到改變，其實即使是「冷清」的 1940 年也至少有 5 份雜誌與 5 份報紙創刊（見第二章相關內容）。而西南聯大自由的辦學方針、濃厚的文學氛圍與沈從文、朱自清、楊振聲等新文學老師的對「寫」的支持，都爲《文聚》的創辦提供了一個良好的外在條件。此外，《文聚》的創辦還有一個原因，那就是「文聚社」的前身「冬青社」1941 年在《貴州日報》（原名《革命軍報》）辦的《革命軍詩刊》（1941 年 3 月 17 日發刊）出至第 11 期後（1941 年 8 月 30 日）便停刊〔註33〕，失去了一塊難得的發表作品的園地。

對《文聚》創辦的過程，其主要負責人林元（廣東人，於 1942 年聯大中文系畢業）在一篇題爲《一枝四十年代文學之花——回憶昆明〈文聚〉雜誌》（這也是目前唯一一篇雜誌當事人的回憶性文獻）中有過介紹：……回到學校後，發現校園顯得一片荒涼、寂寞……我是讀中文的，平日裏愛學習寫點散文、小說，不甘寂寞，便在十月間和馬爾俄（蔡漢榮）、李典（李流丹）、馬蹄（馬杏垣）等商量辦一個文學刊物。穆旦（查良錚）、杜運燮、劉北汜、田堃（王鐵臣、王凝）、汪曾祺、辛代（方齡貴）、羅寄一（江瑞熙）、陳時（陳良時）等同學不但自己積極寫稿，還出主意和幫助組織稿件，這就也成爲文聚社的一分子了。這些人中，多數是群社社員，或參加過群社的活動，有的是冬青文藝社社員。馬杏垣、王鐵臣是地下黨員。冬青社是群社的一個文學

〔註31〕比如當時「群社」的機關刊物《群聲》主編林元就接到通知：「形勢相當緊張，出完最後《群聲》，你利用你的社會關係撤退隱蔽吧。」隨後，林元便在二三月間到昆明西郊的海源河村子隱蔽起來。五個月後，形勢緩和了，林元也便回到學校。林元：《記群聲壁報》，西南聯大校友會編：《笳吹弦誦在春城》，雲南人民出版社，1986 年版，第 322 頁。

〔註32〕惠之：《一年來的昆明文化界》，《朝報》1941 年 1 月 2 日。

〔註33〕李光榮、宣淑君：《季節燃起的花朵——西南聯大文學社團研究》，中華書局，2011 年版，第 150～151 頁。

小組擴展成的，原屬於群社。……。文聚社與冬青社、群社，可以說是一脈相通的。……。馬爾俄是我的廣東同鄉，讀的是經濟系，但愛文學、音樂、寫些散文……。他不問政治，但有是非感。辦刊物要錢，當時很多人在昆明做生意，有些我們認識，馬爾俄還在昌生園當會計，他認識的生意人就更多，我們就通過這些人的關係，爲《文聚》雜誌拉廣告。有廣告費，刊物才得以辦成，經費問題解決後我們便向一些搞文學的老師請求支持，他們滿口答應，都說昆明文壇太沉寂了，應該有一個刊物。《文聚》便以『昆明西南聯大文聚社』的名義出版，於 1942 年 2 月 16 日（刊物上標的是 15 日——筆者註）問世。〔註34〕而「文聚」這個名稱則有兩種說法，一種認爲是沈從文取的名字，而汪曾祺則在一次訪談中說，《文聚》這個名字可能是他取的，意思是把文章聚在一起。〔註35〕《文聚》的封面設計者則爲愛好美術的馬蹄。〔註36〕

　　從林元的回憶中，我們可以大致瞭解《文聚》的源流、人員構成、稿件與經費來源。就其源流來說，《文聚》所在的「文聚社」是與「冬青社」密切相連的。「冬青社」是西南聯大歷史最悠久的文藝團體，創辦了《冬青》壁報及「冬青」街頭報，還發行有一定藝術水準的《冬青文抄》，內容包括小說、詩歌、散文、批評、論文等，每期有數萬字。而「文聚社」的最初成員除李典和馬蹄外（因爲他們搞美術，不寫文學作品，所以沒有參加「冬青社」），都是來自「冬青社」。〔註37〕這表明「文聚社」在很大程度上是「冬青社」的延續。因爲「文聚社」的成員大多是「冬青社」的成員，他們有一定的創作經驗，這使《文聚》的藝術水準有了一定的保障。在稿件方面，除了穆旦、

〔註34〕 林元：《一枝四十年代文學之花——回憶昆明〈文聚〉雜誌》，《新文學史料》1986 年第 3 期。

〔註35〕 說是沈從文取的可參見李光榮對「文聚社」發起人、雲南師大教授方齡貴的採訪：「當時西南聯大寫文章的人都跟沈從文先生熟悉。我記得『文聚』之名就是沈從文先生起的。當時以『文』爲名的刊物較多，如《文學》、《文叢》、《文摘》……，沈先生仿照這些名稱，爲我們的刊物起名《文聚》……」見《季節燃起的花朵》第 214 頁。說是汪曾祺起的，見楊鼎川：《關於汪曾祺四十年代創作的對話》，《中國現代文學研究叢刊》2003 年第 2 期。

〔註36〕 「馬蹄（東北人，原名馬杏垣），修長的身材，英姿颯爽，雍容大度，臉上總是掛著微笑，經常穿一件黃麂皮夾克。是『群社』發起人之一，念的是地質系，但愛好美術，擅長木刻，發表時署名『馬蹄』。《文聚》的封面就是他設計的。」傅舉晉：《一枝紅杏出牆來》，《西南聯大北京校友會簡訊》（第 31 期），2002 年 4 月。

〔註37〕 李光榮在《冬青文藝社及其史事辯證》（《中國現代文學研究叢刊》2007 年第 6 期）對相關內容進行了梳理。

汪曾祺、羅寄一、辛代（方齡貴）、杜運燮等社員努力寫稿外，組織者還積極
向老師約稿。朱自清、沈從文、馮至、李廣田等不但擔任《文聚》的指導教
師，還將自己的稿件交給《文聚》，因此幾乎在每一期雜誌上都可以看到老師
的文章。這些老師除了自己給《文聚》稿件，有的還幫助約稿，據林元回憶，
方敬、何其芳的稿件是李廣田約來的，袁水拍的稿件是穆旦約來的（穆旦畢
業後留校做助教），靳以的稿件是劉北氾約來的。〔註38〕林元給馮至留下了「組
稿能手」的深刻印象，姚可崑則稱他爲「出色的編輯和組織家」。〔註39〕在印
刷發行方面，《文聚》的第 1 卷第 1 期是由「昆明開智印刷公司」承印，從第
1 卷第 2 期開始一直到結束，則都由「崇文印書店」印刷，發行由昆明金馬書
店向全國發行（包括後來「文聚社」出版的《文聚叢書》）。崇文印書館的經
理叫祁仲安，思想很開明，除了承印《文聚》外，也承印了「北門書局」的
一些書籍。金馬書店的經理是一個叫莊重的西班牙華僑，他與巴金有些來往，
還翻譯過一些文學作品。《文聚》後面都印著「出版者：昆明聯大文聚社」的
字樣，編輯人爲「林元、馬爾俄」，直到第 2 卷第 3 期（即最後一期），才寫
著：「社長：余國安」。《文聚》第 2 卷第 1 期（1943 年 12 月 8 日）出版之後
曾經停刊，1945 年林元與馬爾俄又創辦了《獨立周報》，將《文聚》作爲該報
的副刊。同年，《文聚》復刊，從第 2 卷第 2 期繼續出版，直到 1945 年 6 月
出版最後一期（即第 2 卷第 3 期）。第 1 卷共出了 6 期，其中第 4 期與第 5、6
期（合刊）都以「文聚叢刊」的形式出版，32 開本。第 2 卷共發行 3 期，兩
卷共 9 期。而就欄目設置來看，除了第 1 卷第 1 期外，都分爲「詩」「小說」
「散文」三部分。此外，《文聚》在 1943 出版了卞之琳譯的《〈亨利第三〉與
〈旗手〉》、穆旦的詩集《探險隊》，在 1945 出版了沈從文的《長河》，作爲「文
聚叢書」系列推出（本來有一個出版十本「文聚叢書」的計劃，但由於抗戰
勝利後聯大北返而未實現）。《文聚》初爲半月刊，24 開本；後改爲月刊，16
開本；後改爲不定期叢刊，32 開本。印出來每冊的印費是 2.2 元，稿費是每
頁 15 元，而一冊的零售價才 1 元，後來漲爲 3 元。從林元的回憶中可以知道，
《文聚》的經費主要來自廣告費。《文聚》廣告價目訂得不算太高，封底全頁
廣告爲 700 元，第一、二頁爲每頁 300 元，其餘如爲半頁是 100 元，四分之

〔註38〕 林元：《一枝四十年代文學之花——回憶昆明〈文聚〉雜誌》，《新文學史料》
　　　　 1986 年第 3 期。
〔註39〕 姚可崑：《我與馮至》，廣西教育出版社，1994 年版，第 104 頁。

一頁是 20 元。為了維持雜誌的生存，一本薄薄的雜誌有時竟會有 5、6 頁廣告。在《文聚》上面刊登過廣告的企業有：雲南製糖廠、金城銀行、上海萬國大藥房昆明分店、冠生園、太平捷運公司、昆明化學藥品公司、亞洲大旅社、普利拍賣行、元亨行、佳棧食品、惠羅皮鞋、永香棧臘味老字號、華健糖面廠、健康西餅廠、大三元酒家、昌生園、昌信五金店、上海大美理髮廳、英商匯利實業公司、日月百貨、炳南電器行、金馬攝影社、昆明個舊燨記昌藥房、南屏大戲院、廣東健民藥場昆明分公司、昆明大戲院等。這些廣告頗有特色，比如第 1 卷第 1 期有一則為昆明「亞洲大旅社」做的廣告：「招呼周到　價錢便宜　空氣清新　電燈光明（附設沐浴部）浴盆清潔　浴水溫暖　浴巾齊備　浴鹽豐富　浴室眾多　浴價便宜　浴時擦背　浴後修甲　浴完之後浴者滿意」，文字質樸、實在，符合大眾心理。再比如在第 1 卷第 3 期有一則名為《我的妻子顯得美麗又可愛》的廣告，後面落有署名「誠」。如果只看標題的話，很可能以為是一則愛情大作，讀完這篇情感真摯的文字後，才發現是為昆明「普利拍賣行」做廣告，用詞非常貼切、真誠，沒有一點商業炒作色彩，這類文字在《文聚》的廣告中是很普遍的。

　　《文聚》的文學主張是什麼？儘管《文聚》沒有發表類似宣言的文字。但從林元的話中還是可以看出《文聚》的追求：「《文聚》創刊，我們就宣稱是一個『純文學』刊物，意思是說不是政治性的。所以這麼說，是由於當時革命正處在低潮……；還有一個原因，是當時的有些文學作品藝術性不強，特別是有些詩歌，就只有『衝啊』，『殺啊』的口號，這在抗戰初期，是起到過動員民眾的歷史作用，到了抗戰中後期，光是口號就不行了。我們認為應該有藝術性較強的文學，再說人們的精神生活也需要藝術滋養，於是，《文聚》便比較注意藝術性。由於作者隊伍中大多數人都生活在民主堡壘裏，而聯大校外的作者，又大多數是進步或革命的作家，就當然離不開政治，於是政治性與藝術性的統一，則是我們追求的目標。……《文聚》上的文章，像每個人的臉孔雖然各自不同：各有各的藝術觀，各有各的生活體驗，各有各的思想感情，各有各的表現形式，……但在這些文字文章中，卻有一個共同點，都心有靈犀共同追求著一點東西，一種美，一種理想和藝術統一的美，一種生活的美，一種美的生活。〔註40〕從中，我們可以發現「純文學」是《文聚》

〔註40〕林元：《一枝四十年代文學之花——回憶昆明〈文聚〉雜誌》，《新文學史料》1986 年第 3 期。

的主張，這一方面是一種生存策略，一方面也是一種藝術追求，這種追求是對「冬青社」藝術主張的延續：「冬青的影響決不止於啓蒙作用和教育街頭的民眾，他還從事深刻的研究工作用以提高寫作的藝術水準。它不是爲藝術而藝術，也不認爲宣傳即等於藝術，它抱定文藝並不超然於政治的觀點，而唯有藝術水準愈高的作品愈有政治作用。」〔註41〕

　　《文聚》的藝術追求在其刊登的作品上可以很好地表現出來。發表在上面的比較著名的作品有：沈從文《新廢郵存底》、《王嫂》、《秋》、《動靜》、《芸廬紀事》、《人與地》；馮至《十四行六首》、《一個消逝了的村莊》、《譯里爾克詩十二首》、《譯尼采詩七首》、《愛與死》、《一棵老樹》；穆旦《讚美》、《春的降臨》、《詩・八首》、《合唱二章》、《線上》、《詩三首》；李廣田《青城枝葉》、《悔》、《霧季》、《日便隨筆》；杜運燮《滇緬公路》、《一個有名的士兵》、《恒河，歡迎雨季》、《希望之歌》；汪曾祺《待車》、《花園》。在這些作者中，沈從文、馮至、朱自清、李廣田、卞之琳、趙蘿蕤、姚可崑、聞家駟、羅莘田等人是老師或老師輩，何其芳、方敬、高寒（楚圖南，此時已離開昆明）、袁水拍、魏荒弩、靳以、江籬、楊剛、姚奔等是來自非昆明地區，其他發表作品的如穆旦、杜運燮、汪曾祺、林元、馬爾俄、劉北汜、田堃、王佐良、流金、祖文、李金錫、楊周翰、許若摩、陳時等都是聯大學生，有的是中文系，有的是外文系或其他系。就藝術水準而言，「這些作品與當時甚至此前的所有校園學生刊物相比都是最出色的。其中馮至《詩人十四行詩六首》，沈從文《長河》（部分章節）、《王嫂》，李廣田《霧城》、《青城枝葉》，穆旦《讚美》，杜運燮《滇緬公路》在當時都是獲得廣泛讚譽的佳作。」〔註42〕而「以汪曾祺和穆旦這兩位完全在國內成長起來的青年作家爲標誌，現代的文學形式與文學精神在40年代初期基本上完成了它在中國的本土化。」〔註43〕可以說《文聚》的影響已經超越了抗戰時期昆明的文學空間，它已經成爲了中國現代文學期刊出版史中不可缺少的一員。它剛出版第一期時，就有人撰文對其進行介紹和評價：「……近市上出現了『文聚』這個純文藝刊物……這個刊物也許能把昆明沉寂的文藝生活激蕩得有些生氣。態度上講，這個刊物可以說是嚴

〔註41〕　公唐：《記冬青社》，西南聯大《除夕副刊》主編《聯大八年》，新星出版社，2010 年版，第 159 頁。

〔註42〕　趙新林、張國龍：《西南聯大：戰火的洗禮》，上海教育出版社，2000 年版，第 157 頁。

〔註43〕　李書磊：《1942，走向民間》，山東教育出版社，1995 年版，第 114 頁。

肅的、大方的、學院性的,這個講起來,一卷一期上的幾篇文章都是經過作者嚴肅思考寫出來的,很少是『急就章』,而且編排得也很莊嚴,沒有一點零碎雜亂的毛病。最大的特點就是學院性,許多不同的寫作方法,不同的思想見解,而能全以嚴肅的態度並立在一快,沒有傾軋拼擠,這確實是現在文藝刊物少見的風格……」。作者還對一些作品進行評價,認爲穆旦的《讚美》「質樸、深澈、獨成一格」,李廣田的《青城枝葉》「雖然是一幅淡墨的人間風景畫,但給予我們的是一個廣深的印象,我們曾想到的人間風景原是如此的」,〔註 44〕等等。當然,對這些文學作品的具體分析不是本書的任務〔註 45〕,但就整體上來說,我們可以發現它們基本上不是呈現出一種與時代氛圍緊密結合的、強烈的民族政治意識和崇高悲壯的美學風格,而是表現一種對生命的深切關懷和哲理思考。大多作品不是以慷慨激昂、悲壯雄偉爲基調,也不以塑造英雄人物、表現宏大場景爲主題,而是表達在戰爭背景下對個體生命、日常生活、人性理解和關懷,一種對個體與人類的生存狀態的現代性表達,一種在苦難歲月中對存在的體悟。這些作品在藝術追求和思想境界上都表現出一種與其他區域同時期文學迥異的一面。《文聚》體現出的文學品質,是中國現代文學在民族國家危機時刻的一種「沉潛」與「反思」,是中國現代文學在 1940 年代複雜性的具體表現之一。

二

在對《文聚》的簡單梳理過程中,我們會發現一些頗具意味的內容。無論是創刊時自覺的文學主張,積極主動地向已經產生影響的老師們約稿、組稿,還是通過商業的方式(拉廣告)來維持刊物的運轉,都體現出那些年輕學生對文學的理解:文學是個人的也是集體的,文學是審美的也是社會的。而《文聚》也已經超越了一個單純的文學刊物的範疇,從某種程度上老說,它具有一定的象徵意義,象徵著那些在新文學課堂上哺育出來的年輕一代作家們的一種比較成熟的文學實踐。就刊物與時代的關係來說,與新文學早期的學生刊物比如北大的《新潮》相比,《文聚》似乎是「脫離時代」,然這種「脫離時代」的面貌實質上卻能更深刻地反映時代的要義,也就是在大災難時代我們個人與人類會面臨怎樣的命運,會遭遇怎樣的生存狀態,以及如何

〔註44〕 笛蓀:《文聚——新刊介紹》,《朝報》1942 年 3 月 5 日。
〔註45〕 相關分析可見明飛龍《西南聯大〈文聚〉雜誌與雲南 40 年代文學》,《紅河學院學報》2009 年第 6 期。

面對這種命運與狀態。發表在上面的大部分作品基本都是一種藝術的方式而非宣言與概念的方式與時代對話，與自己對話，也正是如此它才能成爲一個「當時與以前最出色的學生刊物」。毫無疑問，《文聚》這種「脫離時代」的「純文學」、「學院」的追求無疑受創辦者們的新文學老師諸如沈從文、朱自清、楊振聲等人的影響，這些在一定程度上秉承自由主義立場的學院知識分子「不是不關注社會現實和人的實際生存狀況，然而這種關注主要還是從學院派自身的地位、處境和心態出發的，他們對生存現實採取著更多的抽象、概括和提純，這樣的抽象、概括和提純顯然要重於他們對熱烘烘血淋淋的生存實景的生動呈現。」〔註46〕這無疑影響著《文聚》的審美取向，《文聚》的整體藝術特徵就證明了這一點。而就那些新文學老師來說，影響《文聚》的不僅僅是審美趣味，還有實際行動，他們不僅給刊物提供自己的稿件，還幫忙向名家約稿，李廣田約來何其芳的稿子，沈從文約來楊剛的稿子等。而這些人的名字本身就是一種如布迪厄所說的「象徵資本」，更不要說他們高質量的稿件，比如沈從文的《長河》、李廣田的《青城枝葉》、馮至的《十四行詩》等。再加上他們對刊物所發文章的及時肯定，比如杜運燮的詩《滇緬公路》（《文聚》1942 年第 1 卷第 1 期）剛一發表就受到朱自清的讚賞，不但在課堂上稱讚這首詩，而且撰寫《建國與詩——新詩雜話之一》一文，他評價《滇緬公路》：這裡不缺少「詩素」，不缺少「溫暖」，不缺少愛國心。……這裡表現忍耐的勇敢，眞切的歡樂，表現我們「全民族」。〔註47〕這些行動無疑促成了這個「最好的學生刊物」的成長。而「成長」不僅是這份學生刊物，還有聯大的文學課堂，因爲刊物的吸引將會有更多的學生走進文學課堂。因此，從某種程度上也可以說，這份文學雜誌是文學課堂的延伸，是「寫」的最好的實踐空間。聯大眾多的刊物尤其是前期與中期的文學刊物在某種意義都可以這樣理解，不同之處只在於它們之間互動程度的差異以及由此所導致的水準的差異。

　　當然，促成《文聚》「成長」的還有一個重要因素，那就是昆明的文學氛圍，那種對文化與文化人尊敬的氛圍。如前所述，戰時昆明物價畸形飛漲，昆明的各類報紙都陷入經濟困境：「他們（昆明各報）有各自的外貌與內性，但如果要說他們的共同點的話，最主要的就是經濟的困難，其中除朝報有大

〔註46〕李怡：《七月派作家評傳》，重慶出版社，2000 年版，第 9 頁。
〔註47〕朱自清：《詩與建國——新詩雜話之一》，《世界學生》1943 年第 2 卷第 7 期。

筆的副業收入稍資挹注外，其餘各報都是賠累甚重。因爲在昆明除了各地同業所遭遇共通的困難——材料費激增以外，薪工之高，爲各地所無。普通一個排字工友非百元以上找不到，職員更不用說。歷來主持中央日報的，無不爲此感到棘手，雲南日報積欠印刷費至六七萬萬元，至於民國日報，則已積欠至十多萬了。」〔註48〕假如沒有相關的經費來源，那些文學刊物的處境也就可想而知，這也就是戰時昆明報刊種類繁榮但卻很少能長時間維持的主要原因。有人這樣回憶：「我和周廣淵、登特、張靜等幾個同學辦過一個四開兩版的小報，刊名記不確切了，大概叫《生活周刊》。我們自己撰稿，自己編輯，自己賣。我負責中國近代史講座專欄，兼寫點雜文。……第一期不錯，賣了1000多份。第二期跑遍全市街頭巷尾，只賣了五六百份。資金周轉不過來，沒有辦法，只好停刊。」〔註49〕可以說在戰時昆明的出版界，這不是個別現象。而《文聚》這樣一份學生刊物卻能維持數年，沒有商業廣告的維持是不可能的。從上文關於《文聚》中的廣告列舉中，我們可以發現其種類的繁多，而對於文學刊物上的廣告，當時有文章這樣寫道：「……都說昆明的商人大發國難財，不顧別人的死活，只是一股腦地囤積盤剝，這種現象不是沒有，但大部分商人尤其是本地商人還是有良心的，看到我們這些『外江佬』生活艱難還是充滿同情……。因爲辦一份小雜誌，沒資金，爲了維持雜誌的生存只好聯繫那些熟悉與不熟悉的商家，他們大部分還是有耐心聽你講述，並多少給你一點廣告做做。其實，從他們的言談中，可以感受到他們的生意在這份雜誌上做廣告是沒有什麼意義的，然他們還是熱情地給你一點錢。我認爲這裡面包含著他們對文化人的尊敬。」〔註50〕昆明那種「對文化人的尊敬」的社會氛圍是我們討論《文聚》時不能忽略的。

除了諸如《文聚》之類的文學刊物，聯大眾多的壁報也是「寫」的空間，也是某種意義上課堂的延續，而且很多壁報尤其是文學院的壁報也與新文學老師有著密切的關係〔註51〕。這些壁報以另一種方式展現著青年們「寫」的

〔註48〕 李荊蓀：《昆明的新聞事業》，《新聞戰線》1941年第1卷第5～6期。

〔註49〕 王俊鵬：《別夢依稀話聯大》，雲南省政協文史資料研究委員會、西南聯合大學北京、昆明校友會、雲南師範大學合編：《西南聯合大學建校五十週年紀念專輯》，雲南人民出版社，1988年版，第152頁。

〔註50〕 俄：《昆明的商人們》，《朝報晚刊》1944年7月9日。筆者猜測這位署名爲「俄」的作者可能就是馬爾俄。

〔註51〕 「各種壁報都很茂盛的滋長，像沙漠中的沃土，來點綴著落涼的昆明。尤其是文學院的壁報，有著沈從文與朱自清二先生的扶育，更是黑暗中燦爛的光芒，異

風采。有些壁報上的文章則成爲某些報刊稿件的直接來源〔註 52〕。關於壁報我們已經在第二章進行了重點討論，這裡就不再贅述。

第三節　《國文月刊》關於「新文學教育」的學術探討

聯大的文學課堂及聯大的文學刊物、壁報在昆明自由、濃厚的文學、文化氛圍中相互促進與相互砥礪，激蕩著思想，豐富著想像，成爲年輕一代與生活、世界對話的方式。而他們的老師則在文學課堂與文學刊物的互動中，發現了更爲深遠的話題，也就是如何使大學中文系、文學課堂能進一步激發學生對新文學的熱情，並採用怎樣的方式把學生的熱情轉化爲新文學實績，因爲在他們看來新文學已經不僅僅是「文學」，還事關「國家」：「我們若沒有新文學，不可能有新文化與新人生觀，沒有新文化與新人生觀，也就不可能有個新中國。因爲新文學，在一種深刻的意義上說，就是來創造新文化與人生觀的。先有了這個，咱們也才能有個新中國。」〔註 53〕由此，他們以極大的精力來討論這個問題，並把討論推向全國。這種討論集中體現在《國文月刊》上。〔註 54〕

一

《國文月刊》是由西南聯大師範學院主辦（聯大師範學院國文系和文學院中文系聯合籌辦，因爲師範學院國文系的老師是由聯大文學院的老師兼任，所以辦刊是同一個群體）、豐子愷題寫刊名（75 期後由沈君默題寫）、昆明開明書店發行，於 1940 年 6 月 16 日創刊至 1949 年 8 月停刊，共出版 82 期。辦刊經費一部分來自聯大師範學院的劃撥、一部分來自開明書店的贊助。主編先後由浦江清、余冠英等擔任，先後參加編輯的有朱自清、羅庸、

軍突起。」慕文俊：《聯大在今日》，《學生之友》1940 年第 1 卷第 4 期。

〔註 52〕「……西方文學方面的有老爺社、湖社，寫詩、散文都隨便，定期有壁報出版，中文純文藝有『高原』，你別看它不上眼，多少大公報文藝副刊的稿子都是經蕭乾從這兒轉去的。」南山：《記憶中的西南聯大》，《春秋》1945 年第 2 卷第 4 期。

〔註 53〕楊振聲：《爲追悼朱自清先生講到中國文學系》，《文學雜誌》1948 年第 3 卷第 5 期。

〔註 54〕因爲《國文月刊》的辦刊宗旨並沒有在抗戰結束後隨著聯大的回遷而改變，所討論的問題都具有連續性，因此本書討論的範圍也就不僅僅限於昆明時期的《國文月刊》。

魏建功、鄭嬰、羅常培、王力、彭仲鐸、蕭滌非、張清常、李廣田、聞一多、沈從文等。《國文月刊》的辦刊的動機、宗旨和主要內容爲：「國文一科，在中學及大學的課程表裏，都佔有重要的地位。教育部及各省教育廳屢屢表示注重這基本科目的意思，可是學生的成績不能如我們的理想。原因很多，但是全沒有一種專致力於推動本國語文教育刊物，確實是一個缺憾。我們願抽出教書及研究的餘暇來辦這刊物，以爲提倡。本刊的宗旨是促進國文教學以及補充青年學子自修國文的材料。」指出，刊物刊登的文章主要有四類，第一類是「討論國文教學的各種問題的文章以及根據教學經驗發表改進中學國文及大學基本國文的方案……」。〔註55〕縱覽 82 期刊物，我們可以發現，中學國文教育改革、大學國文教育改革、大學中文系改革是這份學術刊物最重要的三個話題。因爲本書的目的是討論大學文學課堂如何更好地與新文學創作互動的問題，因此，關於中學的國文教育就不在本書的討論的範圍之內。

　　大學的國文教育主要體現在大一國文教學中。丁易撰文說：目前各大學一年級國文教學大部分是因仍舊貫，……錯誤的觀念支配國文教學，把國文和倫理學混淆甚至等同……有人則認爲大學國文應該多選些艱深奧衍的作品以表示大學爲之大，故平易暢達的作品就遭擯棄。有些大學還在禁止學生寫語體文。目前很多大學的主持人或教員都認爲教白話文是一件無足輕重的事情，隨便應付或叫助教去敷衍。〔註56〕丁易說出了當時大學國文教學的整體情況。在官方機構和高等學府中，『語體文』始終不能登大雅之堂，新文學要在大學課堂立足，更是阻力重重。「國民政府教育部 1942 年頒發的一份『飭公私立各大學第一年級一律用』的《大學國文選目》竟然全是文言文，沒有一篇語體文。」〔註57〕就聯大而言，真正意義上的新文學教師也只有沈從文、楊振聲、李廣田三人（從前文的課表可以看出）。這些新文學教師執著地爲新文學走入大學課堂努力著，改變著國文教材，也改變著同仁們對新文學的看法。1938 年聯大中文系成立大一國文編撰委員會，由有新文學背景且資深教科書編撰經驗的楊振聲主持編選《大一國文讀本》。1942 年，經過多次改編的《大一國文讀本》定稿，「最後的一本包含十五篇文言文，十一篇語體文，四

〔註55〕「發刊辭」，《國文月刊》1940 年第 1 卷第 1 期。

〔註56〕丁易：《談大學一年級的國文》，《國文月刊》1946 年第 41 期。

〔註57〕陳覺玄：《布頒〈大學國文選目〉平議》，《國文月刊》1943 年第 24 期。

十四首詩，一篇附錄」。曾經反對學生讀新文學作品的羅莘田（羅常培）也在
《中國文學的新陳代謝》一文從文學史的角度出發，認爲新文學的潮流不可
阻擋，對部頒大一國文教材進行批評。「很小心地挑選著十幾篇語體文，無非
是想培養出一點新文學運動裏秀出的嫩芽，讓它慢慢兒的欣欣向榮，不至於
因爲缺乏灌溉就焉萎下去。沒想到最近教育部召集的大一國文讀本編定委員
會只選了五十篇文言文，四首詩。……把語體文刪得連影都沒有了」。「這不
是一件小事，這正是新舊文學消長的樞機。」〔註 58〕楊振聲在爲《西南聯合
大學大一國文習作參考文選》（1944 年編選）所寫的序言中說：「目的是幫助
學生習作，學習用本國文字恰當地表達他的思想感情」，「近代的國家，沒有
不是語文一體的」，「放開眼光到世界文學的場面，以現代人的資格，用現代
人的語文，寫現代人的生活！」「……從這些作品發展來看，便是修辭立誠的
門徑，便是創造中國文學的新途，也便是中國文學走上世界文學的大路。」
〔註 59〕同時，「他們把反映新文學運動業績的現代文學作品（包括散文、小

〔註 58〕 羅莘田：《中國文學的新陳代謝——民國三十一年七月一日在昆明廣播電臺演
　　　　講》，《國文月刊》1942 年第 19 期。1945 年第 33 期的《國文月刊》上刊出《西
　　　　南聯合大學大一國文習作參考用書目錄》：胡適《建設的文學革命論》（節
　　　　選），魯迅《狂人日記》、《示眾》，徐志摩《我所知道的康橋》（節錄）、《死城》
　　　　（節錄），宗白華《論世說新語和晉人的美》，朱光潛《文藝與道德》、《無言
　　　　之美》，梁宗岱《歌德與李白》、《詩、詩人、批評家》，謝冰心《往事》（節錄），
　　　　林徽因《窗子以外》，丁西林《壓迫》。
〔註 59〕 楊振聲：《〈新文學在大學裏——大一國文參考文選〉序》，《國文月刊》1944
　　　　年第 28、29、30 期合刊。楊振聲還在文中說，「自部定大學一年級國文讀本
　　　　頒佈後，我們放棄了我們以前選有部分語體文的大一課文，尊用部定課本。」
　　　　陳覺玄在《部頒〈大學國文選目〉平議》中說：「教育部於三十一年秋，頒發
　　　　《大學國文選目》，飭公私立各大學第一年級一律尊用。」《國文月刊》1943
　　　　年第 24 期。1942 年後教授多年大一國文的周定一回憶：「總之，『部頒』讀本
　　　　在聯大是用過的，但大家思想上不樂意接受，勉強，用的時間不長（大約在
　　　　1944 年以後）。」姚丹：《西南聯大歷史情境中的文學活動》，廣西師範大學出
　　　　版社，2000 年版，第 137 頁。通過這些材料，我們可以做如下推斷：在 1942
　　　　年教育部規定使用部頒教材之後，西南聯大繼續使用自己編選的教材（《大一
　　　　國文讀本》），直到 1944 年後編選出《西南聯合大學大一國文習作參考文選》，
　　　　才用這個「文選」配合部頒教材一起使用。曾參與 1942 年教育部「大學國文
　　　　選目」工作的朱自清對部頒本的相關情況有詳細說明：初選目錄中曾經有魯
　　　　迅兩篇、徐志摩一篇作品，但最終全被刪除。認爲「……在一年的國文教材
　　　　裏，物、我、今、古，兼容並包，一定駁雜而瑣碎，失去訓練的作用。要訓
　　　　練有效，必得有側重：或重今，或重古，都有道理。……重今的選本可以將
　　　　文化訓練和語文訓練完全合爲一事：……這是最合乎理想的辦法，也是最能

說、戲劇文學和文學理論）引進大學國文教材，這一做法具有劃時代的意義。這不僅把作爲全國文化中心的北京地區自『五四』以後重視白話文的傳統帶到比較保守的西南，同時給教育當局的嚴重複古傾向以巨大的衝擊（教育部領導的大一國文讀本編訂委員會所選的篇目爲 50 篇文言文和 4 首詩，無語體文）。」〔註60〕這種劃時代的意義不僅僅在教育史上，也在文學史上。如前所述，雖然聯大的新文學課程上在某種意義上還是「點綴」，但在學生心中卻產生了巨大的影響，尤其是在新文學「寫」的教學上顯示出勃勃生機。這無疑是聯大新文學老師集體努力的結果。這種努力是艱難的，在當時的大學中文系氛圍中，要把新文學「寫作」作爲一門課程，連朱自清都認爲是不可能〔註61〕，但最後還是實現了。

與新文學進入大學課堂緊密相關的就是大學中文系的改革問題。首先提出「中文系改革」問題的是丁易，他說：目前大學國文繫日趨支離破碎，已到了非變不可的時候，卻還沒有一篇文字討論這個問題。國文系的目標「對中國舊文學的整理結算，對中國新文學的創造建設」，目前沒有一所大學能擔任這個任務。「現在大學國文系一大部分竟是沉陷在復古的泥坑裏，和五十年前所謂大學堂的文科並沒有兩樣，甚至連乾嘉學者那種實事求是的嚴謹精神都談不上，只是一批『五四』時代所抨擊的『選學妖孽』『桐城謬種』……結果最倒霉的自然是學生，恍恍惚惚地在國文系讀了四年，到頭來只落得做個

引起學生興趣的辦法，可是辦不到。一則和現行的中國國文教材衝突；二則也和現行大學國文教材也衝突。無論哪個大學都不願這樣標新立異。……教育部處在政府的地位，得顧到各方面的意見。剛起頭的新傾向，就希望它採取，似乎不易。……好在課外閱讀盡可專重語體文，補充『示範』的作用。而日子越久，語體文應用越廣，大學國文選目自然會漸漸容納它的——這個我堅確的相信。」《論大學國文選目》，朱喬森編：《朱自清全集》（第 2 卷），江蘇教育出版社，1998 年版，第 18～22 頁。從中我們可以看出，就全國的大一國文教育來說，文言文的傳統還是異常強大的。在這樣的情況下，西南聯大努力地推行自己的大一國文教育改革，這種改革的後面是對新文學走入大學課堂的迫切期待。

〔註60〕西南聯合大學北京校友會編：《國立西南聯合大學校史——一九三七至一九四六年的北大、清華、南開》，北京大學出版社，2006 年版，第 90 頁。

〔註61〕朱自清日記（1938 年 11 月 21 日）。今甫對中文系很感興趣，他想把創作訓練作爲中文系的培養目標之一。但這個計劃不會成功的，他對此提出不少想法，我不同他爭辯。他想召開一個會議來討論一年級的作文課，我只好同意。朱喬森編：《朱自清全集》（第 9 卷）（日記·上），江蘇教育出版社，1998 年版，第 560 頁。

半通不通的假古董。」「雖然有些大學國文系努力地實事求是地做些結算中國
舊文學的工作，但更重要的一半——新文藝的創造建設卻忽視了」。「若不趕
快改革，則不僅阻礙中國新文藝的發展，而且還要貽害無數青年，後患實在
不堪設想。」並建議將國文系分為三組，一、文學組（以新文藝創造為目的）；
二、語言文字組（方言調查、古文字整理等）；三、文學史組（相當於部定的
「文學組」，以舊文學的整理結算為目的）。〔註62〕丁文發表後，首先回應的
是王了一，他同意丁易對大學國文系現狀的批評，但不同意丁文認為的大學
國文系以「中國新文學的創造建設」為目標。他認為「大學裏只能造成學者，
不能造成文學家」，「今天的中國文學系乃是歐化的文學，所以適宜於養成文
學人才的應該是外國文學系而不是中國文學系」。「我仍舊反對在大學裏傳授
新文學，反對在大學裏教人怎樣『創作』。」〔註63〕李廣田接著對王了一的觀
點提出質疑，認為「在今天，大學中文系的學生雖然不見得都通外國文，而
直到現在中文系與外文系也尚未合併，然而大學中文系的學生要造就作家還
是可能的，因為現在那麼些不認識 ABCD 的大作家可以為證」，因此「大學中
文系教授新文學寫作，不是一個能不能的問題，而是一個該不該的問題」。「從
來沒有聽說有人反對在大學裏教授舊文學創作，卻時常聽到反對在大學教授
新文學的意見。三十三年教育部修訂的中國文學系科目表中有文選及習作六
學分；詩選集習作六學分，即教育部有規定的文學創作課程。」李廣田認為，
按照王了一的觀點來看，就是「舊文學創作是需要的，或比較重要的，新文
學是不需要的，或比較不重要的」，「舊文學創作是前程遠大的，新文學創作
是死路一條。」同時，李廣田認為，新文學是新文化的一部分，文學教育的
目的是批判地接受舊的文化，創造並發展新的進步文化；批判地接受世界文
化，並創造或發展自己新的進步的文化。贊同楊振聲在其《新文學在大學裏》
的主張：提倡新文學或教授新文學正是「勇於承認現代「的精神，而承認現
代乃是為了將來，是為了文化的發展，站在整個文化的立場上來談文學，用
歷史的觀點、世界的觀點。〔註64〕在大學中文系是否應該開設新文學課程上，
李廣田和丁易是一致的，而與王了一則有原則性的分歧。但事實上，王了一

〔註62〕丁易：《論大學國文系》，《國文月刊》1945 年第 39 期。
〔註63〕王了一：《大學中文系和新文藝的創造》，《國文月刊》1946 年第 43、44 期合
　　　刊。王文首先發表在 1946 年 3 月 3 日的《中央日報》（昆明版）上。
〔註64〕李廣田：《文學與文化——論新文學和大學中文系》，《國文月刊》1946 年第
　　　43、44 期合刊。

併不反對新文學，他在《大學中文系和新文藝的創造》一文中的「附記」裏說：我並不反對中國文學史一直講到現代文學，……我不贊成大學裏教人怎樣創作，那是包括新舊文學而言的。對於新文學家，我不贊成在大學裏用灌輸的方法去「造成」，卻還贊成用潛移默化的方法去「養成」，至於舊式的文學家，連「養成」我也反對。「現代文學家無論懂不懂西文，總不免直接或間接地受西洋文學的影響，因此，間接地受影響總不如直接地受影響。」王文的「附記」版發在《國文月刊》上，從文章的語氣來看，是對自己原先觀點一定程度的修正。

從這些論爭的文字來看，可以發現他們探討的其實不是同一個問題，丁、李是強調新文學在大學的「合法性」問題，而王了一則是強調大學中文系在現代化進程中的「科學化」問題，對以指導學生創作爲主要目的的新文學課程的合理性表示懷疑。此外，也有其他人加入論爭，比如，傅庚生針對丁、李、王的文章，提出了「研究與創作並重」的觀點〔註 65〕，胡山源認爲，任何大學，國文系必須成立，並且必須按照教育部所公佈的科目充實其內容；國文系的目的是整理並欣賞舊文學（大範圍的文學，一切載籍都在內）而創造新的文學，決不是復古；目前的作文應使白話和文言得到一樣的看待，將眼光放在將來全使用白話的地步上，等等。〔註 66〕這些論述從不同的方面對丁、李等人的文章進行回應，但側重點都在新文學的地位及如何發展新文學上。

二

在討論的過程中，王了一提出一個頗有意思的問題，他認爲「適宜於養成文學人才的應該是外國文學系而不是中國文學系」。他爲什麼會這樣認爲？也許這與外文系的課程設置有關，下面我們來看看外文系的課程表〔註 67〕：

〔註65〕 傅庚生：《中文系教學意見商兌》，《國文月刊》1946 年第 49 期。
〔註66〕 胡山源：《論大學國文系及其科目》，《國文月刊》1946 年第 49 期。
〔註67〕 本課表根據西南聯合大學北京校友會編：《國立西南聯合大學校史——一九三七至一九四六年的北大、清華、南開》，北京大學出版社，2006 年版 107～111 頁相關內容繪製。

必修課程	課任教師 （多人爲先後擔任）	選　修　課		課任教師 （多人爲先後擔任）
英國散文集作文（一）、（二）、（三）（注：相當於二、三、四年級英文）	葉公超、燕卜孫、莫泮芹、徐錫良、陳福田、吳宓、趙詔熊、袁家驊、胡毅、陳嘉、白英等	國別文學史	英國文學史	1937～1938、1940～1941：柳無忌；1945～1946：李賦寧
			法國文學史	1940～1942：吳達元（1941～1942 作爲三、四年級必修課）；1944～1945：李賦寧
			法國近代文藝思潮史	1941～1943：林文錚（1941～1942 作爲三、四年級必修課）
			德國文學史	1940～1941：馮至
第二外國語	法（一）、（二）、（三）（注：分別爲二、三、四年級學生選習）	斷代史	歐洲古代文學	1937～1938、1939～1940：吳宓（第二次稱「古代文學」）
	（一）：吳達元、聞家駟、林文錚、陳定民、李賦寧；（二）：聞家駟、吳達元、邵循正、林文錚、陳定民；（三）：吳達元、李賦寧		歐洲中古文學史	1938～1939：楊業治
			文藝復興時代文學	1938～1939：錢鍾書
			伊麗莎白時期文學	1945～1946：白英
	德文（一）、（二）、（三）		18 世紀英國文學	1937～1938、1939～1940：葉公超；1941～1942：謝文通；1942～1943：淩達揚
	（一）：楊業治、陳銓、雷復（德籍）、李華德（德籍）、馮至、洪謙；（二）：與（一）同；（三）：陳銓、楊業治		19 世紀英國文學	1937～1938：葉公超；1938～1939：莫泮芹
			現代英國文學	1937～1938：柳無忌
	俄文（一）、（二）、（三）			
	噶邦福、劉澤榮、李寶堂、衣家驥、王恩治（注：因爲選修學生不多，每位教師均連續講授三門課程）			
	日文（一）、（二）、（三）			
	三個年級一直由傅恩齡講授，後（三）停開			
歐洲文學名著選讀（一）、（二）（注：三、四年級必修）	吳宓、葉公超、聞家駟、溫德、楊業治、袁家驊、莫泮芹、陳銓、馮至、李賦寧	類型文學史和作品	英國詩史	1944～1945：白英
			法國詩史	1945～1946：林文錚
			法國詩	1941～1942：聞家駟
			19 世紀法國詩	1942～1943：聞家駟
			德國抒情詩	1939～1940：馮至

		選讀	現代英詩	1938～1939 上學期（「現代詩」）：燕卜蓀；1940～1941：謝文通；1943～1944：白英；1945～1946：溫德
			維多利亞詩	1941～1942：溫德
			短篇小說	1937～1938（上學期）：羅皚嵐，（下學期）：莫泮芹
			現代小說	1938～1939 下學期：錢鍾書；1942～1943：陳福田
			法國戲劇史	1943～1945：林文錚
			現代戲劇	1938～1939 下學期：陳銓；1941～1942：潘家洵；1943～1944（「西洋現代戲劇」）：陳嘉
			維多利亞散文	1943～1944：劉世沐
歐洲文學史（注：二年級必修）	吳宓（注：1944 他休假離校而停開，由李賦寧講授「英國文學史」代替）	作家和作品研究	喬叟	1941～1942：袁家驊；1942～1945：趙詔熊
			班瓊生和屈萊登	1945～1946：趙詔熊
			米爾敦	1941～1942、1945～1946：陳福田
			浪漫主義詩人	1941～1943：莫泮芹
			19 世紀英國詩人	1944～1945：陳嘉
			亨利・詹姆士	1943～1944（第二學期），1945～1946：卞之琳
			拉辛	1942～1946：吳達元
			雨果	1945～1946：聞家駟
			歌德	1942～1943：馮至
			浮士德研究	1945～1946：馮至（即馮承植）
			浮士德與蘇黎支	1941～1942：馮至
			尼采	1941～1942：洪謙；1944～1945（改稱「尼采選讀」）：馮至
英國詩（或稱英詩選讀、英詩、英文詩，二年級必修）	燕卜蓀、謝文通、溫德、莫泮芹	文學理論	文學理論	1945～1946：錢學熙
			文學批評	1937～1938：葉公超；1940～1942：陳銓；1944～1945：錢學熙

			人文主義研究	1938～1940：吳宓（2次）
			中西詩之比較	1940～1941 與 1942～1943：吳宓（2次）
			文學與人生	1940～1941 和 1942～1943 吳宓（2次）
			小說藝術	1944～1945 第二學期：卞之琳
西洋小說 （注：三年級必修）	羅皚嵐、陳福田、白英、王佐良	語言理論	古英語	1942～1944：袁家驊（2次）
			英語史	1944～1945：袁家驊（2次）
			Wittgenstein 的語言批評	1942～1943：洪謙
			語言的邏輯研究	1944～1945：洪謙
			語言與哲學	1943～1944：洪謙
			英文文法修辭	1943～1944：黃炯華；1944～1945：薛誠之
			法國語言史	1943～1944：陳定民
			法語語音學	1941～1943 和 1944～1945：陳定民
			法文文法修辭	1945～1946：陳定民
西洋戲劇（三年級必修）	柳無忌、趙詔熊	其他	俄語會話班	1940～1941：李寶堂
			英語教學法	1944～1945：張紹桂
			梵文	1943～1945：李華德（2次）
			拉丁文	1942～1944：楊業治（2次）
			希臘文	1944～1945：楊業治
			圖書館與目錄學	1938～1939：嚴文郁
英語語音學（二、三年級必修）	潘家洵、袁家驊			
莎士亞（或稱莎士比亞研究，三、四年級必修）	燕卜蓀、溫德、陳嘉			
翻譯（四年級必修）	吳宓、葉公超、袁家驊、卞之琳			
印歐語系語言學概要（四年級必修）	葉公超、袁家驊			

英語言說及會話 （注：此爲 1944～ 1945 學年師範學院 課程，也曾作三、 四年級必修課）	張紹桂		

　　從這份課表中，我們可以看出爲什麼王了一會有這樣的觀點，也可以理解爲什麼「中國現代主義詩群」會在 1940 年代的昆明孕育而成。而事實上，在聯大學生輩的作家尤其是詩人中，最著名的三位——穆旦、杜運燮、鄭敏，號稱「翠湖邊上三詩人」（也稱「聯大三星」）也都是外文系的學生。也許正是因爲看到外文系對學生「創造新文學」的優勢，以《死水》聞名的詩人聞一多在相關討論中也就超越了確立「新文學」在大學課堂中的地位問題，而是如何使「新文學」更能煥發生命力的問題，即主張「中外文合系」，認爲這是「民族復興中應有的『鴻謨』」〔註68〕。朱自清也在同一期《國文月刊》發表題爲《關於大學中國文學系的兩個意見》一文，在贊同李廣田意見的同時，認爲新文學是對舊文學的革命，是現代化的一環，要傳授它，但將它加進舊文學的課程集團是不夠的，得將它和西洋文學比較著看，經過這種比較，才能建立現代化的標準。也贊同聞一多中外文合系的主張。對中文系的「現代化」不止是朱自清一個人提出。《國文月刊》第 65 期刊發了上海公私立大學教授對於中國文學系改革的意見，其中陳望道的《兩個原則》提出了「現代化」與「科學化」，其中「現代化」他是指「增加中國現代文學的科目，加強中外文學的溝通，重新檢討一切科目的內容和分量，看是否適於養成現代的人才」；「科學化」則指「對舊式的那種藝術的、天才的、終生的進行改革，在研究與基本訓練上都力求科學的」。徐中玉的《讀聞朱二先生文後》也提出「在目前科系基礎上增加中外文學比較研究的材料，合併的目的原在於使中國近代化，使文學的研究適應新時代新要求」。朱緯之《中外文合系是必然的趨勢》、程俊英《我對於中國文學系課程改革的意見》等，這些文章都贊成聞朱關於中外文合系的意見，只是在有些細節上略有不同。當然，也有意見不同者，陳子展在同一期的《國文月刊》發表《關於大學中文系的建議和意見》一文，認爲：「部定大學文學院中國文學系課程表中大都爲古文，河水不犯井水，就要增設一點新文學的選修課，也無妨礙他們，同樣也不會妨礙到我。」

〔註68〕聞一多遺稿：《調整大學中國文學與外國語文學二系機構芻議》，《國文月刊》
　　　　1946 年第 49 期。

但就整體來看，「大學中外文系的合併」的問題逐漸形成相對一致的看法，即認爲應該合併，是大學中文系「現代化」的一條必由之路。「現代化」是一個複雜的概念，美國學者艾愷認爲，「現代化」是建立在「擅理智」與「役自然」上。而在朱自清的理解中，「現代化」的內涵有所不同，他認爲「現代化」除了有「工業化」之意，還有一種「現在化」，也就是站在五四的人性立場上，對現在的責任，「在五四以前，是老人才有權威，現在卻要青年才行，……現代的發現則是要把握住現在。」〔註69〕也就是說，在朱自清看來，大學中文系的改革所呈現的「現代化」不僅僅是「新文學」發展問題，也是「人」發展的問題。無疑，這是問題的關鍵，因爲它觸及了作爲人文學科的中外文系的根本性內涵，那就是對「人」自身的關注，這也是「創造新文學」的出發點與落腳點。這是那些新文學老師的卓越見識，他們已經不僅僅是關注自己的文學課堂，而是對整個國家的大學文學課堂及文學課堂裏的「人」投以深切的目光。這是那代學人對啓蒙立場的執著堅守。

但歷史沒有給楊振聲、聞一多、朱自清們實現「中外文合系」辦學理念的機會，在大轉折時代，他們或先後離開這個世界或先後離開他們所熱愛的事業。「中外文合系」的話題雖然還在討論，但新的因素已經進來。在《國文月刊》即將停刊的1949年7月，刊發了南開大學邢公畹的《論今天的大學「中國文學系」》，這是一篇很有意味的文章。他在肯定聞一多中外文合系的同時，認爲聞的擔憂——中文系變質爲「國學專修館」，外文系變質爲「高等華人養成所」，現在可以排除了，「因爲就現有整個的教育機構來說，和過去已經有了本質上的不同，縱使有少數右派份子，但在群眾監督下，能活動的地步不多了。」「民主聯合政府成立之後當急迫地發展人民的經濟事業，而發展人民的經濟事業中最重要的問題就是怎樣使中國工業化。」最後，他在文末說：「我們必須尊重歷史，不能割斷歷史，所以對於中國語文學系舊有的課程，除非特殊情形不可任意取消，不過要注意的是：一方面固然要求教學方法的合理化與研究立場的正確；另一方面卻要努力把這些課程放到新民主主義的文化建設中的適當地位上面去。……整個的中國語文學系的課程，不可能再爲自己的，而是爲人民服務的了。」〔註70〕此後，大學中文系的教育基本上是按照邢公畹所說的發展，大學教育的目的「最重要的問題就是怎樣使中國工業

〔註69〕朱喬森編：《朱自清全集》第2卷，江蘇教育出版社，1998年版，第351頁。
〔註70〕邢公畹：《論今天的大學「中國文學系」》，《國文月刊》1949年第81期。

化」，而中文系，也是「不可能再爲自己的，而是爲人民服務的了」，而「『文學教育』在現代化、科學化的道路上逐漸被禁錮起來，文學中的智慧、感性、經驗、個性、想像力、道德感、審美意識等往往被『科學研究抽乾』，以致文學本身的人文精神、文學性也逐漸喪失。」〔註71〕也許這是聞一多、朱自清他們想像不到的。

三

戰時昆明良好的文化生態與濃厚的文學氛圍爲那些內遷至此的新文學作家們提供了一個良好的文學、文化空間，在這個空間裏，他們以自己的方法、熱情和智慧推動著大學文學課堂與新文學創作的相互哺育，他們以各自的教學方法吸引年輕一代對「創造新文學」的興趣，幫助他們創建文學社團，創辦文學刊物，建立良好的「寫」的平臺，推動文學教育與文學創作的相互促進，從而又促成了戰時昆明良好文化生態與濃厚文學氛圍的形成。他們立足於五四新文學立場及「人」的文學觀，以理性的、學術討論的方式推動大學中文系改革，遺憾的是時代沒有給他們把趨於成熟的討論結果付諸於實踐的機會。自五四新文學以來，對現代文學（新文學）與現代大學之間關係的相對系統的討論及部分實踐是在戰時昆明起程的，這是第一次，也是最後一次。而關於大學課堂中「新」與「舊」的討論，與 1920 年代相比，那些論者已不再持一種激烈的新舊對立的立場，也不再是單純的口號與姿態呈現，他們以一種理性的眼光來看待「新」與「舊」，「傳統」與「現代」，從方法、教材、觀念等切實的方面進行建設性探討，這是在五四新文化哺育下的一代學人走向成熟的表現。我們有理由相信，在他們這代人的遠見、熱情與智慧的推動下，假以時日，會出現像楊振聲說的「新文學」哺育而成的「新中國」。但在摧枯拉朽的「革命」中，歷史迅速進入「新」時代，1949 以後，那一代在傳統與現代的養料中成長起來的「新文學」學人，那一代會思考也能行動的「新文學」學人，則被一律稱爲「舊知識分子」而被剝奪「思考」與「行動」的權利。隨後不久，大陸高校進行大規模的院系調整，全面進入「又紅又專」的教育年代，聞一多、朱自清們「中外文合系」的設想成爲絕響〔註72〕。他

〔註71〕 張傳敏：《民國時期的大學新文學課程研究》，人民出版社，2010 年版，第 180 頁。

〔註72〕 朱自清除了在前文所述那樣在《國文月刊》發文贊成「中外文合系」，據楊振聲回憶，朱自清逝世前與楊振聲商討清華大學中文系的建設規劃，主張「除

們也許怎樣也想像不到在 1949 年以後的「國文教育」中,「新文學」會有絕對的地位,他們更想像不到,「新文學」會從名稱到功能都將發生巨大變化,只不過,「大學不再是原來的大學,文學也不再是原來的文學,大學與文學都發生了巨大的變異,二者之間的那種良性互動、相互哺育的關係,也不再存在。」〔註73〕當然,這種文學與大學之間「良性互動、相互哺育」的關係並未絕迹,海峽的另一邊在實踐著楊振聲、聞一多、朱自清們的理念,為「國文系」創造「新前途」:

> 傅斯年在 1950 年代主持臺大時,大一國文與英文進行共同的科目設置和教學,明訂大一國文之目的為:(一)使大一學生能讀古書,可以接受中國文化;(二)訓練寫作能力。並且選定《孟子》、《史記》兩書為課本,另選宋以前詩為補充教材,選印《白話文失範》為課外讀物。英文方面,則分授文法與讀本,「務使大一新生,在一年之內,將一種外國語打定一堅實基礎」。中文、外文兩系相互必修對方的文學史課程,合班上課,任課者為臺靜農、鄭騫、許世瑛等資深教授。中文系與外文系相輔相成,彼此交流匯通,不僅兩系學生都能分別得到相對完整的中西文學訓練,還使兩系師生相互促進。其中外文系的學生白先勇、王文興、若曦等人都成了著名的作家,而他們的處女作都是當年寫作課上的習作。〔註74〕

結　語

西南聯大文學課堂、《文聚》、《國文月刊》三者之間的相互關聯,可以看作為文學教育、文學創作、學術探討的互涉,它們之間的良性運動形成了一個「場域」。這個「場域」的形成離不開昆明的文化生態與文學氛圍,同時也

了國文系的教員全體一新外,我們還決定一個國文系的新方向,那便是(一)新舊文學的接流(二)中外文學的交流。國文系添設比較文學與新文學習作,外文系的學生也必修幾種國文系的基本課程。中外文學交互修習……其影響必會給將來一般的國文系創造一個新前途,這也就是新文學的唯一的前途。」姜建、吳為公編:《朱自清年譜》,安徽教育出版社,1996 年版,第 80 頁。

〔註73〕 王彬彬:《中國現代大學與中國現代文學的相互哺育》,《並未遠去的背影》,廣東人民出版社,2010 年版,第 183 頁。

〔註74〕 梅家玲:《夏濟安、〈文學雜誌〉與臺灣大學——兼論臺灣「學院派」文學雜誌及其與「文化場域」和「教育空間」的互涉》,《當代作家評論》2007 年第 2 期。

是其生動表現。在布迪厄的理論中，「場域」是一個重要概念，它是指「諸種客觀力量被調整定型的一個體系（其方式很像磁場），是某種被賦予了特定引力的關係構型，這種引力被強加到所有進入該場域的客體和行動者的身上」。〔註75〕龍雲治下的昆明提供了相對自由寬鬆的文化環境，在「傳統」與「現代」之間轉型的昆明，在經過「外地人」與「本地人」短暫的文化衝突之後便逐漸走向融合，昆明很快形成了一種尊重文化與文化人的社會氛圍。它們是昆明文學「場域」、也是昆明文學氛圍形成的「諸種客觀力量」。在這樣的「場域」與氛圍中，那些內遷的知識分子才有可能在艱難時代以開闊的胸懷和深遠的目光思考、踐行與「新中國」緊密相聯的「新文學」教育、創作及制度建設問題。如果說，「從分析的角度看，一個場域可以被定義爲在各種位置之間存在的客觀關係的一個網絡，或一個構型」。「場域」可以是指實際的空間，也可以指虛擬的空間（官場、文場等），在虛擬的空間中，可以視爲人與人之間關係或者其他關係的概括。〔註76〕那麼，西南聯大文學課堂、《文聚》、《國文月刊》既是一種「實際」的空間，也是一種「虛擬」的空間。作爲一種「實際」空間，它是老師輩作家對新文學傳統堅守與承傳的根據地，是學生輩作家「創造新文學」的演練場，是那些試圖通過「新文學」創造「新中國」的一代學人爲了使「新文學」得到更好「創造」而進行制度建設的預演平臺，也是昆明文學氛圍生動具體的呈現。作爲一種「虛擬」空間，這些參與者，不管是「新文學」的承傳者還是創造者，還是爲了更好承傳與創造新文學而爲其合法性進行辯護的倡導者，事實上都成爲了一個「新文學共同體」。在這個「共同體」中，「新文學」是其核心因素，由此，不同的個體，乃至處於不同地理空間的人們發生密切的聯繫，這種聯繫使這個「文學場域」的內部得以不斷地生長，並向外部滲透其力量。

通過上文的分析，我們不難發現，在這個「文學場域」中，處於核心地位是文學教育，不管是文學課堂還是相關的學術討論都是圍繞它展開，作爲「創造新文學」實驗地的《文聚》雜誌，其實也是新文學課堂的延伸。「文學教育不僅指大學文學系的課程設置、教師配備、教材選擇和學生來源，而且關涉整個語文教育。它通過對文學經典的確認，規範著人們如何想像文學，

〔註75〕（法）皮埃爾·布迪厄，（美）華康德《實踐與反思》，李猛、李康譯，中央編譯出版社，1998年版，第17頁。

〔註76〕（法）皮埃爾·布迪厄，（美）華康德：《實踐與反思》，李猛、李康譯，中央編譯出版社，1998年版，第33頁。

爲一個社會提供認識、接受和欣賞文學的基本方法、途徑和眼光。簡而言之，新的『文學』觀念經由文學的學理闡釋（理論研究）、文學寫作及其相關體制（文學實踐）和文學教育三方面共同建構起來的。」〔註77〕楊振聲、聞一多、朱自清們的努力其實就是通過一種有效的途徑來「規範著人們如何想像文學，爲一個社會提供認識、接受和欣賞文學的基本方法、途徑和眼光」，由此通過「建構新文學」來「建設新中國」。這種理念在抗戰時期的昆明得以部分的、成功的實踐，但遺憾的是歷史沒有給這代學人把這種實踐全面推廣的機會。

　　布迪厄說，「文學場」就是「一個遵循自身的運行和變化規律的空間」，其內部結構「就是個體或集團佔據的位置之間的客觀關係結構，這些個體或集團處於爲合法性而競爭的形式下」。〔註78〕1949 之後，整個社會氛圍已經不允許這種試圖通過「個人」、「民間」的力量來推動社會改革的思想與行動的存在，一切都已處在「人民」的絕對掌控之中，那種因爲個體的關係而形成「文學場」的可能性已經喪失，個體不再擁有「爲合法性而競爭」的「必要資本」（布迪厄語），因爲「集團」對「個體」進行了全面覆蓋，那種真正意義的、「在諸種客觀力量」中發生與運行的「文學場」已經消失，它已經被「政治場」全面取代。這種「覆蓋」和「取代」在 1949 之後持續了幾十年，在這段歷史時期，儘管「新文學」（此時已被置換爲「現代文學」）的「合法性」不容置疑，並在大學課堂中佔有絕對權威的地位，但它事實上已經成爲政治的附庸，成爲「團結人民、教育人民、打擊敵人」（毛澤東語）的武器，楊振聲、聞一多、朱自清們的、那種以「個人」的「現代化」爲核心的「新文學」已經消失。馬歇爾·伯曼說：「成爲現代的人，就是將個人和社會的生活體驗爲一個大漩渦，在不斷的崩解和重生、麻煩和痛苦、模棱兩可和矛盾之中找到自己的世界和自我。成爲現代主義者，就是讓自己在某種程度上在這個大漩渦中賓至如歸，跟上它的節奏，在它的潮流內部尋求它那猛烈而危險的大潮所允許的實在、美、自由和正義。」〔註79〕1949 之後，在窒息的社會政治

〔註77〕　羅崗：《危機時刻的文化想像——文學·文學史·文學教育》，江西教育出版社，2005 年版，第 59 頁。

〔註78〕　（法）皮埃爾·布迪厄：《藝術的法則——文學場的生成與結構》，劉暉譯，中央編譯出版社，2001 年版，第 262 頁。

〔註79〕　（美）馬歇爾·伯曼：《一切堅固的東西都煙消雲散了——現代性體驗》，徐大建、張輯譯，商務印書館，2004 年版，第 346 頁。

文化氛圍之中，那些曾經在艱難抗戰歲月中樂觀、自信、熱情、踐行的人們，「在不斷的崩解和重生、麻煩和痛苦、模稜兩可和矛盾之中」再也無法找到「自己的世界和自我」，因為「自己的世界和自我」已經徹底失去了合法性。從這個意義上可以說，1949 之後的幾十年間中國已經告別了「現代」，不管是文學還是人。而試圖「在它的潮流內部尋求它那猛烈而危險的大潮所允許的實在、美、自由和正義」則已經成為虛幻。也許，這是那一代為了文學與人的現代而孜孜以求的民國學人無法預料的。

第四章　戰時昆明的文學形象

在第一章中，我們已經討論了抗戰之前的昆明呈現在世人面前的是一種「落後」、「野蠻」乃至「病者」的文學形象。抗戰爆發後，大批知識分子及文化機構撤退到大後方，昆明由此成為了重要的文化中心之一，文學史上一大批重要的作家如沈從文、馮至、朱自清、聞一多、汪曾祺、冰心、林徽因、張光年、穆木天、王佐良、穆旦、杜運燮、卞之琳、李廣田、老舍、黃裳、鳳子、曹禺、施蟄存、陳夢家、趙蘿蕤、吳宓、鄭敏、吳訥（鹿橋）、馮宗璞、李長之、錢鍾書、楊振聲等，都寓居或遊歷過昆明，留下了眾多關於昆明的文字，在他們及眾多外來者筆下，昆明呈現出與抗戰之前迥然不同的文學形象。在本章中，筆者將從「作為『北平』的昆明」、「作為『風景』的昆明」、「作為『戰士』的昆明」三方面對抗戰時期昆明的文學形象進行考察，深入探討這些形象背後的成因，分析作家的心靈幽微與審美樣態，呈現戰時昆明文學氛圍對其文學形象變遷的深刻影響。

第一節　作為「北平」的昆明 (註1)

一

在抗戰時期外省作家對昆明的描述中，留下了許多「昆明像北平」、「昆明是北平」，或者把昆明與北平相比的文字，有的在書信中，有的在詩歌、散文中。聞一多在 1938 年 4 月 30 日給妻子的信中說：「昆明很像北京，令人

〔註 1〕 本節以《作為「北平」的昆明——抗戰時期外省作家筆下的昆明形象考察》
　　　 為題，發表於《雲南社會科學》2013 年第 1 期。

起無限感慨。」〔註2〕穆木天在長詩《昆明！美麗的山城》中的第四節這樣
寫道：

> 昆明！／美麗的山城！／在群山的拱抱中／在廣大的原野裏／
> 你顯現出來／你的雄大的姿容／你二月裏／你受著塞外的沙風／在
> 黃昏裏／你是煙霧重重／在東南西北／你有七個古老的門洞／在暮
> 煙籠罩著西山的時節／我想像著你的睡姿／當銀月照在翠湖的林梢
> 的時節／我想像著你的朦朧的夢境／在白晝、在黃昏、在夜裏／在
> 一切的時節，你都令我想像著是我們的古都北京／天開雲瑞的牌
> 坊，近日樓／令我永遠以為是前門洞／西山就像是北京的西山／你
> 的城裏城外，就像是北京的内城外城／你的酒館、你的道路、你的
> 胡同／都令我想起是在我們舊都的故城。……〔註3〕

在冰心的筆下可見這樣的文字：「喜歡北平的人，總說昆明像北平，的確地，
昆明是像北平。第一件，昆明那一片蔚藍的天，春秋的太陽，光煦的曬到臉
上，使人感覺到古都的溫暖。近日樓一帶就很像前門，鬧烘烘的人來人往。」
〔註4〕到昆明短暫旅行的老舍也留下類似的文字：「昆明的建築最似北平，雖
然樓房比北平多，可是牆壁的堅厚，椽柱的雕飾，都似『京派』。山土是紅
的，草木深綠，綠色蓋不住的地方露出幾塊紅來，顯出一些什麼深厚的力
量，教昆明城外到處使人感到一種有力的靜美。」〔註5〕還把昆明與成都、
北平相比：「……不過論天氣，論風景，論建築，昆明比成都還更好。我喜歡
比什剎海更美麗的翠湖，更喜歡昆明湖——那真是湖，不是小小的一汪水，
像北平萬壽山下的人造的那個。土是紅的，松是綠的，天是藍的，昆明城外
到處是油畫。」〔註6〕黃裳則由昆明的景致引發對北平的懷念：「這城市還不
缺少古老可愛的宅第。……在小小的四合瓦房的院落中，散漫的有一些花

〔註2〕 《聞一多書信選輯》，《新文學史料》1985年第1期。1928年國民政府將北京
　　　改稱北平，1949年後又復稱北京。三四年代的文章一般稱北平，但也有稱北
　　　京的。
〔註3〕 穆木天：《昆明！美麗的山城》，《抗戰文藝》1938年第3卷第1期。
〔註4〕 冰心：《擺龍門陣——從昆明到重慶》，《婦女新運通信》1941年第2卷第1～
　　　2期。
〔註5〕 老舍：《滇行短記》，《老舍全集》（第14卷），人民文學出版社，1999年版，
　　　第275頁。
〔註6〕 老舍：《八方風雨》，《老舍全集》（第14卷），人民文學出版社，1999年版，
　　　第359頁。

池，開著各種春花，──月季、茶花、杜鵑。房子的簷下有許多金地木核區額對聯，雖然是用來慶祝一家商行的，可是全不惡俗。廳堂上有著清潔的明窗淨几，屋中十分明爽。這樣可愛的房子，很引起了我對十幾年前北平故居的懷念。」〔註 7〕西南聯大政治學系教授浦薛風教授也有相關的記憶：「海關舊址花木頗多。一進大門，松柏夾道，殊有些清華園工字廳一帶情景。故學生中有戲稱昆明如北平，蒙自如海淀者。」〔註 8〕除了這些名家的筆墨，翻閱那個時期的報刊，我們會發現很多這樣的文字：「昆明像暮春的北京，靜穆，處處看得到絢爛的鮮花，卻又沒有那一陣載滿黃土的風，昆明是 Unique 的。」〔註 9〕「昆明與北平很相似，這不單說民風淳厚，同時也指那古樸的市容而言。在街道上行走，可以看見大石塊鋪的寬敞馬路，兩旁形式大小高低一式一樣連接的店面，好多橫立在馬路中央猶如東方的凱旋門一樣的大牌樓，以及從鄉里來的古老裝束的老婦們，使人覺得有故都的味道。」〔註 10〕等等。

　　爲什麼在這些外省作家筆下的昆明會「像北平」？這與昆明的城市建築及生活情調有關。昆明作爲一座移民城市，它的建築風格深受外來尤其是北京的影響，陳納德在回憶錄中說，「對雲南的省府所在地昆明來說，這些流放者帶來了北京華美的建築風格，至今皇室的遺風猶存。」〔註 11〕當時的一些遊記也有類似的記載。「初到昆明的人，尤其是在北平住過的，總覺得昆明太像北平了。民情的樸實，生活極度之低，尤其是建築，兩地相隔萬里，何以如此相似呢？據一般推測，大概是明永曆帝在雲南三年，明末士大夫流落入籍者頗眾，蓄意把昆明摹擬成北平，遂有此結果。」「昆明的東門──綏靖門，它的氣勢與格式，金碧路上的『金馬』、『碧雞』，以及正義路上的『三牌坊』，這三個牌坊的朱漆和雕龍刻鳳，一見便使人聯想起喧囂的古城北平，而最令人驚奇的，莫過於這兩個城市中民房結構的巧合，除了北平和昆明，全中國哪裏再找得這許多的四合房。」〔註 12〕「昆明有許多街道很美麗，有古色古香的牌坊，也有高大而油繪彩色門神的大牆門，……不少人對我說，這裡有

〔註 7〕黃裳：《〈江湖〉後記》，《黃裳文集》（錦帆卷），上海書店出版社，1998 年版，
　　　　第 77 頁。
〔註 8〕浦薛風：《蒙自百日》，《西南聯大在蒙自》，雲南民族出版社，1994 年版，第
　　　　57 頁。
〔註 9〕班公：《憶昆明》，《風雨談》1943 年第 3 期。
〔註 10〕綠蒂：《昆明瑣談》，《上海婦女》1938 年第 2 卷第 3 期。
〔註 11〕孫官生編撰：《陳納德與陳香梅》，雲南人民出版社，2002 年版，第 24 頁。
〔註 12〕屠詩聘：《旅途隨筆》，中國圖書編譯館，1939 年版，第 44、46 頁。

些像成都和北平。」〔註 13〕「關於住房形式，近日樓一帶，儼然似北平的前門，大街小巷，多類似北平的，尤以各胡同里的民房，簡直與北平的民房裝飾一模一樣，偶然走進胡同里，幾有置身北平之感！」〔註 14〕「昆明天多晴，有風和塵土，恰像北平，牌樓如金碧街的兩個上面寫『金馬』『碧雞』的也像是北平的東西，洋車夫也與長沙不同，比較客氣而跑起來很快。」〔註 15〕「南方人到過北方而再來昆明的，都坦白地說昆明確有些北平的典型；試看，各條馬路全部是用整塊長方石頭砌成，兩旁商鋪無不畫棟雕梁，在某些深巷僻弄中，黃色的牆，配合著朱紅漆的大門，那些門框四周又鑲以精細的磚刻，一種高貴的氣息充分表示了他們所含有的莊嚴性。」〔註 16〕置身於這樣的城市，那些主要來自北平的作家們也就自然有「昆明像北平」之感。因為建築不僅雕刻著時代政治經濟文化意識，是科技和審美的紀念碑，它還「記憶著個別的具體的經驗、壅塞著人和事的細節，這些細節相當纏綿和瑣碎，早已和建築的本義無關，而是關係著生活。」〔註 17〕看到這些與北平類似的建築，他們也就自然想起往日的北平生活。

一座城市，是由特定的地域、歷史階段的文化所塑造，同時又呈現出這座城市的文化內涵和生活情調。昆明，作為一座移民性質的邊疆城市，有著中與西、城與鄉、古與今、漢族與少數民族等多重性文化相結合的特點。昆明作為「邊城」，它的文化從根本上說是封閉、穩定的，猶如埃德加·斯諾所說：「這個城市伸出一隻腳在警惕地探索著現代，而另一隻腳卻牢牢地植根於自從忽必烈把它併入帝國版圖以來就沒有多大變化的環境之中。」〔註 18〕這種封閉、穩定的文化，養成了昆明的生活方式。「儘管昆明的經濟水平落後，但城市中有許多休閒的場所，如茶館、飯館、澡堂、戲院，電影院，而生活在其中的人們則大多講究休閒的生活態度，即使是賣菜的小販、無業游民，也要享受抽煙喝茶的快樂，時常坐茶館、吃小飯館、聽戲、看電影。在街上

〔註 13〕胡嘉瑞：《滇越遊記》，商務印書館，1939 年版，第 4 頁。
〔註 14〕向尚、李濤、姚惠滋等：《西南旅行雜寫》，中華書局印，1937 年版，第 197頁。
〔註 15〕楊式德：《湘滇黔旅行日記》，張寄謙編：《聯大長征》，新星出版社，2010 年版，第 289 頁。
〔註 16〕《春之都昆明》，《良友畫報》1939 年第 146 期。
〔註 17〕王安憶：《空間在時間裏流淌》，新星出版社，2012 年版，第 3 頁。
〔註 18〕（美）埃德加·斯諾：《馬幫旅行》，李希文等譯，雲南人民出版社，2002 年版，第 40 頁。

經常可以看到散漫而自在的行人，好像在鄉間田頭散步。」〔註19〕為什麼作家們會迷戀北平？其實他們不是迷戀北平「這座城」，也不是「城中人」，而是北平城中的鄉土氣息與鄉村情調，郁達夫《故都的秋》就是典型。想念北平時，縈繞在郁達夫心頭的是「陶然亭的蘆花，釣魚臺的柳影，西山的蟲鳴，玉泉的夜月，潭拓寺的鐘聲」。〔註20〕蘆花、柳影、蟲鳴、夜月、鐘聲，這些都是特有的鄉村意象，流露出了作家對鄉村情調的迷戀。已在上海生活了多年的師陀，1942年他在長篇小說《馬蘭》的「小引」中寫道：「……凡在那裡住過的人，不管他怎樣厭倦了北京同他們灰土很深的街道，不管日後離開它多遠，他總覺得有根細絲維繫著，隔的時間越久，它愈明顯。」〔註21〕郁達夫與師陀雖然表達不同，但卻說出了北京之所以被人留戀是它的「鄉土氣息」，即郁達夫說的「田園都市」〔註22〕。這也就不難理解為什麼在現代文學史上很少作家對上海充滿眷戀，因為上海作為當時最具現代氣息的城市，沒有「田園都市」的鄉土氣息與鄉村情調。當然這些作家們並不是迷戀純粹的鄉野，而是「田園都市」，也就是都市中的田園與田園中的都市這樣的氛圍與情調，就如林語堂對北平魅力的解釋那樣：「……而北平呢，卻代表舊中國的靈魂，文化和平靜；代表和順安適的生活，代表了生活的協調，使文化發展到最美麗，最和諧的頂點，同時含蓄著城市生活與鄉村生活的協調。」〔註23〕「同時含蓄著城市生活與鄉村生活的協調」，便是作家們迷戀北平的關鍵所在。而「古色古香之昆明。在今日復興中華開發西南高呼之下，一切物質漸趨文明，儼然一大都市矣。……然淳樸之民風與古樸之環境，美麗之景色，則又有鄉村之氣息，令人怡然。」〔註24〕這座城市裏，「人們永遠是遲緩，永遠是閒懶，永遠沒有時間的觀念。很少人家有一個鐘或錶。」〔註25〕

〔註19〕 屠詩聘：《旅途隨筆》，中國圖書編譯館，1939年版，第75頁。

〔註20〕 郁達夫：《故都的秋》，《郁達夫全集》（第3卷），浙江大學出版社，2007年版，第188頁。

〔註21〕 師陀：《師陀全集》（3）（第2卷·上），河南大學出版社，2004年版，第279頁。

〔註22〕 郁達夫說北平為什麼容易被人們在情感上接受，是因為它「具城市之外形，而富有鄉村的景象之田園都市」。郁達夫：《住所的話》，《郁達夫全集》（第3卷），浙江大學出版社，2007年版，第224頁。

〔註23〕 林語堂：《迷人的北平》，姜德明編，《北京乎：現代作家筆下的北京》（下），生活·讀書·新知三聯書店，1992年版，第507頁。

〔註24〕 帥雨蒼：《昆明漫記》，《旅行雜誌》1939年第13卷第8期。

〔註25〕 施蟄存：《山城》，陳子善、徐如麒編選《施蟄存七十年文選》，上海文藝出版

這座城市裏，「生活是那樣的平靜，平靜得像無風的水；而在這平靜的小城裏生活的人，既不想動也不願想，火線離得遠，戰爭便成了另一個世界的事。」〔註 26〕「昆明人的生活是太平靜了，在每天的上午，街上照例是沒有買賣（小菜場例外），飯館要到十一點鐘以後才開門，普通的商店，到下午才正式營業。」〔註 27〕「在公園裏成長起來的昆明人，他們是恬祥，悠然的，昆明有悠然的自然環境，所以昆明人也自然有昆明的悠然性格。」〔註 28〕這樣「儼然一大都市」、而「又有鄉村之氣息」的城市，這樣「閒懶」、「平靜」、「悠然」的城市生活，還有那浩淼的滇池、美麗的西山，那日出而開日落而關的店鋪、花樣繁多的小吃等等，讓昆明協調了城市與鄉村生活，其與北平相似的城市氛圍與生活情調，滿足了那些外來作家的懷舊心理。正如當時有的論者指出：「昆明的令人迷戀……在於不同的許多事物起了一種絢爛的混合。一方面，昆明代表了舊式生活，但另一方面又和現代文明發生了日常的接觸……」〔註 29〕

二

「懷舊——英語詞彙 nostalgia 來自兩個希臘語詞，nostos（返鄉）和 algia（懷想），是對於某個不再存在或者從來就沒有過的家園的嚮往。懷舊是一種喪失和移位，但也是個人與自己的想像的爛漫糾葛。」〔註 30〕「懷舊是對過去的重構和對歷史的再創造，懷舊的真實性不是基於時間、地點以及人物的現實吻合，而是懷舊主體在經歷了一定的歲月滄桑之後所能達到的、對過去和現實在意識層面上的心理真實。」「往往當過去距離我們足夠遙遠，以至一定的限度時，過去的形象就會在我們心中成型和固定下來，在對它的懷想中，過去常常表現爲一個曖昧的輪廓、一種朦朧的氣味、一件微小的物品、一種淡淡的卻持久存在的感覺，或者別的什麼微不足道的東西。我們借助它們來

社，1996 年版，第 138 頁。

〔註 26〕鳳子：《憶昆明》，《旅途的宿站》，三聯書店香港分店，1985 年版，第 56～57 頁。

〔註 27〕檳園：《激蕩中的昆明剪影——昆明特約通訊》，《黃埔》1940 年第 5 卷第 6 期。

〔註 28〕仲文：《昆明》，《勝利》1941 年第 116 期。

〔註 29〕毛那：《毛那論雲南》，《雲南日報》1940 年 2 月 3 日。

〔註 30〕（美）斯維特蘭娜·博伊姆：《懷舊的未來》，楊德友譯，譯林出版社，2010 年版，「導言」第 2 頁。

想像和復活其所代表的所有歷史生活。」〔註31〕由此，對那些遠離北平的作家來說，不要說昆明那相似的建築，那類似的山水與城市氛圍，就是曾經相似的「朦朧的氣味」與「微小的物品」，也能引發他們對昔日北平生活的懷想。於是，對於居住在昆明呈貢的冰心來說：「我為什麼潛意識的苦戀著北平？我現在真不必苦戀著北平，呈貢山居的環境，實在比我北平西郊的住處，還靜，還美。」〔註32〕對於在昆明短暫旅行的老舍來說，「湖（翠湖）沒有北平的什刹海那麼大，那麼富麗，可是，據我看，比什刹海要好一些。湖中有荷花；岸上有竹樹，頗清秀。」「時時立在樓上遠望，老覺得昆明靜秀可喜。」〔註33〕對長時間在昆明寓居的林徽因來說，「昆明永遠那樣美，不論是晴天還是下雨」。〔註34〕對同樣來昆明旅行的黃裳來說，「昆明的確是個好地方，……陽光從古老的柏樹枝柯裏漏下來，照在人的臉上、身上，是那麼的舒服。天空是澄藍的，時或有幾縷白雲飄過，只是還不曾聽見過鴿子的呼哨聲耳。」〔註35〕而在昆明居住了一年後又離開的鳳子，1940 年當她聽說昆明被炸的消息，便寫下了這樣的文字：「昆明被炸了。是一種激動的懷念的感情牽動了我，已無餘裕心情來想像一下那被炸的情景，而一幅幅記憶中的畫面卻在眼前活動起來。那每一道平闊的石板路，和平列在斜坡人行道上的鋪面，雖然有極新型的汽車在大路上邁著艱難的步子，而極目遠望，視線停留在那高聳在街心的牌坊，自己便彷彿置身在一個悠遠的過去的日子裏；那日子充滿了無限的懷想，是因為懷想的原故吧，人行道上的腳步，自然都遲緩下來。這古城是有她引人的力量的。」〔註36〕昆明是有「引人的力量的」，這種「力量」使那些外來作家把對北平的懷舊思緒引向了對昆明的深切體味，這種「力量」使那些作家們讚美與思念的昆明變成了北平，他們借助昆明來

〔註31〕趙靜蓉：《懷舊——永恒的文化鄉愁》，商務印書館，2009 年版，第 35、75 頁。

〔註32〕冰心：《默廬試筆》，《冰心全集》（第 3 卷），海峽文藝出版社，1994 年版，第 179 頁。

〔註33〕老舍：《滇行短記》，《老舍全集》（第 14 卷），人民文學出版社，1999 年版，第 274～275 頁。

〔註34〕林徽因：《致費慰梅》，趙學勇編：《林徽因文存》（散文、書信、評論、翻譯），四川文藝出版社，2005 年版，第 129 頁。

〔註35〕黃裳：《昆明雜記》，《黃裳文集》（錦帆卷），上海書店出版社，1998 年版，第 138 頁。

〔註36〕鳳子：《憶昆明》，《旅途的宿站》，三聯書店香港分店，1985 年版，第 55 頁。

想像和復活他們曾經在北平的生活。

　　但這懷舊的背後所蘊含的不僅是對往日生活的追懷，還有對未來命運的焦慮。「焦慮的種子，植根於與原初的看護者（常常是母親）分離的恐懼之中。」〔註37〕文化人類學家恩斯特·卡西爾在援引心理學家威廉·恩斯坦所說「懷舊意識抓住的與其說是對過去的關聯，不如說是與未來的關聯」後指出，人「更多地生活在對未來的疑慮與恐懼、懸念和希望之中」。因此，「思考著未來，生活在未來，這乃是人本性的一個必要部分」。〔註38〕其實，懷舊所懷想的並不是本真的過去，而是經過懷舊主體想像的過去。懷舊的誘因是現實以及人們對待現實的態度，懷想過去也就與滿足現實、指向未來緊密相聯。「舊」既是被記憶的「舊」，也是被創造的「舊」，它「必須持續不斷地從集體經驗中被提純、被選擇、被置放、被構建、被重新構建。而這項巨大工程的支點只可能是與這過去有著共享的焦慮、渴念、希望、恐懼和幻想的現在」。於是，「一個人並不對是其所是的那種過去懷舊，而對是其本可能是的那種過去懷舊。」〔註39〕因為昆明畢竟不是北平，北平在他們心中是無可替代的，這方面老舍的《想北平》具有一定的代表性，他在文中寫道：

> 　　我所愛的北平不是枝枝節節的一些什麼，而是整個兒與我的心靈相黏合的一段歷史，一大塊地方，……真願成為詩人，把一切好聽好看的字都浸在自己的心血裏，像杜鵑似的啼出北平的俊偉。……我將永遠道不出我的愛，一種像由音樂與圖畫所引起的愛。這不但是辜負了北平，也對不住我自己，因為我的最初的知識與印象都得自北平，它是在我的血裏，我的性格與脾氣裏有許多地方是這古城所賜給的。〔註40〕

因此，對那些作家來說，北平不僅是他們的家園，還是中國的象徵，因此，對他們來說，北平是雙重意義的「母親」，是他們「原初的看護者」，它已成了家國的符號。他們與它的被迫「分離」導致的焦慮由於昆明那種與北平類

〔註37〕（英）安東尼·吉登斯：《現代性與自我認同》，趙旭東、方文譯，生活·讀書·新知三聯書店，1998 年版，第 50 頁。

〔註38〕（德）恩斯特·卡西爾：《人論》，甘陽譯，上海譯文出版社，1985 年版，第 68 頁。

〔註39〕（德）瓦爾特·本雅明：《莫斯科日記·柏林記事》，潘小松譯，東方出版社，2001 年版，第 201 頁。

〔註40〕老舍：《想北平》，《老舍全集》（第 14 卷），人民文學出版社，1999 年版，第 48～49 頁。

似的城市氛圍和生活情調而得到一定程度的緩解，昆明滿足了他們「復活」北平生活的心理。同時，也激起了他們對北平未來命運的憂慮，自己能否重新回到昔日的北平、那個「原初的看護者」那裡？昆明會不會真的變成「北平」，成爲一個不得不選擇的「新的看護者」？也許往日的北平生活也有不如意之處，但在此時此地，北平的一切都被「重新創造」，被想像成「可能的」美好，因爲他們擔心再也不能回到昔日的北平。由此，他們在對家的懷舊中也就蘊含著對國的憂患。

　　把昆明呈貢作爲北平的冰心，也無法掩蓋自己渴望回到北平的情懷：「人家說想北平大覺寺的杏花，香山的紅葉，我說我也想；人家說想北平的筆墨箋紙，我說我也想；人家說想北平的故宮北海，我說我也想；想北平的燒鴨子涮羊肉，我說我也想；人家說想北平的火神廟隆福寺，我說我也想；人家說想北平的糖葫蘆，炒栗子，我說我也想。」「北平死去了！我至愛苦戀的北平，在不掙扎不抵抗之後，斷續呻吟了幾聲，便憣然死去了！」〔註41〕而在蟄居於昆明的趙蘿蕤心中：「這裡颶風揚土很像北平，四合院紅漆門也像北平，但是這新的北平不比那舊的真的北平。新的固然使人新的活，但是舊的寫著更深更切的一頁歷史，沒有歷史，人不會有。正如沒有父母，也不會有我，只有天天呻吟著會老家去了。」〔註42〕林徽因面對除夕時分昆明燦爛的鮮花，所思所想的是：「……明知道房裡的靜定，像弄錯了季節／氣氛中故鄉失得更遠些，時間倒著懸掛／過年也不像過年，看出燈籠在燃燒著點點血／簾垂花下已記不起舊時熱情、舊日的話／／如果心頭再旋轉著熟識的芳菲／模糊如條小徑越過無數道籬笆／紛紅的花葉枝條，莫看弄得人昏迷／今日的腳步，再不甘重踏上前時的泥沙。」〔註43〕陳寅恪也表達了類似的家國憂患：「照影橋旁駐小車，新妝依約想京華。短圍貂褶稱腰細，密卷螺雲映額斜。赤縣塵昏人換世，翠湖春好燕移家。昆明殘劫灰飛盡，聊與胡僧話落花。」〔註44〕那些來自北平的學子也同樣如此：「……同學們各自回到自己的宿舍區了，學

〔註41〕冰心：《默廬試筆》，《冰心全集》（第3卷），海峽文藝出版社，1994年版，第181～182頁。

〔註42〕趙蘿蕤：《一鍋焦飯　一鍋焦肉——昆明通訊》，《讀書生活散記》，南京師範大學出版社，2009年版，第5頁。

〔註43〕林徽因：《除夕看花》，趙學勇編：《林徽因文存》（詩歌、小說、戲劇，四川文藝出版社，2005年版，第62頁。

〔註44〕陳寅恪：《昆明翠湖書所見》，《陳寅恪集·詩集（附唐篔詩存）》，生活·讀書·新知三聯書店出版社，2001年版，第27頁。

校裏變得非常清淨，那時的廣場，爲美麗的夜色所籠罩，有點昏暗，但在昏暗中，西山的曲線隨著暮靄在暗色的天邊舒展，雖然晚風有點刺骨，要是在小徑上漫步，就會使漫步者憶起了北平，北平初春的傍晚！」〔註45〕「在途中盡量幻想昆明，是怎樣美麗的一座城市，可是昆明的美麗還是出乎我們的意料。一樓一閣，以及小胡同里的矮矮的牆門，都叫我們懷念故都。城西有翠湖，大可數百畝，中間有堤、有『半島』，四周樹木盛茂，傍晚陽光傾斜，清風徐來，遠望圓通山上的方亭，正如北海望景山。」〔註46〕

　　同時，這種在懷舊中蘊含的家國鄉愁也激發了他們拯救家國的堅定信念。於是，我們可以看到林徽因寫下的慷慨文字：「我們是在遠離故土，在一個因形勢所迫而不得不住下來的地方相聚的。渴望回到我們曾經渡過一生中最快樂的時光的地方，就如同唐朝人思念長安、宋朝人思念汴京一樣。我們遍體鱗傷，經過慘痛的煎熬，使我們身上出現了或好或壞或別的新品質。……但我們信念如故。」〔註47〕穆木天的詩句更是充滿豪情：「……我看見／在你的街頭上／震蕩著救亡的歌曲／在你的每個戰士的心裏／燃燒著新的動力！／在你的各個角落上／新生的猛火都在開始燃燒著。……在萬山的拱抱中／在廣大的原野中／傲立著／這座蒼老的古城的雄姿／一邊祈喜著祖國的黎明／一邊我在祝福著／這個抗戰建國的後方的聖地！／遙望著遠遠的起伏的山峰／聆聽著時時在震響著的騾馬的銅鈴／在寬大的道路上／我不住憧憬著：／昆明！美麗的山城！」〔註48〕以及對重整河山、爲國盡力的渴望與意志：「近來因爲淪陷區的擴大，各大學都逐漸遷來，七千多大學生集中在這裡，使昆明成了中國的文化中心，既有江南風味，又有故都氣象，外面人來到昆明，不期然就會使你發生『何時收復舊山河』的感想，尤其是城西還有一個和故都西山名稱相同的『西山』。」〔註49〕「……民族的戰火／不分區域地在各方燃燒著／民族的喉嚨在唱著抗戰的戰歌／民族的進軍／在統一戰線上挺進／這兒是新的故都／這兒是民族復興的砥柱／遙對著那遙遠的天山！」〔註50〕「市

〔註45〕金星：《在西南聯大》，《青年月刊》1939 年第 7 卷第 4 期。
〔註46〕錢能欣：《西南三千五百里——從長沙到昆明》，張寄謙編：《聯大長征》，新星出版社，2010 年版，第 95 頁。
〔註47〕林徽因：《致費慰梅》，趙學勇編：《林徽因文存》（散文、書信、評論、翻譯），四川文藝出版社，2005 年版，第 129 頁。
〔註48〕穆木天：《昆明！美麗的山城》，《抗戰文藝》1938 年第 3 卷第 1 期。
〔註49〕王璧岑：《來到西南後方重鎮昆明》，《經世》（戰時特刊）1939 年第 37 期。
〔註50〕濺波：《昆明湖畔》，《中國詩壇》1938 年第 2 卷第 4 期。

內的住屋形式，大街上巍峨的牌坊，以及如衛衢一般的那些小巷，許多景物都十分和北平相似。尤其是近日樓一帶的街景與市集，儼然是故都前門大街的景色！每常筆者走到圓通寺內，就會想起西山的碧雲寺；經過翠湖堤畔，就彷彿置身在故都的北海，因此常引起了無家的感慨。故都淪亡已久！益覺得今日正是生死存亡，人人都應當奮發有為的時候了。」〔註51〕「每天，當夕陽西下，歸鴉噪晚的時候，湖邊便湧起一片哀怨的松花江曲，悵望著西天的雲霞，每個人心裏想著自己破碎的家鄉，想著已成灰燼的天津八里臺，巍峨峙立在故都沙灘紅樓，水木蓊鬱的清華園。多少往事不堪回首！……但是每個人已看清楚自己的命運，也就是國家的命運，他們不再頹唐，在艱難的來日，他們將咬緊牙齒，堅定意志，從此負起抗戰建國的責任！」〔註52〕等等。

那些外來作家在昆明發現了「北平」，在滿足懷舊情懷、釋放家國憂患的同時，也使他們浮躁、焦慮的精神世界得到一定程度的緩解。由此，他們就可能以一種相對寧靜與超越的心境體味身邊的生活與世界，從而發現作為「風景」的昆明。

第二節　作為「風景」的昆明

那些外來作家在昆明這座邊疆城市意外地感受到了與「北平」相似的城市氛圍與生活情調，由此，他們在這裡釋放著自己的懷舊情懷及家國憂患，表達著對昔日北平生活的懷念及對未來北平命運的憂慮。同時，在這座寧靜古樸的城市，因為美麗的自然景色、悠閒的生活格調、相對寬鬆的社會環境，在這家國離亂的歲月，使他們焦慮的精神世界暫時沉靜下來，在這「風景」的世界裏，體驗著身邊的日常生活、抒發著自己的人生情懷，表達著對生命、社會、時代的、具有超越意味的思考。

一

昆明是座美麗的城市，但因為地處邊陲，所以在抗戰以前一直如艾蕪在《南行記》裏所說的「……罩著淡黃的斜陽，伏在峰巒圍繞的平原裏，彷彿發著寂寞的微笑」〔註53〕，但許多外來者還是對它留下了美好的印象：

〔註51〕沙鷗：《山光水色的昆明》，《旅行雜誌》1939年第13卷第1期。
〔註52〕徐志鴻：《國立西南聯大在雲南》，《大風》1938年第15期。
〔註53〕艾蕪：《人生哲學的一課》，《南行記》，雲南人民出版社，2008年版，第1頁。

在那修築著鈍鋸齒形掩體的、因爲年久失修反而顯得十分美麗的古城牆外面，是一片開闊的原野，騎上一匹健壯的滇馬，沿著千年古道，穿過無盡的靜謐的稻田，沿著長長的翠綠的田壟走去，田壟兩邊的水面，像鏡子一樣反映著明媚的、但永遠不覺炎熱的陽光。不很遠的遠方，地平線上矗立著一片青山，山下是一個狹長形的、清潔而浩渺的大湖，湖水像少女的眼睛一樣晶瑩。〔註54〕

好一個大都市啊，一望無際的田園，很有行列的堤邊水松，密集而宏大的市場，無數的居民，這都引人愉快。……走了三日的山路，如今終於看到類似近代的大都市，熱鬧的市面，喧囂的車馬，五光十色的商店，燈火輝煌的大街，悠揚婉轉的歌聲，與乎熙熙攘攘的人群，重又一一映上眼簾，這情景，也許像一對探險隊從深山野嶺探險歸來一般的欣慰。〔註55〕

有人說你像少婦，投向你懷裏，可以得到你的撫慰，你底蘊藏著的熱情，你可以使人們得到安樂的生活。是的，你並不是缺乏熱情的人，你有著調皮的小孩底心，你也貪污地引誘著青年，滿足你的欲望。在這春天，自然爲你披上了新衣，翠湖堤上的柳綠了，桃紅了，綠楊村的茶桌是又擺滿在池堤上了。著輕衣的男女漫步著，徘徊著。木瓜水的攤子也興盛了起來。這兒的確是適宜消閒的，把頭擡起向東北角望，圓通山會令人神往。這兒有的是新的氣象，有亭，有山，山上有水，有遠的世界；登山而眺，心胸爲之開放不少。這兒可鳥瞰整個昆明市，看昆池在夕陽裏發光，西山底睡佛眠的好酣。可飲茶，小憩，拍照，在聳立天際的地方。你，昆明，有著自然的景物，披上美麗的衣裳。熱鬧的市上播著爵士樂，桃花江……振動了青年男女底心靈。〔註56〕

昆明湖的湖水仍像過去一樣平滑如鏡，依舊靜靜地流入長江，隨著江水奔騰兩千里而如黃海。魚兒和鵝鴨仍像往昔一樣遨遊在湖中。古木圍繞的古寺雄踞山頭，俯瞰著微波蕩漾的遼闊湖面。縱橫

〔註54〕（美）埃德加·斯諾：《馬幫旅行》，李希文等譯，雲南人民出版社，2002年版，第50頁。斯諾，即《西行漫記》的作者，他於1930年底至1931年中旬來雲南旅行。

〔註55〕蕭一平：《滇越桂漫遊記（三）》，《女青年月刊》1936年第15卷第10期。

〔註56〕時：《昆明市別了》，《雲南民國日報》1937年4月1日。

的溝渠把湖水引導到附近田野，灌溉了千萬畝肥沃的土地。溝渠兩
旁是平行的堤岸，寬可縱馬馳騁；我們可以悠閒地放馬暢遊，沿著
漫長的堤防跑進松香撲鼻的樹林，穿越蒼翠欲滴的田野。〔註57〕

抗戰時期，那些寓居或旅居昆明的作家留下了大量類似的文字。「立在一個冷
落的街口，不經意地從一個山頭望過去，同樣地勢一片天藍，幾朵停雲，如
疊棉，如織錦，是一件精緻的經過人工般的藝術品。如同在溫習記憶中的一
幅山水畫，這不就是昆明麼？」〔註58〕「所有最美麗的東西都在守護著這個
花園，如洗的碧空，近處的岩石和遠處的山巒……。這房間寬敞，窗戶很
大，使它有一種如戈登‧克雷早期舞臺設計的效果。甚至午後的陽光……，
幻覺般地讓窗外搖曳的桉樹枝丫把它們緩緩移動的影子映灑在天花板上。」
〔註59〕「那些雲所幻成的華彩也使我不敢或忘另一方面的生活的眞際。秋月
的澄璧，微雲的碎波。落陽照明了珊瑚的山，翡翠的樹，有時暮色又抹成一
幅黃橙紫又絳紅的裙，像美人橫臥在山上的模樣。」〔註60〕「（昆明郊外，筆
者注）風景既像江南，又非江南；有點像北方，又不完全像北方；使人快
活，彷彿是置身於一種晴朗的夢境，江南與北方混在一起而還很調諧的，只
有在夢中才會偶爾看到的境界。」〔註61〕「西山在傍晚是黯藍色，圍著它
的，一片澄碧的湖水，——滇池。這是一個寂寞的地方，從早晨到晚上，看
雲，聽風，曬著可愛的太陽，……。一切離現社會很遠，使人聯想到古時人
的生活。」「立在山上東望，是一片平蕪，遠處小山起伏，都是淺紅淡青色
的，多美麗鮮豔的顏色。平蕪上灌木成叢，如果一片浮雲遮住了日光，遠山
叢林會變了深藍，眞的好像是色彩的遊戲，給人多少驚異。」〔註62〕「我的
寓樓，前廊朝東，正對著城牆，雉堞蜿蜒，松影深青，霽天空闊。最好是在

〔註57〕　蔣夢麟：《西潮‧新潮》，嶽麓書社，2000 年版，第 224～225 頁。

〔註58〕　鳳子：《昆明點滴》，《旅途的宿站》，三聯書店香港分店，1985 年版，第 158
頁。

〔註59〕　林徽因：《致費慰梅》，趙學勇編：《林徽因文存》（散文、書信、評論、翻譯），
四川文藝出版社，2005 年版，第 129 頁。

〔註60〕　趙蘿蕤：《龍泉雜記——景物》，《讀書生活散記》，南京師範大學出版社，
2009 年版，第 34 頁。

〔註61〕　老舍：《由川到滇》，《老舍全集》（第 14 卷），人民文學出版社，1999 年版，
第 396 頁。

〔註62〕　黃裳：《〈江湖〉後記》，《黃裳文集》（錦帆卷），上海書店出版社，1998 年版，
第 75～76 頁。

廊上看風雨，從天邊幾陣白煙，白霧，雨腳如繩，斜飛著直灑到樓前，越過遠山，越過近塔，在瓦簷上散落青翠的梵音。」「回溯生平郊外的住宅，無論是長居短居，恐怕默廬最愜心意。……。山之青翠，湖之漣漪，風物之醇永親切，沒有一處趕得上默廬。我已經說過，這裡整個是一首華茲華斯的詩！」〔註63〕「……無數的湖沼與山峰：／有那高聳的五華／和那蒼翠的圓通／在那神秘的翠湖邊上／瞰制著那寂靜的螺峰！／在你的周圍／是環繞著／巨大的湖水／和無數崇山峻嶺：／碧雞峰對著金馬峰／在滇池蒼茫的湖水裏，映著西山的俊麗的陰影／在你的周圍，是連綿不斷地重疊著／無數的湖泊，沼澤，山嶽和丘陵。」〔註64〕「尤其是在黃昏時節，讀懶寫倦，每喜倚窗遠眺。逼人的夕陽剛過，一刹那間湖面浮起了白漫漫的一片。暮色炊煙送走了西山的倦容，淡淡的描出一道起伏的虛線，鑲嵌在多變的雲靄裏，縹緲隱約，似在天外」〔註65〕。「翠湖像一面綠寶石鑲邊的鏡子，反映著周圍的美麗、青春。當朝陽如柔和的目光撫摸著她的面孔，哪一個詩人不愛聽小鳥和游魚齊唱？當夕陽吻著她和她告別，哪一個畫家不想描繪湖水共樹影一色？」〔註66〕「最令人戀戀的，當然是那一片永遠是綠油油的翠湖了。……堤旁滿栽著青蔥的樹，濃蔭下排列著朱漆的小半桌，泡一盅茶，抽一支煙，也可以和可談的朋友清談半日了。……到了夏天，便滿湖都是紅荷了，這一陣陣清香真叫人心曠神怡，寵辱都忘。到了夜裏，樹影深處便傳出清越的愛情的歌聲來，閃爍的熒光飛舞著，一切不像是真實的。」〔註67〕「兩年間曾四次到昆明，對於這個滇南古城，有著說不出的愛戀之情。這有名的『花之都』的明媚的風光使我迷惑。四季如春，天氣是那麼好；滇南的兒女，孕育在這山明水秀的環境中，是那麼的可愛。」〔註68〕

「……翠湖有很多松柏，有許多不謝之花，遊客到此，常令你心曠神怡。大觀樓滇池，風景酷似西湖，早晚一對戀人席座茵草談天，或邀二三友漫步湖中堤，看湖中的水鴨、游魚，看湖裏的點點星火——軍校送來悠揚的號聲，

〔註63〕冰心：《默廬試筆》，《冰心全集》（第 3 卷），海峽文藝出版社，1994 年版，第 179～180 頁。

〔註64〕穆木天：《昆明！美麗的山城》，《抗戰文藝》1938 年第 3 卷第 1 期。

〔註65〕費孝通：《在滇池東岸看西山》，《逝者如斯》，蘇州大學出版社，1993 年，第 242 頁。

〔註66〕許淵沖：《逝水年華》，生活・讀書・新知三聯書店，2009 年版，第 64 頁。

〔註67〕班公：《憶昆明》，《風雨談》1943 年第 3 期。

〔註68〕黃裳：《懷昆明》，《周報》1946 年第 48 期。

林鳥唱著清脆的音樂，令人神往。」〔註 69〕「在寬闊的清靜的大路上徘徊，擡頭望望那濃密的綠樹，在夕陽裏，似乎分外的蔥綠蒼翠，湖裏，幾隻水鳥，忽隱忽現，眞使人忘了還是寄身在城中裏。夕陽愈來愈下，跑到翠湖的東邊，擡頭望著那灑滿金黃色光線的五華山，在左邊有在樹林叢中昂著頭的雲南大學，山樹房屋，在夕陽光中交織成一幅富麗莊嚴的美麗圖畫，引人神往，在都市中能有這樣的幽景，的確是昆明獨有的特色。」〔註 70〕「昆明，是一個美麗的城市，各方面都很好，地位在海拔六千五百尺上面，氣候比加利弗尼亞還好，鄰近有湖，可以欣賞風景，而不招來蚊蟲，又有幽致的西山及許多寺宇，昆明正是一個我們理想的忘去塵俗的地方。」〔註 71〕「……十時買車遊大觀樓，樓在草湖之上，築堤環之，一切模仿西湖三潭印月……在樓上可以遠望滇池中風帆出沒，亦勝概也。樓位於園之西端，園之大可二十畝，亭臺院宇，整潔可愛，實昆明之佳處。」〔註 72〕「太陽伸出金黃色的頭來了，大地上仍靜悄悄地，只有樹間的小鳥們唱著晨歌。遠望四周，群山起伏，像仙女的玉臂擁抱著她的愛人。碧綠的河水，唱著、流著，彷彿纏綿的情歌，無窮的幽思。啊！昆明實在太美麗了，不管是它的內質還是它的外表，都好像是個朝氣蓬勃的英俊少年！氣候又這樣暖和，雖然時屆暮冬，卻依然像北方的初秋時節，這又象徵著他的性情是多麼溫和。」〔註 73〕「……疏密清翠，背面的樹林中透露出雲南大學校舍高大的白色石柱，白邊石階和紅牆色調形成鮮豔的色彩，寬敞的屋頂……鳥兒在樹枝上唱著歌曲，當這個時候，它嬌小的心裏想來一定和人一樣地感到快樂。魚兒在湖裏游著，鳩鳥在水裏出沒著，引起的遐想，在如畫的景致中縈繞著一切！」〔註 74〕「這裡沒有車馬來卷起路上的塵埃，又沒有喧雜的人聲。從兩旁的樹木間空隙處望過去，會經過穿藍布的，灰黑衣衫的，他們三個一起，或者單獨一個人在散步。拐過幾個彎，經過短短的石橋，看見的風景並不是一樣，但是，任在那一角落，你也感到黃昏時候的翠湖特別幽美，特別富有詩意。」〔註 75〕

〔註 69〕維夫：《西南聯大近記》，《宇宙風》1941 年第 102 期。

〔註 70〕謝衡：《翠湖晚景》，《朝報》1939 年 7 月 11 日。

〔註 71〕毛那：《毛那論雲南》，《雲南日報》1940 年 2 月 3 日。

〔註 72〕劉節：《昆明十二日～1939 年日記（二）》，《萬象》2007 年第 10 期。

〔註 73〕天籟：《西南聯大拉雜譚》，《抗戰周刊》1941 年第 56 期。

〔註 74〕丙彰：《雨後的翠湖》，《正義報》1944 年 6 月 5 日。

〔註 75〕宋秀婷：《翠湖》，《中央日報》（昆明版）1940 年 6 月 29 日。

等等。

　　與這些美麗景色描寫相隨的，還有他們筆下昆明那詩意的日常生活。「你就在這樣可愛的土堤上靜靜地喝茶。你身邊極平和地吹著清涼的風；你腳邊就極文雅地流著翠湖的碧綠的水——水面水下，還自在地游著幾千幾百條有名的五色魚；紅的，金的……一盞清茶，一支香煙，閒閒地剝著花生或瓜子——你還能不悠閒自得嗎？」〔註76〕「周末和寒暑天，學校圖書館裏的一點藏書也分別被挾在教授們的腋下帶到各村莊裏來；絆著太太和孩子們過著雞鳴而起，日沒而息的農村生活。安靜，悠閒，上水明月，盡情享受，世事煙雲，儼然若隱士。」〔註77〕「常常在南屏吃完飯喝點咖啡，再看九時一刻的電影，十一點後昆明有家本地館子叫東月樓，很有名，到一二點還有米線或雞腿吃，宵夜是很普遍的，在本地人尤其不以為奇，反正白天到九十點才起身。昆明晚間的生活很是閒適。」〔註78〕「現在我是又坐在一個昆明的茶樓上了。看著窗外的斜風細雨，打了傘在青石道上走著的女孩子。松子、桃片、黃黃的竹子水煙筒，如此親切又如此遼遠，我能說些什麼呢？」〔註79〕「……如果在假期或者周末，約二三友人，雇一輛馬車，從金碧路出大西門赴大觀樓。雨聲與馬蹄聲，在亞熱帶的高樹下緊湊地合奏著，頗增行旅興趣。如果搭船從大西門到大觀樓，在烏篷船裏坐或臥，聽打在烏篷船上的雨聲，看兩旁水鄉住民的風趣，是一種夢似的詩境。」〔註80〕「在昆明，四季皆春的良好氣候，玩西山，大觀樓，昆明湖中輕舟一葉，都使你嚮往。或者，拿一本詩集，躺在宿舍前柔美的草地上，吟詠那輕快的詩節，金黃色的陽光，灑落在你周圍，悠悠的白雲，像一群綿羊似的放牧在草原上，這雲貴高原上獨特的景致，在那優美環境下，這些使你覺得讀書實在是一件樂事。」〔註81〕其中、林徽因、趙蘿蕤的感受更是靜美、閒適、詩意：

〔註76〕班公：《昆明的茶館》，《旅行雜誌》1939 年第 13 卷第 7 期。

〔註77〕鳳子：《昆明點滴》，《旅途的宿站》，三聯書店香港分店，1985 年版，第 161頁。

〔註78〕杜希英：《昆明寄語》，袁進主編：《隨草綠天涯》，東方出版中心，1997 年版，第 248 頁。

〔註79〕黃裳：《〈江湖〉後記》，《黃裳文集》（錦帆卷），上海書店出版社，1998 年版，第 81 頁。

〔註80〕黃衣青：《昆明掇拾》，《啟示》1946 年第 2 期。

〔註81〕李西：《給來聯大的同學——聯大一年級同學在昆明》，《學生之友》1942 年第 4 卷第 5～6 期。

這是立體的構畫／描在這裡許多樣臉／在順城腳的茶鋪裏／隱隱起喧騰聲一片／／各種的姿態，生活／刻劃著不同方面：／茶座上全坐滿了，笑的／皺眉的，有的抽著旱煙／／老的，慈祥的面紋／年輕的，靈活的眼睛／都暫要時間茶杯上／停住，不再去撓亂心情！／／一天一整串辛苦／此刻才賺回小把安靜／夜晚回家，還有遠路／白天，誰有功夫看閒雲？／／不都爲著真的口渴／四面窗開著，喝茶／蹺起膝蓋的是疲乏／赤著臂膀好同鄉鄰閒話／／也爲了放下扁擔同肩背／向命運喘息，倚著牆／每晚靠這一碗茶的生趣／幽默估量生的短長……／／這是立體的構畫／設色在小生活旁邊／陰涼南瓜棚下茶鋪／熱鬧照樣的又過了一天！〔註82〕

「我每天早晨從臘爐醒過來便把眼鏡戴上。首先去拾前後院的敗葉枯枝，這是燃火最佳的材料。然後數一數荷包豆出了幾棵還缺幾棵，絲瓜還剩幾棵晚出，茄子大了一點沒有，黃瓜有幾條，番茄葉挺拔不挺拔。然後放雞，喂米，煮開水。」「在松燥的泥巴土裏，漏出一點黃綠的嫩弱的微芽，然後展開兩瓣，羞怯怯的在中間吐出一點新葉，繼之大膽的伸出一個巴掌，十個巴掌，有的蜿蜒的在地上爬，有的昂然地攀住竹竿，有的獨立無援，有的自瘦而肥，自細而粗，自疏而繁，到有一天瓜豆茄辣，玉米番茄一片茂綠的在我的面前，是何等的愉悅，欣喜而滿足。」〔註83〕

而在鹿橋筆下，不管是自然景色還是日常生活，都充滿著詩意和想像，昆明成了一個烏托邦的世界：

這時的雨景便如夢如畫。細密的雨絲如窗紗、如絲幕。橫飛著的雲霧乘了風斜插進來又如紗窗門幕外的煙霧幻境。濛濛一片裏山村、城鎮，都有無限醉人的韻致。走在這樣的雨中，慢慢地被清涼的雨水把烈火躁氣消磨盡了之後就感覺出她的無微不至的體貼，無大不包的溫柔來了，浸潤在這一片無語的愛中時，昆明各處那無名的熱帶野草便瘋狂地長高長大了。……。聽雨要在深夜。要聽遠處的雨聲，近處的雨聲。山裏的泉鳴，屋前的水流。要分別落在捲心

〔註82〕林徽因：《昆明即景‧茶鋪》，趙學勇編：《林徽因文存》（詩歌、小說、戲劇），四川文藝出版社，2005年版，第70～71頁。

〔註83〕趙蘿蕤：《龍泉雜記三——臘爐》，《讀書生活散記》，南京師範大學出版社，2009年版，第42頁。

菜上的雨，滴在沙土上的雨，敲在紙窗上的雨，打在芭蕉上的雨。
要用如紗的雨來濾清思考，要用急驟的雨催出深遠瑰麗的思想之
花，更要用連綿的雨來安撫顛沛的靈魂。〔註84〕

　　那裡橫七豎八地躺著曬太陽的學生們，或是因爲手中一本好書
尚未看到一個段落，或是爲了一場可意的閒談不忍結束，他們很少
站起身來的。他們躺在自長沙帶來的湖南清布棉大衣上。棉大衣吸
了一下午的陽光正鬆鬆軟軟的好睡。他們一閉上眼，想起迢迢千里
的路程，興奮多變的時代，福壯向榮的年歲，便驕傲得如冬天太陽
光下的流浪漢；在那一刹間，他們忘了衣單，忘了無家，也忘了饑
腸，確實快樂得和王子一樣。〔註85〕

還有那值得「欣賞留戀」的「正義路的黃昏」：

　　離開了繁華的都市，跑到靜僻的昆明來了，在那些都市裏，除
了聽迷人的爵士樂歌曲外，不能給我什麼印象，來到昆明以後，給
我最好印象的是那整齊的石路，和兩旁整齊的店鋪，尤其是在黃昏
時候的正義路上，值得我們欣賞留戀的呀！我們在這條街上，舒服
地散步著，男人、女人、小孩子、老年人，還有穿制服的軍人和學
生，摩肩接踵而過，並不喧鬧，也不擁擠。假如也像上海馬路那樣
開朗闊大，那麼你永遠感不到這裡的親切和繁盛的境味。你平常覺
得這條街行人太多太過擁擠，在黃昏的時候，卻顯得人多的好處，
你看人，他看你，左邊來一個時裝小姐，右邊是質樸的村姑，前面
是步履艱難的土老兒和戎裝革履的少年軍人，偶然回轉頭來，眼睛
爲之一亮，卻是容光射人的少婦，在你四周都是人，都是中華民族
的馴良的人，你可以不用擔心去注意你口袋和帽子，因爲這裡沒有
乘機偷盜的扒手，也很少有風馳電掣的車子。大家都川流不息地在
走，好像全是樂園之中；明月之夜，綠林之間，悠閒地散著步，張
望著，忘記了園外的一切。〔註86〕

翻閱那個時期的報刊文獻，可以發現，在抗戰時期的所有中國城市中，沒有
哪一座城市像昆明一樣以如此眾多的詩意筆墨呈現在世人面前。不管是昆明

〔註84〕鹿橋：《未央歌》，黃山書社，2008年版，第217頁。鹿橋在《未央歌》的第
　　　　七章用了約1200字的篇幅來描寫昆明的雨。
〔註85〕鹿橋：《未央歌》，黃山書社，2008年版，第15頁。
〔註86〕冰廠：《黃昏時候的正義路》，《朝報》1938年10月25日。

的自然風景，還是其日常生活，似乎都告訴我們：昆明與戰爭無關，它是戰亂年代的一個世外桃源、一個烏托邦。

二

　　為什麼抗戰時期的昆明會以一種世外桃源的面目呈現？因為在這些作家筆下，不管是昆明的自然景色，還是在昆明的日常生活，都成為了一種「風景」。「風景」在《現代漢語詞典》中意為「一定地域內由山水、花草、樹木、建築物以及某些自然現象（如雨、雪）等形成的可供人觀賞的景象。」〔註 87〕「風景」（landscape）又稱景觀，它是一個具有多種意義的術語，在《人文地理學詞典》中意為：「一個地區的外貌、產生外貌的物質組合以及這個地區本身。」〔註 88〕從近年西方學界相關著述來看，風景已經成為一個總括性概念，指涉「地方」、「景色」、「背景」、「土地」、「農耕模式」、「定居方式」、「可視性的環境」、「疆界」、「自然」、「空間」等意義。〔註 89〕比如美國華裔地理學家段義孚就說，「風景是人的種種努力的聚合之處。」〔註 90〕因此，可以說「風景」是一種文化意象、一種視覺性的存在，是諸如山、河、水、樹之類的景物以及它們的轉喻生成物，如活動於其旁邊的人等景象。因此，從這個意義上說，昆明的自然景色及日常生活可以稱為「風景」。為什麼他們的眼中昆明會作為一種「風景」而存在？為什麼昆明的自然景色與日常生活在他們筆下是以一種詩意的面目呈現？可以說自新文學發生以來，那種動蕩紛亂的社會現實、悲苦窮困的民眾生活就開始進入作家的創作視野，這些作品中彰顯出創作主體的拯救欲望，充滿了悲憫情懷和啟蒙責任感，以魯迅為代表的「鄉土小說」是其典型。在這類作品中，作為「風景」的鄉村景色與鄉村生活所蘊含的深層內涵基本上都離不開這種底色，有些「風景」也融合了因作家對人生境況的關懷而蘊含的生存焦慮與悲劇感懷。在抗戰這樣一個民族大災

〔註 87〕　中國社會科學院語言研究所詞典編輯室編：《現代漢語詞典》（第 5 版），商務印書館，2005 年版，第 407 頁。

〔註 88〕　（美）約翰斯頓主編：《人文地理學詞典》，柴彥威譯，商務印書館，2004 年版，第 367 頁。

〔註 89〕　Mitchell W J T. Preface to the Second Edition of Landscape and Power: Space, Place and Landscape [M] // Landscape and Power. Chicago: The University of Chicago Press, 2002:8.

〔註 90〕　Tuan Y F. Thought and Landscape: The Eye and the Mind's Eye [M] // Meining D W. The Interpretation of Ordinary Landscapes: Geographical Essays. Oxford: Oxford University Press, 1979:126.

難、大悲痛、大抗爭時期，很多作品中呈現的「風景」也大致離不開「拯救」、「悲憫」、「啓蒙」等關鍵詞，比如另一個抗戰時期的文化中心——重慶，在巴金筆下是「寒夜」形象，在宋之的筆下是「霧」形象，等等。而抗戰時期作爲「風景」的昆明，在整體上則呈現出一種「詩意」的形象，這無疑是深有意味的。

「敘事作品（或其他藝術作品）中的『自然』總是人類眼中的自然，因而它必然隱含一種人類哲學觀。自然所具有的意識形態意義在一部敘事作品中雖然並非始終重要，但卻從未缺少，有時它顯示爲象徵。敘述者的文本中對自然的描寫是敘述者的觀點的組成部分；在人物的文本中，它則可以作爲塑造人物的手段……」〔註91〕風景也是如此，它是要經過一種眼界的確認和情感的解釋，它的面貌與觀察者的「人類哲學觀」緊密相關。在柄谷行人看來，「風景」是指需要主觀能動性的參與才能獲得的一種合目性的快感，這種「風景」是和孤獨的內心狀態緊密聯繫在一起的，即「風景不是由對所謂外界具有關心的人，而是通過背對外界的『內在的人』發現的」。「換言之，只有在對周圍外部的東西沒有關心的『內在的人』那裡，風景才能得以發現。」〔註92〕這裡，『內在的人』我們可以理解爲內心的思考者，也就是注重自我感覺和自我意識的人。如段義孚所說，人在異鄉不是強化了對於異鄉的知覺，反而加深了對於故鄉的認識。在第一節我們已經談及，那些外來的作家們在昆明發現了「北平」，在他們的「自我感覺」與「自我意識」裏，昆明成了另一個「故鄉」，他們在此地釋放自己的懷舊心理與家國憂患。在這座相對寧靜、自由的城市，那些外來的知識分子與這座城市產生了一種文化認同，自己也與作爲「風景」的昆明形成了情感共鳴。由此，在他們看來，不管是昆明的自然景色還是日常生活都洋溢著詩意與溫情。昆明，在這些作家筆下，成了如巴什拉所說的「場所愛好」，也就是「與自然界和情感充溢的地方之間的感情聯繫所激起的詩意幻想」〔註93〕的地方。因此，作爲「風景」的昆明以想像的方式成爲那些外來作家精神世界的棲息地，他們也以這「風

〔註91〕 （捷克）唐納德·霍洛克：《從傳統到現代——世紀轉折時期的中國小說》，北京大學出版社，1991年版，第83頁。

〔註92〕 （日）柄谷行人：《日本現代文學的起源》，趙京華譯，生活·讀書·新知三聯書店，2006年版，第52、15頁。

〔註93〕 （法）加斯東·巴什拉：《空間的詩學》，張逸婧譯，上海譯文出版社，2009年版，第23頁。

景」作爲想像這個離亂年代和動蕩世界的方式，表達他們的人生思考與生命體驗。

里爾克說：「人沉潛在萬物的偉大的靜息中，他感到，它們的存在是怎樣在規律中消隱，沒有期待，沒有急躁。並且在它們中間有動物靜默地行走，同它們一樣擔負著日夜的輪替，都合乎規律。後來有人走入這個環境，作爲牧童、作爲農夫，或單純作爲一個形體從畫的深處顯現：那時一切矜誇都離開了他，而我們觀看他，他要成爲『物』。」「人不再是在他的同類中保持平衡的夥伴，也不再是那樣的人，爲了他而有晨昏和遠近。他有如一個物置身於萬物之中，無限地孤單，一切物與人的結合都退至共同的深處，那裡浸潤著一切生長者的根。」〔註94〕那些作家在作爲「風景」的昆明發現了「靜美」的「山水」，從中感受著「一切生長者的根」。他們或是在靜美的景色中表達著大時代的「痛感」，「空氣中飄滿野花香——久已忘卻的無數最美好的感覺之一。每天早晨和黃昏，陽光從奇異的角度偷偷射進在這個充滿混亂和災難的無望的世界裏，人們仍然意識到安靜和美的那種痛苦的感覺之中。」〔註95〕或在昆明的一風一雨中萌生出對祖國的情懷，「……在你的無邊的田疇裏／九月的風／吹著油碧的稻浪／在綠天鵝絨的原野裏／狹窄的石頭的路徑上／這裡，那裡／震響著騾馬的銅鈴／在你的高朗的天空上／翱翔著　我們的龐大的銀冀的鐵鷹／在鐵鷹的冀膀上／反映著燦爛的天光／在鐵鷹的冀膀下邊／歌唱著祖國的黎明／一根草，一棵樹／都令我起了無數的憧憬／一縷風，一滴雨／都令我想像到祖國的偉大的姿容。」〔註96〕或在昆明隨處可見的松鼠身上感受到存在的意義，「……這也就是生物之一種，『人』，多數人中一種人對於生命存在的意義，他的想像或情感，目前正在不可見的一種樹枝間攀援跳躍，同樣略帶一點驚惶，一點不安，在時間上轉移，由彼到此，始終不息。」〔註97〕或在昆明色彩絢麗的黃昏讀出人與世界的關係，「……突立的樹和高山，淡藍的空氣和炊煙／是上帝的建築在刹那間顯現／這裡，生命另有它的

〔註94〕里爾克：《論「山水」》，《馮至全集》（第11卷），河北教育出版社，1999年版，第330頁。

〔註95〕林徽因：《致費慰梅》，趙學勇編：《林徽因文存》（散文、書信、評論、翻譯），四川文藝出版社，2005年版，第122頁。

〔註96〕穆木天：《昆明！美麗的山城》，《抗戰文藝》1938年第3卷第1期。

〔註97〕沈從文：《昆明冬景》，《沈從文全集》（第17卷），北嶽文藝出版社，2002年版，第265頁。

意義等你揉圓／你沒有擡頭看那燃燒的窗？／那滿天的火色就隨一切歸於黯淡／讓歡笑躍出在灰塵外翱翔／當太陽，月亮，星星，伏在燃燒的窗外／在無邊的夜空裏等我們一塊兒旋轉。」〔註98〕或在昆明郁郁蔥蔥的樹上感受到世界的寧靜與永恒，「我從來沒有眞正感覺過寧靜／像我從樹的姿態裏／所感受到的那樣深／無論自哪一個思想裏醒來／我的眼睛遇見它／屹立在那同一的姿態裏。在它的手臂間星斗轉移／在它的注視下溪水慢慢流去／在它的胸懷裏小鳥來去／而它永遠那麼祈禱，沉思／彷彿生長在永恒寧靜的土地上。」〔註99〕乃至在昆明郊外的稻草上也獲得哲學的沉思：「金黃的稻草站在／割過的秋天的田裏／我想起無數個疲倦的母親／黃昏的路上我看見那皺了的美麗的臉／收穫日的滿月在／高聳的樹顛上／暮色裏，遠山是／圍著我們的身邊／沒有一個雕像比這更靜默／肩荷著那偉大的疲倦，你們／在這伸向遠遠的一片／秋天的田裏低首沉思／靜默。靜默。歷史也不過是／腳下一條流去的小河／而你們，站在那兒／將成人類的一個思想。」〔註100〕

　　從那些作家那個時期的創作中，可以發現他們在寓居昆明期間，面對昆明的「風景」，他們抒發著在這個離亂年代的人生情懷與生命體驗，作爲「風景」的昆明，給他們提供了一個思考與想像的空間。許多作家都受昆明「風景」的影響，作爲「風景」的昆明給了他們豐富的文學資源，昆明，成了他們建構文學與精神世界的一個重要媒介，最具代表性的是沈從文與馮至。

三

　　1938 年 4 月 30 日，沈從文到達昆明。「還記得初到昆明那天，約下午三四點鐘，梁思成夫婦就用他的小汽車送我到北門街火藥局附近高地，欣賞雨後昆明一碧如洗的遠近景物，兩人以爲比西班牙美麗得多，和我一同認爲昆明應當是個發展文化藝術最理想的環境（過了四十年，我還認爲我們設想是合理的）。所以後來八年中，生活雖過得很困難不易設想，情緒可並不消沉。」

〔註98〕穆旦：《黃昏》，李方編選《穆旦詩全集》，中國文學出版社，1996 年版，第137 頁。

〔註99〕鄭敏：《樹》，杜運燮、張同道編選《西南聯大現代詩鈔》，中國文學出版社，1997 年版，第 355 頁。

〔註100〕鄭敏：《金黃的稻草》，杜運燮、張同道編選《西南聯大現代詩鈔》，中國文學出版社，1997 年版，第 322 頁。

〔註101〕由此可見，作爲「風景」的昆明對沈從文產生的影響。抗戰結束之後，沈從文在文中說：「出於過去生命所儲蓄，所積聚，形成的願望和能力，能向西北農村走，對我自然是一個大轉機。因爲多少年以來，即有一種看法，他人出國留學，我倒想看看東北和西北土地人事，從寥廓、樸素、簡單、荒寒、陌生背景中，可以體驗出更多不同的變化和生長。……但在習慣上和家中人生活關係上，我終於隨同北方師友，向西南跑了。於是一直到了雲南，除在聯大教點書，於滇池邊兩個村子裏住了八年。」〔註102〕在這八年裏，「自然」或者說「風景」成了沈從文精神世界中的重要組成部分。沈從文一家住在風景優美的滇池邊（呈貢縣龍街鎮楊家大院），從他房中可以把附近滇池和西山的風光盡收眼底。楊家大院背靠一片山坡，沈從文閒暇時常躺在草地上看浮雲變化，思索人生，陸續寫出了後來收進《燭虛》和《雲南看雲集》裏的一些哲理散文。〔註103〕在這段歷史時期，沈從文出版了《長河》、《湘西》、《昆明冬景》、《燭虛》、《雲南看雲集》等集子，他在抗戰時期的昆明「似乎已回到了家鄉，回到了本來」「……只守住昆明滇池旁一個小點上，和一群普通本地人及若干青年學生，發生親密接觸。然而這種無私心無蔽隔的相處關係，實在使我極滿意。」〔註104〕由此，戰爭結束後，他打算寫一篇小說，「作爲一家人寓居雲南鄉間八年，所得於陽光空氣和水泉的答謝」〔註105〕。因爲國內政治局勢變化等原因而致使小說（即《斷虹》）沒有完成，但在這篇「引言」式的文字中，依然可以發現沈從文對生命、藝術的深入思考及其思想的重要變化，他把人的生命投擲於無限的自然之中，「企圖將人事間的鄙陋猥瑣與背景中的莊嚴華麗相結合，而達到一種藝術上的純粹」。〔註106〕

　　昆明時期的沈從文，不管是《斷虹》還是其他作品（小說與散文），我們

〔註101〕沈從文於 1980 年 10 月 16 日給彭荊風的信，《沈從文全集》（第 26 卷），北嶽文藝出版社，2002 年版，第 206 頁。

〔註102〕沈從文：《關於西南漆器及其他》，《沈從文全集》（第 27 卷），北嶽文藝出版社，2002 年版，第 28～29 頁。

〔註103〕《沈從文年譜長編》（1902～1988），吳世勇編，天津人民出版社，2006 年版，第 217 頁。

〔註104〕沈從文：《關於西南漆器及其他》，《沈從文全集》（第 27 卷），北嶽文藝出版社，2002 年版，第 29 頁。

〔註105〕沈從文：《斷虹》引言，《沈從文全集》（第 16 卷），北嶽文藝出版社，2002 年版，第 341 頁。

〔註106〕沈從文：《斷虹》引言，《沈從文全集》（第 16 卷），北嶽文藝出版社，2002 年版，第 340 頁。

都可以發現其呈現出碎片化、抽象抒情化的特質。在這些文字中，我們可以感受到沈從文日趨抽象的思索與其一貫的清新澄澈發生牴牾，此時他筆下的人與自然也不再和諧，而是處於衝撞之中。在《邊城》時期，沈從文把自然與人性的合力鑄就成優美、健康的生命樣式，在昆明時期，他則「試將人類這種小小的哀樂得失，和面前拔空萬尺的俊偉峭拔雪峰對比」，兩相映照「自然似乎永遠是『無為而無不為』，人卻只像是『無不為而無為』。」〔註107〕在自然的「無不為」與人的「無為」之間，沈從文感受到的是自然的偉力，在這樣的偉力面前，「藝術」也是無能為力的：「自然景物太偉大，色彩變化太複雜，想繼續用一支畫筆捕捉眼目所見種種恐近於心力白用」，「這不是為畫家準備的，太華麗，太幻異，太不可思議了。這是為使人沉默而皈依的奇迹，只能產生宗教，不會產生藝術的！」〔註108〕富有意味的是，作為沈從文對雲南八年生活「謝禮」的《斷虹》中的背景並不是其熟悉的昆明生活，而是其並不熟悉的滇西世界（文中提及李霖燦等人深入大理、麗江一帶進行藝術、民俗學考察，文章的描寫可能大多來自朋友的描述及作者的想像——筆者注）。這可以理解為人迹罕至的滇西「風景」更符合其作為此時沈氏理解世界的一種方式。與秀美的湘西風景相比，滇西風景呈現出「壯美」的特色：「碗口大的杜鵑花，完全如彩帛剪成的一樣，黏在合抱粗三尺高光禿的矮椿上，開放得如何神奇，神奇中還到處可見出一點詼諧，你才體會得出『奇迹』二字的意義。」〔註109〕在其中，「自然」（「風景」）是作為「奇迹」而存在，它已經具有了本體論的意義：「自然既極博大，也極殘忍，戰勝一切，孕育眾生。螻蟻蚍蜉，偉人巨匠，一樣在它懷抱中，和光同塵。因新陳代謝，有華屋山丘。智者明白『現象』，不為困縛，所以能用文字，在一切有生陸續失去意義，本身亦因死亡毫無意義時，使生命之光，培權照人，如燭如金。」〔註110〕在戰亂年代，人類在毀滅著自己所創造的文明：「……人類用雙手——頭腦創造出一個驚心動魄文明世界，然此文明不旋踵立即由人手毀

〔註107〕沈從文：《斷虹》引言，《沈從文全集》（第 16 卷），北嶽文藝出版社，2002年版，第 339～340 頁。

〔註108〕沈從文：《虹橋》，《沈從文全集》（第 10 卷），北嶽文藝出版社，2002 年版，第 385、390 頁。

〔註109〕沈從文：《虹橋》，《沈從文全集》（第 10 卷），北嶽文藝出版社，2002 年版，第 395 頁。

〔註110〕沈從文：《燭虛》，《沈從文全集》（第 12 卷），北嶽文藝出版社，2002 年版，第 9～10 頁。

去。」〔註 111〕在這樣的毀滅中，許多東西都變得破碎，沈從文昔日那種圓融、純粹的文學世界也同樣如此，需要重新「找尋」與「黏合」：「『吾喪我』，我恰如在找尋中。生命或靈魂，都已破破碎碎，得重新用一種帶膠性觀念把它黏合起來，或用別一種人格的光和熱照耀烘炙，方能有一個新生的我。」〔註 112〕自然（風景），成了沈從文尋找「新生的我」的途徑，成了其「抽象的抒情」的重要組成部分，成了他文學與精神的皈依，成了他的宗教：「一種由生物的美與愛有所啓示，在沉靜中生長的宗教情緒無可歸納，因之一部分生命，竟完全消失在對於一切自然的皈依之中」。〔註 113〕抗戰時期的昆明，不僅讓沈從文感到「似乎已回到了家鄉，回到了本來」，〔註 114〕而且它以一種「風景」的方式參與了沈從文新的文學世界與思想世界建構，它在沈從文的世界裏已經具有了超越的意義。

　　馮至在 1940 年 10 月 1 日至 1941 年 11 月 4 日之間，一直住在昆明金殿後山的楊家山林場茅屋。他說，他最難以忘卻的居住在那裡一年多的日日夜夜，那裡的一口清泉，那裡的松林，那裡林中的小路，那裡的風風雨雨，都在他的生命裏留下深刻的印記。他在 40 年代初期寫的詩集《十四行集》、散文集《山水》裏個別的篇章，以及歷史故事《伍子胥》都或多或少地與林場茅屋生活有關。換句話說，若是沒有那段生活，這三部作品也許會是另一個樣子，甚至有一部分寫不出來。〔註 115〕他說：

　　　　1941 年我住在昆明附近的一座山裏，每星期要進城兩次，十
　　　五里的路程，走去走回，是很好的散步。一個人在山徑上、田埂
　　　間，總不免要看，要想，看的好像比往日看得格外多，想的也比往
　　　日想得格外豐富。那時，我早已不慣於寫詩了，——從 1930 年到
　　　1940 年十年內我寫的詩總計也不過十來首，——但是有一次，在一
　　　個冬天的下午，望著幾架銀色的飛機在藍得像結晶體一般的天空

〔註 111〕沈從文：《淵潛》，《沈從文全集》（第 12 卷），北嶽文藝出版社，2002 年版，第 30 頁。

〔註 112〕沈從文：《燭虛》，《沈從文全集》（第 12 卷），北嶽文藝出版社，2002 年版，第 27 頁。

〔註 113〕沈從文：《水雲》，《沈從文全集》（第 12 卷），北嶽文藝出版社，2002 年版，第 121 頁。

〔註 114〕沈從文：《關於西南漆器及其他》，《沈從文全集》（第 27 卷），北嶽文藝出版社，2002 年版，第 29 頁。

〔註 115〕馮至：《昆明往事》，《新文學史料》1986 年第 1 期。

　　　裏飛翔，想到古人的鵬鳥夢，我就隨著腳步的節奏，信口說出一首
　　　有韻的詩，回家寫在紙上，正巧是一首變體的十四行。這是詩集裏
　　　的第八首，是最早也是最生澀的一首，因爲我是那樣久不曾寫詩
　　　了。〔註116〕

雖然不能說抗戰時期的昆明對馮至1940年代創作起著決定性作用，但如果說
馮至多年的行走與思考是在昆明積澱、成熟則大體上可以成立的。昆明，在
某種意義上成了馮至創作的重要「發源地」之一。在馮至的精神世界裏，自
然，佔有重要的地位，里爾克從存在主義角度「觀看」山水的方式及歌德晚
年自然與生命相融合的思想都影響過他。而他把「自然」作爲其博士學位論
文討論的對象（他的博士學位論文題目是《自然與精神的類比》），則似乎可
以進一步說明其對「自然」的傾心。而「自然」也很快從作爲馮至哲學思考
的對象轉化爲孕育其不朽詩文的母體。

　　　　這種對於自然的看法，我不能不感謝昆明七年的寄居。昆明附
　　　近的山水是那樣樸素，坦白，少有歷史的負擔和人工的點綴，它們
　　　沒有修飾，無處不呈露出它們本來的面目：這時我認識了自然，自
　　　然也教育了我。在抗戰期中最苦悶的歲月裏，多賴那樸質的原野供
　　　給我無限的精神糧食，當社會裏一般的現象一天一天地趨向腐爛
　　　時，任何一棵田埂上的小草，任何一棵山坡上的樹木，都曾給予我
　　　許多啓示，在寂寞中，在無人可與告語的境況裏，它們始終維繫住
　　　了我向上的心情，它們在我的生命裏發生了比任何人類的名言懿行
　　　都重大的作用。我在它們那裡領悟了什麼是生長，明白了什麼是忍
　　　耐。〔註117〕

在這一時期馮至的創作中，不管是詩集《十四行集》，還是散文集《山水》中
的有關作品，我們都可以發現「自然」（「風景」）在其中的核心地位。有意味
的是，在馮至筆下，昆明的「風景」並沒有其地域性特徵，或者說基本上都
是「少有歷史的負擔和人工的點綴」，其重點也在於關注「它們本來的面貌」：
「我們不應該把些人事摻雜在自然裏面」，「還沒有被人類的歷史所點染過的
自然：帶有原始氣氛的樹林，只有樵夫和獵人所攀登的山坡，船漸漸遠離了

〔註116〕馮至：《〈十四行集〉再版序》，《中國新詩》1948年第3期。
〔註117〕馮至：《山水》後記，《馮至全集》第3卷，河北教育出版社，1999年版，第
　　　　73頁。

剩下的一片湖水，這裡，自然才在我們面前矗立起來，我們同時也會感到我們應該怎樣生長。」〔註118〕如此，他在昆明普通的「風景」中感受到了「應該怎樣生長」品質與力量：

> 我常常想到人的一生，
> 便不由得要向你祈禱。
> 你一叢白茸茸的小草
> 不曾辜負了一個名稱；
>
> 但你躲避了一切名稱，
> 過一個渺小的生活，
> 不辜負高貴和潔白，
> 默默地成就你的死生。
>
> 一切的形容、一切喧囂
> 到你身邊，有的就凋落
> 有的化成了你的靜默。
>
> 這是你偉大的驕傲
> 卻在你的否定裏完成。
> 我向你祈禱，為了人生。〔註119〕

這種來自昆明「風景」的品質與力量不僅體現在馮至的《十四行集》、《山水》等「山水」散文中，從這些文中我們能看到「它們在人類之外，不起一些變化，千百年如一日，默默地對著永恒」〔註120〕，可以感受到它們「浸潤著一切生長者的根」〔註121〕。還體現在其對那時馮至思想的引導上。馮至在昆明除了創作《十四行集》、《山水》等與「風景」緊密相關的詩文，還在《生活導報》、《自由論壇》及《中央日報》、《雲南日報》等發表了近五十篇時評和文化雜文，這些社會批判的文字依然是以昆明的「風景」為精神依託：「因為

〔註118〕馮至：《〈山水〉後記》，《馮至全集》第3卷，河北教育出版社，1999年版，第72頁。

〔註119〕馮至：《十四行集·鼠曲草》，《馮至全集》（第1卷），河北教育出版社，1999年版，第219～220頁。

〔註120〕馮至：《一個消逝了的山村》，《馮至全集》（第3卷），河北教育出版社，1999年版，第46頁。

〔註121〕（奧）里爾克：《論〈山水〉》，《馮至全集》（第11卷），河北教育出版社，1999年版，第330頁。

無論在多麼黯淡的時刻,《山水》中的風景和人物都在我的面前閃著微光,使我生長,使我忍耐。就是那些雜文的寫成,也多賴這點微光引導著我的思想,一篇一篇地寫下去,不會感到疲倦。」〔註122〕風景,在馮至的精神世界裏已經不僅僅是山川風物,它還成為了一種倫理法則。

四

海德格爾回答「我為什麼住在鄉下?」時曾說,「群山無言的莊重,岩石原始的堅韌,杉樹緩慢精心的生長,花朵怒放的草地絢麗又樸素的光彩,漫長的秋夜裏山溪的奔湧,積雪的平坡肅穆的單一——所有這些風物變幻,都穿透日常存在……」。在鄉下「體會到的不是寂寞,而是孤獨,……孤獨有某種特別的原始的魔力,不是孤立我們,而是將我們整個存在拋入所有到場事物本質而確鑿的近處。」〔註123〕1938 年 9 月日機空襲昆明後,居住在市區的那些作家們陸續遷往昆明郊區,他們從此有大量時間打量著身邊那些靜美的「風景」,或默默觀看它們的成長變化,或領略它們的姿態內涵。此時,人自身的浮躁、焦慮、孤寂、虛空或許才可以被純化,上昇到一個新的高度。人並非凌駕於物之上,而是與萬物共存於天地間,互相打開,相互敞亮。人與萬物生存於相同的土壤,個體生命的存在,猶如一物置於萬物之中,既無限孤單,然在最深處又相互關聯彼擁有著共同的根。由此,在那個離亂年代,那些從書齋中走出的作家,歷經了從未經歷過的歲月,他們對世界、對生命的認識也隨之發生了很大的變化。正如沈從文所說:「戰爭給了許多人一種有關生活的教育,走了許多路,過了許多橋,睡了許多床,此外還必然吃了許多想不到的苦頭。然而真正具有深刻教育意義的,說不定倒是明白了許多地方各有各的天氣,天氣不同還多少影響到一點人事。」而「……雲南的雲給人印象大不相同,它的特點是樸素,影響到人的性情,也應當是摯厚而單純。」〔註124〕影響到他們性情的不僅有「雲南的雲」,還有昆明隨處可見的「有加利樹」和「鼠曲草」等等,它們都激發了那些作家的詩與思。他們從身邊的「風

〔註122〕馮至:《〈山水〉後記》,《馮至全集》(第 3 卷),河北教育出版社,1999 年版,第 74 頁。

〔註123〕海德格爾:《人,詩意地安居——海德格爾語要》,郜元寶譯,張汝倫校,上海遠東出版社,1995 年版,第 83、84 頁。

〔註124〕沈從文:《雲南看雲》,《沈從文全集》(第 17 卷),北嶽文藝出版社,2002 年版,第 307、308 頁。

景」中，或體會到其執著、堅韌與向上，或感受到一個民族在戰爭中的覺醒與成長的希望，或認識到個體與群體、自我與時代、生活與哲學那種不可分割的關係。

可以說，那些或寓居或旅居於昆明的外來作家，在這個相對遠離戰火、古樸寧靜的城市，或工作或旅行，或攜友漫步或獨自沉思，不管是優美的自然景色還是靜美的日常生活都可能影響著他們、啓發著他們、提升著他們。在作為「風景」的昆明，他們獲得了一份戰亂年代難得的寧靜與悠然，加上昆明相對自由的社會環境（在第二章的「龍雲治下的昆明」已經討論），他們就能保持一種開放、從容、自由的心境，與生命和世界進行超越功利的對話，而「沉潛在萬物的偉大的靜息中」。由此，他們也就有孕育詩意與詩情的最大可能，並在平凡中發現「最深的東西」，就如李廣田評馮至的《十四行集》時所說：「詩在日常生活中，在平常現象中，卻不一定是在血與火裏，淚與海裏，或是愛與死亡裏。那在平凡中發現了最深的東西的，是最好的詩人。」〔註125〕由此，作為「風景」的昆明，在抗戰時期為那些寓居於此的作家提供了一種感受「一切生長者的根」的可能，成為「與自然界和情感充溢的地方之間的感情聯繫所激起的詩意幻想」〔註126〕的地方，沈從文、馮至、穆旦、鄭敏、汪曾祺、鹿橋等人的創作，就是他們在作為「風景」的昆明，抵達「事物本質而確鑿的近處」的文學印證。

第三節　作為「戰士」的昆明

我們說抗戰時期的昆明是以一種「風景」的形象存在於眾多作家的描述之中（昆明的「北平」形象從廣義上來說也可以稱之為「風景」之一種），這種「風景」在整體上是以一種「詩意」的格調呈現，通過這樣的「風景」與「詩意」，眾多詩人作家在不同程度上「抵達事物本質而確鑿的近處」。但這並不否認，在抗戰這樣一個民族大災難、大悲痛、大抗爭時期，很多描述戰時昆明的文字同樣也蘊含著「戰鬥」、「拯救」、「悲憫」、「啓蒙」等意味，這彰顯出戰時昆明作為「戰士」形象的一面。

〔註125〕李廣田：《沉思的詩——論馮至的〈十四行集〉》，《詩的藝術》，開明書店，1948
　　　　年版，第71頁。
〔註126〕（法）加斯東・巴什拉：《空間的詩學》，張逸婧譯，上海譯文出版社，2009
　　　　年版，第23頁。

一

這種「戰士」形象首先表現在對戰時昆明及昆明人的正面描述上。「女兒們已自家庭走向社會，丟掉脂粉著上戎裝，齊一著步伐，高唱著雄壯的進行曲，表現出大時代的新女性的姿態！婦女戰地服務團出發前方去了，那種慷慨激昂悲壯熱烈的精神，更能刺激大眾的神經，喚醒睡夢中的人們，『西南重鎮』的昆明，已在活躍了！」〔註127〕「……昆明正邁步向現代都市的路走上，前途是無限光榮，西南唯一的重鎮是捨它莫屬的，它擔負起民族抗戰與民族復興繁重的任務……」〔註128〕「……另一方面，大昆明市的新生力量，卻正在不斷地蓬勃生長著。不信，你看，每天清晨當市民們還在睡夢中，市區的廣場上，壯丁們都已穿著武裝，排列著整齊的行列，迎著耀眼的陽光，在接受非常的訓練——他們就是大昆明市的新生的力量。」〔註129〕「昆明在今日的中國，的確是一個很不平凡的城市。尤其是當我國其他現代化的繁榮的城市正在敵寇殘酷的統治下過著昏暗的日子的今天，昆明還能以其特有的莊嚴玲瓏戰士的姿態沐浴著純潔而自由的空氣屹立在抗戰陣營和印緬，屈辱的越南交接的邊疆上……」〔註130〕「……昆明的天空泛起了血紅的靈魂，昆明肥美的土地第一次崩裂了！綺麗的雲嶺上的夢已經破碎了。走，朋友，我們要為爹娘復仇……昆明無雲的長空，昆明的海是美麗的，昆明是一個夢境，那是戰士們的夢之鄉！……呼喊吧！戰鬥吧！……是什麼破碎了翠湖的春夢呢？收拾起夢的殘境，趕向鬥爭的黎明呵！」〔註131〕「昆明已經和過去不同了，這是事實。一方面，民族戰士一批一批的由著遙遠的山國裏爬過重重的山巒去為偉大壯烈的革命獻身了，知識青年也借著暑假的機會在大雨淋漓中披上斗篷，穿著雨鞋，步行到離昆明很遠的地方去做喚醒民眾的工作。」〔註132〕「這塊祖國新生的大地，在她的外圍，有數百里平原，巨量的食糧在生長，千百萬的健兒在訓練，大時代已經給她抹上一層鮮明的色彩，御上了一件簇新的戰鬥絨衣，在全中華民族解放持久鬥爭的長途中，她也是勇猛耐

〔註127〕趙悅霖：《自長沙到昆明》，《再生》1938 年第 10 期。

〔註128〕直田：《昆明點滴》，《國風》1939 年第 3 期。

〔註129〕高山：《昆明——後方冒險家的樂園》，《改進半月刊》1939 年第 2 卷第 5 期。

〔註130〕麥浪：《今日昆明》，《文摘月報》1941 年第 5 卷第 1 期。

〔註131〕張帆：《翠湖春夢》，《雲南日報》1939 年 2 月 7 日。

〔註132〕予矛：《「後方」的昆明》，《文藝陣地》1938 年第 2 卷第 3 期。

戰的一員鬥士。昆明新生了，不，許多祖國閉塞山谷中的古城，再也沒有靜靜的谷音，而吼出了鬥爭！反抗！復仇的巨大聲響！」〔註133〕「每天傍晚，我看到八噸重的大卡車，由英氣勃勃的華僑司機駕駛著，從滇緬路急駛而來，內心感到無比欣慰。新軍的幹部正在大量地訓練，各方面都有埋頭苦幹的氣象。雖然昆明有許多美中不足之處，但總的方面來說，雲南對『抗戰到底』是像岩石一般的堅定，足以頂住未來的暴風雨！」〔註134〕等等。這些文字基本上都是以一種鮮明的民族情感表達對抗戰時期昆明的地位、角色及昆明人在抗戰時期表現出來的、昂揚向上的精神面貌的稱讚，這在詩歌作品中表現得尤爲突出。

　　比如穆木天長詩《昆明！美麗的山城》第五節中有這樣的詩句：「昆明！／美麗的山城！／在群山的拱抱中／在廣大的原野的中央／你顯露出來／你的雄大的姿容。／如同一個巨人似地／你站了起來／如同一個巨人似地／你戰鬥起來了／在這個西南的邊疆上，／在這個萬山中間，／我們看見你的雄姿一天一天增大起來了！／你象徵著我們的新生的中國／你一天一天地脫掉了你的灰黃的外表／你武裝起來了！／我看見／在你的街頭上／震蕩著救亡的歌曲／在你的每個戰士的心裏／燃燒著新的動力！／在你的各個角落上／新生的猛火都在開始燃燒著／在你的心腹裏／在鍛鍊著一切的銅鐵的戰士。」〔註135〕還有許多類似的詩句：「……它有兩條國際的道路／要利用它供應前方的軍用／它有一百萬方里的土地／上面住著一千萬強悍的男女／安納哥，堪察加／人們把它來作如此的比擬／但它有自己獨特的姿態／彷彿它到處布滿著峻嶺雄山／／民族的戰火／不分區域地在各方燃燒著／民族的喉嚨在唱著抗戰的戰歌／民族的進軍／在民族統一戰線上挺進／這兒是民族復興的砥柱／遙對著那遙遠的天山！」〔註136〕「朦朧的清晨，看啊！／市郊，古色的城堞遠遠的山峰，綠野……／他們臥伏於灰白的霧中／這裡，各種的噪音漸漸地由單純而強調／度過靜止岑寂的情懷——／洋鼓敲著，軍號吹著／戰士的步踏／沉沒於晨呼隊挺進的聲浪／……／市民們起來聽昨日前線的消息／工友們起來走入造槍的機房／農夫們起來／肩著鋤，擡著杆／到田地中去，到千里綿延的公路上去／在迷蒙的霧中，他們歌唱，他們進行，他們勞動……

〔註133〕知魯：《山城在躍動》，《朝報》1939 年 4 月 9 日。
〔註134〕陸詒：《萬里雲南》，《新華日報》1940 年 11 月 15 日。
〔註135〕穆木天：《昆明！美麗的山城》，《抗戰文藝》1938 年第 3 卷第 1 期。
〔註136〕濺波：《昆明湖畔》，《中國詩壇》1938 年第 2 卷第 4 期。

／……昆明的清晨／我看見走在朝陽的光明的路上。」〔註 137〕「炸彈，把古城的夢炸醒／人們失去了往日的平靜／到處掘滿了防空洞／城頭上，又飛起警戒的鐵鳥／／古城染上摩登的色調／避難人帶來了都市腐爛的『文明』／『覓人』、『招租』貼滿了一顆顆電杆／操著各省方言的人塞滿每個旅館／／鐵的行列開去前方／歷史塗上滇軍殺敵的光芒！／還有一批批矯健的姐妹／也追上弟兄們衝去前方／／抗敵的字畫貼滿土牆的空頭／戲劇學校，爭發起寒衣募捐／是一片悲壯肅穆的氣氛罩滿整個會場／為紀念六十軍健兒的英勇犧牲／未死的人把仇恨記在心上。」〔註 138〕「……／／你流亡到昆明／幸運的，我們碰到了／你，嘴角向我／顫抖著苦難的笑／你告訴我／為了學習鬥爭的經驗，從遙遠的故鄉向這兒跑來了／／……／願你跟我們生活在一起／去領導沒有組織的農民／教他們唱自由的歌，和武裝他們，學習打游擊！」〔註 139〕「……而轟炸像老海盜，劫掠了天空的財寶／憤怒像火藥，趁著初春昆明的陽光／燃燒。於是原野燃燒起來人們的憤怒／我新的一代打出戰鬥抗爭的旗號／高唱壯闊深厚的歌，我們一道走，走……」〔註 140〕「……於是我看見祖國向我們招手，用她粗壯的手臂——／你們廣東音，湖南音，江北音，雲南音，東北音，河南音，北京音，上海音，福州音，……／你們拋了家來的，海外來的，逃難來的，受嚴格訓練來的／為神聖的呼喚而穿上軍衣的，勇敢的站在青天白日底下的／你們小孩子，青年人，中年人，老年人，婦女，你們就要／犧牲在炸彈／下面的，你們就要失掉一切又得一切的人們／歌唱！」〔註 141〕

> 昆明城／你胸臆闊廣／跋涉了萬里崎嶇／失去了家鄉的流浪者／和那些高貴的仕女（安坐舒服的「奧多利」，一天便跨越成千公里）／都向你的懷抱投奔／／有人說你像北平／是不是你有著古奧的牌坊／和地上常常刮起博大的風沙？／而我在這異鄉的塵土下／彷彿蕩漾在春色惱人的都市裏／強烈地煽熾我腔子裏的／國恨與家仇／／昆

〔註 137〕雷濺波：《昆明，在朝陽光明的路上》，《文藝陣地》1939 年第 3 卷第 11 期。
〔註 138〕查克：《昆明小景》，《雲南日報》1938 年 12 月 13 日。
〔註 139〕林克：《你流亡到昆明——給 S》，《雲南日報》1940 年 4 月 25 日。
〔註 140〕趙瑞蕻：《一九四○年春：昆明一畫像——贈詩人穆旦》，《中央日報》（昆明版）1940 年 5 月 29 日。另，杜運燮、張同道編選《西南聯大現代詩鈔》（中國文學出版社，1997 年版）所收錄的同題詩與初版本有較大的出入。
〔註 141〕穆旦：《一九三九年火炬行列在昆明》，《中央日報》（昆明版）1939 年 5 月 26 日。

> 明城／你這復興民族的根據地／每個朗靜的晨空／露透著／我們神
> 鷹隊復仇的長鳴／我們收復失地的勁旅／也在一聲沉著號音下／試
> 練著嶄新的武器／／昆明城／你是新中國的黎明／清晨的不砌道／踟
> 躕著／挺胸邁步的莘莘學子／驚破了酣睡者的鼾聲／看啊／每天在
> 館子裏酗酒的貴客（他們有不少是淪陷區的幸運兒）／搓拳狂叫／
> 也將變作／最沉毅的／打倒日本帝國主義的吼聲。〔註142〕等等。

這類詩句或把昆明人格化，或賦予戰時昆明的相關事件、活動於抗戰的意義，或在昆明人（不管是普通民眾還是知識分子，不管是外來者還是本地人）身上發現英勇、奉獻、獻身等精神品質。這些都是作者情緒的直接投射，是詩人在家國危亡之際的一種情感表現，昆明及昆明的人、事、景，都成了他們抒發愛國情感與拯救信念的對象，它們彌漫著「我」之或悲戚或悲壯或昂揚的色彩。這些詩句往往不太講究詩歌技藝，在藝術修辭上也多以直白的比喻、擬人為主，拒絕迂迴與晦澀，詩歌格調呈現一種慷慨悲壯之勢，體現出一種剛性的力量。情感表達也以直抒胸臆為主，有的甚至使用呼告的手法，以社會、時代乃至事件為傾訴對象，直接表現自己的思想與情感，盡情地宣泄激情，通過移情的表現方式先入為主地抓住讀者的情感，使讀者與之產生強烈的情感共鳴。同時，這些詩歌的意象也比較明晰簡單，在詩中經常可以發現「戰士」、「雄山」、「砥柱」、「軍號」、「朝陽」、「故鄉」、「流浪者」、「土地」等意象，這些意象大多並不指一種具體的、實在可見的相關事物，讀者只能感覺而不能復現它們，它們大多是轉喻而來，然而正是這種轉喻，使得讀者在引發情感共鳴的同時，還產生強烈的認同。

古斯塔夫‧勒龐說：「詞語的威力和它喚起的形象有關，同時又獨立於他們真實含義。最不明確的詞語，有時反而影響最大，例如像民主、社會主義、平等、自由等，它們的含義極為模糊，即使以大堆專著也不足以確定它們的所指，然而這區區幾個詞語的確有著神奇的魅力，它們似乎是解決一切問題的靈丹妙藥。各種極不相同的潛意識中的抱負及其實現的希望，全被它們集於一身。」〔註143〕這些詩歌意象也起著類似的作用。這種情感共鳴與身份認同的背後呈現的是這類詩歌的民族宣傳與戰鬥動員之功效。它們與同一時期

〔註142〕江離：《昆明城》，《雲南日報》1939 年 3 月 15 日。
〔註143〕（法）古斯塔夫‧勒龐：《烏合之眾——大眾心理研究》，馮克利譯，中央編
　　　　譯出版社，2005 年版，第 83 頁。

發生於昆明的現代主義詩歌呈現出迥然不同的藝術風格與價值取向，但這卻是抗戰時期大多數詩歌的藝術風格與價值取向。

二

　　有些文字則從另一個層面表現昆明的「戰士」形象。「大觀堤上或翠湖園中，三三兩兩的一群，手牽手肩並肩的，在濃蔭處卿卿我我私語，立在橋頭吹奏口琴。樹葉被搖曳得颯颯作響，他們能想起秋天──抗戰一週年──到了？……報上登著『徵婚』與『徵狗』的廣告。似乎人們相信火藥味永遠傳不到這裡來，而炸彈亦還沒有光顧過。有閒的人一天快活，無錢的人一天奔忙，昏庸地，不知所以然地，由拂曉以至深夜，一天，一周，一月的似夢境般不知要到什麼的一個時代一樣。」〔註144〕「……空前的熱鬧，在這裡！沒有死的恐怖，時間在不知不覺中滑過，沒有人提到遭了慘炸的城市，更沒有一會憶記流血的抗戰在遙遠的戰線上展開著。在解除警報聲悠長地傳到大觀時，人之流與車之流又流向城市了，但還是有多少的遊客還逗留在那兒，我帶著一腔說不出的煩悶隨波逐流地走……」〔註145〕「堆滿在戰場裏屍骨成山／灑滿了湖山的是血迹斑斑／民族解放的吼聲震動了世界／你，昆明／卻那樣的安然／／滿眼的燈紅酒綠／到處是歌舞昇平／盡情地樂吧，這兒是『桃花源』／盡情地舞吧，這兒是『小巴黎』／沒有人想起：／這是支持抗戰後方的根據地／／千萬人打失了家園！／父子夫妻離亂開各自東西／民族的仇恨填滿在胸臆／昆明！這是怒吼的時候了／難道敵機的轟炸還不夠驚心！／趕快起來／怒吼吧！昆明！」〔註146〕「昆明這個荒淫無恥的姑娘／舞蹈在醉人的春天／沒有戰爭的氣氛和歌唱／你對她是詛咒，還是讚揚？」〔註147〕「……這些人似乎忘記了前方浴血抗戰的將士，忘卻了伸著黃的手，每日喊著：『給我點活活命吧！』的飢餓者。同胞們，這種醉生夢死的現象，現在應該停止了。」〔註148〕「……前後相較，一則花天酒地，醉生夢死；一則呻吟於生活壓迫之下，呼告無門。畸形發展，實爲社會上一大問題。民生不決，行見來日大難將接踵而至也。……盡情享樂的朋友們，不要忘記了無衣無食的貧民，

〔註144〕予矛：《「後方」的昆明》，《文藝陣地》1938 年第 2 卷第 3 期。
〔註145〕飛旭：《警報聲中》，《邁進》1939 年第 6 期。
〔註146〕幼泉：《怒吼吧，昆明》，《雲南日報》1938 年 10 月 25 日。
〔註147〕林克：《你流亡到昆明──給 S》，《雲南日報》1940 年 4 月 25 日。
〔註148〕陸宋：《昆明生活相》，《雲南日報》1940 年 6 月 15 日。

更不要忘記了艱苦抗戰中的國家！」〔註149〕「因爲最近旬日來，昆明已久不聞警報悲鳴。人們的情緒又就逐漸鬆弛下來了。於是像十日下午，南屏戲院因購票擁擠而互相槍擊之事產生出來。抗戰已進入最後存亡的關頭，後方人士尚如此堅執的『不忘娛樂』，總該及時糾正……」〔註150〕「……石欄杆上的石獅子，都已粉身碎骨凌亂的躺在路旁，絆住遊人的腳步，或者陷落湖水深處了，那一座飽經風霜的石牌坊，一處已劈去了坊頂，擦斷了坊柱，旁邊殘留著幾節炸斷了電杆，凌亂的電線捲曲下垂，好似在向人們訴說日寇的罪惡。」〔註151〕等等。在這些文字中，我們可以看出作者的批判與呼喚，對無視國家身處艱難抗戰而在相對寧靜的環境中沉浸於享樂、忘記抗戰責任現象的批判；在昆明遭受日寇轟炸後，對抗戰鬥志的呼喚。

如果說前文提及的那些從正面描述昆明「戰士」形象的文字側重於「救亡」的話，那麼那些從反面或側面描述昆明、期待昆明成爲「戰士」的文字則側重於「啓蒙」。當然，不管是「救亡」還是「啓蒙」，從本質意義上來說都是對昆明「戰士」形象的塑造或呼喚，這種塑造或呼喚體現了抗戰時期昆明知識分子在民族國家危亡之際的一種普遍的憂患意識與愛國情懷，這也是抗戰時期中國大多數知識分子的意識與情懷。

結　語

「城市是都市生活加之於文學形式和文學形式加之於都市生活的持續不斷的雙重建構」而「每一類人群都提供一種閱讀城市的方式」〔註152〕。城市在「都市生活與文學形式的持續不斷的雙重建構」中爲不同背景的人提供了不同的「閱讀方式」。任何一座城市的形象都是由其歷史境況與文學想像建構而成，這也就決定了城市形象的多元。城市形象是由建築、道路、自然景色、人文景觀、風俗人情等不同的意象組成，不同的觀察者由於自身背景的差異，即使在相同的意象中也會發現不同的形象，正如凱文·林奇指出：「儘管意象本身是在與篩選過的感性材料的相互作用過程中不斷得到驗證，但如此產生的意象仍局限並著重於所見的事物，因此對一個特定現實的意象在不同的觀

〔註149〕陶如：《昆市的表裏》，《朝報》1940 年 3 月 18 日。
〔註150〕陸詒：《萬里雲南》，《新華日報》1940 年 11 月 15 日。
〔註151〕茹辛：《劫後的翠湖》，《朝報》1941 年 6 月 29 日。
〔註152〕（美）理查德·利罕：《文學中的城市：知識與文化的歷史》，吳小楓譯，黃福海校，上海人民出版社，2009 年版，第 3、11 頁。

察者眼中會迥然不同。」〔註153〕由不同意象組成的城市就像一個文學文本，擁有眾多不同的讀者和解釋者，隨著這個文本與讀者或解釋者之間的交相演繹，城市形象就將得到不斷的擴展和補充。每一個作家都是一個獨特的生命個體，他們的書寫融入了自己的思想情感、審美取向與人生見解，它們受到作者的情感、經歷、心態和人生履歷等方面的制約，不同的作家也就會關注城市的不同面相，最終在作品中呈現出不同的城市形象，並賦予其不同的象徵意義和文化內涵。因此，城市形象的刻畫或書寫，它是一種想像性的城市敘述。而文本中的城市形象也不同於表象的城市，它只是為我們提供了一種城市想像的空間，塑造了一座如伊塔洛‧卡爾維諾所說的「看不見的城市」，這座城市「不會泄露自己的過去，只會把它像手紋一樣藏起來，它被寫在街道的角落、窗格的護欄、樓梯的扶手、避雷的天線和旗杆上，每一道印記都是抓撓、鋸銼、刻鑿、猛擊留下的痕跡」，〔註154〕由此，其內涵也就呈現出無限豐富的可能。抗戰時期的昆明雲集了眾多外來作家，他們或在昆明工作或來昆明旅行，他們漫步於這座城市，欣賞著昆明的美麗景色，閱讀著昆明的現實與歷史，感受著昆明的城市氛圍與生活方式，那種客居的心理狀態使他們身處其中又置身其外，正如趙園所說：「他們居住於城，分享著甚至也陶醉於這城市文化的一份和諧，同時又保有知識者、作家的清明意識，把城以及其他人一併納入視野。他們是居住者——觀察者，後一種身份即決定了他們的有限歸宿，以城作為審美觀照的對象，使他們在其中又在其外。」〔註155〕對他們來說，昆明的建築，山水，寧靜古樸的城市氣質、鄉村與城市交融的環境情調，悠閒自得的生活氛圍，使他們把北平在昆明「復活」，於是，昆明在他們看來，成了「北平」。由於其良好的文化生態，濃鬱的文學氛圍使那些外來的知識分子尤其是詩人作家能以一種超越的眼光和心態去構建自己的精神世界，於是，昆明在他們的筆下成了「風景」。而由於對處於日寇侵略踐踏之下的民族國家的憂患，他們在「北平」、「風景」中的昆明也同樣發現其作為「戰士」的一面。當然，抗戰時期的中國城市以「戰士」的形象出現並非僅僅是昆明，這種形象在抗戰時期的大多數中國城市中我們都可以發現，因

〔註153〕（美）凱文‧林奇：《城市意象》，方益萍、何曉軍譯，華夏出版社，2001 年版，第 4～5 頁。

〔註154〕（意）伊塔洛‧卡爾維諾：《看不見的城市》，張宓譯，譯林出版社，2011 年，第 9 頁。

〔註155〕趙園：《北京：城與人》，北京大學出版社，2002 年版，第 11 頁。

爲這是抗戰時期中國知識分子一種集體性的情感投射。而在抗戰時期的中國城市中以顯著的「北平」、「風景」形象呈現於中國現代文學之中的，昆明則可以說是獨特的「一個」，這種「獨特」是我們在前文所論述的戰時昆明的文化生態、文學氛圍與生活格調的文學表現。

第五章　文學記憶中的戰時昆明

在第四章我們已經討論，戰時昆明由於其良好的文化生態與濃鬱的文學氛圍，由此，它以「北平」、「風景」、「戰士」等形象呈現於現代文學之中，其抗戰之前的「落後」、「野蠻」或「病者」形象得以改變。那麼，在抗戰結束之後尤其是 1949 之後，抗戰時期的昆明以一種怎樣的形象存留於文學記憶之中？為什麼會呈現這樣一種記憶？這種文學記憶的背後蘊含著怎樣的秘密？在這一章中筆者將試圖回答這些問題。

一

> 如果有人問我，「你一生中最懷念的是什麼地方？」我會毫不遲疑地回答，是「昆明」。如果他繼續問下去，「在什麼地方你生活最苦，回想起來又最甜？在什麼地方你常常生病，病後反而覺得更健康？什麼地方書最缺乏，反而促使你讀書更認真？在什麼地方你又教書，又寫作，又忙於油鹽柴米，而不感到矛盾？」我可以一連串地回答：「都是在抗日戰爭時期的昆明。」〔註1〕

這是抗戰時期在昆明住了七年半之久的馮至對昆明的深情回憶。類似的文字與情懷大量地出現在相關作家筆下，有的是直接抒懷，有的則是在字裏行間中呈現。「昆明，永遠佔據著我們的心靈。回憶起聯大附小，就像回憶故鄉和母親一樣。親切的鄉音、難忘的風土人情，熟悉的一山一水，一草一木都勾起無限的童年遐想。儘管 70 年的花開花落、餘灑雪飄，當年烽火連天下的附小，依然清新彌漫、歷歷在目。」〔註2〕「人的一生，總有一些地方，給你留

〔註 1〕　馮至：《昆明往事》，《新文學史料》1986 年第 1 期。
〔註 2〕　馮姚平：《母校頌》，《西南聯大北京校友會簡訊》（第 49 期），2011 年 3 月。

下終生難忘的記憶，每想起就會心魂震動。我不知道曾做過多少次夢，回到雲貴高原的昆明，回到西南聯大。夢裏，我沿著新校舍的土圍牆，踏著兩旁長滿野草的小路，走進泥牆鐵皮頂的課室，又轉入茅草當瓦的宿舍。三十年前紛紜的記憶，編織成許多殘斷的鏡頭，深夜老是侵入夢魂。」〔註3〕「現在回想起來，我覺得最值得懷念的就是西南聯大做學生的那七年了，那是我一生中最愜意的一段好時光。」〔註4〕「如果說我的人生是一軸畫卷，那它一定是幅山水畫，充滿了詩情哲理。我想，在這幅畫卷上西南聯大是最濃墨重彩的一筆，而這一筆幾乎奠定了我一生的詩哲使命。」〔註5〕「如果有人問我，像一些記者最愛提的那個問題：你一生中印象最深、最有意義的經歷是什麼？我會隨口用四字回答：西南聯大。我想，其他許多『聯大人』也會這樣。」〔註6〕「若是有人來問我，這一生中哪段歷史最值得回憶？我可當即毫不猶豫興奮、且滔滔不絕地告訴他（她），1943年至1946在大後方昆明生活的三年聯大附小的那段學習生活。」〔註7〕「那時沈二哥除了教書、寫作外，仍還繼續兼編教科用書……我同三姐一家又同在楊家大院住前後樓……由龍街望出去，一片平野，遠接滇池，風景極美，附近多果園，野花四季不斷地開放。常有農村婦女穿著褪色的桃紅的襖子，滾著寬黑邊，拉一道窄黑條子，點映在連天的新綠秧田中，豔麗之極。農村女孩子，小媳婦，在溪邊樹上拴了長長的秋韆索，在水上來回蕩漾。」〔註8〕「……直到今天，每當我聽到諸如舒伯特的小夜曲或舒曼的夢幻曲時，就會想起昆明溫馨的夜晚，月光下寂靜的文林街，新校舍的草地，還彷彿聞到夏夜花草的芳香！」〔註9〕等等。在

〔註3〕 聞山：《夢魂深處是春城──懷念西南聯大和我的老師》，《當代》1982年第3期。

〔註4〕 何兆武口述，文靖撰寫：《上學記》，生活・讀書・新知三聯書店，2008年版，第95頁。

〔註5〕 鄭敏口述，祁雪晶採訪整理《鄭敏：回望我的西南聯大》，《中國青年報》2012年3月16日。

〔註6〕 杜運燮：《西南聯大現代詩鈔・書前》，杜運燮、張同道編選《西南聯大現代詩鈔》，中國文學出版社，1997年版，第1頁。

〔註7〕 周友樟：《永遠忘不了那段溫馨而厚重的艱苦歷史記憶》，《西南聯大北京校友會簡訊》（第46期），2009年10月。

〔註8〕 張充和：《三姐夫沈二哥》，王珞編：《沈從文評說八十年》，中國華僑出版社，2004年版，第69～70頁。

〔註9〕 黃沫：《文林堂──聯大回憶之一》，《西南聯大北京校友會簡訊》（第46期），2009年10月。

這些文字中，儘管有些是以西南聯大爲中心，但正如有的聯大學生所說：「昆明與聯大是一體的，昆明感染著聯大的氣質，而聯大卻非常和諧地嵌進昆明的自然景色之中，像西山滇池一樣的使昆明有聲有色」。〔註10〕我們在前面的相關章節中也已經討論過昆明的文學文化氛圍對西南聯大的作用與影響。因此可以說昆明與聯大是連成一體的。那段昆明歲月猶如溫暖和煦的陽光，給他們在「黑暗掙扎中」帶來抵抗與向上的力量，就如鄭敏詩中所寫的那樣：「……過去了，時間沖走一切幻想／生活是貪婪的酒徒，急於喝乾幼稚的歡快／忍耐在歲月裏也不曾發現自己過剩／我們唯有用成熟的勇敢抵抗歷史的冷酷／／終於像種子，在成熟時必須脫離母體／我們被輕輕彈入四周的泥土／當每一個嫩芽在黑暗中掙扎著生長／你是那唯一放射在我們記憶裏的太陽！」〔註11〕

對抗戰時期昆明的美好記憶不僅體現在對其詩意情懷上，更體現對那時昆明生活的描述與體味之中。「……我們更多的時候是到翠湖去『窮遛』。這『窮遛』有兩層意思，一是不名一錢地遛，一是無窮無盡地遛。『園日涉以成趣』，我們遛翠湖沒有夠的時候。尤其是晚上，踏著斑駁的月光樹影，可以在湖裏一遛遛好幾圈。一面走，一面海闊天空，高談闊論。」〔註12〕「每天，當院子裏的尤加利樹染上金色陽光，天空還是淺藍色的時候，寢室門就一扇扇打開了。拿著臉盆，帶著睡容，有的還卷著滿頭的髮夾，互相說著『早』」。「黃昏帶給人柔和的感覺，當藍空漸漸褪去了彩霞，南院熱鬧了。有的聚在院子裏談笑、唱歌，寢室裏也在盡情高聲嚷叫。」〔註13〕而「跑警報」這樣充滿危險的活動也帶著輕鬆與閒適：「跑警報是談戀愛的機會……。空襲警報一響，男的就在校舍的路邊等著，有時還提著一袋點心吃食，寶珠梨、花生米……他等的女同學來了，『嗨！』於是欣然並肩走出新校舍的後門。跑警報說不上是同生死，共患難，但隱隱約約有那麼一點危險感，和看電影、遛翠湖時不同。這一點危險感使雙方的關係更加親近了。」〔註14〕「……『跑警

〔註10〕 西南聯大《除夕副刊》主編《聯大八年》，新星出版社，2010年版（以西南聯大學生出版社，1946年版爲底本），第84頁。

〔註11〕 鄭敏：《西南聯大頌》，杜運燮、張同道編選《西南聯大現代詩鈔》，中國文學出版社，1997年版，第382～383頁。

〔註12〕 汪曾祺：《翠湖心影》，《滇池》1984年第8期。

〔註13〕 馬英：《南院，我們的家》，西南聯大校友會編：《笳吹弦誦在春城——回憶西南聯大》，雲南人民出版社、北京大學出版社，1986年版，第226～227頁。

〔註14〕 汪曾祺：《跑警報》，《滇池》1985年第3期。

報』便成爲我們日常生活中一個又緊張又閒散的節目。那時，馮先生一家住在昆明東郊金殿山那邊一個林場一間簡樸的房子裏了，他每星期進城兩三次來上課，一遇警報，便和大夥兒往野外跑。我有一次看見馮至先生拿著一本書坐在一個土堆上，靠著一棵樹，在靜靜地看著。」〔註15〕在施蟄存的筆下，『跑警報』則是：「在你的想像中，倘若以爲人們一定是很驚慌了，那是錯的。人們並不驚慌，我沒有看見一個驚慌的臉。」〔註16〕「警報幫助了不少情侶的，的確是事實，我想實在討厭這種跑警報的人並不會太多。昆明的深秋和初冬的太陽又是別處的可愛。風也溫暖。有警報的日子天氣也必然是特別晴朗。在這種氣候裏，誰不願意到郊外走走！」〔註17〕在有的人心中，戰時昆明生活成了「永不褪色的畫，永難忘卻的歌」：

> 童年是我心中永不褪色的畫，永難忘卻的歌。那時我家住在文化巷（聯大遷來之前稱孔麻巷，可見以前其荒涼），它出北口穿過城牆缺口就是西南聯大校舍。出南口穿過卵石鋪砌的文林街便是長方石板的「大道」——錢局街。清晨，身穿陰丹士林布大褂，足蹬厚底布鞋的父親夾著講義去物理系授課。我斜挎書包出南口去上學。「雞棕米線兩碗！免紅！」我咽了一下口水，彷彿看到了飄著紅通通油花的大碗過橋米線。和著臨街鐵匠鋪有節奏的砧聲，我跳蹦著向學校奔去。傍晚，放學回家；除了幫助母親操持家務，照顧弟妹外，還得幫父親製肥皂。從配方，燒結、成形、切塊、打印到裝盒的全過程，全家一起動手，賣幾個錢貼補家用。……夜深了，窄小的土巷，剝去了樹皮沒有上漆的光裸電線杆，搖曳的洋鐵皮燈罩下灰暗的路燈。「燒餌塊！」這有韻味的熟悉叫賣聲遠去了，留下的是新烤餌塊和麻醬調料的誘人香味。萬籟俱寂就像是柴科夫斯基1812序曲中的戰鬥間歇樂章。〔註18〕

在有的人心中，抗戰時期的昆明生活則成了「珍珠般的日子」：

〔註15〕趙瑞蕻：《離亂絃歌憶舊遊》，湖北人民出版社，2008年版，第118頁。

〔註16〕施蟄存：《跑警報》，《施蟄存七十年文選》，上海文藝出版社，1996年版，第132頁。

〔註17〕費孝通：《疏散——教授生活之一章》，西南聯大《除夕副刊》主編《聯大八年》，新星出版社，2010年版，第68頁。

〔註18〕趙維志：《孩童記憶中的西南聯大》，《西南聯大北京校友會簡訊》（第16期），1994年10月出版。

　　　　哪一串珍珠般的日子／至今掛在胸膛／任憑風雲變幻／任憑白
　　髮蒼蒼／曾記否？六十年前我們唱著校歌／滿眼是烽煙炮火／滿眼
　　是流離顛簸……／我們在風雨中成長……／曾記否？那風雨中的露
　　天課堂／那小黑板掛在樹上／在風中搖搖晃晃／我們坐在小板凳上
　　專注聽講／曾記否？校門外那美麗的翠湖／湖水把我們的歌聲蕩漾
　　／湖岸上留下了我們的身影／翠湖滋潤了我們的心靈／……／哦，
　　那一串串珍珠般的日子／至今掛在我胸膛／無論走到天涯海角／無
　　論老態龍鍾，白髮蒼蒼／情永難忘，──／她在找回青春的夢想。
　　〔註19〕

而在宗璞筆下，不管是昆明城還是昆明生活都銘刻在她生命深處，成為她永遠鮮活的記憶與懷想：「昆明是我的第二故鄉。抗戰八年，居住昆明，十分思念北平，總覺得北平的一草一木都是好的。回到北京後，又十分思念昆明，思念昆明那藍得無底的天，鄉下路旁沒有盡頭的木香花籬，幾百朵紅花聚於一樹的山茶，攪動著幽香的海的臘梅林，還有那縈繞在少年時代的抑揚頓挫的昆明語調。」〔註20〕「我在記憶之井裏挖掘著，想找出半個世紀以前昆明的圖像。在那裡，我從小女孩長成大姑娘，經歷了我們民族在二十世紀中的頭一場災難，在亡國的邊緣上掙扎，奮起。原以為一切不不可磨滅，可是竟有些情景想不起來，提筆要寫下昆明的重要景色──白雲時，心中只有一個抽象的概念：昆明的雲很美。」〔註21〕「靜靜的下午，泥屋、白木桌，母親攜我坐在桌前，為我講解雞兔同籠四則題。父親從城裏回來，笑說這是一副鄉居課女圖。龍頭村旁小河彎處有一個小落差，水的衝力很大。每星期總有一兩次，母親把一家人的衣服裝在籮筐裏，帶著我和小弟到河邊去。還有一幅圖像便是母親彎腰站在歡快的流水中，費力地洗衣服，還要看我們不要跑遠，不要跌進河裏。」〔註22〕在宗璞的心中，昆明成了她在1980年重返昆明後所寫的《臘梅》中的「臘梅」：「哪裏飄來了一陣幽香／這樣熟悉　又這樣迷惘／往事在記憶裏釀造／不斷增添著歲月的芬芳」。〔註23〕宗璞對昆明的眷

〔註19〕潘柏齡：《那珍珠般的日子》，《西南聯大北京校友會簡訊》（第 46 期），2009
　　　　年 10 月。
〔註20〕宗璞：《小東城角的井》，《女聲》1988 年 11 月號。
〔註21〕宗璞：《三千里地九霄雲》，《中國作家》1995 年第 1 期。
〔註22〕宗璞：《花朝節的紀念》，《中華散文》1993 年 9 月創刊號。
〔註23〕宗璞：《歸來的短詩》，《滇池》1981 年第 2 期。

戀在她以抗戰時期昆明爲背景的小說中也得以集中體現，不管是昆明日常生活還是自然景色，在她的筆下都成了一個夢、一幅畫：

> 他們出大西門，到鳳翥街，這時正有晚市，街道兩旁擺滿菜挑子，綠瑩瑩的，眞難以讓人相信是冬天。連著好幾個小雜貨鋪都擺著一排玻璃罐子，最大的罐子裏裝著鹽酸菜，這是昆明的特產，所有女孩子都愛吃。風乾的大塊牛肉，稱爲牛乾巴的，攔在地下麻袋上。還有剛出鍋的發麵餅，也因學生們喜愛，被稱爲「摩登粑粑」。夥計很有滋味地吆喝著這幾個字：「摩——登——粑粑——哎！」街另一頭的糯米稀飯挑子也在喊：「糯——米——稀飯——」調子是「1——3——26——」兩邊似在唱和。鋪子、攤子、挑子點著各色的燈，有燈籠，有電石燈，有油燈，昏黃的光把這熱鬧的街調和得有些朦朧虛幻。人們熙熙攘攘，糊塗一片，像是一個記不清的夢。〔註24〕

> 他們踩著青石板路，沿著城牆邊走去。土牆不高，樹木茂密，添了身量。路的另一邊是民宅，快到市中心處，有一座小房屋，是一個公共圖書館，不知屬於哪一級，他們在裏面看了很多小說，還有過許多次討論。市中心的電影院提供了很多回憶。走到高處的街道時，正值夕陽西下，落照變幻出絢麗的色彩，塗抹著昆明城。〔註25〕

> 昆明冬日的田野，北方人很難想像。似乎是冬天遺忘了這一片土地，春夏秋都不肯讓出自己的地盤，各自交錯地顯示著神通。綠色還是均勻地塗抹在村旁小河邊，一點赭黃偶然地染在樹梢。便是有一點沒有覆蓋的土壤，也顯得那樣濕潤，明顯地在孕育著生命。」〔註26〕

可以說，在1949之後，人們對抗戰時期昆明的文學記憶在整體上是以一種美好、詩意的印象呈現。其實，這種記憶還在抗戰期間或抗戰結束不久後就已

〔註24〕宗璞：《野葫蘆引》第二卷，《東藏記》，人民文學出版社，2005年版，第9頁。

〔註25〕宗璞：《野葫蘆引》第三卷，《西征記》，人民文學出版社，2009年版，第323頁。

〔註26〕宗璞：《野葫蘆引》第二卷，《東藏記》，人民文學出版社，2005年版，第27頁。

經發生，它不斷出現在那些曾經有過昆明生活經歷者的回憶中。「在昆明寄居一年，一年的日子過得平靜而寂寞。伴我度過寂寞黃昏的有翠湖，和翠湖堤畔的青草；那青草應數得出我的足迹。我更愛西山。和那浩瀚無際的滇池，那池上的水鳥也應銜去我多少遐想。」〔註 27〕「聯大走後，昆明當又恢復了它的平靜，府學甬道前面的白皮松隙的日影依然，晴空中的鴿子的鈴聲也將響得格外的寂寞罷？然而這裡究竟有過一批年青人活動的餘痕，也有著『世故未深』者的血迹，與平靜的翠湖的湖水同在，……寫到這裡，我無論如何也派遣不了我的漂浮著淡淡的哀愁的懷念之情。」〔註 28〕聯大人的回憶更是如此，「……你可以看到西山滇池，可以看到從西山峭壁那邊，飄過來的陰雲，到你面前卻化爲一陣爽朗的雨；在日落的黃昏的時候，你可以在芳草如茵的草地上遛達，或者圍著百年一開的龍舌蘭，坐在用貝殼鋪成的路上，而那些白生生的貝殼螺殼，都是從昆明湖明淨的水裏撿來的。」「……清閒、寧靜、平和與秀媚，恐怕後方的都市裏，就只有曾居住的昆明最好了。工作以外，你可以與人分度一些時光，聊天，念書，或者散步。當你有興致的時候，還可以去聽一些愛聽的課，以最舒適的姿態坐著，閒閒地，悠悠地聽人向你娓娓敘述一些絮事，一些遠的，古的，美麗動人的情節或境界，沒有人會干涉你或打擾你，思想可以飄得老遠，心象受到無聲的祝福，而心花的舒放，就像花苞舒放一樣地輕悄，使你全然不覺不知，早晚涼爽使你清醒，白日的陽光使你飽滿，自在、逍遙，可以隨意笑，隨意講，有什麼不好呢？」〔註 29〕

　　　　每值飯後，大夥兒常聚在一起舉行非正式的座談會。你可以從天上談到地下，從古談到今，從東談到西，從中談到外。在這樣的漫談中，大家的情緒便無形中得到了交流。如果你愛好音樂，你可以拉起梵啞鈴，隨意地奏出小夜曲、月光曲，或者哼哼京戲，讓你緊張的情緒得到一刻的鬆懈。因爲每個寢室之間留有相當大的一片空地，所以你可以蒔花數株，或種幾顆西紅柿，一方面點綴點綴校景，一方面還可以得到實惠。你也可以飼養白鴿，飯後把白鴿放出去，再仰望藍天，看銀翅在金黃色的斜照中招展著，聽悠揚的鴿哨

〔註 27〕鳳子：《憶昆明》，《旅途的宿站》，三聯書店香港分店，1985 年版，第 56 頁。
〔註 28〕黃裳：《懷昆明》，《周報》1946 年第 48 期。
〔註 29〕光遠：《片段的回憶》，西南聯大《除夕副刊》主編《聯大八年》，新星出版社，2010 年版（以民國三十五年七月版爲底本），第 80、83～84 頁。

在寧靜的空氣中迴旋著。有時這哨聲會使你想起 La Paloma 哀怨的曲調來。學校雖然規定有就寢的時間，但是你可以暫時不睡，在朗月滿中天的時候，徘徊在大操場或圖書館前，低吟著「明月何時有，把酒問青天」的詩句。黎明時，你可以早起，在寢室前看星移斗轉，同時體會著「如此星辰非昨夜，爲誰多露立中宵」的況味。……你可以在飯後站在校內陳圓圓梳粧檯的遺址上俯瞰郊外。這時，筆立的西山，濯濯的童山，附近綠色的田疇……，都奔來眼底，讓你一覽無遺。你可以在新校舍後面的鐵路上散步，同時數數枕木。你可以到翠湖去散步，看鳶飛魚躍，聽燕囀鶯鳴。禮拜天你可以到大觀樓去划船，或者到龍門去遠眺。這時海闊天空，遠行的輕帆會引發你不少的遐思。你可以坐馬車或公共汽車到黑龍潭去看唐梅宋柏，同時追思明末薛爾望先生忠烈的事迹。歸途中你可以繞道去金殿看茶花，這時，你可以想到吳三桂當年的威風，同時會憶起「衝冠一怒爲紅顏」的往事。你也可以到海源寺探尋幽洞，沿松堤前進。每當晚春時節，你還可以看麥浪滔滔，聽松濤滾滾。〔註30〕

二

爲什麼抗戰時期的昆明在日後那些回憶性文字裏整體上呈現一種詩意的形象？其實抗戰時期的昆明還有那些文字很少或幾乎沒有提及的一面。「昆明及其周邊地區的生活，在過去的幾個世紀裏變化不多。皮膚黝黑、身材矮胖的部落民，戴著褪色的藍布頭巾，一如既往地做著省內的生意。他們趕著騾子，駕著大篷車，載著鹽巴、錫和鴉片，穿過狹窄的山路而來。沒有打潤滑油的馬車，嘎吱嘎吱地軋過昆明的鵝卵石路，車子發出喀噠聲，馬兒發出哼哼聲。在大街兩側胡椒叢中，水牛、黃牛和成群的肥豬隨處可見。」〔註31〕「要是下雨天，走在這些街上可能會跌倒。城裏的主乾道鋪著長方形石板路或磚塊。環城路是石子路。小路總是髒兮兮的，春天早上九十點鐘光景起風時會揚起陣陣灰塵，雨季則變得泥濘不堪。最常見的工具是馬車和黃包車。汽車非常罕見，自行車也不多。——昆明的公共交通相當落後。」〔註32〕「……

〔註30〕 葉方恬：《西南聯大生活拾零》，《現代周刊》1945 年第 2 卷第 1 期。

〔註31〕 Chennault, ClaireLee. Way of a fighter: The Memoirs of Claire Lee Chennault, ed. Robert B.Hotz. New York: putman, 1949:73.

〔註32〕 （美）易社強：《戰爭與革命中的西南聯大》，饒佳榮譯，九州出版社，2012

我們只消看看那些流蕩在街頭巷尾臉色蒼白的乞丐，他們污黑而破舊的衣服，是他們唯一的遮蓋，在每一個破洞裏都露出他們瘦稜稜的骨頭來，一個煙黑的洋鐵盒，是他們唯一的伴侶。」〔註33〕

　　……街上的臭氣，我的上帝，那真是要命。……。居民中多數人患有甲狀腺腫大，這是真的，有的大得驚人。腫大的甲狀腺給人的面部究竟打下多少嚴重的印記呢，……。此外就是數以千計的狗，像女托缽僧一樣，使你必須帶上幾塊石頭作為自衛之用，……。還有一件事你看見了會覺得非常殘忍。他們讓一絲不掛的兒童和豬在一起打滾戲耍，弄得很髒。但過了一段時間，即使對於這樣慘無人道的事，你也就無動於衷了。這裡多數的女子我相信你不會覺得有動人之處。……。有一次一位英國太太對我說，「有兩件事，無論過多長時間你都無法泰然處之。我現在不妨告訴你其中之一：此地人有個習慣，你在上風，他就朝上風吐痰。」「那其中之二呢？」「你在下風，他就朝下風吐痰。」〔註34〕

　　眼裏看到的是刺目的光和色，耳裏聽到的是播音機的尖叫聲和各種嘈雜的聲音和成一片不和諧的音樂，嗅到的是夾雜著汗臭和污泥臭的脂粉香，身旁擠滿的是各色各樣的人；高大的美國兵，斜皮帶馬鞋的中國軍官，穿著粉紅色，裸露著大腿的跳舞的女人，漂亮的先生小姐，穿破衣服的賣黑票者，用種種殘酷的法子來要錢的乞丐，扒手……畫成鉤形的眉毛，塗著口紅的嘴唇。在寶善街的轉角上，人群中一位小姐發出尖叫聲，原來是一具屍體，僵臥在路旁，在暗淡的光線下，就像一塊石頭，一堆土，人們有的投給它淡漠或厭惡的一瞥。〔註35〕

類似的文字幾乎沒有出現在後來相關的回憶性文字裏。而現在經常提及的「跑警報」，也並不都是如那些作家所描述的那樣「悠閒」。「聯大先修班學生奚某，在馬街子山上躲警報，手拿西書一冊，在陽光中略有反光，臨近駐兵勒令勿走。奚生心慌，不聽命令，駐兵開槍，奚生受傷流血過多，當夜斃

　　　　　年版，第71頁。

〔註33〕　陸宋：《昆明生活相》，《雲南日報》1940年6月15日。

〔註34〕　（美）埃德加·斯諾：《馬幫旅行》，李希文等譯，雲南人民出版社，2002年版，第49～50頁。

〔註35〕　陳世珍：《昆明一角》，《雲南晚報》1945年7月14日。

命。」〔註36〕「1938年9月28日上午日本飛機首次轟炸昆明，當時，炸彈落地爆炸，硝煙彌漫，破片橫飛，死者屍橫遍野，幸存者呼天嚎地，慘叫之聲不息；最慘者爲一年輕婦女領一歲多的小孩，婦女的頭被炸掉，屍體向下，流血不止，而孩子被震死於娘的身旁。除此，其他破頭斷足、血肉狼藉。據統計，潘家灣死傷四十餘人，鳳翥街（南端）死亡九十四人。」〔註37〕

「10：40在滇池中聞警報」，登岸後「至三清閣午餐」，休息後「乃步往太華寺。未至途中2：00見日機27架飛入市空，投彈百餘枚。霧煙大起，火光迸爍，響震山谷。較上兩次慘重多多」。傍晚歸城後「始知被炸區爲文林街一帶。雲大及聯大師院已全毀，文化巷住宅無一存者。大西門城樓微圮，城門半欹。文林街及南北側各巷皆落彈甚多。幸聯大師生皆逃，僅傷一二學生，死校警工役數人云」。次日清晨吳宓去先生坡、天君顯巷訪友，親眼實見：「房屋毀圮，瓦土堆積。難民露宿，或掘尋什物。……文化巷口棺木羅列，全巷幾無存屋」。「聞死者約百人」。〔註38〕

警報發出後，先生讓趙媽出城去接他們。不久，緊急警報汽笛響了，趙媽與立鶴立雕均未回來，先生不放心，自己又匆匆出城尋找。行至半路遇見趙媽，知立鶴立雕已隨老師疏散，遂擬返回城內，但城門已關，准出不准進，只好再往郊外疏散。行至一木材場牆下，敵機九架迎面飛來，連續投彈。塵煙過後，趙媽發現先生頭上血流如注。此時救護隊已出動並爲先生做了臨時緊急包紮。……經檢查，係牆頭落下之磚塊所炸傷，傷情不重，縫了幾針即回家休養。〔註39〕

三

爲什麼在回憶抗戰時期昆明的相關文字中，那些不美好乃至殘酷的一面幾乎沒有得以描述，呈現在我們面前的只是其美好、詩意的一面？在他們的

〔註36〕陳達：《浪迹十年》，（臺灣）文海出版社，1981年版，第183頁。

〔註37〕孔慶榮、段昆生：《憶日機首次轟炸昆明》，昆明市政協文史資料委員會編：《昆明文史資料選輯》（第6輯），第122頁。

〔註38〕吳宓日記（1940年10月13～14日），《吳宓日記》（第七冊），生活·讀書·新知三聯書店，1998年版，第244～246頁。

〔註39〕聞黎明編：《聞一多年譜長編》，湖北人民出版社，1994年版，第558頁。

文學記憶中，戰時昆明歲月中的艱難為什麼都被隱去，展現的都是令人遐想的「風景」？在前文相關的章節中我們已經討論，戰時昆明在他們的「自我感覺」與「自我意識」裏成了另一個「故鄉」，他們與昆明有了一種文化認同與情感共鳴。同時，這與他們特定的身份也有關。抗戰使那些平津、沿海等地的知識分子被迫內遷，成為齊美爾筆下無家可歸的現代「外鄉人」，「作為『外鄉人』，他們不是今天來明天去的漫遊者，而是今天到來並且明天留下的人，或者可以稱為潛在的漫遊者，即儘管沒有再走，但尚未忘卻來去的自由」。〔註40〕這種身份決定他們不可能真正地融入昆明的底層社會，發現民間疾苦與社會不公，他們的審美也會受此影響。正如有的論者所說：「在一個由現代性戰爭所強化的極端、典型的現代性社會中，外鄉人作為漫遊者的身份及其流動本質所決定的陌生、疏遠的都市心理癥結，使得他們在不得已斬斷了與城市的密切關聯後，遠未流落為耕織傳家的鄉民，他們知道遲早都要回歸，因此在靈魂中他們不但沒有切近鄉土生活，反而成為鄉村中的精神貴族，他們身上由疏遠和親近、中立和介入混合構成的特性，使得他們能夠拋卻戰火中的血肉橫飛，以優裕而美好的心境審視他們所置身的鄉野，享受鄉間野趣。」〔註41〕他們身處昆明這個「田園都市」的城市，同樣也會產生類似的審美心理。由此，在後來相關的昆明文學記憶中，他們淡化了那些在動盪與漂泊中遭遇的艱辛與困苦，凸顯的是其詩意與溫情。同時，我們在前文相關章節中談到他們在戰時昆明發現其「北平」形象的一面，背後蘊含的是一種懷舊情懷。對抗戰時期昆明文學記憶的詩意呈現同樣也是一種懷舊情懷，正如莫里斯・哈布瓦赫所說：「在遙遠的世界裏，我們遭受了令我們無法忘懷的苦難，然而，對某些人來說，這個遙遠的世界卻仍然散發出一種不可思議的魅力，這些歷經磨難，幸存下來的人，他們似乎認為，他們自己最美好的歲月都駐留在了那個艱難時世裏，他們希望重溫這段逝去的時光。雖然有一些例外，但大多數的人們都或多或少地往往傾向於對過去抱有所謂的懷舊之情，而這就是其原因所在。」〔註42〕

〔註40〕　（德）齊美爾：《社會是如何可能：齊美爾社會學選》，廣西師範大學出版社，
　　　　　2002 年版，第 143 頁。

〔註41〕　謝納：《空間生產與文化表徵——空間轉向視域中的文學研究》，中國人民大
　　　　　學出版社，2010 年版，第 151～152 頁。

〔註42〕　（德）哈拉爾德・韋爾策編：《社會記憶：歷史、回憶、承傳》，季斌、王立
　　　　　君、白錫堃譯，北京大學出版社，2007 年版，第 42 頁。

「懷舊是一種缺席，它所缺乏的正是以其最純粹的形式呈現的一種記憶」。〔註43〕懷舊是一種記憶，同樣也是一種想像，它在記憶過去的同時，也在重構未來。紹爾‧德倫德爾在引用埃里克‧霍布斯鮑姆的論述時這樣說：「對我們大家來說，在歷史與回憶之間有一個灰色地帶，或者說在兩種過去之間有一個灰色地帶。前一種過去是科學的可靠的報告，它面臨各種冷峻的檢驗；而後一種過去，則是我們自己生活的部分或背景。」〔註44〕就那些作家來說，抗戰時期的昆明已成了他們的「生活部分或背景」。昆明，這座邊城「在整個對日戰爭中成為中國文化學術的中心，中國人心靈、情感和智慧的棲息地，中華民族的聖賢所」，〔註45〕而抗戰時期的昆明之所以會成為那時中國的「聖賢所」，這與昆明的社會環境緊密相關。昆明因受日軍的空襲，所以也並不安寧，再加上後來物價飛漲，人們的生活也陷入困境。但昆明不是重慶和延安，它遠離政治意識形態中心，它有著相對寬鬆自由的社會政治環境、良好的文化生態及濃鬱的文學氛圍，這在戰時中國都是獨特的。這些我們在本書的相關章節中都已經進行了重點討論。昆明這樣的社會環境與大多來自學院的、既不是「左派」也不是「右派」的作家們的內心要求是相契合的，他們或寓居或旅居於這座城市，儘管外在的物質生活有不盡人意之處，但內在的精神世界卻能因為遠離政治意識形態的糾結而得到最大程度的放鬆，從而獲得一種心靈的寧靜、愉悅與自由。

凱文‧林奇說：「城市中的人類及其活動與靜止的物質元素同等重要，在場景中我們不僅僅是簡單的觀察者，與其他的參與者一起，我們也成為場景的組成部分。通常我們對城市的理解並不是固定不變的，而是與其它一些相關事物混雜在一起形成的，部分的、片段的印象。」「每一個人都會與自己生活的城市的某一部分聯繫密切，對城市的印象必然在記憶中，意味深長。」〔註46〕在那些有過抗戰時期昆明生活經歷的人心中，他們記憶中的昆明同樣也是如此。他們那時的日常生活已經成為「場景的組成部分」，對昆明的記憶也「與其它一些相關事物混雜在一起」，而不管是「場景的組成部分」還是

〔註43〕趙靜蓉：《懷舊——永恒的文化鄉愁》，商務印書館，2009 年版，第 26 頁。
〔註44〕（德）哈拉爾德‧韋爾策編：《社會記憶：歷史、回憶、承傳》，季斌、王立君、白錫堃譯，北京大學出版社，2007 年版，第 42 頁。
〔註45〕李書磊：《1942：走向民間》，山東教育出版社，1998 年版，第 65 頁。
〔註46〕（美）凱文‧林奇：《城市意象》，方益萍，何曉軍譯，華夏出版社，2001 年版，第 1 頁。

「相關事物」，那種寬鬆自由的社會文化氛圍都是其中的核心內容。這樣的社會文化氛圍是自魯迅以來眾多中國現代知識分子孜孜以求的現代性目標，但在家國變亂之時，在時代的轉折之中，不管是抗戰時期的重慶、延安、上海、北平，還是在 1949 之後很長一段歷史時期的的整個中國，這樣的目標不可能實現。「過去總是新鮮的。它一直是在變化著，就象生活一直在繼續一樣。它的有些部分似曾塵封在遺忘之中，然而卻又重新出現了。當前指揮著過去，就像樂團指揮指揮著樂手們一樣。」〔註 47〕當那些曾經在抗戰時期昆明生活過的作家們經歷了各種殘酷的政治運動之後，在「當前」的「指揮」下，那「缺席」的就可能「以最純粹的形式呈現」，那「似曾塵封在遺忘之中」的昆明往事或昆明記憶便「新鮮」起來，抗戰時期昆明那段雖然艱辛然卻美好自由的歲月便會清晰地呈現在他們的記憶裏，於是，昆明便成了他們的懷舊對象。他們通過對那段歷史歲月進行回憶，並在回憶中遴選和重構，為 1949 年之後的現實缺憾與人生失落提供想像性的滿足與精神安慰。同時，「社會不時地要求人們不能只是在思想中再現他們生活中以前的事件，而且還要潤飾它們，削減它們，或者完善它們，乃至我們賦予了它們一種現實都不曾擁有的魅力。」〔註 48〕於是，我們也就可以理解為什麼在他們的文學記憶中，抗戰時期的昆明被呈現的只是美好、詩意的部分，因為此時的昆明已經被「潤飾」、被「完善」，換句話說，抗戰時期的昆明已經被想像和重構，它在很大程度上成為了一種想像、一種符號、一種象徵。因為「懷舊是神秘的，也是美妙的，懷舊主體把過去、家園等具有一定象徵意味的客體想像成完美的、理想化的情境，在對此情境的感性體驗中寄託著某種穩定感、安全感或歸宿感，以此來彌合在當下現實中感受到的精神失落或人性分裂，或與令人失望的現實處境形成抗衡。在現代人的精神生活中，懷舊具有強大的烏托邦功能。」〔註 49〕這種對過去歲月的回顧與追憶「成了解釋現在最常見的策略」〔註 50〕。抗戰時期的昆明在某種程度上也就成了這樣的、「解釋現

〔註 47〕　（德）哈拉爾德·韋爾策編：《社會記憶：歷史、回憶、承傳》，季斌、王立君、白錫堃譯，北京大學出版社，2007 年版，第 110 頁。

〔註 48〕　（法）莫里斯·哈布瓦赫：《論集體記憶》，畢然、郭金華譯，上海人民出版社，2002 年版，第 91 頁。

〔註 49〕　趙靜蓉：《懷舊——永恒的文化鄉愁》，商務印書館，2009 年版，第 76 頁。

〔註 50〕　（美）愛德華·薩義德：《文化與帝國主義》，李琨譯，讀書·生活·新知三聯書店，2003 年版，第 1 頁。

在」的「烏托邦」。在他們心中，戰時昆明已成了另一種文化鄉愁。

結　語

卡爾維諾說：「在路過而不進城的人眼裏，城市是一種模樣；在困守於城裏而不出來的人眼裏，她又是另一種模樣；人們初次抵達的時候，城市是一種模樣，而永遠離別的時候，她又是另一種模樣。」〔註51〕抗戰時期的昆明也是如此，對那些初次抵達昆明的外來知識分子來說，他們發現其「北平」、「風景」、「戰士」的「模樣」，而當歲月流逝，那些曾經有過戰時昆明生活經歷的知識分子尤其是詩人、作家經過人生風雨之後，抗戰時期的昆明已成「永別」，在他們的文學記憶中它成了一種象徵、符號與想像。抗戰時期那些外來的知識分子剛到昆明時，在此發現了「北平」，昔日的「故鄉」，他們對昆明的稱讚與詩意呈現其實都是對北平的懷念和呈現，昆明只是北平的影子，這種懷舊是有關家國的鄉愁。作為「象徵」、「符號」、「想像」的昆明依然是懷舊，只不過懷舊的對象變成了戰時昆明，但此時的昆明已經不再是具體的城市風景或生活。就如馮至一樣，當他談及為什麼最懷念抗戰時期的昆明時，並不是因為它有四季如春的氣候和一花未謝一花開的花草樹木，也不是由於三百四十平方公里水勢浩蕩的滇池和橫臥在滇池西北角的西山，以及那裡著名的寺院與絕壁上的龍門石坊；也不是由於黑龍潭龍泉觀裏有唐梅、宋柏、明代的茶花，鳳鳴山上有17世紀鑄造的金殿；也不是由於他經常散步的秀麗的翠湖；更不是由於從昆明出發可以去觀路南的石林，或者更遠一些，西去大理，漫遊蒼山洱海。〔註52〕

他懷念的其實就是抗戰時期昆明的文學文化氛圍。這種氛圍「雖說更脆弱卻更有生命力；雖說更虛幻卻更經久不散，更忠貞不矢，它們依然對依稀往事寄託著回憶、期待和希望，它們以幾乎無從辨認的蛛絲馬迹，堅強不屈地支撐起整座回憶的巨廈。」〔註53〕「正是那種渾然一體不能辨析不易描述的感受，那種只能以『情調』、『氛圍』等來做籠統描述的感受——從而全身心地體驗到它無所不在的魅力：它親切地鼓勵審美創造，不但經由自身的文

〔註51〕（意）伊塔洛·卡爾維諾：《看不見的城市》，張宓譯，譯林出版社，2006年版，第126頁。

〔註52〕馮至：《昆明往事》，《新文學史料》1986年第1期。

〔註53〕（法）普魯斯特：《追憶逝水年華·在斯萬家那邊》，李恒基譯，譯林出版社，1990年版，第49頁。

化蘊蓄塑造出富於美感的心靈，而且自身儼然有著『心靈』，對於創造者以其『心靈』來感應和召喚。」〔註54〕在昆明從抗戰之前的「野蠻」、「落後」或「病者」形象到抗戰時期文學記憶中的詩意美好形象的轉變過程中，這種氛圍無疑起了關鍵的作用，它在「感應」和「召喚」那些「富於美感的心靈」。哈布瓦赫在《論集體記憶》中指出，社會文化為記憶提供了一個基本框架，個體的記憶必然置身於這個框架，特定的記憶能否被回憶和以什麼方式被回憶起，都取決於這個框架，這個框架使得某些回憶成為「能夠進行回憶的記憶」。〔註55〕也就是說，記憶並不是純粹個人的，它是被當下的社會文化所影響的，它總是被不斷地建構，總是根據現在的氛圍和未來的可能而被「修飾」與「調整」。聯繫那些抗戰時期昆明文學記憶的文字出現的歷史情境（它們大多出現於 1980 年代中前期），我們就會發現那種關於抗戰時期昆明的文學記憶也是在「社會文化提供的基本框架」中展開，這裡面有對瘋狂年代的反思，有對獨立、自由、尊嚴生活的渴望，有對國家未來的期待。因此，從這個意義上可以說，戰時昆明的文學記憶雖然在抗戰時期的城市記憶中是一種獨特的文學文化現象，但它已經具有了一般的意義，它以「想像」的方式參與我們對歷史與未來的思考。

〔註54〕 趙園：《北京：城與人》，北京大學出版社，2002 年版，第 1 頁。
〔註55〕 （法）莫里斯·哈布瓦赫：《論集體記憶》，畢然，郭金華譯，上海人民出版社，2002 年版，第 71 頁。

結　語

　　抗戰結束之後，那些外來知識分子陸續離開昆明，帶著深深的眷戀：「一個外省人能夠在昆明作客八年，不能算是短時間了。當離別的前夕，怎不叫我有無限的感想。無論這感想是好還是壞，昆明是我永遠不能忘懷的地方。昆明的一草一木，昆明的社會，昆明的人，是那麼的親切！若是沒有這次抗戰，我如何能到南國的泥土上？但畢竟來了，許多人都是和我帶著流亡的命運，和昆明共同生活了長久的歲月，從艱難的日子裏，留著不可磨滅的情感；這情感實在是太深厚了，有時候我難免不討厭昆明，可是情意厚重，我喜歡昆明，甚至過於我的故鄉……」〔註1〕，也帶著對昆明、對社會、對時代的思考：「……一句話，舊的昆明已不復存在，新的昆明在成長的過程中。這新舊交替的過程，自然不僅昆明一隅而已，整個的中國甚至整個世界，都是如此。變，總是這個世紀的特色，這個時代的中心。人類的歷史已到了一個總的轉變時期。生活逼得每個人都要重新考慮一切，對一切要作新的估價，往往安排好的一套生活和文化……」〔註2〕「變」成了時代的核心命題。經歷過抗戰的洗禮，就昆明來說，「南國的昆明決不會再是中國野蠻原始的西伯利亞了」〔註3〕；對往昔平津那些身居象牙塔的學子們來說，「……卻真的踏遍了祖國偉大的土地的一半，……祖國西南每一座山和每一條碧水蕩漾的河，再不是在地理上的名詞，而是腳尖曾經踐踏的泥土了，……一步步接近了質樸的農

〔註1〕 遠方：《昆明八年》，《觀察報》1946 年 7 月 10 日。
〔註2〕 遠方：《昆明八年》，《觀察報》1946 年 7 月 10 日。
〔註3〕 約翰斯頓：《昆明》，燦昆譯，《正義報》1945 年 4 月 10 日。

村父老，疲勞使我們喘息，但我們都變得更堅強……」〔註4〕。那些來到昆明學子也同樣改變著人們的印象：「能在大學念書的朋友，以吾人平素所見來說，大多數是風致翩然，西裝楚楚。但是昨天到的大學生，請諸位放心，並不是這樣。他們是身著黃布軍服，頭帶軍帽，足登草鞋，十足的武裝同志。左肩挎一隻洋鐵水壺，背上一把油紙雨傘。……他們不是洋場才子，不是鄉村學究，而是扛著抗敵建國的重任，經過許多困苦艱難，腳踏實地的走了幾千里路的真真實實的大學生。」〔註5〕

而就昆明來說，它的變化遠不止是「它不再是中國的西伯利亞」，就如在前文的相關章節中所闡述的那樣，它的文學形象也從抗戰之前的「落後」、「野蠻」乃至「病者」到抗戰時期的「北平」、「風景」與「戰士」，再到抗戰之後的「詩意想像」。從這些變化中，我們可以看出抗戰時期昆明社會政治環境、文化生態與文學氛圍的變化以及這種變化對昆明人（尤其是外來知識分子）精神世界與生命情懷的影響，同時，昆明文學形象的變遷也是其抗戰時期文學氛圍的主要外在表現之一。在抗戰時期的中國，昆明因其自由寬鬆的社會環境和濃鬱的文學、文化氛圍而成為「文化聖賢所」〔註6〕，這樣的環境氛圍不僅影響著昆明形象的變遷與昆明日常生活空間、文學場域及精神氣質的生成，也影響著抗戰時期昆明的文學底色。那些作家以「新移民」的生活姿態、「書說」的人生方式、「哲思」的創作與相對穩定自由的環境結合而產生深厚的文學力量，而學院探求真理的精神內核使這種文學力量得以充分發揮。〔註7〕如前文相關章節所述，由於各種原因，抗戰時期的昆明並沒有出現偉大作家與不朽作品，但我們不能否認它依然有著「深厚的文學力量」，這種力量在於其良好的文學、文化氛圍對人的精神風貌與人格魅力生成的深刻影響。丹納以橘樹為例來說明藝術品的生產中環境與氣候的作用。他認為環境與氣候並未產生橘樹，先必須要有種子，全部的生命力都在種子裏頭，也只在種子裏頭，但客觀的形勢對橘樹的生長與繁殖是必要的，沒有那客觀形勢，就沒有那植物。精神的氣候與自然的氣候起著同樣的作用，雖然說精神氣候並不產生藝術家，但必須有某種精神氣候，某種才幹才能發展，否則就

〔註4〕 丁東：《昆明大學生是怎樣生活的》，《新華日報》1940年7月2日。
〔註5〕 《大學生素描》，《雲南民國日報》1938年4月29日。
〔註6〕 李書磊：《1942：走向民間》，山東教育出版社，1998年版，第65頁。
〔註7〕 黃萬華：《戰時中國文學：可以被一再審視的文學空間》，《求索》2005年第6期。

流產，氣候的改變，才幹的種類也隨之改變。〔註8〕我們說的「文學氛圍」其實就是丹納所說的「精神的氣候」，我們已從各個不同的側面對其進行了討論。就這種氛圍對後來中國文學文化的影響來說，它孕育了汪曾祺、穆旦、鄭敏、宗璞等一大批年輕作家、詩人，使沈從文、馮至等作家「沉潛」於昆明的「風景」之中而創作出具有新質的作品，此外，還使抗戰時期的昆明呈現出一種詩意形象，並在隨後的日子裏成爲一種象徵、符號與想像，成爲當代中國的一種文化鄉愁。如果說 1930 年代的文學氛圍使中國文學在整體上呈現出青春氣息，使中國作家身上呈現出明朗健康的精神格調。那麼在抗戰時期，整體上處於「救亡氛圍」之中的中國文學在昆明的文學世界中則呈現出「沉潛」的特質，這種「沉潛」的昆明文學「從整個世紀的文學的現代進程來看，它所潛伏下的內質後來長久地忽明忽暗地起著作用」〔註9〕。那些在昆明文學氛圍中生活的知識分子所呈現出的個性風采也成爲中國現代文學中的一道靚麗風景。因爲「氣候的改變，才幹的種類也隨之改變」，1949 之後，隨著那種自由、寬容、開放、個性文學氛圍的消失，在這樣的氛圍中呈現的作家風采和文學面貌也隨之消失。一種以「人民」、「階級」、「黨」、「國家」、「鬥爭」等爲核心內涵的文學氛圍正在形成，在這種氛圍中生成的當代文學在很長的一段時間內成爲政治的附庸，成爲鬥爭的手段和工具，成爲弘揚暴力、對抗、仇恨，拒絕人性、人情、人道的「印刷品」。而就中國現（當）代文學研究來說，儘管抗戰時期昆明的文學氛圍已經成爲後來者一種的想像與建構，但把文學氛圍作爲討論中國現當代文學的一種方式則不應該僅停留在「想像」之上，因爲它也許能幫助我們進一步認識和豐富那個「已知」的文學世界。

中法大學教授夏康農 1946 至 1947 年間在上海的《評論報》發表了「國土雜記」系列文章〔註10〕，分別對北平、上海，昆明、重慶、武漢、貴陽、

〔註8〕　（法）丹納：《藝術哲學》（圖文本・上），傅雷譯，天津社會科學院出版社，2004 年版，第 65～67 頁。

〔註9〕　吳福輝：《中國現代文學發展史》（插圖本），北京大學出版社，2010 年版，第 403 頁。

〔註10〕　這些文章是：《不敗的上海》（1946 年第 1 期）、《老了的北平》（1946 年第 2 期）、《一起一僕的昆明》（1946 年第 3 期）、《縱橫踐踏的武漢》（1946 年第 4 期）、《霧裏的重慶》（1946 年第 6 期）、《雍腫的貴陽》（1946 年第 8 期）、《曠野的瀋陽》（1947 年第 10 期）、《靜好的煙臺》（1947 年第 15～16 期），共 8 篇。

瀋陽、煙臺等城市在中國近代以來的歷史地位的演變進行闡述，他認為自抗戰以後，昆明將與北平、上海一樣在中國歷史版圖上有著同樣重要的歷史地位，不能再以遙遠的邊疆山城來定位。他認為上海和北平代表著支配中國命運的兩大主力，如一鉗之雙尖，而淪陷的污損與所謂勝利的重光，無非指陳抗戰之為虛妄與黑暗的復原。一起一僕的昆明恰好象徵中國大地上八年喋血經歷了的起伏過程，而到頭來仍不過一場噩夢。作者用大量的文字，對照近代以來尤其是抗戰期間各個不同的階段來論述昆明的象徵意義。他在文章最後說：「經過了抗戰洗禮的雲南，本來已經懂得了雲南是中國的雲南，不能閉關自外，正猶如經過了抗戰洗禮的中國，已經懂得了抗戰不是單純的民族戰爭，必須有『行百里者半九十』的認識。雲南和中國都耽誤了自求多福的抗戰課程，健壯再起時又不知要經歷多少時日。歷史是不會騙人的，既然昆明直要遲到抗戰期間才始有了新的覺醒，那麼，昆明的僕後再起在全國規模上也必將列在遲後。幾時人們再聽到昆明奮然興起的歡呼時，也就是全中國得救的時候了。」〔註11〕作者從中國現代史的角度論述了民國以來的昆明與現代中國之間富有意味的關聯。我們的確可以把昆明的命運與中國的命運聯繫起來，如果把現代昆明的歷史劃分為滇越鐵路開通至抗戰爆發、抗戰時期、抗戰結束至今等幾個階段，它分別對應中國的晚清、民國、1949 之後，那麼則可以發現關於抗戰時期昆明的文學記憶與當下各種關於民國的懷舊、想像與建構有著異曲同工之妙。因此，我們可以說，「幾時人們再聽到昆明奮然興起的歡呼時，也就是全中國得救的時候了」在今天也仍有其深遠的意義。

「抗戰時期的昆明」作為一個實體的存在已經成為歷史，但抗戰時期的「文學昆明」卻依然蘊含著深遠的意味與豐富的想像。我們之所以把抗戰時期昆明的「文學昆明」作為一個對象來考察，不僅是因為存在著大量的關於抗戰時期昆明的文學書寫，並且這種書寫在整個抗戰時期的中國城市書寫中獨具特色，這種書寫的背後蘊含著一座城的社會氛圍、文學風尚、生命格調等時代精神狀況。同時，對「文學昆明」的探尋與追問在豐富抗戰文學乃至中國現代文學內涵的同時，也能使我們重新認識其在中國現代文學史上的價值，它已經超越了一般意義「區域文學」的範疇，成為了現代文學中一道獨具韻味的「風景」，它與「文學北平」、「文學上海」一樣，在中國現代文學史

〔註11〕夏康農：《一起一僕的昆明》，《評論報》1946 年第 3 期。

上具有了一般性的意義。在中國現代文學的進程中，如果說「北平」爲其發
生與成長提供了主要的文化資源，「上海」爲其發展與繁榮提供了重要的物質
力量，那麼「昆明」則爲其沉澱與反思提供了良好的社會氛圍。假如可以用
「啓蒙」作爲主要關鍵詞來概括二十年代「文學北平」的精神底色，用「現
代」作爲主要關鍵詞來概括三十年代「文學上海」的文化想像，那麼，可以
用「自由」作爲主要關鍵詞來概括四十年代「文學昆明」的個性特質。在三
十年的中國現代文學歷程中，正是由於其在文化資源、物質力量、社會氛圍
上有著相對獨立的空間，以「啓蒙」、「現代」、「自由」爲主要價值向度的現
代文學才有可能在諸如「革命」、「救亡」、「專制」的塵囂中倔強成長，在整
體上體現出明朗健康、自由蓬勃的面貌，眾多文學流派、充滿生氣的作家群
的爭相湧現，以及如魯迅、沈從文、張愛玲、穆旦等大作家的相繼出場就是
其生動具體的表現。在這個意義上可以說，「文學昆明」與「文學北平」、「文
學上海」一樣，成爲考察中國現代文學不可或缺的一部分。

　　昆明這座邊疆城市之所以能夠成爲如李書磊所說的「文化聖賢所」，並不
是城市自身發展演化的結果，只是因爲抗戰這一異常特殊的時局之變所致，
是外部因素進入造成的，缺乏內在的基礎，具有暫時性與不穩定性。當抗戰
勝利結束，歷史再次復位，昆明戰時的「文化聖賢所」的功能也就隨之改變
和消失。隨著西南聯大等各大文化機構回遷，大批文化人士也先後回到原地，
昆明原有的「寂寞」重新降臨。然因爲此時的昆明已經經歷過如龍雲所說的
「最頂級文化」的洗禮，它的「寂寞」也就不再是抗戰以前的「寂寞」，這種
「寂寞」中已有了積澱和孕育，有了內涵與格調，在某個歷史時刻它會以某
種方式得以呈現，這需要時間和機遇，更需要抗戰時期那樣的氛圍。一座城
市的意義不在於它地理空間的大小，而在於它能否形成一個廣闊、自由、充
實的精神空間，留下了多少文學文化痕迹，在於它能否成爲一個文學文化文
本而得到不斷的表達和閱讀，從而得以不斷的承傳與衍生。因爲任何城市只
有借助文學藝術的力量才能穿越時空而被廣泛體驗，從而成爲永恒的城市。
而一座城市要能被文學藝術廣泛地體驗，它就必須具有厚實、鮮活、自由的
內涵和靈魂，必須給人於想像的空間。「想像賦予了城市的流動以連貫性一致
性：它包容那些城市的組成物，用語言給物理世界的現實賦形，從而創造出
一種新的存在。在這裡，城市正如書裏的獨角獸一樣，可以超越自己的物理
局限。生活永遠流變著，只有藝術可以將它捕捉住，並將我們帶向永恒。這

座城市具有雙重現實性：一種是想像的，另一種是物理的；前者對混亂的城市進行整理，並將意義賦予後一種現實。」〔註12〕有了這種想像，城市才能超越物理的局限而進入藝術的永恒，「混亂的城市」才具有意義。由此，城市與文學、人與城市才有自由對話的可能。同時，任何一座城市都是「等待著無窮多樣的詮釋，沒有終極的『解』。任何詮釋都不是最後的、絕對權威的。現有的詮釋者中或有其最為中意的，但它仍在等待，它等待著他們各自對於它的發現。他們相互尋找，……不斷有新的陌生的對話者加入。城本身也隨時改變、修飾著自己的形象，於是而有無窮豐富不能說盡的城與人。」〔註13〕抗戰時期的昆明，它通過與沈從文、汪曾祺、穆旦、馮至、冰心、林徽因、鳳子、黃裳、鹿橋、宗璞等一大批作家的「相互尋找」而呈現出「不可思議的魅力」。丹尼斯・科斯格羅夫說：「在形成特定地方的情感反應方面，氣味或聲音可能比視覺更有力量、更直接。在夢境或記憶領域，情緒傾向於支配對肉體的瞭解，雖然也許難以精確回憶或描述在夢境中所遭遇或體驗到的空間的視覺特徵。」〔註14〕也許抗戰時期的昆明就憑藉那樣的「氣味」或「聲音」產生力量，產生讓人感懷、沉浸與想念的力量。普魯斯特在《追憶逝水年華》中說，當人亡物喪，往日的一切蕩然無存，只有氣味和滋味還會長存，它們如同靈魂，雖然比較脆弱，卻更有活力，雖為廢墟，卻更能持久，更為忠實，它們在其他一切事物的廢墟上回憶、等待和期望。今天的昆明能否像抗戰時期的昆明一樣呈現出多元的內涵和獨特的形象？能否在那些堅固的物質坍塌之後仍能獲得一種「長存的氣味和滋味」而讓我們、讓文學「回憶、等待和期望」？這是當今昆明及所有中國城市要面臨的問題，也是中國當代作家要思考的問題。

　　「歷史是歷史學家跟他的事實之間相互作用的連續不斷的過程，是現在與過去之間永無止境的回答交談」，〔註15〕歷史之所以是現在與過去的交談，乃是因為我們總是從現在的需要出發去研究歷史，從今天的立場上更好地認

〔註12〕（美）理查德・利罕：《文學中的城市：知識與文化的歷史》，吳子楓譯，黃福海校，上海人民出版社，2009 年版，第 322 頁。

〔註13〕趙園：《北京：城與人》，北京大學出版社，2002 年版，第 12 頁。

〔註14〕（美）丹尼斯・科斯格羅夫：《景觀和歐洲的視覺感——注視自然》，（英）凱・安德森、（美）莫娜・多莫什等主編：《文化地理學手冊》，李蕾蕾，張景秋譯，商務印書館，2009 年版，第 357 頁。

〔註15〕（英）卡爾：《歷史是什麼》，陳恒譯，商務印書館，2008 年版，第 28 頁。

識昨天，以便更成功地把握各類命題，否則便失去其意義。文學研究也是如
此，就如伊藤虎丸在談及重寫文學史的必要性時所指出的那樣：「書寫文學史
的起點必須置於現在，尤其是置於對現在的不滿。歷史，不是從過去的『事
實』中翻找出來的，而必須是在與『對現在的不滿』鬥爭中表現出來的。不
是有了過去才有現在，而是有了現在才有過去。」〔註16〕當然，筆者致力於
對抗戰時期昆明文學氛圍與文學書寫的打撈、辨析與闡述，並不蘊含重寫文
學史的企圖，只是力能所及地展現那些被現行文學史所遺忘或遮蔽的一面。
但，筆者也試圖在對昆明文學記憶的打撈過程中尋找一種力量、一種有益於
昆明（或者說中國）未來歷史創造的力量，因為「所有的回憶，永遠是不完
整的，既可能無限接近目標，也可能漸行漸遠——正是在這遺忘（誤解）與
記憶（再創造）的巨大張力中，人類情感得以不斷延伸。總有忘不掉的，也
總有記不起的，『為了忘卻的記念』，使得我們不斷談論這座城市、這段歷史。
在這個意義上，記憶不僅僅是工具，也不僅僅是過程，它本身也可以成為舞
臺，甚至可以構成一種創造歷史的力量。」〔註17〕因此，我們對抗戰時期文
學昆明的呈現與建構，不僅是對昆明歷史記憶的打開，更是對當代昆明品質
的期待。一座城市只有具備了鮮活、自由、開放的精神氛圍與文化品質，它
才能為它的書寫者提供語言、格調和敘述的向度，才能使它的書寫具有想像、
凝聚與召喚的魅力，這座城市也才有可能變得不朽。正如卡爾·雅斯貝斯所
說：「精神的實體只有通過一種歷史的回憶才能被保存。這種回憶不能僅僅是
關於過去的知識，而必須具有當代的生命力。倘若不是這樣，人就會重新滑
入野蠻狀態之中去。我們時代的危機所具有的壓倒一切的劇變在這永恒的實
體面前相形見絀，而記憶則參與到這個實體的存在中去，就像參與到一切時
代所共有的不朽的要素中去一樣。」〔註18〕盡最大的可能從原始材料出發，
打撈抗戰時期昆明的文學記憶、呈現抗戰時期昆明的文學情境，從而展現一
座城市一個時代的精神面貌是本書的基本出發點與落腳點。但如陳寅恪所
說：「吾人今日可依據之材料，僅為當時所遺存最小之一部，欲藉此殘餘斷片，

〔註16〕　（日）伊藤虎丸：《魯迅、創造社與日本文學——中日近現代比較文學初探》，
　　　　孫猛、徐江、李冬木等譯，北京大學出版社，2005年版，第5～6頁。

〔註17〕　陳平原：《北京記憶與記憶北京》，陳平原、王德威編：《北京：都市想像與文
　　　　化記憶》，北京大學出版社，2005年版，第8頁。

〔註18〕　（德）卡爾·雅斯貝斯：《時代的精神狀況》，王德峰譯，上海譯文出版社，
　　　　2005年版，第86頁。

以窺測全部結構，必須備藝術家欣賞古代繪畫雕刻之眼光及精神，然後古人立說之用意與對象，始可以眞瞭解。」「言論愈有條理系統，則去古人學術之眞相愈遠」。〔註19〕因此，抗戰時期文學昆明的「眞相」也應該隨著材料的不斷髮現而不斷「修正」，但不管如何「修正」，錢穆所說「治國史之第一任務，在能於國家民族之內部自身，求得其獨特精神之所在」〔註20〕中的「獨特精神之所在」都應該是其核心內容。因爲，我們對抗戰時期文學昆明的研究，不僅是爲了盡可能地「回到」歷史現場，最大限度地復原出那被忽視或遮蔽的世界，更重要的是在於如何創造一個在政治、文化上眞正現代、自由、開放的昆明。在昆明現代發展史上，抗戰時期毫無疑問是其最輝煌的篇章，這種輝煌不僅在於它由一個邊城山國變成了一個國際性城市，變成了「中華民族復興的根據地」，尤其是其在學術文化上的卓越表現。更在於它開放包容的胸懷與氣度、自由寬容的政治文化環境以及尊重知識分子的社會氛圍。正是由於它們的存在，在這家國離亂、生活困頓的年代，那些身處其中的人們依然心懷信念，對自己、對國家保持著熱情和希望。〔註21〕這不僅是抗戰時期的昆明在今天被懷念、敘述與想像的根本原因之所在（西南聯大的懷舊熱潮也可作如是觀），也是今天昆明及中國復興的基本條件之所在。

〔註19〕陳寅恪：《馮友蘭〈中國哲學史〉上冊審查報告》，《金明館叢稿二編》，上海古籍出版社，1980 年版，第 247 頁。
〔註20〕錢穆：《國史大綱》，商務印書館，1996 年版，「引論」，第 11 頁。
〔註21〕杜運燮的詩《追物價的人》可以作爲一種文學佐證：「……抗戰是偉大的時代，不能落伍／雖然我已經把溫暖的家丟掉／把好衣服厚衣服，把心愛的書丟掉／還把妻子兒女的嫩肉丟掉／而我還是太重，太重，走不動／讓物價在報紙上，陳列窗裏／統計家的筆下，隨便嘲笑我／啊，是我不行，我還存有太多的肉／還有重重補丁的破衣，它們也太重／這些都應該丟掉。爲了抗戰／爲了抗戰，我們都應該不落伍／看看人家物價在飛，趕快迎頭趕上／即使是輕如鴻毛的死／也不要計較，就是不要落伍。」杜運燮、張同道編選《西南聯大現代詩鈔》，中國文學出版社，1997 年版，第 182 頁。

參考文獻

一、民國報刊類（以漢語拼音字母爲序）

B

《半月文萃》

《罷委會通訊》

《北大半月刊》

C

《朝報》

《春秋》

《晨報》

《朝報晚刊》

《出版消息》

D

《大風》

《滇聲》

《大公報》

《讀書通訊》

《讀書月刊》

《東方雜誌》

《半月文萃》

F

《風雲》

《風雨談》

《服務月刊》

《福建新聞》

《福建教育》

《翻譯與評論》

《婦女新運通訊》

G

《國訊》

《國風》

《觀察》

《觀察報》

《國文月刊》

《共和滇報》

《改進半月刊》

H

《黃埔》

《湖南青年》

《華東聯中期刊》

J

《經世》

《今日評論》

《教務雜誌》

《建國月刊》

《經世日報》

《生活導報》

K

《抗戰周刊》

《昆明周刊》

《抗戰文藝》

L

《玲瓏》

《禮拜六》

《良友畫報》

《旅行雜誌》

M

《邁進》

《民主周刊》

《民意周刊》

N

《南強》

《女青年月刊》

P

《評論報》

Q

《啓示》

《青年月刊》

S

《勝利》

《掃蕩報》

《時代風》

《時與潮》

《生活導報》

《上海婦女》

《上海周報》

《世界學生》

《時代學生》

《時代評論周刊》

《社會服務周報》

T

《天南》

《天下文萃》

《團務通訊》

W

《文聚》

《文摘月報》

《文學雜誌》

《文藝陣地》

X

《西南》

《新語》

《新影壇》

《新動向》

《新青年》

《現世報》

《現代周刊》

《學生雜誌》

《學生月刊》

《學生生活》

《學生之友》

《新聞雜誌》

《新聞學報》

《新聞戰線》

《新華日報》

《興業郵乘》

Y

《雲南》

《影壇》

《宇宙風》

《宇宙風》(廣州版)

《宇宙風（乙刊）》

《燕京新聞》

《益世晚報》

《雲南日報》

《雲南生活》

《雲南黨務》

《雲南晚報》

《雲南教育通訊》

《雲南民國日報》

《雲南行政紀實》

《雲南省政府公報》

《雲南旅平學會季刊》

《雲南教育行政周刊》

Z

《總合》

《再生》

《周報》

《眾生》

《戰鬥》

《正義報》

《中國新詩》

《中國詩壇》

《戰時記者》

《戰時知識》

《戰時青年》

《戰時中學生》

《中央日報》（昆明版）

二、著作類（以漢語拼音字母為序）

A

1. 艾蕪：《南行記》，雲南人民出版社，2008 年版。

2. 艾築生：《20 世紀貴州散文史》，貴州民族出版社，2000 年版。

3. （英）安東尼·吉登斯：《現代性與自我認同》，趙旭東、方文譯，生活·讀書·新知三聯書店，1998 年版。

4. （美）埃德加·斯諾：《馬幫旅行》，李希文等譯，雲南人民出版社，2002 年版。

5. （美）愛德華·W·薩義德：《文化與帝國主義》，李琨譯，生活·讀書·新知三聯書店，2003 年版。

B

1. 冰心：《冰心全集》（第 3 卷），海峽文藝出版社，1994 年版。

2. （日）柄谷行人：《日本現代文學的起源》，趙京華譯，生活·讀書·新知三聯書店，2006 年版。

3. （法）皮埃爾·布迪厄：《藝術的法則——文學場的生成與結構》，劉暉譯，中央編譯出版社，2001 年版。

4. （法）皮埃爾·布迪厄，（美）華康德：《實踐與反思》，李猛、李康譯，中央編譯出版社，1998 年版。

5. （法）達尼埃爾·亨利·巴柔：《形象》，孟華譯，孟華主編：《比較文學形象學》，北京大學出版社，2001 年版。

6. （法）加斯東·巴什拉：《空間的詩學》，張逸婧譯，上海譯文出版社，2009 年版。

7. （意）馬可·波羅：《馬可·波羅遊記》，梁生智譯，中國文史出版社，1998 年版。

8. （美）斯維特蘭娜·博伊姆：《懷舊的未來》，楊德友譯，譯林出版社，2010 年版。

9. （美）馬歇爾·伯曼：《一切堅固的東西都煙消雲散了——現代性體驗》，徐大建、張輯譯，商務印書館，2004 年版。

10. （德）瓦爾特·本雅明：《莫斯科日記·柏林記事》，潘小松譯，東方出版社，2001 年版。

C

1. 蔡定國、楊益群、李建平：《桂林抗戰文學史》，廣西教育出版社，1994 年版。

2. 陳寅恪：《金明館叢稿二編》，上海古籍出版社，1980 年版。

3. 陳寅恪：《陳寅恪集·詩集（附唐篔詩存）》，生活·讀書·新知三聯書店出版社，2001 年版。

4. 陳達：《浪迹十年》，（臺灣）文海出版社，1981 年版。

5. 陳平原、王德威主編：《北京：都市想像與文化記憶》，北京大學出版社，

2005 年版。

6. 陳平原、王德威、陳學超主編：《西安：都市想像與文化記憶》，北京大學出版社，2009 年版。

7. 陳布雷：《陳布雷回憶錄》，（臺灣）傳記文學出版社，1967 年版。

8. 陳子善、徐如麟編選：《施蟄存七十年文選》，上海文藝出版社，1996 年版。

9. 陳連開：《中國・華裔・漢・中華・中華民族》，費孝通等著：《中華民族多元一體格局》，中央民族學院出版社，1989 年版。

10. 陳度：《昆明近世社會變遷志略》（卷三・禮俗），該書爲雲南省圖書館館藏「稿本」，無成書年月，所記至民國二十九年，共四卷（文化、食貨、禮俗、金融）。

D

1. 鄧雲鄉：《雲鄉瑣記》，河北教育出版社，2004 年版。

2. 丁帆主編：《中國西部現代文學史》，人民文學出版社，2004 年版。

3. 段錫：《1910 年的列車：滇越鐵路百年紀事》，雲南美術出版社，2003 年版。

4. 杜運燮：《海城路上的求索：杜運燮詩文選》，中國文學出版社，1998 年版。

5. 杜運燮、張同道編選：《西南聯大現代詩鈔》，中國文學出版社，1997 年版。

6. （美）H・J 德伯里：《人文地理：文化社會與空間》，王民、王發增、程玉申等譯，北京師範大學出版社，1988 年版。

7. （法）丹納：《藝術哲學》（圖文本・上），傅雷譯，天津社會科學院出版社，2004 年版。

8. （美）丹尼斯・科斯格羅夫：《景觀和歐洲的視覺感──注視自然》，（英）凱・安德森、（美）莫娜・多莫什等主編：《文化地理學手冊》，李蕾蕾、張景秋譯，商務印書館，2009 年版。

9. （美）溫迪・J.達比：《風景與認同──英國民族與階級地理》，張箭飛、趙紅英譯，譯林出版社，2011 年版。

F

1. 方國瑜主編：《雲南史料從刊》（第 3 卷），雲南大學出版社，1998 年版。

2. 方仲伯編：《李公僕紀念文集》，雲南人民出版社，1983 年版。

3. 費孝通：《逝者如斯》，蘇州大學出版社，1993 年版。

4. 鳳子：《旅途的宿站》，三聯書店香港分店，1985 年版。

5. 馮至：《馮至全集》第 3、11 卷，河北教育出版社，1999 年版。

6. 逢增玉：《文學現象與文學史風景》，商務印書館，2011 年版。

7. 范小梵：《風雨流亡路：一位知識女性的抗戰經歷》，山東畫報出版社，2008 年版。

8. （美）費正清，費維愷編：《劍橋中華民國史》（下），劉敬坤等譯，中國社會科學出版社，1998 年版。

9. （美）傅葆石：《灰色上海，1937～1945 中國文人的隱退、反抗與合作》，張霖譯，劉輝校，生活‧讀書‧新知三聯書店，2012 年版。

G

1. 葛兆光：《宅茲中國——重建有關『中國』的歷史論述》，中華書局，2011 年版。

2. 龔鵬程：《遊的精神文化史論》，河北教育出版社，2001 年版。

3. 甘家馨編著：《歐美新聞界鳥瞰》，中正書局，1933 年版。

4. （法）古斯塔夫‧勒龐：《烏合之眾——大眾心理研究》，馮克利譯，中央編譯出版社，2005 年版。

H

1. 胡嘉編著：《滇越遊記》，商務印書館，1939 年版。

2. 胡伯威：《兒時「民國」》，廣西師範大學出版社，2006 年版。

3. 何兆武口述，文靖撰寫：《上學記》，生活‧讀書‧新知三聯書店，2008 年版。

4. 何光渝：《20 世紀貴州小說史》，貴州民族出版社，2000 年版。

5. 何炳棣：《讀史閱世六十年》，廣西師範大學出版社，2005 年版。

6. 何孔敬：《長相思——朱德熙其人》，中華書局，2007 年版。

7. 黃偉林主編：《桂林文化城作家研究》，中國社會科學出版社，2008 年版。

8. 黃裳：《黃裳文集》（錦帆卷），上海書店出版社，1998 年版。

9. 侯鴻鑒：《西南漫遊記》，（無錫）錫成印刷公司印刷，1935 年版。

10. （德）哈貝馬斯：《公共領域的結構轉型》，曹衛東等譯，學林出版社，1999 年版。

11. （德）哈拉爾德‧韋爾策編：《社會記憶：歷史、回憶、承傳》，季斌、王立君、白錫堃譯，北京大學出版社，2007 年版。

12. （德）海德格爾：《人，詩意地安居——海德格爾語要》，郜元寶譯，張汝倫校，上海遠東出版社，1995 年版。

13. （法）莫里斯‧哈布瓦赫：《論集體記憶》，畢然、郭金華譯，上海人民出版社，2002 年版。

J

1. 靳明全主編：《重慶抗戰文學論稿》，重慶出版社，2003 年版。
2. 靳明全主編：《重慶抗戰文學與外國文化》，重慶出版社，2006 年版。
3. 軍超、超真搜集整理：《昆明的傳說》，中國民間出版社，1982 年版。
4. 金飛豹主編：《1945 美國老兵昆明印象》，雲南人民出版社，2011 年版。
5. 江沛：《毀滅的種子——國民政府時期意識管制分析》，陝西人民教育出版社，2000 年版。
6. （美國）江南：《龍雲傳》，中國友誼出版公司，1989 年版。
7. 姜建、吳為公編：《朱自清年譜》，安徽教育出版社，1996 年版。
8. 姜德明編：《北京乎：現代作家筆下的北京》（下），生活‧讀書‧新知三聯書店，1992 年版。
9. 蔣夢麟：《西潮‧新潮》，嶽麓書社，2000 年版。

K

1. 康萌：《康萌自選集》，北京廣播學院出版社，2004 年版。
2. 錢穆：《八十憶雙親‧師友雜記》，嶽麓書社，1986 年版。
3. （德）恩斯特‧卡西爾：《人論》，甘陽譯，上海譯文出版社，1985 年版。
4. （英）卡爾：《歷史是什麼》，陳恒譯，商務印書館，2008 年版。
5. （英）凱‧安德森，（美）莫娜‧多莫什等主編：《文化地理學手冊》，李蕾蕾、張景秋譯，商務印書館，2009 年版。
6. （英）邁克‧克朗：《文化地理學》，楊淑華、宋慧敏譯，南京大學出版社，2005 年版。

L

1. 李孝友編著：《昆明風物志》，雲南民族出版社，1983 年版。
2. 李廣田：《詩的藝術》，開明書店，1948 年版。
3. 李方編選：《穆旦詩全集》，中國文學出版社，1996 年版。
4. 李江主編：《桂林文化城戲劇研究》，中國社會科學出版社，2008 年版。
5. 李建平：《桂林抗戰文藝概觀》，灕江出版社，1991 年版。
6. 李建平編著：《抗戰時期桂林文學活動》，灕江出版社，1996 年版。
7. 李光榮、宣淑君：《季節燃起的花朵——西南聯大文學社團研究》，中華書局，2011 年版。

8. 李歐梵:《上海摩登——一種新都市文化在中國（1930～1945）》,毛尖譯,北京大學出版社,2002 年版。

9. 李書磊:《1942:走向民間》,山東教育出版社,1998 年版。

10. 李怡:《七月派作家評傳》,重慶出版社,2000 年版。

11. 羅崗:《危急時刻的文化想像——文學·文學史·文學教育》,江西教育出版社,2005 年版。

12. 呂進、熊輝、張傳敏、張立新:《重慶抗戰詩歌研究》,西南師大出版社,2009 年版。

13. 梁啓超:《飲冰室合集》（文集 38～45）,第 5 冊,中華書局,1989 年版。

14. 林泉:《重返老昆明（上）》,雲南美術出版社,2002 年版。

15. 鹿橋:《未央歌》,黃山書社,2008 年版。

16. 老舍:《老舍全集》（第 14 卷）,人民文學出版社,1999 年版。

17. 雷銳:《桂林文化城小說研究》,中國社會科學出版社,2006 年版。

18. 雷銳、黃紹清主編:《桂林文化城詩歌研究》,中國社會科學出版社,2008 年版。

19. 劉文俊:《桂林抗戰文化城的社團》,黃山書社,2008 年版。

20. 劉鐵群:《桂林文化城散文研究》,中國社會科學出版社,2009 年版。

21. 劉增人等編著:《中國現代文學期刊史論》,新華出版社,2005 年版。

22. 劉緒貽口述,余坦坦整理:《蕭聲劍影——劉緒貽口述自傳》,廣西師範大學出版社,2010 年版。

23. （美）理查德·利罕:《文學中的城市:知識與文化的歷史》,吳小楓譯,上海人民出版社,2009 年版。

24. （美）凱文·林奇:《城市意象》,方益萍、何曉軍譯,華夏出版社,2001 年版。

M

1. 梅志:《胡風傳》,十月文藝出版社,1998 年版。

2. 蒙樹宏:《雲南抗戰時期文學史》,雲南教育出版社,1998 年版。

P

1. 浦薛鳳:《浦薛鳳回憶錄》（中）,黃山書社,2009 年版。

2. 浦江清:《清華園·西行日記》,生活·讀書·新知三聯書店,1999 年版。

3. （法）普魯斯特:《追憶逝水年華·在斯萬家那邊》,李恒基譯,譯林出版社,1990 年版。

Q

1. 錢穆：《國史大綱》，商務印書館，1996 年版。

2. （德）齊美爾：《社會是如何可能：齊美爾社會學選》，廣西師範大學出版社，2002 年版。

S

1. 沈衛威：《「學衡派」譜系——歷史與敘事》，江西教育出版社，2007 年版。

2. 沈從文：《沈從文全集》（第 17、26 卷），北嶽文藝出版社，2002 年版。

3. 沈建中：《遺留韻事——施蟄存遊蹤》，文匯出版社，2007 年版。

4. 孫官生編撰：《陳納德與陳香梅》，雲南人民出版社，2002 年版。

5. 孫紹誼：《想像的城市：文學、電影和視覺上海》，復旦大學出版社，2009 年版。

6. 孫代興、吳寶璋主編：《雲南抗日戰爭史（1937～1945）》，雲南大學出版社，1995 年版。

7. 宋應離：《中國期刊發展史》，河南大學出版社，2000 年版。

8. 施蟄存：《施蟄存七十年文選》，上海文藝出版社，1996 年版。

9. 施蟄存：《路南遊蹤》，雲南人民出版社，2008 年版。

10. 師陀：《師陀全集》（3）（第 2 卷·上），河南大學出版社，2004 年版。

11. 司馬遷：《史記·卷一百一十六·西南夷列傳第五十六》，中華書局，1972 年版。

12. 蘇慶華編著：《滇影風雲——南屏電影院的故事》，雲南美術出版社，2009 年版。

13. （美）蘇珊·桑塔格：《疾病的隱喻》，程巍譯，上海譯文出版社，2003 年版。

14. （美）愛德華·薩義德：《文化與帝國主義》，李琨譯，讀書·生活·新知三聯書店，2003 年版。

15. （美）埃德加·斯諾：《馬幫旅行》，李希文等譯，雲南人民出版社，2002 年版。

T

1. 屠詩聘：《旅途隨筆》，中國圖書編譯館，1939 年版。

2. 唐正芒等：《中國西部抗戰文化史》，中共黨史出版社，2004 年版。

3. （捷克）唐納德·霍洛克：《從傳統到現代——世紀轉折時期的中國小說》，北京大學出版社，1991 年版。

W

1. 魏華齡：《桂林文化城史話》，廣西人民出版社，1987 年版。

2. 魏華齡、曾有云、丘振聲主編：《桂林抗戰文化研究文集》，灕江出版社，1992 年版。

3. 吳宓：《吳宓日記》（第七冊），生活・讀書・新知三聯書店，1998 年版。

4. 吳世勇編：《沈從文年譜（1902～1988）》，天津人民出版社，2006 年版。

5. 吳福輝：《中國現代文學發展史》（插圖本），北京大學出版社，2010 年版。

6. 聞黎明編：《聞一多年譜長編》，湖北人民出版社，1994 年版。

7. 王安憶：《空間在時間裏流淌》，新星出版社，2012 年版。

8. 王穎泰：《20 世紀貴州戲劇文學史》，貴州民族出版社，2000 年版。

9. 王銘銘：《想像的異邦：社會與文化人類學散論》，上海人民出版社，1998 年版。

10. 王文才選注：《楊慎詩選》，四川人民出版社，1981 年版。

11. 王珞編：《沈從文評說八十年》，中國華僑出版社，2004 年版。

12. 王彬彬：《並未遠去的背影》，廣東人民出版社，2010 年版。

13. 汪曾祺：《汪曾祺自述》，大象出版社，2002 年版。

14. 汪曾祺：《汪曾祺全集》（第 3 卷），北京師範大學出版社，1998 年版。

15. （臺灣）王明珂：《華夏邊緣：歷史記憶與族群認同》，社會科學文獻出版社，2006 年版。

16. （美）王笛：《茶館——成都的公共生活和微觀世界（1900～1950）》，社會科學文獻出版社，2010 年版。

X

1. 謝彬：《雲南遊記》，中華書局，1924 年版。

2. 謝本書、李江：《近代昆明城市史》，雲南大學出版社，1997 年版。

3. 謝本書：《龍雲傳》，雲南人民出版社，2011 年版。

4. 謝納：《空間生產與文化表徵——空間轉向視域中的文學研究》，中國人民大學出版社，2010 年版。

5. 許淵沖：《逝水年華》，生活・讀書・新知三聯書店，2009 年版。

6. 向尚、李濤、姚惠滋等：《西南旅行雜寫》，中華書局印，1937 年版。

Y

1. 姚可崑：《我與馮至》，廣西教育出版社，1994 年版。

2. 姚丹：《西南聯大歷史情境中的文學活動》，廣西師範大學出版社，2000年版。

3. 袁進主編：《隨草綠天涯》，東方出版中心，1997年版。

4. 郁達夫：《郁達夫全集》（第3卷），浙江大學出版社，2007年版。

5. （德）卡爾·雅斯貝斯：《歷史的起源與目標》，魏楚雄、俞新天譯，華夏出版社，1989年版。

6. （德）卡爾·雅斯貝斯：《時代的精神狀況》，王德峰譯，上海譯文出版社，2005年版。

7. （日）伊藤虎丸：《魯迅、創造社與日本書學——中日近現代比較文學初探》，孫猛、徐江、李冬木等譯，北京大學出版社，2005年版。

8. （美）易社強：《戰爭與革命中的西南聯大》，饒佳榮譯，九州出版社，2012年版。

9. （意）伊塔洛·卡爾維諾：《看不見的城市》，張宓譯，譯林出版社，2011年。

Z

1. 張曼淩：《西南聯大人物訪談錄》，雲南教育出版社，2007年版。

2. 張傳敏：《民國時期的大學新文學課程研究》，人民出版社，2010年版。

3. 張寄謙編：《聯大長征》，新星出版社，2010年版。

4. 張朋園訪問，鄭麗榕記錄：《「雲南王」龍雲之子之口述歷史》，九州出版社，2011年版。

5. 周良沛：《散文中的雲南》，雲南教育出版社，1999年版。

6. 周蔥秀、涂明：《中國近現代文化期刊史》，山西教育出版社，1999年版。

7. 周寧：《天朝遙遠：西方的中國形象研究》，北京大學出版社，2006年版，第38頁。

8. 朱喬森編：《朱自清全集》（第2、9、10卷），江蘇教育出版社，1998年版。

9. 趙瑞蕻：《離亂絃歌憶舊遊》，湖北人民出版社，2008年版。

10. 趙新林、張國龍：《西南聯大：戰火的洗禮》，上海教育出版社，2000年版。

11. 趙園：《北京：城與人》，北京大學出版社，2002年版。

12. 趙蘿蕤：《讀書生活散記》，南京師範大學出版社，2009年版。

13. 趙靜蓉：《懷舊——永恆的文化鄉愁》，商務印書館，2009年版。

14. 趙學勇編：《林徽因文存》（散文、書信、評論、翻譯），四川文藝出版社，

2005 年版。

15. 趙學勇編：《林徽因文存》（詩歌、小説、戲劇），四川文藝出版社，2005年版。

16. 宗璞：《野葫蘆引》第二卷，《東藏記》，人民文學出版社，2005 年版。

17. 宗璞：《野葫蘆引》第三卷，《西征記》，人民文學出版社，2009 年版。

三、報刊論文、文章類（以漢語拼音字母爲序）

C

1. 陳用中：《夢回西南聯大中文系》，《西南聯大北京校友會簡訊》（第 42期），2007 年 10 月。

D

1. 杜運燮：《我和英國詩》，《外國文學》1987 年第 5 期。

2. 丁帆：《新舊文學的分水嶺——尋找被中國現代文學史遺忘和遮蔽了的七年（1912～1919)》，《江蘇社會科學》2011 年第 1 期。

F

1. 方舉：《情繫茶館》，《西南聯大北京校友會簡訊》（第 32 期），2002 年 10月。

2. 傅舉晉：《一枝紅杏出牆來》，《西南聯大北京校友會簡訊》（第 31 期），2002 年 4 月。

3. 馮素陶：《懷念李公樸、聞一多》，《昆明師範學院學報》（哲學社會科學版）1980 年第 2 期。

4. 馮至：《昆明往事》，《新文學史料》1986 年第 1 期。

H

1. 韓知寒：《「邊疆」的含義》，《讀書》1999 年第 2 期。

2. 胡邦定：《西南聯大往事雜憶》，《百年潮》2007 年第 2 期。

3. 郝明工：《抗戰時期中國文學的區域分化與主導特徵》，《中國現代文學研究叢刊》2009 年第 3 期。

4. 黃萬華：《戰時中國文學：可以被一再審視的文學空間》，《求索》2005年第 6 期。

5. 黃清：《西南聯合大學對昆明人的影響》，《西南聯大北京校友會簡訊》（第 43 期），2008 年 4 月。

6. （澳）霍爾：《雲南的地方派別》，雲南歷史研究所《研究集刊》1984 年第 1 期。

L

1. 李怡：《「民國文學史」框架與「大後方文學」》，《重慶師範大學學報》（哲學社會科學版）2009 年第 1 期。

2. 李怡：《民國機制：中國現代文學的一種闡釋框架》，《廣東社會科學》2010 年第 6 期。

3. 李怡：《中國現代文學史的敘述範式》，《中國社會科學》2012 年第 2 期。

4. 李怡：《「五四」與現代文學「民國機制」的形成》，《鄭州大學學報》2009 年第 4 期。

5. 李瑛：《我的大學生活》，《新文學史料》2001 年第 1 期。

6. 李光榮：《冬青文藝社及其史事辯證》，《中國現代文學研究叢刊》2007 年第 6 期。

7. 李光榮：《西南聯大文學與香港〈大公報·文藝〉》，《抗戰文化研究》（第 2 輯），廣西師範大學出版社，2008 年版。

8. 李永東：《論外省作家筆下的成都形象》，《天府新論》2011 年第 1 期。

9. 劉北汜：《憶朱自清先生》，《新文學史料》1982 年第 4 期。

10. 劉俊：《論二十世紀中國文學中的上海書寫》，《文學評論》2002 年第 3 期。

11. 劉緒源：《80 年代文學可與 30 年代相媲美》，《上海文學》2008 年第 6 期。

12. 黎勤、李凌：《龍雲與民主堡壘西南聯大》，《炎黃春秋》2005 年第 4 期。

13. 林元：《一枝四十年代文學之花——回憶昆明〈文聚〉雜誌》，《新文學史料》1986 年第 3 期。

M

1. 蒙樹宏：《雲南現代文學大事記初編（一）至（五）》，《楚雄師專學報》1992 年第 2、4 期；1993 年第 1、2、4 期。

2. 明飛龍：《西南聯大〈文聚〉雜誌與雲南 40 年代文學》，《紅河學院學報》2009 年第 6 期。

3. 梅家玲：《夏濟安、〈文學雜誌〉與臺灣大學——兼論臺灣「學院派」文學雜誌及其與「文化場域」和「教育空間」的互涉》，《當代作家評論》2007 年第 2 期。

Q

1. 秦弓：《抗戰文學研究的概況與問題》，《抗日戰爭研究》2007 年第 4 期。

2. 秦弓：《抗戰文學對正面戰場問題的表現——抗戰文學與正面戰場研究》，《陝西師範大學學報》（哲學社會科學版）2006 年第 2 期。

3. 秦弓：《現代文學的歷史還原與民國史視角》，《湖南社會科學》2010 年第 1 期。

4. 秦弓：《三論現代文學與民國史視角》，《文藝爭鳴》2012 年第 1 期。

S

1. 沈衛威：《民國大學體制下的學分南北》，《山西大學學報》（哲學社會科學版）2012 年第 5 期。

2. 沈衛威：《民國文學教育中的大歷史與小細節》，《文藝研究》2012 年第 5 期。

3. 沈衛威：《民國大學的文脈與學統》，《探索與爭鳴》2012 年第 11 期。

4. 孫昌熙：《把中國新文學擡上大學講壇的人——追憶在抗日戰爭期間接受恩師楊振聲（今甫）教授教誨的日子》，《泰安師專學報》1989 年第 2 期。

T

1. 涂良軍：《「昆明」得名來源考》，《雲南師範大學學報》（哲學社會科學版）2009 年第 6 期。

2. 田汝增：《記龍雲先生數事》，《團結報》1984 年 12 月 1 日。

W

1. 王維國：《抗戰時期中國文學地理的重新劃分——戰時中國文學地理研究之一》，《江海學刊》2008 年第 6 期。

2. 王維國：《抗戰時期中國文學地理的基本格局——戰時中國文學地理研究之二》，《學習與探索》2009 年第 1 期。

3. 王維國：《抗戰時期中國文學地理的藝術表徵——戰時中國文學地理研究之三》，《人文雜誌》2009 年第 2 期。

4. 王麗麗、程光煒：《中國現代文學的又一次探索——試論四十年代的文學環境》，《海南師範學院學報》（社會科學版）2003 年第 2 期。

5. 王學振：《再論抗戰文學中的重慶城市形象塑造》，《文學評論》2010 年第 2 期。

6. 王竟山：《西南聯大和〈茶館小調〉》，《炎黃春秋》2003 年第 10 期。

7. 汪曾祺：《泡茶館》，《滇池》1984 年第 9 期。

8. 汪曾祺：《沈從文先生在西南聯大》，《人民文學》1986 年第 5 期。

9. 汪曾祺：《翠湖心影》，《滇池》1984 年第 8 期。

10. 汪曾祺：《跑警報》，《滇池》1985 年第 3 期。

11. 聞一多：《聞一多書信選輯》，《新文學史料》1985 年第 1 期。

12. 吳宏聰：《憶恩師楊振聲先生》，《現代教育報》2004 年 3 月 19 日。

13. （美）伍啓元：《抗戰時期的教學生涯》，（臺北）《傳記文學》1994 年第 65 卷第 6 期。

X

1. 夏紹先：《抗戰時期的雲南教育——內遷院校與雲南教育的發展》，《雲南師範大學學報》（哲學社會科學版）2002 年第 6 期。

Y

1. 尹洛：《沈從文不答劉文典》，《吉首大學學報》（社會科學版）1991 年／Z1。

2. 陰法魯：《追悼楊振聲同志》，《九三社訊》1956 年第 4 期。

3. 楊清芝：《近年抗戰文學研究述評》，《重慶工商大學學報》（社會科學版）2012 年第 6 期。

4. 楊鼎川：《關於汪曾祺四十年代創作的對話》，《中國現代文學研究叢刊》2003 年第 2 期。

5. 袁可嘉：《自傳：七十年來的腳印》，《新文學史料》1993 年第 3 期。

6. （美）約翰斯頓主編：《人文地理學詞典》，柴彥威譯，商務印書館，2004 年版。

Z

1. 張榮翼：《文學氛圍中的文學流派》，《青海社會科學》1994 年第 4 期。

2. 張福貴：《從意義概念返回時間概念——關於中國現代文學史的命名問題》，（香港）《文學世紀》2003 年第 4 期。

3. 張永傑：《文學書寫中的故鄉記憶——以汪曾祺筆下的昆明爲中心》，《雲南社會科學》2006 年第 2 期。

4. 張多：《西南聯大文學作品中的昆明書寫——昆明的城市空間對 40 年代內遷文人創作的影響》，《消費導刊》2010 年第 1 期。

5. 朱丕智：《論抗戰大後方文學研究的觀念與方法》，《重慶師範大學學報》（哲學社會科學版）2009 年第 1 期。

6. 鄭亞婕：《1930 年代前的新疆遊記及其文化想像》，《文學評論》2012 年第 4 期。

7. 趙振鑾：《龍雲與蔣介石的合與分之我見》，雲南省歷史研究所《研究集刊》1983 年第 2 期。

8. 鄭敏口述，祁雪晶採訪整理：《鄭敏：回望我的西南聯大》，《中國青年報》2012 年 3 月 16 日。

9. 趙捷民：《憶西南聯大的幾位文史教授》，《雲南師範大學學報》（哲學社

會科學版）1986 年第 1 期。

10. 宗璞：《小東城角的井》,《女聲》1988 年 11 月號。

11. 宗璞：《三千里地九霄雲》,《中國作家》1995 年第 1 期。

12. 宗璞：《花朝節的紀念》,《中華散文》1993 年 9 月創刊號。

13. 宗璞：《歸來的短詩》,《滇池》1981 年第 2 期。

14. 中國社會科學院語言研究所詞典編輯室編：《現代漢語詞典》（第 5 版）,商務印書館,2005 年版。

四、碩博論文類

（一）碩士學位論文

1. 彭玉斌：《論「文協」在重慶的活動》,重慶師範大學,2003 年。

2. 張煜：《想像西藏——當下文化生產中的「西藏形象」》,暨南大學,2003 年。

3. 胡靜雪：《中國現當代文學中的成都形象——以四部作品爲中心》,西南師範大學,2004 年。

4. 黃菊：《〈文聚〉研究》,西南師範大學,2005 年。

5. 柴怡贇：《〈野玫瑰〉及其風波》,中國社會科學院,2005 年。

6. 李蕾：《抗戰文學中的重慶主題》,西南大學,2006 年。

7. 陳秋紅：《抗戰時期重慶的中外文學交流》,重慶師範大學,2006 年。

8. 李志明：《重慶抗戰文學史傳播外國文化的主要報刊》,重慶師範大學,2007 年。

9. 羅玉蘭：《重慶抗戰戲劇研究》,西南大學,2007 年。

10. 韋幼青：《桂林抗戰時期文學翻譯活動研究》,貴州大學,2007 年。

11. 陳繼華：《歐陽予倩與桂林文化城》,廣西師範大學,2007 年。

12. 張建：《雜文與散文小品並重的〈野草〉期刊》,廣西師範大學,2008 年。

13. 吳文鵑：《男性想像：小說中的上海空間》,華東師範大學,2008 年。

14. 朱更勇：《抗戰時期貴陽文通書局研究》,貴州師範大學,2009 年。

15. 蘇霞：《大後方抗戰文學的奇葩——〈文藝雜誌〉研究》,重慶師範大學,2009 年。

16. 周金香：《〈青年文藝〉研究》,重慶師範大學,2010 年。

17. 王俊：《〈文學創作〉研究》,重慶師範大學,2010 年。

18. 常延紅：《大後方現實主義文學的倡導和實踐——抗戰時期的〈文藝生活〉研究》,重慶師範大學,2010 年。

19. 李悅：《抗戰時期重慶電影文學敘事研究》，重慶師範大學，2011 年。

20. 郭靈巧：《抗戰時期重慶翻譯詩歌研究》，西南大學，2011 年。

21. 孫華華：《晚清狹邪小說的上海書寫與想像》，華中師範大學，2011 年。

22. 秦默：《老舍小說創作與北平記憶》，遼寧大學，2011 年。

23. 何永芳：《現代作家的成都書寫》，西南大學，2011 年。

24. 陳永萬：《大後方文學中的重慶》，西南大學，2012 年。

25. 蔣睿：《抗戰時期重慶美國小說翻譯研究》，西南大學，2012 年。

26. 何泳錦：《〈文學創作〉月刊研究》，廣西師範大學，2012 年。

27. 史訓剛：《現代文學中的南京形象（1927～1945）》，西南大學，2012 年。

28. 張煜：《移民作家筆下的二十世紀「上海書寫」》，蘇州大學，2012 年。

（二）博士學位論文

1. 陳曉蘭：《文學中的巴黎與上海：以左拉、茅盾為例》，復旦大學，2003 年。

2. 陳剛：《北碚文化圈與 1940 年代文學》，吉林大學，2005 年。

3. 張鴻聲：《文學中的上海想像》，浙江大學，2005 年博士學位論文。

4. 陳靜：《當代文學中的新疆經驗與書寫》，蘇州大學，2006 年。

5. 張勇：《文學南京——論二三十年代南京文學與政治文化的關係》，南京大學，2007 年。

6. 劉岩：《比較文學視野下的現代化中國想像——華夏邊緣敘述與新時期文化》，北京大學，2008 年。

7. 鄧招華：《西南聯大詩人群研究》，山東師範大學，2009 年。

8. 尹瑩：《小說中的重慶——國統區小說研究的一個視角》，華中師範大學，2009 年。

9. 佘愛春：《抗戰時期桂林文化城的文學空間》，南京大學，2011 年。

10. 謝廷秋：《貴州抗戰文化與文學研究》，華中師範大學，2012 年。

五、史料彙編類

1. 雲南省志編撰委員會辦公室編撰：《續雲南通志長編》（上、中、下）。

2. 雲南省新聞出版局、出版志編委會主編：《雲南出版史志資料》（第 1 卷～第 10 卷）。

3. 雲南省政協文史資料研究委員會編：《雲南文史資料選輯》（第 1 輯～第 55 輯）。

4. 《雲南教育大事記》，雲南大學出版社，1989 年版。

5. 雲南日報理論部編：《雲南百年》，雲南教育出版社，2004 年版。

6. 雲南省檔案館：《雲南省檔案史料叢編——近代雲南人口史料（1909～1982）》（第 2 輯），雲南省委辦公廳鉛印廠，1987 年。

7. 一二・一運動史料編寫組編：《一二・一運動史料選編》（下），雲南人民出版社，1980 年版。

8. 《雲南現代史料叢刊》（第 3 輯）。

9. 雲南省地方志編纂委員會總纂、雲南省文化廳編纂：《雲南省志・文化藝術志》，雲南人民出版社，2002 年版。

10. 雲南省政協文史資料研究委員會、西南聯合大學北京、昆明校友會、雲南師範大學合編：《雲南文史資料選輯・西南聯合大學建校五十週年紀念專輯》（第 34 輯），雲南人民出版社，1988 年版。

11. 《五華文史資料選輯》（第 9 輯），政協昆明市五華區委員會編，1996 年。

12. 中國人民政治協商會議雲南省昆明市委員會文史資料委員會編：《昆明文史資料選輯》（第 1 輯～第 35 輯）。

13. 昆明市志編撰委員會編撰：《昆明市志長編》（第 8 卷～第 13 卷）。

14. 《昆明市志》，（臺北）成文出版社，1967 年版。

15. 昆明市政協文史學習委員會編：《抗戰時期文化名人在昆明》（一），雲南人民出版社，2000 年版。

16. 昆明市政協文史學習委員會編：《抗戰時期文化名人在昆明》（二），雲南人民出版社，2002 年版。

17. 《文史資料選輯》（第 17 輯），中華書局，1980 年版。

18. 《文史資料選輯》（第 112 輯），中國文史出版社，1987 年版。

19. 西南地區文史資料協作會議編：《抗戰時期的西南交通》，雲南人民出版社，1992 年版。

20. 《新華日報的回憶》編委會編《新華日報的回憶》，四川人民出版社，1979 年版。

21. 西南聯大《除夕副刊》主編《聯大八年》，新星出版社，2010 年版。

22. 西南聯大北京校友會編：《西南聯大北京校友會簡訊》（1984～2012）。

23. 西南聯合大學北京校友會編：《國立西南聯合大學校史——一九三七至一九四六的北大、清華、南開》，北京大學出版社，2006 年版。

24. 西南聯大北京校友會編：《我心中的西南聯大——西南聯大建校 70 週年紀念文集》，清華大學出版社，2008 年版。

25. 北京大學校友聯絡處編：《笳吹弦誦情彌切——國立西南聯合大學五十週年紀念文集》，中國文史出版社，1988 年版。

26. 西南聯大校友會編：《笳吹弦誦在春城》，雲南人民出版社，1986 年版。

六、英文資料類

1. Chennaul, ClaireLee. Way of a fighter: The Memoirs of Claire Lee Chennault, ed. Robert B.Hotz. New York: putman, 1949:73.

2. Mitchell W J T. Preface to the Second Edition of Landscape and Power: Space, Place and Landscape [M] // Landscape and Power. Chicago: The University of Chicago Press, 2002:8.

3. Tuan Y F. Thought and Landscape: The Eye and the Mind's Eye [M] // Meining D W. The Interpretation of Ordinary Landscapes: Geographical Essays. Oxford: Oxford University Press, 1979:126.

4. *Kunming*, Southwestern Gateway to China By Joseph E. Passantino. National Geographic Magazine, August, 1946.

七、檔案類

1. 雲南省檔案館 13 全宗 1 目 2、3、4、8、15、18、20、25 卷。

致　謝

　　三年的南大時光已經過去，回首昔日的歲月，那種原本期望的欣喜卻被平靜與淡然所取代。為了一種所謂的夢想，更為了一種現實的生活，工作了多年之後而又踏上了求學之路，人生與學術的冷暖也在這些求學的日子裏得到了淋漓盡致的體會。而面對這個亂象叢生的時代，我也只能如維特根斯坦一樣，說出我能說出的那一部分。

　　我在論文中說出的部分，是與文學、歷史的對話，也是對文學、現實的追問。我在這裡說的則是對母校、師友的謝意。我要感謝南京大學，因為它是我高中時代的夢想，儘管推延在博士階段實現。我真心地喜歡南大這種自由寬鬆的學術氛圍以及為我的論文寫作提供了切實幫助的圖書館裏的各類資源，如果不是在南大，這篇論文也許不能順利完成。我更要感謝我的導師沈衛威先生，在這個彌漫著浮躁、功利氛圍的年代，先生以其「有一份史料說一份話」的嚴謹與紮實，靜靜地在自己的研究領域裏步步推進，這種學風深深地感染著我、吸引著我，讓我找到了一種為學之路。本書的論題是在先生的建議下產生的，寫作也是沿著先生的學術路徑進行，不知道有沒有達到先生的預期？如果沒有，只有在以後的日子裏繼續努力。感謝另一位導師吳俊先生，在沈衛威先生出國的日子裏，吳俊先生為論文付出了很多心血，不論是論文框架還是相關細節，先生都提出了許多寶貴意見。感謝丁帆、王彬彬、張光芒、黃髮有等諸位先生，在他們的課堂上獲得了許多有益的啟迪，他們的學術個性與研究方法都對我的寫作產生了影響。

　　還要感謝在博士期間為我的習作提供了發表園地的那些素不相識的編輯老師，他們（她們）是：《文藝爭鳴》的孟春蕊女士、《雲南社會科學》的謝

雨佟女士、《貴州社會科學》的鄭迦文女士、《創作與批評》的歐娟女士、《中國圖書評論》的袁劍先生等，以及博士班輔導員、《揚子江評論》的何同彬老師，在這個混亂的學術江湖中，他們的肯定為我帶來了一定的學術信心。衷心地感謝他們（她們）！不能忘記的還有碩士導師李森先生，儘管自己已離開了昆明，但先生時常的叮嚀讓我銘記於心，尤其是在昆明查資料期間，先生的盛情與熱心讓我充滿溫暖與感動，爭取在以後的學術之路中不辜負先生的厚愛。在昆明查資料期間，碩士期間的室友晁輝、張磊給了許多生活上的便利；摯友、雲南大學宣傳部的施海濤給了我兄弟般的關懷。南大師弟袁昊花了很多時間對本書進行逐字逐字的校對。在此，對他們表示誠摯的謝意！最後，我要感謝我的父母、妻子，多年來，他們的大力支持是我求學的堅強後盾。沒有他們，這篇論文不可能順利完成。再次謝謝他們！

而這篇博士論文能在通過答辯不久後便被納入由著名學者李怡先生主編的大型學術叢書——《民國文化與文學研究文叢》在台灣出版，我要向花木蘭文化出版社，向李怡、杜潔祥、高小娟、楊嘉樂等諸位先生表示誠摯的謝意，為他們的學術熱情，為他們的辛勤勞動。當然，要感謝的還有我的導師沈衛威先生，沒有先生的組稿，此書也不可能有機會在台灣出版。

另外，我還要感謝贛南師範學院文學院以李萃茂教授為首的學術委員會各位老師，因為本書的部分內容以「文學地理學視野下的西南聯大文學研究」為題獲得了 2013 年度贛南師範學院重點學科開放招標課題的立項資助，本書即為該課題的成果。特此說明與致謝。

2014 年 5 月 4 日於贛南師範學院